资 源 组 织

（修订本）

主编　王松林

编著　王松林　刘　炜

　　　包冬梅　王景侠

国家圖書館出版社

图书在版编目(CIP)数据

资源组织/王松林主编. --修订本. --北京:国家图书馆出版社,2014.8
ISBN 978 - 7 - 5013 - 5429 - 0

Ⅰ.①资… Ⅱ.①王… Ⅲ.①信息管理 Ⅳ.①G203

中国版本图书馆 CIP 数据核字(2014)第 176251 号

书　　名	资源组织(修订本)	
著　　者	王松林　主编	
责任编辑	高　爽　王炳乾	

出　　版　国家图书馆出版社(100034　北京市西城区文津街 7 号)
　　　　　　(原书目文献出版社　北京图书馆出版社)
发　　行　010 - 66114536　66126153　66151313　66175620
　　　　　　66121706(传真),66126156(门市部)
E-mail　btsfxb@ nlc. gov. cn(邮购)
Website　www. nlcpress. com ──▶投稿中心
经　　销　新华书店
印　　装　北京科信印刷有限公司
版　　次　2014 年 8 月第 1 版　2014 年 8 月第 1 次印刷

开　　本　787×1092(毫米)　1/16
印　　张　20. 25
字　　数　400 千字

书　　号　ISBN 978 - 7 - 5013 - 5429 - 0
定　　价　70. 00 元

再版前言

在当今数字化、网络化的环境下,图书馆的馆藏结构发生了很大变化,其馆藏组织也需重新定位。如从馆藏结构看,图书馆的资源组织已不再局限于物理空间上各式书架的排列及书架上的各种书籍的置放,而是呈现出物理空间与网络空间共同发展之态势。与此相应,图书馆的资源组织模式也需从传统的实体资源组织模式向实体资源和网络资源相结合的组织模式过渡。再从馆藏组织的对象与图书馆的所属关系看,图书馆需要组织的资源已经不再仅仅局限于传统的基于"购买—拥有"模式而获得的资源,而是涵盖通过"购买—拥有""订购—访问"以及"网络采购—提供导航"等多种来源渠道而获得的资源。与此相应,图书馆的资源组织方法也需从传统的元数据标准组织方法向传统元数据标准和现代元数据标准相结合的组织方法过渡,同时需从单纯基于人工语言(如主题法和分类法)的组织方法向人工语言与机器语言(如形式化本体等)和自然语言(如大众分类法等)相结合的组织方法过渡。《资源组织》正是在这样的背景下于2011年出版的。

美国加州伯克利大学生物系教授利普斯(Jere H. Lipps)曾经提出,无论是科学家还是普通人都需要掌握以下三种技能:批判性思考、事实推理和判断权威。图书信息这个学科的许多理论和方法目前还不是很成熟,加之缺乏正常的学术讨论和评论的传统与氛围,导致国内跟风式研究盛行,盲目引用、认可甚至推崇一些流行但却似是而非的、幼稚的理论和观点的现象很多,还造就了一批引用率很高但却没有创新性、缺乏实际价值的论文、专著。《资源组织》于2011年得以顺利出版,其实也是基于对国内"文献/信息机构的组织对象已从文献转向信息乃至知识;从文献组织到信息组织再到知识组织是人类对知识利用不断深化的过程,而且我们正处于从信息组织到知识组织的过程中"的论点的质疑。即《资源组织》不是从肯定而是从问题开始,而且坚信:从肯定开始,必将以问题告终,而从问题开始,必将以肯定结束。

《资源组织》出版后,经过包括博士生课程在内的七轮教学使用,本人发现该书的总体框架还是比较科学合理的,因此本次修订仅对书中的个别文字进行纠正,当然在此基础上也适当引进了一些新的适合于本书的内容(需要说明的是,由于种种原因,此次修订仍未将RDA的内容引进,此部分的内容详见本人新近主编的《中文编目与RDA》)。具体修订先由各章作者提出修订意见,然后由我再做统一的修改。本人认为,学术专著首先要以个性为主,要有与众不同的看法;其次,学术专著的生命在于内容的不断更新与发展。从此意义上讲,本人衷心感谢长年阅读和使用本书的读者和单位,衷心感谢金丽萍主任具体的修订指导及支持本书出版和修订的国家图书馆出版社。

王松林

2013 年 10 月 10 日

前 言

自从我的《现代文献编目》(书目文献出版社,1996,今国家图书馆出版社)出版后,国内外不断有以"信息组织"为题名的教材专著出现;自从我的《信息资源编目》(北京图书馆出版社,2003,今国家图书馆出版社)出版后,国内外不断有以"知识组织"为题名的学术论文发表。而且在这些专著和论文中时常出现这样的论点:文献/信息机构的组织对象已从文献转向信息乃至知识;从文献组织到信息组织再到知识组织是人类对知识利用不断深化的过程,而且我们正处于从信息组织到知识组织的过程中。于是近年来,我一直在思考着这么一些问题,即包括图书馆在内的文献/信息机构,现阶段其组织对象到底是什么? 信息组织和知识组织是资源组织的不同阶段还是不同层面,以及它们的区别到底在哪里?

经过多年的思考与探索,我逐步认识到包括图书馆在内的文献/信息机构,其组织对象确实发生了变化,但信息组织与知识组织并非是资源组织的不同阶段,而是其不同层面。这种现象,简单地说,就如同信息组织和知识组织概念出现前的描述性编目(主要是对受编文献的物质形态进行分析、选择和记录的过程)和主题编目(主要通过分析受编文献所论述的主题内容来揭示其内容特征,以主题标引和文献分类及编制相应款目的工作为重点)。当然,今日的信息组织和知识组织的内涵较之描述性编目和主题编目的内涵已有较大的不同,信息组织和知识组织的外延也比描述性编目和主题编目的外延宽泛得多。这些思想最早始见于本人在《图书馆学刊》2005年第6期上发表的《信息组织论》,以及在《中国图书馆学报》2006年第5期上发表的《从图书馆的角度看信息组织与知识组织》等论文。

Walt Crawford 在与 Michael Gorman 合著的 *Future Libraries*: *Dreams*, *Madness & Reality* 一书前言中写道:"图书馆存在的目的,就是获得、提供存取和维护所有形式的知识和信息,并为其用户在使用这些馆藏的过程中提供说明和帮助。"在国内,叶鹰等人还就基于元数据的信息组织方法和基于本体论的知识组织方法进行了探讨,并提出由于元数据主要关注文献资源的形式特征因而较适宜信息组织,以及由于本体论主要关注文献资源的内容特征因而更适合知识组织之观点。本书将这些学者和我自己这几年思考与探索的十章内容设计成两篇。即除第一和第十章外,第二至第五章可谓是实体资源和网络资源的信息组织篇,第六至第九章可谓是实体资源和网络资源的知识组织篇。由于本书主要是从图书馆的角度论述资源的信息组织和知识组织,所以它不仅可以作为图书馆学专业本科生和一般图书馆员的基础用书,而且也可作为包括图书馆学在内的所有信息管理学科的硕士和博士生的参考用书。

本书的编写大纲和最后的统稿由我制定和完成。但由于自己才疏学浅等原因,除了第一至第五章由我本人撰写外,第六和第七章请了戴维民的博士生包冬梅撰写、第八章和第九章请了上海图书馆的刘炜研究员撰写、第十章请了我自己的博士生王景侠撰写。需要说明的是,本人在写第二和第三章时,新闻出版署的陈源蒸先生和国家图书馆的高红主任曾向我无私提供了大量资料及他们个人的研究成果,尤其是第二章成稿后,陈源蒸先生还在百忙中拨冗仔细审读了该章并提出了许多宝贵的建议。另外,刘炜对最后一章的撰写也给予了热情指导与帮助。

其次，由于此书的撰写由来已久，所以许多章的内容尤其是一至五章的内容历经数次修改，以致于注脚和参考文献中的某些网络资源的地址可能已经发生了变化或已根本消失，并在此过程中也可能将一些重要的参考文献遗漏。另外，我院江苏省重点学科图书馆学资助项目为本书的顺利出版提供了资助，国家图书馆出版社的金丽萍主任从该书的筹划到具体的撰写都一贯予以支持，并与王涛编辑一起对书稿的内容和排版倾注了心血。在此，一并表示衷心的感谢。

王松林

2010 年 10 月 10 日

目　录

第一章　绪论

　　我国学界目前一般认为：文献/信息机构的组织对象已从文献转向信息乃至知识；从文献组织到信息组织再到知识组织是人类对知识利用不断深化的过程，而且我们正处于从信息组织到知识组织的过程中。这里产生一些问题，即包括图书馆在内的文献/信息机构，其组织对象目前到底是什么？信息组织和知识组织是资源组织的不同阶段还是不同层面，以及它们所用的工具到底有何区别？本章试对这些问题做出解答，并为二至十章的内容奠定基础。

第一节　资源类型及组织层面

　　随着单机资源（即本地存取的数字资源）以及网络资源（即远程存取的数字资源）的大量涌现，包括图书馆在内的文献/信息机构的组织对象及其名称也随之发生了变化。

一、文献/信息机构的组织对象及其类型

　　泛泛而谈文献/信息机构的组织对象已从文献转向信息乃至知识，无济于问题的解决。本书试从图书馆的角度来看文献/信息机构的组织对象及其类型。

　　（一）图书馆组织对象的变化

　　对采集到的对象进行有效的组织，历来是图书馆的一项基础而又重要的工作。综观近30年来国内外图书馆的组织对象，可以发现它们均不是从文献转向信息乃至知识，而是经历了一个从文献到资源的变化。

　　1. 文献组织对象时期

　　20世纪80年代末90年代初，我国图书馆的组织对象基本上与其馆藏——文献保持一致。在教材名称上，当时也多以"文献编目"来命名，如傅椿徽的《图书馆文献编目》（武汉大学出版社，1989）、谢宗昭的《文献编目概论》（南京大学出版社，1990）以及李晓新、杨玉麟、李建军的《文献编目教程》（南开大学出版社，1995）等。由于当时许多院系的中、西编课程还分开教学，因此也出版了一些以"中文文献编目"和"西文文献编目"命名的教材。前者如张玉麟的《中文文献编目》（中国科学院文献情报中心，1989）和刘苏雅的《中文文献编目》（书目文献出版社，1994）等，后者如段明莲、关懿娴的《西文文献编目》（北京大学出版社，1991）和韩平的《西文文献编目》（中国科学院文献情报中心，1993）等。但随着中、西编课程合一教学的开展及普遍化，之后出版的教材又多以"现代文献编目"来命名，如刁维汉的《现代文献编目教程》（华东师范大学出版社，1994）和王松林的《现代文献编目》（书目文献出版社，1996）等。

　　我国图书馆以文献作为自己的组织对象，也反映在我国第一部综合性标准化编目条例即《中国文献编目规则》(广州人民出版社,1996)的名称上。在英语中,与汉语"文献"对应的词有 document、material 和 item 等。其中,document 泛指文献、文件和资料;material 一般用来表示非印刷型的文献,如非书资料(non-book material)和测绘制图资料(cartographic material)等(国内偶尔也用该词来表达图书馆的组织对象,如《西文文献著录条例》的并列题名——Descriptive Cataloging Rules for Western Language Materials);而 item 则专门用作编目对象的文献。如在 ISBD(G) 和 AACR2 及其修订版的词汇表中,均未出现术语 document 和 material,而将唯一出现的术语 item 定义为"形成单一书目描述基础,以任何物理形式出版、发行或作为一个实体处理的一部文献或一组文献"(A document or set of documents in any physical form, published, issued, or treated as an entity, and as such forming the basis for a single bibliographic description)。

2. 资源组织对象时期

在 ISBD(G) 和 AACR2 使用术语 item 的同时,随着 20 世纪 70 年代美国信息资源管理(Information Resources Management)研究的兴起,国外图书馆界也逐渐产生了一个能替代 item 的术语——information resource。20 世纪 80 年代,我国学界开始介绍并使用信息资源这一概念。综合国内外现有的研究,信息资源这一概念目前存有狭义和广义两种理解。广义的信息资源是指人类社会信息活动中积累起来的信息、信息生产者、信息技术等信息活动要素的集合;而狭义的信息资源则专指人类社会经济活动中经过加工处理、有序化,并大量积累起来的有用信息集合(即指信息资源本身)。为加区分,美国信息资源管理学家 Forest W. Horten, Jr. 在英语中倡导,广义的信息资源应用其复数形式的 information resources,而狭义的信息资源则用其单数形式的 information resource。① 图书馆对组织对象的信息资源持狭义理解,如王松林的《信息资源编目》(北京图书馆出版社,2003)。

在王松林《信息资源编目》出版前后,我国也曾出版过段明莲的《文献信息资源编目》(北京大学出版社,2000)和孙更新的《文献信息编目》(武汉大学出版社,2006)。细读这两部专著可以发现,它们中的"文献信息资源"和"文献信息",其含义基本与孟广均等著的《信息资源管理导论》(科学出版社,1998)中的文献型信息资源,以及马费成等著的《信息资源管理》(武汉大学出版社,2000)中的记录型信息资源一致,实指图书馆的信息资源。

在新的《国际编目原则声明》中,item 这一术语虽然还被保留,但却被定义为 FRBR(《书目记录的功能需求》)和 FRAD(《规范数据的功能需求》)中的"一种表达形式的单一样本"(A single exemplar of a manifestation)。② 而该词的上位类名称,《国际编目原则声明》则用 bibliographic resource 一词来表示,从其定义可以看出,书目资源是"图书馆和类似机构中由知识或艺术内容构成的实体。FRBR 模型中的书目资源包含其第一组实体中的作品、内容表达、载体表现和单件"(An entity within the realm of library and similar collections consisting of the products of intellectual or artistic endeavour. Bibliographic resources in the FRBR model are the Group 1 entities: work, expression, manifestation, and item)。也许受此影响,IFLA 2007 年通过的《ISBD 预备统一版》(International Standard Bibliographic Description (ISBD). Prelimi-

---

① 段明莲编著. 文献信息资源编目. 北京大学出版社, 2000

② IFLA Cataloguing Principles: the Statement of International Cataloguing Principles (ICP) and its Glossary in 20 Languages. http://www.ifla.org/en/publications/statement-of-international-cataloguing-principles

nary Consolidated Edition），其词汇表中的 document 已被 resource 一词所替代，并将后者定义为"包含知识内容和/或艺术内容的有形或无形实体，可作为一个物理单位被构想、制作和/或发行，并可形成单一书目著录的基础。"①

既然现在《国际编目原则声明》已用"书目资源"、《ISBD 预备统一版》和 RDF（*Resource Description Framework*，《资源描述框架》）以及 RDA（*Resource Description and Access*，《资源描述与检索》）已用"资源"一词来替代"文献"，加之图书馆界现在越来越倾向于使用"组织"一词来替代"编目"，本书认为今后用"资源组织"来替代"文献编目"和/或"信息资源编目"必将成为趋势。需要强调的是，这里的"资源"尽管与万维网联盟（World Wide Web Consortium，简称 W3C）的"资源"定义一致，即"具有标识的一切信息单位"，可指所有在 Web 上被命名、具有 URI 的内容（它可能是一个网站、网页，或可能只是一个网页中的某个部分，甚至是一个不存在于网络的对象，如纸质文献、器物或人等），但在图书馆界还是应将其作为狭义的、等同于上述"书目资源"的"文献资源"来理解，因为图书馆的广义资源还包括人力资源、用户资源和设备资源等。

（二）图书馆的资源类型

上述资源或文献资源，不同的人或机构可从不同的角度进行不同的划分。如在 ISBD 中，资源含连续性资源（continuing resource，含连续出版物和集成型资源）在内的印刷型资源（printed resource）、测绘制图资源（cartographic resource）、电子资源（electronic resource）、动态图像（moving image）、多媒体资源（multimedia resource）、乐谱资源（notated music resource）、录音资料（sound recording）、静态图像（still image）和视障者所用的以肉眼可读或凹凸形式出版的资源，以及限量发行的出版物或按需出版的资源；而在《DCMI 类型表》中，资源也被分为十大类。由于对 ISBD 的资源类型划分图书馆界都较清楚，所以下面重点根据《DCMI 类型表》的体例，给出它所划分出来的每种资源的名称（Name）、标签（Label）、定义（Definition）及其注释（Comment）。②

类型 1：资源集合；标签：Collection；定义：资源集合是个体资源对象的集合。术语"资源集合"是指作为整体进行描述的资源，其组成部分可以分别描述并被链接。

类型 2：数据集；标签：Dataset；定义：数据集是指为便于计算机直接处理而以特定结构进行编码的信息，例如列表、表格、数据库等。

类型 3：事件；标签：Event；定义：事件是指基于时间的、非永久存在的一种出现。它揭示事件的目标、地点、时间、责任实体等，并链接到其他的相关事件或资源。如果被描述的实例已经过去或还未发生，这一事件的资源有可能检索不到。事件的例子有展览会、视频网络播放、国际会议、小组会议、节庆、演出、战争、审判、婚礼、茶话会、突发事件（如火灾）等。

类型 4：图像；标签：Image；定义：图像是一种不同于文本的符号视觉表现，例如物理实体的图画或照片、绘画、印记、素描、其他图像和图形、动画和活动图像、电影、图表、地图、乐谱等。值得注意的是，图像可以包括电子的和物理的两种表现形式。即 Image 有以下两个子类：

---

① 国际图书馆协会和机构联盟编；顾犇翻译. 国际标准书目著录（统一版）. 北京图书馆出版社（今国家图书馆出版社），2008

② DCMI Type Vocabulary. http://dublincore. org/documents/dcmi-type-vocabulary/

类型 4-1:动态图像;标签:Moving Image;定义:一系列连续呈现的视觉表达,给人一种移动的感觉。动态图像的实例包括动画、电影、电视节目、录像、活动幻境及模拟过程的视觉输出;注释:动态图像类型的实例必须也是其上位类"图像"的实例。

类型 4-2:静态图像;标签:Still Image;定义:静态的视觉表达。静态图像包括绘画、素描、设计的图案、图样及地图等;注释:对于图像化的文本资料,建议把类型定为"文本"。静态图像类型的实例必须也是其上位类"图像"的实例。

类型 5:交互资源;标签:Interactive Resource;定义:交互资源是一种需要与用户交互才能理解、运行和体验的资源。例如 Web 页面上的表单、Java 应用小程序、多媒体学习对象、聊天服务、虚拟现实等。

类型 6:物理对象;标签:Physical Object;定义:物理对象是指一种没有生命的、三维的对象或物质,例如计算机、金字塔、雕塑等。需要注意的是,这些对象的数字表现或摹本,应用图像、文本或其他类型中的某一种来标识。

类型 7:服务;标签:Service;定义:服务是给最终用户提供一种或多种有价值的功能的系统,例如影印服务、银行服务、认证服务、馆际互借、Z39.50 或 Web 服务器。

类型 8:软件;标签:Software;定义:软件是一种以源代码或编译过的形式存在的计算机程序,可以通过在其他机器上安装而获得。对于只是用于创造一种交互环境的软件,可以归入"交互资源"。

类型 9:声音;标签:Sound;定义:声音是主要以音频方式表现内容的资源,例如音乐回放文件格式、音频光盘和被录制的演讲或声音。

类型 10:文本;标签:Text;定义:主要以文字方式表现内容的资源,例如图书、信件、论文、诗歌、报纸、文章、邮件列表的文档等。需要注意的是,文本的摹本或图像也属于文本类型。

需要强调的是,《DCMI 类型表》中的资源在网络上可以使用不同的文件格式。如声音既可使用 mp3(声音压缩文件),也可使用 wma(Windows 音频文件)、midi(乐器数字接口文件)以及 wav(音波档案格式文件)等文件格式;文本既可使用 html(超文本标记语言文件),也可使用 xml(可扩展标记语言文件)、txt(纯文本文件)、doc(Word 格式文件)、pdf(便携文档格式文件)、ps(页面描述语言文件)以及 rtf(丰富的文件格式)等文件格式。[①]

上述《DCMI 类型表》中的资源尤其是 ISBD 中所包含的资源,在各国的编目条例和/或编目规则中则划分得更为细微。如在 AACR2 中,资源包括专著图书、小册子和单面大张印刷品(books, pamphlets and printed sheets)、古籍(early printed monographs)、测绘制图资料(cartographic materials)、手稿(manuscripts)、乐谱(music)、录音资料(sound recordings)、影片和录像资料(motion pictures and videorecordings)、图示资料(graphic materials)、计算机文档(computer files)或电子资源(electronic resources)、立体工艺品与实物(three-dimensional artifacts and realia)、缩微资料(microforms)和连续出版物(serials)或连续性资源(continuing resources)等。《中国文献编目规则》还在上述专著图书中细分出学位论文(dissertation)、科技报告(technical reports)和标准文献(standard publications)等。另外,拓片(rubbings)在《中国文献编目规则》中也被单列为一种资源。

---

① 黄如花著. 网络信息组织:模式与评价. 北京图书馆出版社(今国家图书馆出版社),2003

当然，上述资源也可概括地划分。如肖希明就将上述资源概括地分为两类：一类是文献型资源（含刻写型文献资源、印刷型文献资源、缩微型文献资源和视听型文献资源）；一类是数字化资源（含单机资源和网络资源）。① 其中，刻写型文献资源是指以刻画和手工书写为手段，将知识信息内容记录在各种自然物质材料和纸张等不同载体上而形成的文献资源，包括古代的卜辞、金文、简册、帛书，以及现代的笔记、手稿、书信、原始档案、会议记录等；印刷型文献资源是指通过石印、油印、铅印、胶印、复印等方式，将知识信息内容记录在纸质载体上的一种文献资源，包括图书、连续出版物、特种文献资料以及其他零散资料等；缩微型文献资源是指利用光学记录技术，将印刷型文献资源的影像缩小记录在感光材料上制成的文献复制品，包括缩微胶片、缩微胶卷和缩微卡片等；视听型文献资源是指以电磁材料为载体，以电磁波为信息符号，将声音、文字及图像记录下来的一种动态型文献资源，包括视觉资料、听觉资料和音像资料等；单机资源是指通过计算机存储和阅读但不在网络上传输的数字化资源，包括磁带、磁盘和光盘等；网络资源是指借助于计算机网络可以获得和利用的所有资源的总和，可按使用形式、所对应的非网络资源、信息的制度化程度、信息的存取方式以及信息的存储位置进一步细分（如按信息的存储位置，网络资源可有内网资源和外网资源之分）。

将图书馆资源粗分成文献型资源和数字化资源，一方面与教育部 2002 年颁布的《普通高等学校图书馆规程（修订）》中的"馆藏实体资源"和"网络虚拟资源"分法基本一致，另一方面也与王松林历来倡导的"实体资源"（physical resources）和"网络资源"（web resources）的分法基本一致，只是后者一贯主张应将用磁带、磁盘、光盘存储的单机资源划归实体资源。因为与需要通过统一资源标识 URI（含统一资源地址 URL 等）方式获取的网络资源相比，这类资源毕竟看得见、摸得着，其载体形态特征也可通过载体形态项等进行描述。换言之，数字化与非数字化并非网络资源与实体资源的本质区别。②

二、资源组织的层面及其特点

图书馆等文献/信息机构对上述实体资源和网络资源所进行的组织是可划分层面的，而且它们各自含有不同的特点。③

（一）资源组织的层面

Walt Crawford 在与 Michael Gorman 合著的 *Future Libraries：Dreams，Madness & Reality* 一书前言中写道："图书馆存在的目的，就是获得、提供存取和维护所有形式的知识和信息，并为其用户在使用这些馆藏的过程中提供说明和帮助。"④在国内，叶鹰等人还就基于元数据的信息组织方法和基于本体论的知识组织方法进行了探讨，并提出由于元数据主要关注文献资源的形式特征因而较适宜信息组织，以及由于本体论主要关注文献资源的内容特征因而更适合知识组织之观点。⑤ 本书认为，对上述实体资源和网络资源，图书馆等文献/信息

---

① 肖希明主编．信息资源建设．武汉大学出版社，2008
② 王松林编著．信息资源编目（修订本）．北京图书馆出版社（今国家图书馆出版社），2005
③ 王松林．图书馆组织对象及其层次研究．中国图书馆学报，2010（1）
④ Crawford，W.，Gorman，M. Future libraries：dreams，madness & reality. American Library Association，1995
⑤ 叶鹰，金更达．基于元数据的信息组织与基于本体论的知识组织．大学图书馆学报，2004（4）

机构可从以下两个层面进行组织，即从信息的层面进行组织（organization of information，以下简称"信息组织"）和从知识的层面进行组织（organization of knowledge，以下简称"知识组织"）。

资源的信息组织与其知识组织既有联系，更有区别。如果说信息组织的对象是个体资源，其作用是用格式化的元素描述各种复杂的资源，以便计算机或人能够对其进行识别和处理，所以是种微观组织法，那么知识组织的对象则是群体资源，其作用是通过联想关系构成语义网络，进而将资源组织成一个相互联系的体系，所以是种宏观组织法；如果说信息组织的结果主要是向读者/用户提供谁及其具有什么样资源的信息，那么知识组织的结果则主要向读者/用户展示某一结构及其每一节点存在哪些资源的知识。

1. 资源的信息组织

以向读者/用户提供谁及其具有什么样资源为主要目标的信息组织，所用的工具是各类元数据标准（Metadata Standard，简称 MS）。但用于图书馆资源信息组织的元数据标准，与"关于数据的数据"的元数据定义不同，实指经标准化组织认可的，对资源书目信息进行描述、结构化并对之进行管理的工具（含行业或领域内得到公认的元数据模式或规范）。① 即图书馆的信息组织是用元数据标准将组织对象（通常是资源载体）的相关数据信息分解成属性特征（字段），从而形成记录（对象的完整数据、信息）和组成数据库（多个对象的数据、信息集合）。

元数据标准用于图书馆信息组织的观点，在美国匹兹堡大学信息学院的博士生导师、荣誉教授 Arlene G. Taylor 的 *The Organization of Information* 一书中体现得最为明显。如该书第一版原本就以元数据为主要研究内容（这从 OCLC connexion 对其主题标引一是 Information Organization，二是 Metadata 可以看出），②第二版新增的第六章又全面介绍了元数据的相关内容，探讨了元数据的基本特征和目的，它与图书馆编目的关系以及各种类型的元数据（包括管理型元数据、结构型元数据和描述型元数据），最后还讨论了几种新的元数据管理工具（包括元数据的应用纲要、登记系统、转换工具、采集工具和制作模版）。③ 可见，国外资源信息组织主要研究的是各类元数据标准及其在信息组织中的作用。针对元数据这一概念的重要性的不断提升，2009 年出版的该书第三版更是将原来在编码标准（第四章）以及系统和系统设计（第五章）之后出现的元数据一章提到它们之前，即元数据一章由二版的第六章被提前到了现在的第四章。此外，经过重构和更新的三版第四章，还加入了有关元数据模型的大量内容。④

除了第四章，*The Organization of Information* 第三版的第七章和第八章继续讨论元数据（当然，其所有部分也都经过了更新），即第七章深入讨论描述性元数据，第八章介绍检索点和规范控制。在第七章中，新的元数据标准包括 DACS（档案描述：内容标准）、CCO（文化对象编目）和 CDWA（艺术作品描述类别），另外还讨论了即将要替代 AACR2 的 RDA，并对 IFLA 的 FRBR 进行了更多的讨论；第八章"检索与规范控制"则进行了重构，以便更紧密地配

① 王松林编著. 信息资源编目（修订本）. 北京图书馆出版社（今国家图书馆出版社），2005

② Taylor A G. The organization of information. Libraries Unlimited, 1999

③ Taylor A G. The organization of information. 2nd ed. Libraries Unlimited, 2004

④ Taylor A G, Joudrey D N. The organization of information. 3rd ed. Libraries Unlimited, 2009

合第七章的安排,如它延展讨论了书目关系和规范控制(含规范工作和规范文档的角色作用)。不同于第二版内第八章只介绍 AACR2 里的名称创建标准,第三版的第八章另还包括 IFLA 的 FRAD、ISAAR(CPF)(《机关团体、个人和家族名称国际标准档案规范记录》)、EAC(《编码档案上下文》),以及 DACS、CCO、CDWA 和 VRA Core 里的标准和指南。

据此,*The organization of information* 第三版的作者将"信息组织"与"书目控制"(bibliographic control)等义。可是与其形成鲜明对照的是,在我国图书馆界,往往是将那些主要用于主题编目的文献命名为"信息组织"。其中较有代表性的著作有(按其出版/再版时间先后排):储节旺和郭春侠的《信息组织:原理、方法和技术》(安徽大学出版社,2002)、冷伏海的《信息组织概论》(科学出版社,2003)、周宁的《信息组织》(武汉大学出版社,2004)、张帆的《信息组织学》(科学出版社,2005)、马张华的《信息组织》(清华大学出版社,2008)以及戴维民的《信息组织》(高等教育出版社,2009)等。造成以上分歧的原因,本书认为主要在于国外比较重视信息组织的外延拓展,而国内则比较重视信息组织的内涵深化。①②

需要指出的是,无论是实体资源还是网络资源,其信息组织均存在前端组织和后端组织之分。③

2. 资源的知识组织

以向读者/用户展示某一结构及其每一节点存在哪些资源为主要目标的知识组织,所用的工具是各类知识组织系统或知识组织体系(Knowledge Organization System,简称 KOS)。由国外学界率先提出并能涵盖我国情报检索语言概念的知识组织系统,简单地说就是各类知识组织体系的统称,含分类表(classification schemes)、类目表(categories)、规范档(authority files)、标题表(subject headings)、叙词表(thesauri)以及形式化本体(ontologies)等。④ 即图书馆的知识组织是用知识组织系统将知识的物理单元(如资源)分解成知识元,并用知识元属性特征(字段)、记录和知识库来描述和表达知识。

国内外图书馆运用知识组织系统中的分类表和受控词表(含标题表和叙词表)对实体资源进行知识组织,可谓达到了登峰造极的地步。经过改造后的分类表和受控词表虽然也能对网络资源进行知识组织,但主要限于网站和/或知识库的导航与浏览。目前,对网络资源进行知识组织最有效的办法是构建形式化本体。但本体研究一般比较抽象,如果不与领域(domain)相结合,常常容易被人看作是一种概念游戏,甚至让人难以理解和接受。另外,使用本体对网络资源进行知识组织还存在成本过高以及本体编码语言过于复杂等问题。

众所周知,包括图书馆界在内的研究者们所研究的知识本原——本体,源于研究世界本原哲学的本体论。数千年来,为了积极适应和有效改造现实世界,一代代的哲学家们针对世界本原问题进行了认真的研究和思考,做出了各种各样的解说,并产生了多种多样的本体论,但是问题却一直未能得到很好的解决。由于问题一直解决不了,就像性急的孩子在花了很多时间后仍不能把魔方复原而生气地将它丢弃一样,近代西方国家还兴起了一种取消本

① 王松林. 信息组织论. 图书馆学刊,2005(6)

② 王松林. 信息组织及其与主题编目等的关系. 图书馆杂志,2009(3)

③ 王松林. 信息资源的前端组织与后端组织. 图书馆学刊,2007(5)

④ Hodge G. Systems of knowledge organization for digital libraries : beyond traditional authority files. http://www.clir.org/pubs/reports/pub91/contents.html

体论的哲学流派。① 但在图书馆界的本体研究遇到困难时,SKOS(Simple Knowledge Organization System)的出现使它峰回路转。如在 2009 年南京政治学院上海分院召开的"全国第五次情报检索语言发展方向研讨会"上,我们已经可喜地看到国内已有不少人士在利用现有的分类法和叙词表中的知识结构和概念体系,并通过 SKOS 的词汇或标签对本体进行了研究。②

另外,随着 Web 2.0 技术的发展,人们现在似乎又找到了另外一种网络资源知识组织的途径——Folksonomy。Folksonomy 简单地说就是一种"自下而上的社会化分类",它是由用户自发地使用标签,对感兴趣的资源进行分类,并与他人共享标签的过程和结果。因此,国内研究人员大多将这种具有社会标注(social tagging)性质的 folksonomy 翻译成"大众分类"。即大众分类部分承担起构建语义万维网的重任,广大用户在普通 Web 页面上所加的语义信息,可使网络资源达到某种程度的知识组织。

大众分类分宽大众分类与窄大众分类两种。与宽大众分类不同,窄大众分类是在较窄范围内的用户(即在同质用户)中建立起来的专业化知识平台。这种大众分类有利于在专业社群中实现知识共享,也使得将大众分类引入图书馆的知识组织成为可能。③ 但即使采用窄大众分类,由于语言本身的模糊性和复杂性等原因,也会使以关键字为核心的标签产生模糊性(大众分类中标签的主要问题是同义多、歧义多、单复数滥用以及专指度不够)。目前基于 XML 的同义词控制尚只能进行一些简单的同义分析,还不能完全解决标签的模糊问题。因此,如何将大众分类这种"自下而上的社会化本体"转换成"自上而下的图书馆化本体",以及如何利用图书馆化本体来引导和规范用户的词汇,就成了国内外学者所关注的课题。④

总之,如同哲学研究不能也不应该抛弃本体论一样,图书馆资源的知识组织也少不了对本体等的研究。

(二)资源组织的特点

知识组织最初由美国著名的图书馆学家、分类学家布利斯于 1929 年在其《知识组织与科学系统》以及《图书馆的知识组织》两部著作中提出。1989 年,国际知识组织学会(ISKO)成立。1993 年,《国际分类法》(IC)季刊正式改名为《知识组织》(KO)。但由于资源的知识组织和信息组织都具有序化资源和检索资源之功能,因此它们之间的关系非常复杂,有时甚至较难区分。⑤ 例如,在 The organization of information 一书的第三版中,作者就将知识组织与信息组织划了等号;我国最早使用"知识组织"一词的著名文献情报学家袁翰青,当时也将它与图书馆的文献工作等同起来。但从以上信息组织以用各类元数据标准为主、知识组织以用各类知识组织系统为主的论述,则可看出两者的根本区别。即元素恒定、树型结构以及客观描述是资源信息组织的特点,而关系稳定、网型结构以及主观判断则是资源知识组织的特点。⑥ 换言之,以知识结构为描述对象,是知识组织有别于信息组织的典型特征。

---

① 王建国. 哲学界的一件喜事. 社会科学报, 2009 – 02 – 19

② 戴维民等主编. 网络环境下信息组织的创新与发展 : 全国第五次情报检索语言发展方向研讨会论文集. 国家图书馆出版社, 2009

③ 周荣庭, 郑彬编译. 分众分类: 网络时代的新型信息分类法. 现代图书情报技术, 2006(2)

④ 张有志, 王军. 基于 Folksonomy 的本体构建探索. 图书情报工作, 2008(12)

⑤ 杜也力. 我国关于知识组织的研究述评. 中国图书馆学报, 2002(5)

⑥ 毕强, 牟冬梅, 韩毅. 下一代数字图书馆知识组织. 吉林教育出版社, 2009

其实,现今的信息组织和知识组织在某种程度上与传统的描述性编目(descriptive cataloging,主要是对受编文献的物质形态进行分析、选择和记录的过程)和主题编目(subject cataloging,主要通过分析受编文献所论述的主题内容来揭示其内容特征,以主题标引和文献分类及编制相应款目的工作为重点)相似。① 但现今的信息组织和知识组织要比传统的描述性编目和主题编目所涉及的元数据标准和知识组织系统广泛和复杂得多。如现今的信息组织不仅涉及各种传统的元数据标准,而且也涉及各种现代元数据标准。同样,现今的知识组织不仅涉及各种传统的受控词表和分类表,而且也涉及包括本体在内的各种现代知识组织系统(即本体研究是资源尤其是网络资源知识组织必不可少的部分,但可能因为本体研究比较专深,使得那些少有本体论述的文献不敢贸然使用"知识组织"来命名)。此外,如果说传统的描述性编目和主题编目的范围主要局限于图书馆等文献/信息机构,那么现今的信息组织和知识组织的范围已大大超出图书馆等文献/信息机构。

第二节 信息组织工具

信息组织所用的元数据标准,根据其所组织的对象会有很大的差异。本节试对实体资源组织和网络资源组织所用的元数据标准进行梳理,并在此基础上阐述各种元数据标准并存的理由及进行互操作的重要性。

一、实体资源信息组织的元数据标准

对实体资源进行信息组织所用的元数据标准,本书认为大致可分以下三大类型,即著录型元数据标准、编目型元数据标准和编码型元数据标准。② 需要指出的是,实体资源信息组织所用的元数据标准从著录型到编目型再到编码型,是元数据标准从手工编目走向计算机编目,以及从局部走向全面并不断补充和完善的过程。

(一)著录型元数据标准

实体资源信息组织所用的著录型元数据标准,从国际范围来说就是 ISBD。ISBD 的全称为 International Standard Bibliographic Description(《国际标准书目著录》),它是 IFLA 根据 1969 年国际编目专家会议的建议而制定的一套主要供各类实体资源著录用的标准规范。截至 1997 年,IFLA 先后颁布的 ISBD(含修订后的第二版)共有以下 10 种:

ISBD(G)(《国际标准书目著录(总则)》,1977 年);

ISBD(M)(《国际标准书目著录(专著)》,1987 年第二版);

ISBD(S)(《国际标准书目著录(连续出版物)》,1987 年第二版);

ISBD(CM)(《国际标准书目著录(测绘资料)》,1987 年第二版);

ISBD(A)(《国际标准书目著录(古籍)》,1977 年);

ISBD(NBM)(《国际标准书目著录(非书资料)》,1987 年第二版);

ISBD(PM)(《国际标准书目著录(乐谱)》,1980 年);

---

① 王松林编著. 现代文献编目. 书目文献出版社(今国家图书馆出版社),1996

② 王松林. 信息组织工具论. 山东图书馆季刊,2008(4)

ISBD（CP）（《国际标准书目著录（组成部分）》,1982 年）;

ISBD（CF）（《国际标准书目著录（计算机文档）》,1990 年）;

ISBD（ER）（《国际标准书目著录（电子资源）》,1997 年）。

1974 年 ISBD（NBM）第一版中原来包含有关机读件（Machine-Readable Data Files）的著录规则,但由于机读件的特性迅速变化,1987 年 ISBD（NBM）第二版已将这类资源的著录规则分出,并由后来的 ISBD（CF）来描述。另外,由于 ISBD（CF）中的计算机文档只是本地存取（local access）的电子资源,而对汹涌而至的远程存取（remote access）的电子资源无法描述,ISBD（CF）后来只得重新修订为 ISBD（ER）。但不管上述哪种 ISBD,其内容主要由概述、著录单元细则和附录三大部分组成。

进入 21 世纪,ISBD 的修订步伐明显加快。如 ISBD（M）修订版于 2002 年在 IFLANET 网上发布;ISBD（S）为适应连续出版物和其他连续性资源的著录,2002 年被修订成 ISBD（CR）并在 Saur 出版社和 IFLANET 网上出版和发布;ISBD（CP）的电子版和 ISBD（G）的修订版分别于 2003 年和 2004 年在 IFLANET 网上发布;ISBD（CM）已完成全球评估工作,2005 年秋提交评估小组;ISBD（A）也已建立研究小组并在全球进行评估;ISBD（ER）已完成全球评估工作,编目专业委员会根据投票结果对之提出了一些需要讨论的问题;ISBD（NBM）和 ISBD（PM）的修订工作由于考虑制定一体化的 ISBD 而被推迟。[①]

在我国,与上述 ISBD 对应的国家标准是 GB 3792 系列标准。GB 3792 系列标准在 20 世纪 90 年代曾进行过一次修订,除 GB 3792.5—85《档案著录规则》后成为 DA/T 18—1999《中华人民共和国行业标准·档案著录规则》外,其他修订后的标准内容均融入后来出版的《中国文献编目规则》中。2008 年,我国除对《文献著录总则》（GB 3792.1）、《普通图书著录规则》（GB 3792.2）、《连续性资源著录规则》（GB 3792.3）、《非书资料著录规则》（GB 3792.4）、《测绘制图资料著录规则》（GB 3792.6）以及《古籍著录规则》（GB 3792.7）进行进一步的修订外,还组织人员补充制定电子资源等著录规则。[②]

（二）编目型元数据标准

实体资源信息组织所用的编目型元数据标准,从国际范围来说应该首推被西方编目界誉为"圣经"的 AACR2（*Anglo-American Cataloging Rules*, *Second Edition*,即《英美编目条例（第二版）》）。如前所述,ISBD 是 20 世纪 70 年代后颁布的文献著录标准。它的颁布和实施,迫使编制与 ISBD 相匹配的编目条例的任务被提上议事日程。1974 年,英、美、加三国的图书馆举行会议,开始商讨 AACR2 的编制工作。经过数年努力,AACR2 终于于 1978 年正式出版,并将其 1967 年第一版的先标目后著录的顺序做了倒置。即 AACR2 的第一部分为"著录"（Description）,其后才是"标目、统一题名与参照"（Headings, Uniform Titles, and References）。[③]

AACR2 出版后,英、美等国的图书馆一方面对它积极采用,另一方面则根据新发布的和修订的 ISBD 及标目内容的变化对它进行不断的修订。在从卡片目录到联机目录的转变已

① 顾犇.《国际标准书目著录》及其最新发展. 国家图书馆学刊, 2006(3)

② 孙更新, 江志新. 我国文献著录规则国家标准（GB/T 3792）修订的新进展. 图书馆理论与实践, 2009(11)

③ American Library Association, et al. Anglo-American cataloguing rules. 2nd ed. ALA, 1978

成不可逆转的趋势时,AACR2 的第一个修订本于 1988 年正式出版,即《AACR2 1988 修订本》。① 对于这样一个修订本,曾经有人建议将它改名为 AACR3,但其编者没有接受。因为它并非像人们想象的那样是一个全新的版本,标志着一场新的编目革命的到来,而只是在编制思想、总体结构与 AACR2 保持一致的基础上,总结了过去 10 年对 AACR2 修改的意见和方案,以及对 AACR2 重新进行了一次建构与调整。基于同样的原因,之后 AACR2 还在不断推出其修订本。

在我国,与上述 AACR2 对应的编目条例是《西文文献著录条例》和《中国文献编目规则》。众所周知,《西文文献著录条例》1985 年由中国图书馆学会出版发行,2003 年由科学技术文献出版社出版《西文文献著录条例:修订扩大版》,但两者均是根据 AACR2 和相关的国际标准以及结合我国的实际需要而编制的;至于《中国文献编目规则》,则是我国为'96 国际图联大会在京召开而编制的第一部综合性、标准化的编目条例。《中国文献编目规则》出版后,中文资源的载体、信息传播的方式以及信息组织的形式均发生了较大变化,国内外的编目理论与方法也有了进一步发展。在此情况下,国家图书馆组织国内学者于 2002 年开始对之进行修订,并于 2005 年由北京图书馆出版社(今国家图书馆出版社)出版了《中国文献编目规则(第二版)》。

(三)编码型元数据标准

实体资源信息组织所用的编码型元数据标准,从国际范围来说不得不提 MARC21 和衍生出 CNMARC 的 UNIMARC。众所周知,MARC21 是由 MARC Ⅰ、MARC Ⅱ、LCMARC、US-MARC 发展而来。即一体化后的 USMARC 在经美国图书馆协会机读书目信息委员会(MARBI)和加拿大机读目录委员会(CCM)1998 年 6 月至 2000 年 7 月多次会议的统一与协调后,才正式更名为 MARC21 的(之后,MARC21 还与 UKMARC 进行了统一与协调)。现在,MARC21 含有以下 5 种执行格式:

MARC21 Format for Authority Data(《MARC21 规范数据格式》);

MARC21 Format for Bibliographic Data(《MARC21 书目数据格式》);

MARC21 Format for Classification Data(《MARC21 分类数据格式》);

MARC21 Format for Community Information(《MARC21 团体信息格式》);

MARC21 Format for Holding Data(《MARC21 馆藏数据格式》)。

而与 MARC21 的前身 USMARC 不同,UNIMARC 一开始就想发展成为所有文献资源的书目编码格式,尽管它的前两版只是集中解决对专著和连续出版物的机编问题。之后,为了扩展至除专著和连续出版物之外的其他各类文献资源,UNIMARC 在 1987 年出了新版。新版 UNIMARC 将原先单独出版的格式和手册合辑,并统一取名为 *UNIMARC Manual:Bibliographic Format*(《UNIMARC 书目格式手册》)。需要指出的是,之后 IFLA 还对 UNIMARC 书目格式做过多次补充和修订,并还正式出版了与之配套使用的 *UNIMARC/AUTHORITIES*(《UNIMARC/规范格式》)、*UNIMARC/CLASSIFICATION*(《UNIMARC/分类格式》)及 *UNIMARC/HOLDINGS*(《UNIMARC/馆藏格式》)等。②

---

① Joint Steering Committee for Revision of AACR. Anglo-American cataloguing rules. 2nd ed. , 1988 rev. Canadian Library Association, 1988

② 蒋敏. UNIMARC 的发展及未来趋势 // 变革时代的文献编目:第二届全国文献编目工作研讨会论文集. 国家图书馆出版社, 2010

其实，无论是 MARC21 还是 UNIMARC，它们在物理格式上均遵守 ISO 2709 标准。ISO 2709 标准 1973 年颁布时的名称是 *Format for Bibliographic Information Interchange on Magnetic Tape*（《文献目录信息交换用磁带格式》），1981 年出第二版时依旧沿用该名称，但 1996 年出第三版和 2008 年出第四版时已改名为 *Format for information exchange*（《信息交换格式》）。ISO 2709 的影响甚广，在它之后出现的许多国家的机读目录系统，如澳大利亚、加拿大、丹麦、法国、德国、荷兰、意大利、挪威、瑞典、日本等国（包括一些国际组织的情报系统）的机读目录系统，采用的均是这一标准的物理格式。我国与之对应的国家标准是 GB 2901—82 和 GB 2901—92《文献目录信息交换用磁带格式》（我国根据 ISO 2709 第四版对之进行的修订始于 2009 年）。

以上三类元数据标准虽然主要针对各类实体资源信息组织而制定，但也兼顾到了网络资源的信息组织。在这方面，最典型的要数在其内部增加了 856 等字段的编码型元数据标准。

有关实体资源的前端组织和后端组织所用的元数据标准，详见本书的第二章和第三章。

二、网络资源信息组织的元数据标准

与实体资源进行信息组织所用的元数据标准相同，对网络资源进行信息组织所用的元数据标准一开始也呈种类繁多之状态，并有不同的划分方法。本书根据 *The Organization of Information* 等文献将网络资源信息组织所用的元数据标准分为描述性元数据标准、结构性元数据标准和管理性元数据标准三大类。[①] 需要指出的是，大多数有关网络资源信息组织的元数据标准的讨论，之前还主要集中在描述性元数据的标准上，直到 21 世纪，结构性元数据标准尤其是管理性元数据标准才逐步得到人们的重视，至少现在它们已被业界认为是"元数据问题"了。[②]

（一）描述性元数据标准

描述性元数据是指那些描述和识别资源的特征以及分析资源知识内容的数据，一般包括用于识别某资源的数据（如题名、作者、制作或出版日期、制成数字对象的原始对象信息）、知识组织数据（如责任者控制、姓名、主题等与相关主题的搭配，多个实体之间关系的识别），以及知识访问数据（如主题标题、分类、归类）等。

前述网络资源进行信息组织所用的元数据标准一开始就呈种类繁多之状态，主要是指网络资源信息组织的描述性元数据标准。据不完全统计，世界各国、各业仅对数字文献、数字图像、博物馆藏品、教育信息、政府资源、地理空间信息、电子档案、音像资源等网络资源，就先后制定出了几十种较有影响的描述性元数据标准，而且通用性描述性元数据标准就有 DC 元数据标准（Dublin Core Metadata Element Set，都柏林核心元数据元素集。在本书论述中，与此同义的还有"DC 元数据"和"DC"）、ROADS Templates 元数据标准和 RFC 1807 元数据标准等。现在，DC 不仅成为互联网界事实上的工业标准（RFC 2413），而且还成为一些国家的国家标准（美国国家标准号为 NISO Z39.85，我国也已制定完毕）。2003 年，DC 还被批准为国际标准（ISO 15836）。

---

① 王松林．信息组织工具论．山东图书馆季刊，2008(4)

② Taylor A G. The organization of information. 2nd ed. Libraries Unlimited, 2004

　　DC 元数据标准迅猛发展的原因主要在于:①相对于前述 ISBD、GB 3792 和 AACR2 以及《中国文献编目规则》的八大著录项目和几十个著录单元,以及各种 MARC 的百余个字段和上千个子字段,DC 元数据标准中的 15 个未修饰元素可谓"MARC 格式的网络缩微版",甚至在此基础上还可进一步精简为 7 个元素,即 Title、Publisher、Format、Type、Identifier、Date 和 Subject;与"简单 DC"相比,如果对 15 个元素使用修饰词,还可形成可以用于详细描述的"复杂 DC"。②DC 元数据标准中的元素不仅具有可选择性和可修饰性之特点,而且还具可重复性和可扩展性等特性;更为重要的是,DC 元数据标准中的元素非常灵活,它既可嵌入在 HT-ML 文档中,也可基于 XML 文档进行描述,所以它与目前互联网上的相关置标语言具有很强的亲和力,这也是它目前应用最广的重要原因,相对于 MARC 一定要基于 ISO 2709 来说也更适合于网络资源的信息组织。

　　(二)结构性元数据标准

　　结构性元数据有时也被称作为技术型元数据、显示型元数据或使用型元数据,用于反映数字化资源正常发挥功能的技术性信息(即那些相关文件如何组成在一起和对象如何在各种系统间显示和发布的相关信息),一般包括软硬件文档、技术性信息、版本控制、识别图片版本及设定通过什么工具来观看图片的数据、数字化信息、数字图片制作的相关数据、鉴定和安全数据,以及联合检索协议等信息。

　　虽然结构性元数据这个术语出现的时间不长,但其使用的历史却不短。最初,结构性元数据是被用于翻页模式(page-turner model,主要用于内容必须以某种特定顺序排列的资料),它提供了一种内容显示结构,允许用户像翻书那样一页页、一章章地查看有关资源。使用结构性元数据的翻页模式不仅可以把多张单页图片组合成一个完整的对象(这可能是一种由多个层次组成的电子图书),而且还可将这些图片和各页中的小型图片以及不同分辨率的图片联系起来,甚至还可把 HTML 或 XML 格式的网页和网络接口或其他文件连接起来(尽管实现起来并不那么容易)。现在,结构性元数据则扩大至用于反映数字产品的内部组成、制作过程、产品及其各个组成部分所能实现的功能,以及该产品各个部分是如何连接在一起的信息(这特别适用于一个机构在接受了它没参与制作的数字产品时)。

　　结构性元数据现在至多出现在一些描述性元数据标准中,即到目前为止全球还没出现一部影响较大的结构性元数据标准。这一是因为有些结构性元数据的元素在一些文件类型的标头中即可找到,二是因为绝大部分的单一文本文档或许根本就不需要或不用充分地使用结构性元数据。然而,随着网络上的集合型资源变得越来越多和越来越复杂,制定结构性元数据标准的问题必将提上议事日程。

　　(三)管理性元数据标准

　　制定管理性元数据标准的目的是为了满足管理、制定决策、保管记录的需要。即管理性元数据提供了有关数字对象的存储条件和转换过程等相关信息,一般包括获取方式相关信息,所有权、权限、许可、复制信息,法律获取条件,定位信息,使用信息,使用管理,保存类信息,完整性信息,载体条件文档,以及用于保存的行为文档等信息。

　　与结构性元数据元素相类似,有些管理性元数据元素可由计算机自动生成。而与结构性元数据和描述性元数据所不同的是,管理性元数据既可被详细地保存,也可将重点放在本地的需求方面(如有关资源的决定是由谁做出的等)。据此,管理性元数据可以进一步细分为保存性元数据、访问和权限元数据以及"关于数据的数据的数据"——元元数据等。

在保存性元数据方面,近年来 OCLC、研究图书馆组织、澳大利亚国家图书馆和英国的 CEDARS 项目都发起了保存元数据创始计划,而美国空间数据系统咨询委员会于 1999 年提出的 OAIS(*Reference Model for an Open Archive Information System*,即《开放档案信息系统参考模型》)现已被业界接受为数字信息长期保存系统的基本构架,并被作为标准颁布(ISO 14721:2003)。典型的保存性元数据元素可能包括结构类型、文件描述、篇幅、属性、软硬件环境、来源信息、对象历史、转换历史、背景信息、数字签名和核对号码等。

在访问和权限元数据方面,主要应用于电子商务领域的 INDECS 项目是一个广为人知的权限元数据的模型。典型的权限元数据可以包括访问类别、识别符、版权声明、术语和条件、有效期限、利用信息、付费方式等。

在元元数据方面,1999 年,Renato Iannella 和 Debbie Campbell 发布了《A-Core:关于内容元数据的元数据》。该题名中的 A-Core 是 Administrative Core 的简称,实指管理性元数据核心集。由于 A-Core 是 DCMI(Dublin Core Metadata Initiative,都柏林核心元数据创始计划)为元数据的使用者管理元数据推荐的一种工具,所以 2002 年它被 Jytte Hansen 和 Leif Andresen 修订为《AC 管理性元素》,[①]主要是些描述元数据记录属性的元素、追踪变化和更新的元素以及提供记录交换信息的元素。

总之,管理性元数据是对资源的管理政策与机制进行描述,是元数据在资源管理层面上的拓展。但由于管理性元数据涉及的面较广,制定一部大而全的通用性管理性元数据标准的难度较大,所以才有人提出首先要研究基础性管理性元数据框架之观点。[②]

以上三类元数据标准的划分主要依其内容,其实在这三种元数据标准中均存在相互交叉之现象。如 DC 元数据标准中的 Rights(权限)、Date Valid(有效日期)和 Date Available(可获取日期)等元素或子元素就明显具有管理性元数据的性质,而在 OAIS 中也有支持内容发现的描述元素之需要。

有关网络资源的前端组织和后端组织所用的元数据标准,详见本书的第四章和第五章。

三、各种元数据标准的并存及互操作

元数据标准总是伴随着资源的产生而不断涌现,因此国内有学者将实体资源信息组织所用的各种元数据标准(即前述各种著录型元数据标准、编目型元数据标准和编码型元数据标准)称为"传统元数据标准",而将网络资源信息组织所用的各种元数据标准(即前述各种描述性元数据标准、结构性元数据标准和管理性元数据标准)称为"现代元数据标准"。

(一)各种元数据标准的并存

现时,业界似乎对现代元数据标准的关注热情渐高,而对传统元数据标准却越来越有微词,甚至时闻用现代元数据标准来替代传统元数据标准之说法,以及还有人对 MARC 这类传统元数据标准写出了"必死""谋杀"和"让它安乐死还是怎么地死"的文章。但是本书认为,

---

① Hansen J, Andresen L. AC-Administrative Components: Dublin Core DCMI Administrative Metadata: A Proposal to Be Discussed in the DCMI Administrative Metadata Working Group. 7 Ocotber 2002. http://www.dublincore.org/groups/admin/proposal-20021007.shtml

② 郑巧英等. 数字图书馆中基础管理性元数据框架研究. 图书馆杂志, 2008(6)

传统元数据标准和现代元数据标准在今后相当长的一个时期内必将共存发展。其理由是:①

1. 各有优点、用途不同

如前所述,每一种元数据标准其实都是针对某种资源信息组织而制定的,所以它们各具自己的优缺点并各有自己的用途。数字时代的到来,并没马上迎来"无纸化社会",而与喊出"无纸化社会"人的愿望相反,纸质等实体资源在数字时代不仅没有减少,而且还有不断增多之势。针对这些实体资源的信息组织,上述各种传统元数据标准无疑仍然具有用武之地。如各种社会性目录的编制就离不开著录性元数据标准,包括图书馆在内的各类文献/信息机构的目录编制则更离不开编目型尤其是编码型元数据标准。就拿 MARC 标准来说,现今它不仅成为国际图书馆界通用和主要的数据格式,而且也是图书馆内所有资源类型共用和共通的数据格式,其使用的广泛性和其整合的程度虽然不可以说是绝后的,但至少可以说是空前的。

2. 不断完善、相互包容

相对于传统元数据标准,现代元数据标准的发展历史并不长,其存在的问题,如前所述,一是数量众多,二是交叉重叠。而传统元数据标准在进入 21 世纪后非但没有停滞不前,而且还在继续向前发展。如 ISBD 在进入 21 世纪后,IFLA 一方面对其老版本继续修订(国内也是如此),另一方面还在出台一体化的 ISBD 即《ISBD 统一版》;同样,AACR2 在进入 21 世纪后美国国会图书馆等机构一方面对它继续修订,另一方面也在根据《国际编目原则声明》出版能替代其的 RDA;而 MARC 为扫清数据在网络上发布和交流等的障碍,进入 21 世纪后,其交换格式 ISO 2709 一方面继续修订,另一方面也尝试用 ISO 25577(MarcXchange)作为其交换格式。从此意义上讲,MARC 的确是一种不断升级且控制良好的元数据标准。② 当然,现代元数据标准也在朝着自己的方向发展和壮大,如作为通用性描述性元数据标准的DC 元数据标准,目前正朝各个领域发展,具体表现为产生用于描述教育资源的 DC-Ed、用于描述政府信息的 DC-Gov 和用于描述图书馆资源的 DC-Lib 等领域元数据标准。③

(二)各种元数据标准的互操作

元数据标准制定的多样化,除与资源的种类有关外,还取决于其应用的领域、应用的层次和应用的系统等。但是本书认为,元数据标准会像 20 世纪 50 年代以来我国图书馆分类法的编制那样,由众多的分类法逐步向三大分类法乃至今天向一部分类法集中。当然,元数据标准的这个集中过程可能比较漫长。因此就目前来说,解决众多元数据标准存在的问题,其最好的办法是解决元数据标准的互操作问题。

元数据标准的互操作主要体现在以下两个方面:①对异构系统间互操作能力的支持,即制定的各种元数据标准不仅能为其宿主应用系统所操作,而且还应尽可能地为其他不同的异构应用系统所接受;②在元数据术语上的相互理解与转换能力,即在具体的元数据标准体系中,不同标准中的元数据术语(包括元素、修饰词等)具有较好的易转换能力,从而使得遵从某种元数据标准的元数据记录可以通过元素对照(crosswalk)和映射(mapping)方便而近

---

① 张瑞莲. 各种元数据并存是信息资源组织的发展趋势. 图书馆杂志,2008(4)

② 柯平,曾伟忠. 21 世纪国际图联(IFLA)文献信息编目创新的研究. 图书馆,2007(6)

③ 王松林. DC-Lib:我国数字图书馆元数据的首选. 中国图书馆学报,2004(1)

似地转换为其他元数据标准的记录。① 当然,最理想的境界是不管什么元数据标准都能转换到所想转换到的元数据标准上去。

元数据标准的互操作既可将性质相同的元数据标准进行映射对照(如将 MARC 与 METS 映射对照,或将 DC 与 ISBD 映射对照),也可将性质不同的元数据标准进行映射对照(如将 MARC 与 DC 映射对照,或将 DC 与 MARC 映射对照)。② 另外需要强调的是,元数据标准的互操作除了需要解决其语义互操作问题外,还需解决其语法互操作等问题。③

总之,信息组织离不开元数据标准,而元数据标准的互操作问题又是现时元数据研究领域(严格意义上讲应是整个信息界)的核心问题之一,需要我们倍加关注和努力。

有关元数据标准的互操作问题,详见本书第十章第二节。

第三节 知识组织工具

知识组织所用的知识组织系统,根据其所组织的对象也会有很大的差异。本节试对实体资源和网络资源组织所用的知识组织系统进行梳理,并在此基础上阐述知识组织系统的发展及其互操作问题。

一、实体资源知识组织的知识组织系统

对实体资源进行知识组织所用的知识组织系统,本书认为大致可分以下两大类型,即主题组织系统(以下简称"主题法")和分类组织系统(以下简称"分类法")。需要指出的是,无论是主题法还是分类法,它们均含有不同的类型。

(一)主题法

主题法真正发展的历史只有100多年,但在20世纪后半叶它却发展迅猛,并一度成为实体资源知识组织的主流工具。按照表达主题概念的语词标识的构成原理和特征,主题法一般可分标题法、叙词法和关键词法三大类。

1. 标题法

标题法是最早产生的一种主题法,它的出现一般以克特(C. A. Cutter)于1876年出版的《词典式目录规则》为标志,其主题目录思想仍是当今还在盛行的《美国国会图书馆标题表》和《西尔斯标题表》等的理论依据。

标题法是一种用规范化的自然语言语词做标题,直接表达资源主题概念,按照标题字顺排列,并用参照系统(现在的标题法已采用类似于叙词法的参照方式)显示标题间关系的主题法。标题(subject heading)或称标题词,是标题法表达资源主题的标识,是自然语言中经过规范化处理的词或词组,通常为比较定型的事物名称。标题法中的标题除了采用单词和词组形式的单词标题、词组标题形式外,还采用倒置标题、带限定词的标题以及大量在标题表中预先组配好的多级标题等形式。即标题法一般是将标题列举出来,直接供标引和检索

---

① 肖珑,赵亮. 中文元数据概论与实例. 北京图书馆出版社(今国家图书馆出版社),2007
② 郭秋福,江汇泉. MARC 与 DC 元数据的对比分析. 数字图书馆论坛,2008(4)
③ 林海青. 元数据互操作的逻辑框架. 数字图书馆论坛,2007(8)

选用。

标题法以事物为中心来集中资源,便于从事物出发进行检索,特性检索功能较强,标识直观。此外,它还具有标识含义明确和易于使用等优点。其主要缺点是由于采用标题的列举方式和先组方式,概念表达能力受限,概念难以多向成族,检索途径少;由于采用自然语词,标识的通用性较差。

2. 叙词法

叙词法是在吸取了标题法、单元词法以及分面组配分类法等优点的基础上,于20世纪50年代末产生并发展起来的一种主题法。随着计算机应用范围的不断扩大,叙词法也得到不断的改善和普及,已成为当今主题检索语言的主流。至今,国际上已有数以千计的叙词表,我国的叙词表也有百余种之多。

在我国,叙词法又称主题词法,是一种以规范化的自然语言语词为叙词(我国多称主题词)并通过叙词概念组配方式来表达资源主题概念的主题法。而所谓叙词(descriptor),是指取自自然语言但经规范化处理的、以基本概念为基础的表达资源主题的词或词组。

叙词法除了具有主题法的共同优点外,还因采用组配方式,可以实现多向成族,多途径检索,多因素组配检索,灵活地扩检、缩检或改变检索范围;能以较少的语词表达较多的概念、较专指的概念以及新概念;因遵循概念组配原则,保证了组配语义的准确性;因采用多种手段显示词间关系,具有较好的族性检索功能。其主要缺点是编制和使用的难度较大;组配语义的明确性稍差。

3. 关键词法

一般认为,现代意义上的关键词法也产生于20世纪50年代。随着科技文献资源数量的剧增,迫切需要一种迅速而简便的检索,加之计算机和网络的广泛应用和普及,关键词法现今在信息检索中扮演着越来越重要的角色。

关键词法是一种直接以文献资源中能够表达主题概念的关键词做标识的准主题法,或关键词法是由计算机或人工从文献资源中抽取关键词作标识,按字顺排列并提供主题检索途径的方法。而所谓关键词(keyword),是指出现在文献资源题名、文摘、正文中,能够表达文献资源主题并具检索意义的语词。

与标题法和叙词法相比,关键词法具有以下两大特点:①关键词是自然语言的语词,一般不做规范化处理;②一般不通过编制受控词表(关键词表)进行词汇控制,不显示词间关系,而只通过编制禁用词表来控制抽词。

有关实体资源的主题组织,详见本书的第六章。

(二)分类法

分类法可依不同的标准区分出许多不同的类型。如根据其处理的对象,可将分类法分为文献分类法、学科分类法、事物分类法、网络信息分类法;根据其涉及的学科领域范围,可将分类法分为综合性分类法、专业分类法;根据其适用的资源类型,可将分类法分为图书分类法、期刊分类法、专利分类法等。但若按其编制的结构形式,分类法通常可以分为体系分类法、组配式分类法、体系—组配式分类法三大类型。

1. 体系分类法

体系分类法是一种传统的分类法类型,因其通常有一个严密的类目等级结构,各级类目原则上按概念逻辑划分的方法层层展开,所以也称等级分类法、层次分类法、列举式分类法等,是一种将所有的类目组织成一个等级系统,并采用尽量列举的方式予以编制的分类法。

体系分类法采用列举方式的好处是:①概念直接表达,直观明确,不易产生歧义;②在分类浏览检索中,可以使用户在层层深入的过程中发现所有的类目(这一特点决定了它非常适合于建立面向用户的分类浏览系统)。在编制具有统计功能、事物索引功能、信息交换功能的分类代码表时,也需采用体系分类法。由于体系分类法特有的等级系统性,对于知识的系统组织和查询具有良好的适应力,所以现代文献分类法绝大多数都是基于列举式模式而编制的,其他各类信息分类法的编制也都基于这种模式。

体系分类法的明显弱点,一是难以充分揭示资源中大量存在的复杂专深主题和新主题,即容纳性较差;二是详尽的列举往往导致分类法的篇幅巨大,从而带来使用上的不便。另外,使用体系分类法对分类表管理的要求也较高。

2. 组配式分类法

组配式分类法也称分面分类法、分析—综合式分类法,是根据概念的分析与综合的原理,将概括文献、信息、事物的主题概念组成"知识大纲—分面—亚面—类目"的结构,按一定的规则、通过各个分面类目之间的组合来表达资源主题的一种分类法。在宏观结构方面,组配式分类法与体系分类法基本相同,但在微观结构方面则存在较大的差异。其中,分面类表是组配式分类法与体系分类法在结构上的最大不同。

组配式分类法也是先构建自己的知识系统大纲(一般是一、二级类目),但它不像体系分类法那样再继续逐层划分下去,而是在已划分出的一级或二级类目下再分别列出若干个分面和亚面,在分面和亚面内再列出相关的类目,构成组配式结构。因此,分面分析、分面引用次序和分面标记制度是组配式分类法的核心理论和关键技术。

从理论上讲,组配式分类法具有极大的灵活性,即用较少的类目可以组配出大量新的、复杂的主题,并能提供多种检索途径。其次,其分面分析的方式可从多个方面反映概念的含义,这在网络资源知识组织方面具有较好的应用前景。分面分析和组配技术虽为传统知识组织系统的发展注入了巨大的活力,但在实际应用中由于组配式分类法的组配技术和标记技术都过于复杂且缺少直观性,对标引者和检索者形成了很大的负担,因而也大大降低了其实用性;分面结构容易导致知识系统性的破坏,而这正是体系分类法的重要性能;对于分类浏览检索来说,其效果也远不如体系分类法;对于其他需要全面列举的分类法(如各种事物分类法),其结构也不适用。因此,全组配式分类法模式极少被使用,其分面分析和组配技术更多的是为体系分类法所吸收,并被用来改善体系分类法的性能。

3. 体系—组配式分类法

体系—组配式分类法亦称半分面分类法,是一种在等级体系分类法的基础上引入分面分析和组配技术所形成的分类法结构模式。该模式以等级体系分类为基础,在确保分类知识系统性的前提下引入分面分析和组配技术,以提高体系分类法对新主题、复杂主题的描述能力和灵活的检索能力,因此这种分类法具有体系分类法和组配式分类法的长处。实际上,大多数等级体系分类法如《国际十进分类法》(UDC)、《杜威十进分类法》(DDC)、《美国国会图书馆分类法》(LCC)以及我国的《中国图书馆分类法》等都在不同程度上吸收了分面分析和组配技术,即纯粹的体系分类法现已不多见。

体系分类法吸收分面分析的技术主要体现在"多重列类"上,使事物的多重属性在同一划分层次都作为分类标准使用,为从多种属性描述主题、检索主题创造了条件。体系分类法吸收组配技术体现在：一是运用类目仿分、设置专类复分表和通用复分表等手段增加细分的能力，提高标引的专指度；二是使用主类号直接组配表达新的主题。伴随着组配技术的应用，体系分类法还采用各种辅助符号来提高其组配能力。

有关实体资源的分类组织，详见本书的第七章。

二、网络资源知识组织的知识组织系统

擅长于实体资源知识组织的主题法和分类法，同样也可用于网络资源的知识组织，但网络资源的知识组织可能更适合于使用形式化本体和大众分类等专用工具。

（一）主题法和分类法在网络资源知识组织中的应用

若用受控词表和分类表来对网络资源进行知识组织，一般需要对其进行适应性改造。在此之前，需要论述主题法和分类法在网络应用中的重要性和可行性问题。

1. 主题法和分类法在网络应用中的重要性和可行性

自然语言具有信息处理成本低、效率高、容易被普通检索者所接受等优点，在资源呈几何级数增长的网络时代无疑是一种较为经济和实际的选择。但是自然语言也存在表达概念过于自由、语义无关联、词汇无控制等弊病，容易牺牲检索的质量，产生大量的检索噪声，从而影响检索的效率，同时也会增加用户的检索负担。搜索引擎作为一个超大规模的自然语言检索系统，由于网络资源的数量极其庞大，因而其检索效率低下的问题也更突显。因此，要实现搜索引擎检索效率上的突破，除了改进和优化检索模型、索引算法和匹配算法外，从语言保障层面上讲最重要的一点就是如何将受控语言的基本原理和方法以适当的方式应用到自然语言检索中去。

情报语言学界一致认为，检索时的后控制形式即"自由标引＋后控词表"有机结合的混合系统，是一种较为有效的控制形式。后控词表可在很大程度上解决自然语言检索中的许多问题，即把"前控制"变为"后控制"，同样可以达到规范语词、显示概念间关系、减少自然语言的不确定因素的控制目的。正如兰开斯特指出："后控词表的发展为改进联机网络内的检索效果以及成本—效益提供了良好的前景。"[①]目前，网络应用的实践也表明：越来越多的网络信息检索系统均不约而同地采用了各种不同形式的后控制方法来提高其检索效率，即受控词表的使用重心发生了后移，形成了"标引不控制＋检索控制"的检索模式。

其次，网络资源虽然具有不同于实体资源的特点，但是分类法仍是网络资源知识组织所采用的重要方法之一。自从 Yahoo! 开了利用分类法思想来组织网络资源之先河后，目前互联网主要采用以下两种分类手段来对网络资源进行知识组织：一是人工标引或自动标引方式采用自编的分类系统，如 Yahoo!、Open Directory、搜狗目录等；二是人工标引方式采用现有的文献分类法。

1996 年，OCLC 的 Diane Vizine-Goetz 就将 Yahoo! 与 DDC（《杜威十进分类法》）和 LCC（《美国国会图书馆分类法》）的大类、某个基本类、结构进行分析比较，试图证明传统分类法对网络资源知识组织的可行性。[②] 其比较和所得出的结论是：①选取 Yahoo! 的第 1—10 和第 35—45 个目前最普遍使用的类目与相应的 DDC 类目做比较，结果表明，DDC 拥有足够宽

① 兰开斯特 F W 著；侯汉清等译. 情报检索词汇控制. 同济大学出版社，1992

② Vizine-Goetz D. Using library classification schemes for Internet. http://www.oclc.org/

泛的主题覆盖面用以组织互联网上繁杂的资源;进而选取 Yahoo! 和 DDC 的教育类做比较,结果表明,DDC 拥有足够的覆盖深度,能揭示网络资源更深层次的信息。②DDC 和 Yahoo! 同样提供了支持浏览的等级结构,但因 DDC 具有类号标识上的优势,较之 Yahoo! 更能控制类目之间的关系,以及扩大、缩小和调整类目之间的关系。③分类法的类号标记易于实现不同语言之间的转换。

以上研究表明,DDC 严格的等级体系具有很好的实用性,既可用于网络资源知识组织,也可利用它的等级结构、概念体系以及类目关系对网络资源进行自动标引。除此之外,分类法用于网络资源的知识组织和揭示还具如下优势:①分类法独有的聚类功能及其代码标识,为组织和揭示多媒体等非结构化资源提供了一条可行的途径;②通过主题类目限定检索范围,可提高查准率;③分类等级结构可提供检索词的上下文;④当检索目的不明确或检索词不确定时,分类浏览的启发方式更有助于用户的检索。

2. 主题词表和分类法在网络应用中的适应性改造

由于一般主题词表规模庞大、词汇丰富,往往难以将整个主题词表及其参照系统全部输入计算机。即使有现成的机读化、网络化词表,也会由于其参照系统的复杂性而使其易用性大大降低。因此,为了满足网络环境下的信息检索之需要,传统的主题词表须做如下一些适应性定位和改造:①在功能定位上,主题词表的功能和使用在网络环境下将发生很大的变化,未来的主题词表将更多地用于检索,而较少用于标引;②主题词表的数字化是网络应用的前提条件,互联网上有许多电子版的受控词表网站可供检索和浏览,而为适应终端用户的检索习惯,主题词表则需完善可用于浏览检索的词表等级体系结构;③结合网络资源的特点,在主题词表的基础上大量增加入口词,编制后控制表;④充分利用超文本的链接技术构建微观词表或后控词表,增加词间关系的参照显示,并在此基础上探索后控制的多种形式,如采用入口词表或微观词表等形式。

目前,尽管只有个别的研究项目(GLIN)明确表示将整合主题词表,但是美国国会图书馆的两大项目 American Memory 和 THOMAS 均表明词汇问题是最严重的缺陷,而用主题词表是解决词汇问题的关键方法之一。①

其次,将分类法用于网络资源的知识组织,也需根据网络资源和用户的特点对之作出适应性改造和调整。例如将 NetFirst 的主题目录体系与 DDC 相比较,我们可以发现两者的类目术语和强调的重点不同:DDC 标题概念宽泛,描述性术语扩及到类目,而 NetFirst 只是使用目前的类目来强调所选择的类。即 NetFirst 在采用 DDC 时,在研究人员对数据库中分类号的分布状况进行统计分析的基础上,对 DDC 做了类目和类级等方面的改造。

具体来说,分类法在网络资源知识组织的实际应用中,须从以下几个方面进行改进或改造:①机读化和网络化。机读化是分类法进入网络的必要前提,而这里所说的机读化不只是将分类表输入计算机,还要对分类表做网络化的改造。网络化的另一层涵义指分类检索语言在介入网络资源知识组织前必须要对其类目进行彻底的修订,即以学科分类为原则,同时根据网络资源大众化的特点和某些热门学科的需要来设置和安排类目。比如删除分类法中不大可能在互联网上出现的某些概念和类目,进一步细化某些热门学科或专业,增加生活和娱乐等方面的类目。②归并一些不适合网络资源知识组织的类目并对其层次进行简化,类

---

① http://www.dlib.org/dlib/may96/loc/indexing.html

目注释要突出内容含义的说明和类目关系的指引。③充分利用新技术、新方法来改造原有的分类法,把类目的线性结构改造成网状结构,以提高分类法描述网络资源主题的能力。此外应根据网络资源的特点对类表进行完善、调整,大量充实入口词,以及解决复合主题的转换问题,包括引用次序的调整,使类目具有较强的规律性,并能根据不同主题概念的特征按一定的次序加以组配等。这一方面可充分利用超文本技术,加强交替类目、参见与注释类目之间的横向联系,加强多重列类的使用,纵向联系则借助层层链接来实现,但要注意对类目体系深度予以控制,另一方面可加强分面分析方法的应用。④易用化。分类检索语言当前已达到相当高的控制水平,进一步的改进主要是在易用性方面,因为网络检索系统的最终使用者已经不再仅仅局限于懂分类检索语言的专业人员,而是扩大到广大的网络终端用户。

(二)网络资源知识组织的专用工具

网络资源知识组织的专用工具,如前所述,包括应网络环境而产生的形式化本体和大众分类等。

1. 形式化本体

前文已经强调,对网络资源进行知识组织最有效的办法是构建形式化本体。之所以强调对网络资源进行知识组织要使用形式化本体,是因为根据某些学者对本体的定义,本体也可以是非形式化的。如根据本体为"给出构成相关领域词汇的基本术语和关系,以及利用这些术语和关系构成来规定这些词汇外延的规则"的定义,以及"本体是概念模型的明确的规范说明"之定义,①②也可将前述的主题词表和分类表划归本体的范畴。因为分类表尤其是主题词表本质上讲就是一部语义词典,它由术语及术语之间的各种关系所组成,能反映各学科或某学科领域的语义相关概念。③ 但若根据"本体是共享概念模型的形式化规范说明"以及"本体是共享概念模型的明确的形式化规范说明"之定义,④⑤用于网络资源知识组织的本体必定是形式化本体,因为只有形式化的本体才是计算机可读的,才能被计算机所处理。

目前,形式化本体最有效的构建方法是在现有非形式化本体的基础上(即以分类主题一体化词表中的叙词及其分类等级为基础),使用 XML Schema、RDF Schema 或 OWL 本体编码语言来对之进行转换。这方面的研究和实践国外以美国国家医学图书馆的 UMLS(Unified Medical Language System,一体化医学语言系统)为代表,⑥而国内使用 OWL 对《中国分类主题词表》进行本体化改造的研究则侧重于语义表示层。⑦

① Neches R, et al. Enabling Technology for Knowledge Sharing. AI Magazine, 1991,12(3)

② Gruber T R. A Translation Approach to Portable Ontology Specification. Knowledge Acquisition, 1993 (5)

③ 李金定. 叙词表、元数据与本体之间关系探究. 图书馆学研究, 2007(8)

④ Borst W N. Construction of Engineering Ontologies for Knowledge Sharing and Reuse. PhD thesis, University of Twente, Enschede,1997

⑤ Studer R, Benjamins V R, Fensel D. Knowledge Engineering, Principles and Methods. Data and Knowledge Engineering, 1998,25(1 – 2)

⑥ National Library of Medicine, National Institutes of Health, United States. Unified medical language system. http://www.nlm.nih.gov/research/umls/

⑦ 曾新红.《中国分类主题词表》的 OWL 表示及其语义深层揭示研究. 情报学报,2005,24(2)

相比较而言,XML Schema 对于本体的语义描述过于单薄,OWL 虽然具有很强的描述力,但描述起来过于复杂且成本过高,而 RDF Schema 虽然在表达能力和逻辑严格性方面不如 OWL,但用来描述叙词关系也可胜任,因此成了很多机构转换语言的首选。而前文所提的、W3C 正在发展的一种 RDF 语法标准——SKOS,较之 RDF Schema 则能更好地反映本体中的语义关系。即 SKOS 除了可用 < skos:hasTopConcept >、< skos:altLabel >、< skos:broader >、< skos:narrower > 和 < skos:related > 等标签来反映叙词表中的"族""代""属""分""参"等语义关系外,还有大量的标签(目前具有 4 个类、28 个属性共 32 个标签)可用于本体更为广泛、深入、细致和全面的语义关系描述,不失为一种比 OWL 简单而比 RDF Schema 易用的本体编码语言。即叙词表中概念体系、分类表中的等级结构,在经 SKOS 规范化和形式化处理后,同样可以成为计算机可操作的一种本体工具。① 需要指出的是,形式化本体既可通过编码语言转换传统的知识组织系统而获得,也可通过一定的方法流程或采用辅助工具进行创建。

有关网络资源的本体组织,详见本书的第八章。

2. 大众分类

如前所述,在形式化本体构建过程中,叙词表和专业词典等可以被认为是经过专家人工编纂审核后的概念词典,可以直接用来作为形式化本体的知识来源。但是并非所有的领域都有标准的专业化叙词表和专业词典,而且即使存在专业性的叙词表和专业词典,其本身也有一个概念不断更新的问题。因此,如何获取领域概念以支持本体的构建就成了构建领域本体的一个发展方向。在国内,王军曾研究过如何利用资源题名和文摘中的主题信息和词汇去丰富原有知识组织系统(分类法和主题法)的技术。② 而在国外,随着 Web2.0 尤其是 Lib2.0 的发展而兴起的大众分类,同样也可被用来获取领域概念以支持本体的构建。③

大众分类与本体虽然在结构、创建者、同义词控制、准确性、灵活性、创建成本、变化程度、可用性以及可量测性方面均存在差异,④但是大众分类之所以也可被用来获取领域概念以支持本体的构建,是因为它们在以下方面存在共同点:①大众分类与本体都是一种分类方法。本体是将世界上存在的事物划分出一些基本类型,然后再按某种学科将某种事物进行细分,从而形成事物的分类体系。就一个本体实体而言,它具体包括概括事物本质的基本概念(也被称为"类"),以及概念与概念间形成的层次体系关系、属性关系和其他语义关系。而大众分类是由网络用户自发为某类资源定义一组标签进行描述,并最终根据标签被使用的频次选用高频标签作为该类资源类名的一种为网络资源分类的方法。由此可以看出,本体与大众分类都是一种分类方法,即都是为了人们的沟通与理解而人工构建的统一的认识事物的标准。②大众分类与本体都是共识,而非个人的知识。本体中体现的是共同认可的知识,反映的是相关领域中公认的概念集,即本体针对的是团体而非个体的共识。而在大众分类中,用户既是标引员又是使用者,因而在标引与使用之间能够重复和模仿,得到及时反

① 刘春艳,陈淑萍,伍玉成. 基于 SKOS 的叙词表到本体的转换研究. 现代图书情报技术,2007(5)

② Wang J. A knowledge network constructed by integrating classification, thesaurus, and metadata in digital library. Information and Library Review, 2003,35(2/4)

③ 图书馆 2.0 工作室编. 图书馆 2.0:升级你的服务. 北京图书馆出版社,2008

④ 王翠英. 本体与 Folksonomy 的比较研究. 图书馆建设,2008(5)

馈。通过这些过程,用户共商标引词的含义,直到达成一致意见。即大众分类通过对个人成果的聚合来形成社区含义,同样代表了大部分人的共同愿望。③大众分类与本体都是以提高检索效率为目的。在许多语义万维网中,本体的一个特殊用法是从用本体语言表达的实事和准则中推断新的知识。另一个通用方法是查询用本体语言表达的数据,检索语义意义上的搜索结果。二者结合所形成的语义搜索软件,可充分利用本体为用户查询提供全面和相应的回复。即本体的真正构建在于努力创建一个更易于标记过程和语义检索的用户界面。而大众分类也是为了方便(尽管主要是为个人方便)检索而对资源和对象(任何 URL 地址)进行自由标记的结果,由于在特定的社会环境下标签与资源总是聚合在一起,所以也可提高其索得率和查找率。

总之,大众分类基于“有胜于无”(Better than Nothing)的理念,其标签是对用于本体构建的受控词表和分类表的补充。大众分类与本体既有联系又有区别,比较切实可行的做法是在大众分类与本体之间建立联系,将大众分类的可用性、灵活性与本体的精确性相结合,并从大众分类中抽取本体(TagOntology),①以促进语义检索的发展。

有关网络资源的大众分类及其本体的转换,详见本书的第九章。

三、知识组织系统的发展及其互操作

知识组织系统不仅涉及自然语言,而且由于世界自然语言的丰富性造就了其互操作方面的特点。

(一)知识组织系统的发展

在目前的情况下,知识组织系统除了对以上分类主题一体化、形式化本体和大众分类等进行研究外,主要朝以下两个方向发展:

1. 受控语言与自然语言的融合研究

人们普遍认为,自然语言中的术语专指性高,有助于表达独特的检索需求和提高查准率。同时,网络用户在进行网络搜索时也倾向于使用术语进行搜索。因此,对术语的研究可以成为自然语言与受控语言融合的突破口。术语的特征是规模较为稳定,增长和更新的速度较之日常生活用词汇要慢得多。有研究表明,在网络环境下使用术语做提问词并以此改善查准率是可行的。Google 也用术语来优化检索和缩小检索结果的范围,提高其查准率。②

但术语仅为语义检索提供词汇基础。而要真正实现语义检索,还需要有功能更为强大的逻辑工具。本体及其他类似的逻辑工具的引入,不仅在传统的知识组织工具的改造方面,而且也在支持自然语言检索和促进受控语言与自然语言融合方面都有可能起到重要作用。另外还应看到,解决自然语言与受控语言的融合问题,需要深入研究逻辑学和语言学,借鉴和引进这两个学科的研究方法和成果,深入分析受控语言的词汇、句法结构和语义结构。

2. 多语言词表构建研究

互联网使各种语言的资源充斥整个网络。因此,应用多语种词表来实现跨语言检索已

---

① 金燕,陈玉.基于本体的标签控制方法研究.图书馆理论与实践,2010(7)
② 赖茂生,屈鹏,谢静.知识组织最新研究与实践进展.图书情报工作,2009,53(2)

成为网络时代的一种需求。2005 年 IFLA 起草的《多语言叙词表指南》，①对于建立多语言叙词表具有指导和促进作用。《多语言叙词表指南》介绍的三种多语种叙词表的构建方法是：①从一种语言开始创建新的叙词表，然后增加其他语言；②合并现有叙词表（可合并两种或多种现有的叙词表从而成为一种新的多语言检索语言，或将现有的叙词表相互链接）；③将一种叙词表翻译成一种或其他语言的叙词表。②

多语种叙词表的运用扩大了网络叙词表的使用范围，使叙词表向国际化方向发展。目前正在进行的多语种词表项目有：国际粮农组织 FAO 的多语种农业叙词表 AGROVOC，欧洲的 GEMET、Eurovoc、Merimee，以及荷兰的 MACS 等。

（二）知识组织系统的互操作

知识组织系统的互操作是指不同知识组织系统之间的兼容互换。就像元数据标准的互操作既可将性质相同的元数据标准进行映射对照，也可将性质不同的元数据标准进行映射对照一样，知识组织系统的互操作既包括不同分类法之间或不同主题词表之间的互操作，也包括分类法与主题词表之间的互操作。知识组织系统间这方面的互操作主要通过派生法、翻译法、系列化分类表或词表、卫星词表法、直接映射、共现映射、中介词典、数据库链接以及宏词汇的模式与方法来实现。③

知识组织系统互操作是实现分布式资源集成检索以及交叉浏览的有效方法。因此，互操作成为知识组织系统领域重点研究的主攻技术，相关的研究项目有欧盟的 DESIRE II，欧洲的 HILT 和 Renardus，以及美国国家医学图书馆的 UMLS 等。④

在分布式网络环境下，无论是数字图书馆等学术应用系统还是企业的商用信息系统，都在一定程度上面临着系统异构、语法异构、模式异构和语义异构等问题。近年来，国外学者关于应用本体解决信息系统问题的研究主要围绕方法层面：探寻基于本体的有效方法，解决特定领域的异构问题。所采用的方法主要为本体与代理结合的方法、本体间映射的方法。⑤

如果把主题词表和分类表看成是传统知识组织系统，那么知识组织系统的互操作除了解决传统知识组织系统间的互操作以及本体间的互操作问题外，还要解决传统知识组织系统与本体以及大众分类与本体间的互操作问题。

有关知识组织系统的互操作，详见本书第十章第三节。

---

① Guidelines for multilingual thesauri. http://archive. ifla. org/VII/s29/pubs/Draft-multilingualthesauri. pdf

②④ 李育嫦. 网络数字环境下知识组织体系的发展现状及未来趋势. 情报资料工作, 2009(2)

③ 司莉. 知识组织系统的互操作及其实现. 现代图书情报技术, 2007(3)

⑤ 徐静, 孙坦, 黄飞燕. 近两年国外本体应用研究进展. 图书馆建设, 2008(6)

第二章 实体资源的前端组织

实体资源的前端组织是指实体资源在其排版和印刷的同时一并提供其元数据信息的组织形式。以纸质图书为代表的实体资源,其前端组织的形式主要是在版编目和/或电子在版编目。图书在版编目和电子在版编目是如何发展的、它们各自使用什么方法,以及所用的元数据标准是什么,本章逐一进行论述。

第一节 图书在版编目及其发展

图书在版编目(Cataloging in Publication,简称 CIP)是 20 世纪 70 年代初出现在图书版权页上的一个编目项目,目的"是在有关图书出版前,向出版商提供编目数据,以便使这些编目数据能被印刷在该出版物中。通过这种方法,出版物的编目数据可同时被图书馆、书商和其他需要这一编目数据的人所利用。"[1]

一、图书在版编目概述

图书在版编目最初出现在西方国家。这一方面反映了西方国家图书销售战的激烈,促使各出版商希望国家图书馆能尽快地将它们所出版的图书编入目录以扩大销售;另一方面也反映了西方出版商服务工作的深入,以及出版业需要与图书情报业结合起来进行学术交流。[2] 此外,图书在版编目的出现与发展也与 IFLA 倡导的 UBC(Universal Bibliographic Control,国际书目控制)计划大有关系。UBC 计划的目的是"对世界各国出版的主要出版物以一种国际上可接受的方式,全面而迅速地做出基本目录。"[3]而要实现以上目的,就需解决书目数据源、标准化以及组织这三个关键问题。鉴于此项任务的艰难,IFLA 后将工作的重点放在推动各国的 NBC 计划上,即帮助各国建立国家书目体系、联合目录体系、专题目录体系以及检索刊物体系。而 NBC 计划的目标的实现又需文献资源生产、传播与收藏利用等各个环节的协同,其中文献资源生产环节尤为重要。

图书在版编目的结果是产生图书在版编目数据(CIP data)。各国出版商编制图书在版编目数据的过程大致是:①当图书的书名及主编、作者或译者最后确定,目录(或目次)已完成,国际标准书号已申请下来后,出版商就得尽快地填写一张由本国国家图书馆提供的表格;②出版商将填好的纸质表格并随该书的全部校样或该书的书名页、目录(或目次)、前言、内容简介、版权页等样张送往国家图书馆;③国家图书馆参照出版商所填写的数据进行编

① 郝志平. 中国图书在版编目(CIP)的起步与进展. 图书馆理论与实践,1998(2)
② 叶再生. 编辑出版学概论. 湖北人民出版社,1988
③ Wellish. 书目控制论:情报检索的一种理论. 吉林图书馆学会会刊,1981(6)

目,并将编好的数据发回给出版商,以让其印在图书的版权页上(国家图书馆也可将此数据记录在机读目录上发布)。因此,图书在版编目可以定义为:图书在其出版过程中由集中编目部门根据出版者所提供的校样先行编目,然后由出版者将其编目信息加印在图书上,以供出版发行部门和文献收藏部门利用。

图书在版编目是实现全国乃至全球范围内统一书目格式、加强书目信息交流、迅速编制各种书目的重要举措,同时也是积极推广文献工作标准化、进一步实现国内和国际文献资源共享的最佳途径之一。其现实作用是:①减少重复编目,提高编目效率,加快文献资源在读者手中的流通速度;②积极推行和宣传文献资源工作标准化,以及有效保障书目数据的质量;③把各种书目(如发行目录、征订目录、国家和地方等书目)统一在一个标准下,进而实现文献资源的统一报道工作。①

二、国外在版编目的发展

国外在版编目的思想源远流长。早在 1876 年,国外就有人提出图书附带编目数据的思想。20 世纪 20—30 年代,美国、澳大利亚、新西兰、巴西以及苏联还曾进行过在出版物中附加编目数据的尝试。如在 1929—1938 年间,美国出版业就曾试验从国会图书馆订购目录卡片来随书配发,但因时差太大、费用太高而告终。

现代意义上的在版编目公认为 1948 年印度著名图书馆学家阮冈纳赞所提出的随书提供统一的目录信息之设想,并被形象地命名为"胎儿期编目"(Prenatal Cataloging)。1953—1954 年间,澳大利亚的歇尔图书出版公司还针对阮冈纳赞的这一设想进行过数月试验,这就是现代在版编目的始祖"预先编目"(Preliminary Cataloging)。之后由于经费等问题,预先编目终止,但在世界编目史上它却产生了承上启下的作用。例如 1958—1959 年间,美国国会图书馆和国家农业图书馆进行了一个"书源编目"(Cataloging in Source)的试验,后因打乱正常的出版秩序和出版商难以操作而中断。再如 1963—1967 年间,澳大利亚国家图书馆与出版商合作进行图书在版编目的试验,但因各方意见不一而终止。1968 年,美国国会图书馆重提此事,并在国家人文科学基金会等机构的支持下,经过反复酝酿将原先的书源编目进一步发扬光大为在版编目,并于 1971 年 6 月 20 日起成功运行。即先根据书目清样编目(后来改依出版商所提供的标准数据单编目),编目数据输入机读目录系统发行给订户,而出版商则将之印刷在图书书名页的背面。

受美国影响,澳大利亚的图书在版编目于 1972 年 11 月又恢复试验并转入正式运行。随后,德国、巴西、墨西哥等国在 1974 年,英国、加拿大等国在 1975 年,以及苏联之后都相继开展了图书在版编目工作。1982 年 8 月,IFLA 书目控制办公室和 UNESCO(联合国教科文组织)在加拿大渥太华召开了"国际在版编目会议",就各国在版编目数据记录格式不一从而影响书目信息交流的问题进行了讨论,并决定组成工作组来起草国际在版编目记录标准格式。1984 年 3 月,该工作组提交了格式初稿,在经各方讨论修改后于 1985 年 6 月完成其最终报告(含国际在版编目记录的推荐格式和计算机处理的在版编目数据工作单,其中在版编目数据工作单由于考虑了不同语言的特点、图书印刷格式与机读目录格式两方面的需求,以及在不同国家出版商与图书馆等不同用户之间的交换,因此所含的信息要比实际的在版

① 王松林编著.现代文献编目.北京图书馆出版社(今国家图书馆出版社),1996

编目记录多一些）。

1987年，国际标准化组织因在版编目的实施决定修订《图书书名页》国际标准 ISO 1086：75，并于当年6月批准和公布了经修订的《图书书名页》国际标准 ISO 1086：1987。修订后的 ISO 1086：1987 详细规定了图书书名页正面及其背面的内容与格式（在版编目数据位于图书书名页的背面），而且使图书书名页的文字信息更为清晰，印刷格式更为规范。另外，修订后的 ISO 1086：1987 还对图书版本记录的数据元素做了相应调整，即不再重复出现书名与责任说明信息。

由于美国国会图书馆已于1969年正式发行机读目录磁带，因此美国的在版编目数据一开始就应用计算机来处理，并与机读目录记录采用相同的机读格式，其机读数据也与机读目录磁带（现在通过网络）同时向全社会发布。其他国家的做法大体相同，只是苏联当时由其中央出版物登记局来承担图书的在版编目工作，并单独发行磁带。

三、我国在版编目的发展

新中国成立前，王云五曾将中外图书统一分类号码刊印在《万有文库》的每本书的书脊或封面上，并随送书名卡片给购买该文库的小型图书馆。这种无须小型图书馆再分类编目的创举类似于现今大力提倡的图书在版编目，①但我国图书馆界最早还是从西文图书中知晓在版编目的（在美、英、德、澳等国进口来的西文学术性专著和论文集上都印有在版编目数据）。由于利用西文图书上的在版编目数据可大大提高编目工作的效率，从而使人联想到在中文图书上也应予以实施。1979年，我国有人开始向图书馆界全面介绍图书在版编目的情况并引起极大的反响。对此，我国图书馆界还展开了热烈的讨论并提出了种种设想。根据国际在版编目会议提出的"每个国家都应考虑由国家书目机构或相应的组织来实施在版编目计划"的建议，到1985年5月，在有关主管部门的推动下，我国出版界与图书馆界的专家终于坐到一起来共同商议在我国实现在版编目的问题。自此，出版界也开始对在版编目开展研究，并由几家出版社与图书馆分别进行合作试验，即在部分图书的版权页上加印书目数据，从而迈出了我国图书在版编目的第一步。

1986年11月，国家出版局与国家标准局联合召开专家会议，讨论在我国如何实施图书在版编目的工作。会上通报了试验工作的情况及各方面的希望，就国家标准局与国家出版局所提的实施方案建议充分交换了意见，并认为在我国开展图书在版编目的时机已经成熟。这次会议还决定由有关部门选派人员组成工作组来制订我国实施图书在版编目工作的计划，并负责此项工作的组织协调、经费筹集以及有关标准和规程的审核及贯彻执行。会后有关单位分别做了大量工作，并对国外在版编目的实施情况进行了考察。

1987年7月6日，新闻出版署约请国家标准局等有关单位负责人举行图书在版编目领导小组成立大会。会议认为在我国实施图书在版编目首先需要制定相关标准，并决定由新闻出版署标准室、北京图书馆、中国科学院图书馆、北京大学图书馆、人民出版社、机械工业出版社、新华书店总店和信息分类编码研究所等单位组织起草小组，负责起草《图书在版编目数据》和《图书书名页》两项国家标准。当年底，起草小组产生了这两项标准的征求意见稿，后经出版界及图书馆界的广泛讨论和修改，至1989年1月完成了这两项标准的送审稿。

---

① 张素园，李平贵．王云五对我国图书馆事业的贡献及其启示．图书馆学刊，2011(5)

同年 3 月,新闻出版署主持召开了这两项国家标准的审定会,形成报批稿上报给国家技术监督局。1990 年 7 月 30 日,国家技术监督局批准和发布了《图书在版编目数据》(GB 12451—90)和《图书书名页》(GB 12450—90)两项标准,并要求从 1991 年 3 月起实施。

1991 年 1 月,新闻出版署向各出版单位发出图书在版编目的通知,并决定由新闻出版署信息中心(即 CIP 中心)负责具体实施。1992 年 11 月,CIP 中心举办"首届图书在版编目业务培训班",要求人民出版社、商务印书馆、机械工业出版社等 41 家出版社进行实施在版编目国家标准的试点工作。1993 年 2 月,参加试点工作的出版社开始向 CIP 中心填送标志着图书在版编目在我国正式启动的"图书在版编目工作单"。图书在版编目数据的编制情况,一开始是在《全国新书目》上刊载,后在 1994 年 1 月创办的《全国发排新书半月报》(内部刊物)上发布。《全国发排新书半月报》在 1999 年 1 月起公开发行,并改名为《中国图书在版编目快报》,每周发布图书在版编目的信息,同时以 CNMARC 和 DBF 两种格式发行在版编目数据光盘版。与此同时,CIP 中心的运行软件也在不断改进、逐步完善。1999 年 2 月 8 日,新闻出版署发出通知,要求从 1999 年 4 月 1 日起全面推行与实施图书在版编目数据标准。目前,《中国图书在版编目快报》已成为社会各界了解新出图书的重要工具,在版编目数据光盘版也已是发行界和图书馆界编制征订与采访机读目录的重要来源。

第二节　图书在版编目的标准与方法

如前所述,图书的在版编目主要涉及《图书书名页》和《图书在版编目数据》两项标准,但也与图书的物理结构以及在版编目(CIP)工作单相关。

一、图书的物理结构与《图书书名页》标准

(一)图书的物理结构

一般图书均由以下四部分组成:[①]

(1)外表部分。图书的外表部分包括护封(包封、护书纸)、封面(封一、前封面、封皮)、封里(封二)、封底里(封三)、封底(封四、底封)、书脊和勒口。

(2)开端部分。图书的开端部分包含衬页、附书名页、扉页、版本记录页、卷首题词、作者图像或其他书影、多作者名单或编辑委员会/组织委员会名单、内容提要/出版说明或编辑的话/译者的话、序或作者前言、目录(目次)、图版目录(图版目次)、表格一览表、工具书的凡例、使用说明、图例及各类检索表。

(3)正文部分。图书的正文部分包含篇、章、节、目或开幕词、讲话、论文、摘要等,工具书则为条目(有时有二级甚至多级条目)。

(4)结尾部分。图书的结尾部分包含附录、注释或名词解释、英汉词汇对照表、参考文献、索引、跋或后记。

(二)《图书书名页》标准

包括在版编目数据在内的书目记录虽然也涉及图书的结尾与外表部分,但主要取自图

---

① 叶再生．编辑出版学概论．湖北人民出版社,1988

书的书名页内容。如前所述,为了配合图书在版编目工作在我国的实施,1990 年国家技术监督局批准实施了《图书书名页》标准,即 GB 12450—90。之后,全国信息与文献标准化技术委员会出版物格式分委员会根据国际标准 ISO 1086:1991《图书书名页》,对 GB 12450—90进行了修订,并经国家质量监督检验检疫总局 2001 年 12 月 19 日批准。新版《图书书名页》标准即 GB/T 12450—2001,我国于 2002 年 8 月 1 日起实施。

与 GB 12450—90 相比,GB/T 12450—2001 调整了部分术语的定义和英译名,采用了我国出版界习用的扉页、版本记录页等术语,明确了版权说明的方法,调整了版本记录的内容,强化了主书名页与附书名页的功能划分。

GB/T 12450—2001 共由"范围""引用标准""定义""主书名页"和"附书名页"五部分内容组成。

1. 范围

GB/T 12450—2001 的"范围"部分指出:①本标准规定了图书书名页上的文字信息及其编排格式;②本标准适用于印刷出版的图书。

2. 引用标准

GB/T 12450—2001 的"引用标准"部分指出,本标准引用了 GB/T 788—1999《图书杂志开本及其幅面尺寸》和 GB/T 12451—2001《图书在版编目数据》两个标准,并强调:①本标准出版时,所示标准的版本均为有效;②所有的标准都会被修订,使用本标准的各方应探讨使用上列标准最新版本的可能性。

3. 定义

GB/T 12450—2001 的"定义"部分定义了以下术语:

(1)书名页(Title Leaves):图书正文之前载有完整书名信息的书页,包括主书名页和附书名页。

(2)主书名页(Title Leaf):载有本册图书书名、作者、出版者、版权说明、图书在版编目数据、版本记录等内容的书页。包括扉页和版本记录页。

(3)附书名页(Half-title Leaf):载有多卷书、丛书、翻译书等有关书名信息的书页,位于主书名页之前。

(4)作者(Author):对图书知识内容或艺术内容的创作、编纂、翻译等负直接责任的个人或组织。

(5)出版者(Publisher):对图书的编辑、出版和发行负责的机构或组织。

(6)图书在版编目数据(CIP Data):在图书出版过程中编制,并印制在图书上的书目数据。

4. 主书名页

如前所述,主书名页包括扉页和版本记录页,所以 GB/T 12450—2001 的"主书名页"部分首先对扉页做了定义,并对其所包含的内容做了规定。所谓扉页,即位于主书名页的正面(单数页码面),用于提供图书的书名、作者、出版者信息。其中,书名包括正书名(编排必须醒目)、并列书名及其他书名信息;作者名称采用全称(多作者时,在扉页列载主要作者,全部作者可在主书名页后加页列载),翻译书应包括原作者的译名;出版者名称采用全称,并标出其所在地(名称已表明所在地者可不另标)。

21 世纪信息管理丛书

信息组织概论

冷伏海　主　编

徐跃权　副主编

史继红

裴成发

顾潇华

科　学　出　版　社

北　京

图 2-1　《信息组织概论》一书的扉页

其次，GB/T 12450—2001 的"主书名页"部分对版本记录页做了定义，并对其所包含的内容做了规定。所谓版本记录页，即位于主书名页的背面（双数页码面），用于提供图书的版权说明、图书在版编目数据和版本记录。其中，版权说明排印在版本记录页的上部位置，经作者或版权所有者授权出版的作品，可标注版权符号并注明版权所有者的姓名及首次出版的年份；图书在版编目数据排印在版本记录页的中部位置，其选取及编排格式执行 GB/T 12451—2001 的有关规定；版本记录排印在版本记录页的下部位置，提供图书在版编目数据未包含的出版责任人记录（含责任编辑、装帧设计、责任校对和其他有关责任人）、出版发行者说明（出版者、排版印刷和装订者、发行者名称均采用全称，出版者名下注明详细地址及邮政编码，也可加注电话号码、电子信箱或互联网网址）、载体形态记录（参照 GB/T 788 列载图书成品幅面尺寸、印张数、字数、附件的类型和数量），以及印刷发行记录（列载第 1 版、本版、本次印刷的时间以及定价）。

5. 附书名页

GB/T 12450—2001 的"附书名页"部分首先要求附书名页列载丛书、多卷书、翻译书、多语种书、会议录等信息。其中，丛书附书名页列载丛书名、丛书主编；多卷书附书名页列载多卷书的总书名、总卷数、主编或主要作者；翻译书附书名页列载翻译书的原作书名、作者、出版者的原文，出版地、出版年及原版次，原版权说明，原作的 ISBN；多语种书附书名页列载多语种书的第二语种及其他语种的书名、作者、出版者；会议录附书名页列载会议名称、届次、日期、地点、组织者。

其次，GB/T 12450—2001 的“附书名页”部分还规定：①附书名页的信息一般列载于双数页码面，与扉页相对（必要时，可以使用附书名页单数页码面，或增加附书名页）；②不设附书名页时，附书名页的书名信息需列载于扉页上。

由于图 2－1 中的《信息组织概论》是一丛书的子书，所以其附书名页的形式如下：

《21 世纪信息管理丛书》编委会

主　任　靖继鹏

副主任　柯　平　冷伏海　卢小宾

委　员　（按汉语拼音字母排序）

毕　强　陈忠海　窦平安　李福坤

李景峰　刘　永　马海群　杨文祥

图 2－2　《信息组织概论》一书的附书名页

需要说明的是，中文书很少出现附书名页；即使有，也很少像西文书的附书名页和 GB/T 12450—2001 规定的那样位于主书名页之前，而一般都位于主书名页之后的单数页码面上（上例《信息组织概论》就是如此）。

二、图书在版编目的过程与图书在版编目工作单

（一）图书在版编目的过程

我国 CIP 中心规定，所有装订成册的图书均应实施在版编目，但不包括以下类型的图书：①中小学课本、教材（中小学教师用书要进行在版编目）；②低幼读物（幼儿园教师用书要进行在版编目）；③连环画册（大开本精制的连环画册要进行在版编目）；④图片，以及未装订成册的散页画辑、明信片等；⑤未装订成册的地图、游览图（交通图），以及教学挂图；

⑥折叠的歌片、画谱、字帖等;⑦单独印行的国家标准、行业标准、地方标准、规程、规范(汇编本要进行在版编目)。

按 CIP 中心的规定,我国图书在版编目的过程大致如下:①

(1)出版社在图书发稿付排前,由责任编辑填写图书在版编目(CIP)工作单,并交本社负责在版编目工作的组织协调人;

(2)各社负责在版编目组织协调人将本社责任编辑填写的图书在版编目(CIP)工作单集中报送给 CIP 中心;

(3)CIP 中心按各社报送的图书在版编目(CIP)工作单编制在版编目数据、标引分类号和主题词、给出该在版编目数据的审定号,并加工成可以排印的在版编目数据标准格式退回出版社;

(4)出版社将 CIP 中心退回的在版编目数据标准格式印刷在图书的版本记录页上。

(二)图书在版编目工作单

我国图书在版编目(CIP)工作单主要由书名与责任者,版本及出版,载体形态,丛书,附注,国际标准书号、装订形式、价格,提要,以及排检八个大项组成。

表 2-1　图书在版编目(CIP)工作单

1. 书名与责任者项	正书名、包括交替书名、合订书名		卷/册次	
			章回数	
	并列书名			
	副书名及说明文字(包括分卷/册数名)		正文语种、各种文字对照	
	第一责任者及著作方式	见注(1)		
	其他责任者及著作方式(包括分类/册责任者)	见注(1)		
2. 版本及出版项	版次	印次	其他版本形式	
	与本版有关的责任者	责任编辑		
	出版地	出版者	出版年、月	
			重印年、月	
3. 载体形态项	页数或卷册数	图表	开本或尺寸	
	附件	字数　千字	印数	册
4. 丛书项	正丛书名		丛书编号	
	并列丛书名			
	附属丛书名		附属丛书编号	
	丛书责任者		ISSN	

①　许锦主编. 图书在版编目手册. 人民出版社,1994

续表

5. 附注项	见注(2)				
	翻译图书的书名原文				
6. 国际标准书号、装订形式与价格项	ISBN				
	装订形式			定价或估价	
7. 提要项	内容提要				
8. 排检项	主题词	1.　　2.　　3.　　4.		分类号	

注:(1)外国责任者(第一责任者或其他责任者)必须填写国别、姓名的汉译名及姓名原文;中国责任者(民国以前)必须填写朝代名称;著作方式包括"著""编著""编""辑""主编""改编""缩写""译""注"等。

(2)附注项内容包括:翻译图书书名原文;影印图书的影印依据;新1版图书的原出版者;书名前后题有"××学校教学参考书"的字样;书名变更的原书名;图书附录等。

三、《图书在版编目数据》标准与中文图书版本记录页分析

（一）《图书在版编目数据》标准

如前所述,为了实现图书在版编目,1990年国家技术监督局批准实施了《图书在版编目数据》标准,即 GB 12451—90。之后,全国信息与文献标准化技术委员会出版物格式分委员会根据我国图书在版编目实施的具体情况,对 GB 12451—90 进行了修订,并经国家质量监督检验检疫总局 2001 年 12 月 19 日批准。新版《图书在版编目数据》标准即 GB/T 12451—2001,我国于 2002 年 8 月 1 日起实施。

GB/T 12451—2001 对 GB 12451—90 的修订,主要是调整了原标准中的部分术语及其定义,撤消了原标准中的第 6 章"图书在版编目数据的文字"和第 8 章"图书在版编目数据的详细型和简略型",以及修改了原标准中的部分条文的措辞。

GB/T 12451—2001 共由"范围""引用标准""定义""图书在版编目数据内容""图书在版编目数据的项目标识符和内容标识符""图书在版编目数据选取规则",以及"图书在版编目数据的印刷格式"七部分内容组成。

1. 范围

GB/T 12451—2001 的"范围"部分指出:①本标准规定了图书在版编目数据的内容和选取规则及印刷格式;②本标准适用于为在出版过程中的图书编制书目数据。

2. 引用标准

GB/T 12451—2001 的"引用标准"部分指出,本标准引用了 GB/T 3792.2—1985《普通图书著录规则》、GB/T 3860—1995《文献叙词标引规则》、GB/T 5795—2002《中国标准书号》

（eqv ISO 2108∶1992）、GB/T 9999—2001《中国标准连续出版物号》和 GB/T 12450—2001《图书书名页》（eqv ISO 1086∶1991）五项标准，并强调：①本标准出版时，所示标准的版本均为有效；②所有标准都会被修订，使用本标准的各方应探讨使用上列标准最新版本的可能性。

3. 定义

GB/T 12451—2001 的"定义"部分对以下术语进行了定义：

（1）图书在版编目（Cataloging In Publication，简称 CIP）：在图书出版过程中编制有限的书目数据的工作。

（2）图书在版编目数据（CIP Data）：在图书出版过程中编制，并印制在图书上的书目数据。

（3）主题词检索点（Subject Access Point）：标引图书内容的主题，并用以检索图书的规范化的词或词组。

（4）分类检索点（Classifying Access Point）：依据图书分类法，标引图书内容的学科属性或其他特征，并用以检索图书的分类代码。

4. 图书在版编目数据内容

GB/T 12451—2001 的"图书在版编目数据内容"部分将图书在版编目数据分为著录数据和检索数据两个部分。

（1）著录数据。GB/T 12451—2001 的著录数据是对图书识别特征的客观描述，含书名与作者、版本、出版、丛书、附注和标准书号六个著录项目。

书名与作者项的子项目包括：

a）正书名；

b）并列书名；

c）其他书名信息；

d）第一作者；

e）其他作者。

版本项的子项目包括：

a）版次及其他版本形式；

b）与本版有关的作者。

出版项的子项目包括：

a）出版地；

b）出版者。

丛书项的子项目包括：

a）正丛书名；

b）并列丛书名；

c）丛书主编；

d）国际标准连续出版物号（ISSN）；

e）丛书编号；

f）附属丛书名。

附注项的子项目包括：

a）译著的说明；

b）翻印书的说明；

c）教材及教学参考书的说明；

d）各项的附加说明。

标准书号项按 GB/T 5795—2002《中国标准书号》执行。

（2）检索数据。GB/T 12451—2001 的检索数据提供图书的检索途径，包括图书识别特征的检索点和内容主题的检索点。

图书识别特征的检索点包括：

a）正书名（包括交替书名、合订书名）；

b）其他书名信息；

c）第一作者；

d）译者；

e）其他作者。

图书内容主题的检索点包括：

a）主题词；

b）分类号。

5. 图书在版编目数据的项目标识符和内容标识符

GB/T 12451—2001 将图书在版编目数据的标识符分为项目标识符和内容标识符两类。

（1）项目标识符。GB/T 12451—2001 的"图书在版编目数据的项目标识符"部分，首先强调前述 6 个著录项目及其子项目之前须分别按下列规定冠以标识符：

. -- 各著录项目（每一段落的起始项目除外）；

= 并列书名、并列丛书名；

: 其他书名信息、丛书其他书名信息、出版者；

/ 第一作者、丛书的主编、与本版有关的第一作者；

; 不同责任方式的作者、与本版有关的其他作者、同一作者的合订书名之间、第二出版地，丛书编号；

, 相同责任方式的其他作者、有分卷（册）标识的分卷（册）书名、出版时间、附加版本说明、国际标准连续出版物号；

. 分卷（册）标识、无分卷（册）标识时的分卷（册）书名、不同作者的合订书名、附属丛书名。

其次，GB/T 12451—2001 的"图书在版编目数据的项目标识符"部分强调：①各著录项目所使用的标识符，除逗号"，"和句点"．"只在后面带半个汉字空，其他标识符均需在其前后各留半个汉字空；②". --"占两格（不应移行）；③凡重复著录一项内容，需要重复添加该项目的标识符（如重复著录的是著录项目的第一个组成部分，只用". --"标识）。

（2）内容标识符。GB/T 12451—2001 的"图书在版编目数据的内容标识符"部分只规定中国古代作者的朝代、外国作者的国别及姓名原文、丛书项应用"（）"括起著录。

6. 图书在版编目数据选取规则

GB/T 12451—2001 的"图书在版编目数据选取规则"部分，首先强调著录数据中各著录项目内容的选取参照 GB/T 3792.2 相应规定执行。

其次，GB/T 12451—2001 规定检索数据标引应按以下规则执行：①书名检索点和作者检索点依据著录项目标引；②主题词的标引依据 GB/T 3860 规定执行；主题词以《汉语主题词表》为标引依据，并遵循《汉语主题词表》的标引要求；一部书的主题词一般不超过 3 组，一组主题词一般不超过 4 个主题词；③分类号以《中国图书馆分类法（第四版）》为标引依据，并遵循《中国图书馆分类法（第四版）》的标引要求；必须根据图书内容的学科属性或其他特征标引至专指性类目；对于多主题图书必要时须标引附加分类号。

7. 图书在版编目数据的印刷格式

GB/T 12451—2001 的"图书在版编目数据的印刷格式"部分首先强调图书在版编目数据由四个部分组成，依次为图书在版编目数据标题、著录数据、检索数据和其他注记（各部分之间空一行）。其中，第一部分是图书在版编目标题，即用标准黑体字样标明"图书在版编目（CIP）数据"，其"在版编目"一词的英文缩写"CIP"必须用大写拉丁字母，并加圆括号；第二部分著录数据的书名与作者项、版本项、出版项等三项连续著录，丛书项、附注项、标准书号项均单独起行著录；第三部分是检索数据，其排印次序为书名检索点、作者检索点、主题词和分类号，各类检索点用大写的罗马数字加下圆点排序（各类之间留一个汉字空），除分类号外，同类检索点用阿拉伯数字圈码排序，分类号不止一个时，各个分类号之间留一个汉字空，但不用任何数字或符号排序，书名、作者检索点采用简略著录法，即仅著录书名、作者姓名的首字，其后用"…"表示；第四部分是其他注记，内容依在版编目工作的需要而定。

其次，GB/T 12451—2001 给出图书在版编目数据的印刷格式，形式如下：

图书在版编目（CIP）数据

　正书名 ＝ 并列书名：其他书名信息 ／ 第一作者 ；其他作者 . -- 版次及其他版本形式 ／ 与本版有关的第一作者 . -- 出版地 ：出版者，出版时间

　（正丛书名 ＝ 并列丛书名 ／ 丛书主编，ISSN ：丛书编号 . 附属丛书名）

　附注

　国际标准书号（ISBN）

　I. 书名　　Ⅱ. 作者　　Ⅲ. 主题词　　Ⅳ. 分类号

其他注记

（二）中文图书版本记录页分析

依据前述 GB/T 12450—2001《图书书名页》标准，中文图书版本记录页的上部应首先印制版权说明，其次再在图书版本记录页的中部遵照 GB/T 12451—2001 的有关规定印制图书在版编目数据，再次再在图书版本记录页的下部提供图书在版编目数据未包含的出版责任人记录、出版发行者说明、载体形态记录，以及印刷发行记录。但由于我国著作权法承认著作权自动产生原则，所以目前中文图书基本上未像西文图书那样在图书版本记录页的左上部首先反映版权说明，而是首先印制该书的在版编目数据。例见图 2-3。

另外，在《图书书名页》标准颁布之前，我国图书版本记录页的上方通常用来提供该书的内容提要。为此，在未印制版权说明的情况下，也有出版社仍将此处用来提供该书的内容提要。例如前例《信息组织概论》一书的版本记录页内容见图 2-4。

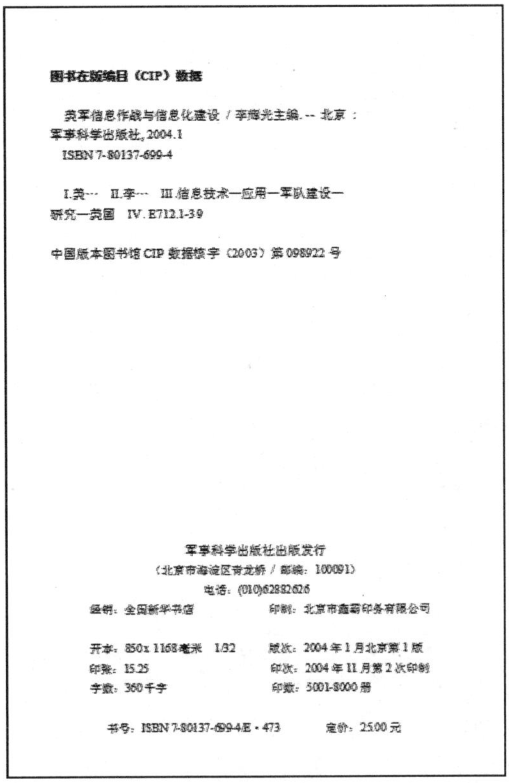

图书在版编目（CIP）数据

美军信息作战与信息化建设 / 李耀光主编. -- 北京：军事科学出版社，2004.1
ISBN 7-80137-699-4

I.美… II.李… III.信息技术—应用—军队建设—研究—美国 IV.E712.1-39

中国版本图书馆CIP数据核字（2003）第098922号

军事科学出版社出版发行
（北京市海淀区青龙桥 / 邮编：100091）
电话：(010)62882626
经销：全国新华书店　　印制：北京市鑫霸印务有限公司

开本：850x1168毫米 1/32　　版次：2004年1月北京第1版
印张：15.25　　印次：2004年11月第2次印制
字数：360千字　　印数：5001-8000册

书号：ISBN 7-80137-699-4/E·473　　定价：25.00元

图2－3 《美军信息作战与信息化建设》一书的版本记录页

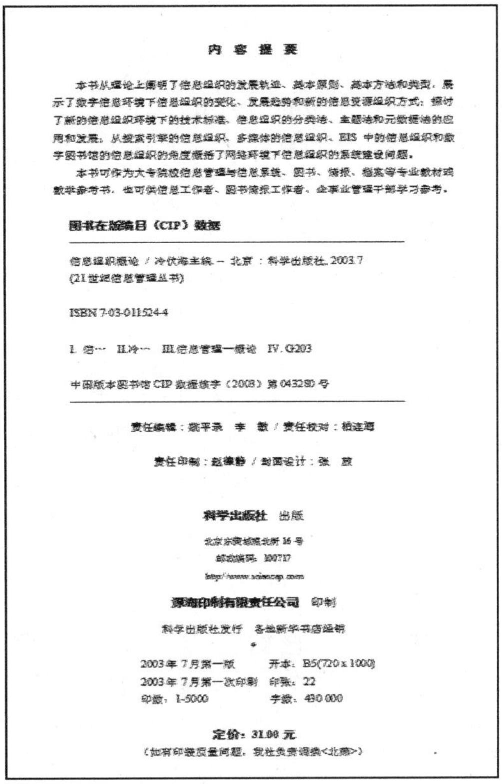

内 容 提 要

本书从理论上阐明了信息组织的发展轨迹、基本原则、基本方法和类型，展示了数字信息环境下信息组织的变化、发展趋势和新的信息资源组织方式；探讨了新的信息组织环境下的技术标准、信息组织的分类法、主题法和元数据法的应用和发展；从搜索引擎的信息组织、多媒体的信息组织、EIS中的信息组织和数字图书馆的信息组织的角度概括了网络环境下信息组织的系统建设问题。

本书可作为大专院校信息管理与信息系统、图书、情报、档案等专业教材或教学参考书，也可供信息工作者、图书情报工作者、企事业管理干部学习参考。

图书在版编目（CIP）数据

信息组织概论 / 冷伏海主编. -- 北京：科学出版社，2003.7
(21世纪信息管理丛书)

ISBN 7-03-011524-4

I.信… II.冷… III.信息管理—概论 IV.G203

中国版本图书馆CIP数据核字（2003）第043280号

责任编辑：熊平录 李 敏 / 责任校对：柏连海

责任印制：赵德静 / 封面设计：张 放

科学出版社 出版
北京东黄城根北街16号
邮政编码：100717
http://www.sciencep.com
源海印刷有限责任公司 印制
科学出版社发行 各地新华书店经销
*
2003年7月第一版　　开本：B5(720x1000)
2003年7月第一次印刷　　印张：22
印数：1-5000　　字数：430 000

定价：31.00元
（如有印装质量问题，我社负责调换<北燕>）

图2－4 《信息组织概论》一书的版本记录页

第三节 图书在版编目的评价与发展

遵循前述《图书书名页》和《图书在版编目数据》标准进行的图书在版编目，目前优缺点并存。因此，如何更好地对包括图书在内的实体资源进行在版编目就成了国内外学者探索的内容。

一、图书在版编目的评价

随着图书在版编目数据覆盖面的日益扩大，图书在版编目本身逐渐为广大用户所重视。1999年《中国图书在版编目快报》及其光盘版的公开出版和发行，成为发行界了解图书出版情况的重要信息源，①各地的图书供应商更是将《中国图书在版编目快报》的光盘版散发给各图书馆作为其预订新书的依据，一些网络经营商也以在版编目数据作为其书目报道的重要信息源。

（一）图书在版编目的优点

（1）为国际文化交流做出贡献。我国出版业全面编制图书在版编目数据，既提高了出版

① 肖希明主编．信息资源建设．武汉大学出版社，2008

业的专业水平和学术水平,在标准化方面迈出了一大步,同时也与国际市场初步接轨,缩小了与发达国家出版业的差距。更为重要的是,图书在版编目能使各国读者更为便捷地了解中国出版的图书,从而为国际文化交流、履行 NBC 和 UBC 计划的义务,以及为全人类的文献资源共享做出了贡献。

（2）成为各种书目的共同准则。在图书在版编目实施前,出版发行界编制的征订目录和新书通报,与文献收藏机构编制的手工目录和机读目录均存在较大的差异。这不仅反映在各自的著录规则方面,也反映在各自的分类标引方面。而图书在版编目的出现,使出版发行界和文献收藏机构使用共同的著录规则和分类标引成为可能,也为出版发行机构和文献收藏机构的自动化管理工作创造了有利条件。

（3）提高文献收藏机构的分编效率。图书在版编目对于文献收藏机构来说收益最大。例如现在文献收藏机构不仅以图书在版编目数据预订新书,用其机读数据建立预订文档,而且还据此来编制图书目录。即一些中小型文献收藏机构完全可以按照图书在版编目数据进行目录组织。即使是一些大型文献收藏机构,也可利用图书在版编目的数据来建立预编文档,待新书到馆后再进行修改或补充,从而大大节省了人力,加快了编目的速度,提高了工作的效率。

其实,图书在版编目的最大好处是在人类历史上第一次实现了元数据与其所描述的对象合二为一。众所周知,传统的基于手工及印刷的元数据著录一般是对文献资源的描述,即按照一定的规则或摘要形式记录在另外的手写或印刷载体中。这种载体的形式可以是卡片式目录、书本式目录和/或索引等,因此当时元数据的管理也是基于传统的手写或印刷的媒介,其基本特征是元数据与其所描述的对象相分离。到了 20 世纪 60、70 年代后,计算机系统进入实用阶段,开始大量应用计算机来进行元数据的处理,因而产生了许多依赖于计算机处理的元数据体系,比如各种 MARC 等。但是 MARC 等元数据与其所描述的对象本身仍然是分离的。而将在版编目数据印刷在图书的版本记录页上,则将元数据与其所描述的对象捆绑在了一起。

将元数据与其所描述的对象捆绑在一起的做法,在报刊等实体资源上也有所表现。例如发表在《中国军事科学》2006 年第 3 期上的一篇文章（正文省略）：

作战平台的发展及其对军事领域的影响

李大光　刘彦军

内容提要:作战平台是武器装备系统的重要基础。作战平台经历了古代作战平台、近代作战平台、现代作战平台和信息化作战平台的发展过程,促使武器装备系统的作战效能逐渐提高。随着科学技术的发展及其在作战平台上的应用,未来作战平台的性能还将不断提高,并对未来军事领域产生更深、更大的影响。研究作战平台的发展对于把握未来军事发展和战争演变具有重要意义。
关键词:作战平台　发展　军事　影响

中图分类号:E91　**文献标识码**:A　**文章编号**:1002 - 4492（2006）- 03 - 0120 - 11
作者:李大光,国防大学军事后勤与军事科技装备教研部副教授,在读博士,著有《20 世纪武器进步与战争演变》等;刘彦军,第二炮兵装备部科研部处长,在读博士,著有《论制天权》等。

······

主要参考文献：

1 中国军事百科全书编审委员会．中国军事百科全书．军事技术Ⅰ、Ⅱ．北京：军事科学出版社，1997

2 李大光．锻剑：20 世纪武器的进步与战争演变．北京：西苑出版社，2000

3 董子峰．信息平台：战争中介系统的革命．中国军事科学，2003(6)

其实，上例中的题名和作者等信息可以用于编制论文索引，内容提要等信息可以用于编制论文文摘，而参考文献信息则可用于编制引文索引。这从另一个侧面说明，对实体资源进行前端组织，其意义是多么重大。

(二)我国图书在版编目存在的问题

从 1991 年 3 月起正式实施《图书书名页》和《图书在版编目数据》标准算起，我国图书在版编目至今已有 20 多个年头。虽然现时 90% 以上正式出版的图书，其版本记录页上已经印有图书在版编目数据(出版社对于标准出版物、活页文选以及非公开出版的图书，只配统一书号的图书，暂不提供在版编目数据)，但其功用和效益与人们的期望还相距甚远。归纳起来，我国图书在版编目在运作方式、数据发布以及编目手段上均存在问题。

(1)运作方式上的问题。我国图书在版编目实施后，各出版社虽然规定由责任编辑来填写图书在版编目工作单，但工作单填好之后还需经过总编室、校对科和出版科等诸多环节，所以在版编目中的许多数据元素直至图书付印前才能最终确定下来。而在此之前的各个环节上，都有可能发生种种意想不到的情况而造成数据内容的改变。这种多头参与和管理的方式，是在版编目数据差错率居高不下的原因之一。[1] 此外，在出版社提交的工作单上，责任编辑一般都不填写分类号和主题词(其实在图书分类和主题标引方面，责任编辑最具发言权)，也未请图书作者本人帮助标引相关主题内容，这就容易造成图书在版编目数据上的分类和主题标引质量难尽如人意。[2][3]

运作方式上的问题也反映在出版社、CIP 中心、书商和文献收藏机构之间缺乏交流渠道，不能及时地吸收各方有益的见解，改进图书在版编目数据的编制与应用，包括有关标准和规范的制定与推广。此外，在在版编目数据的审定过程中，对 ISBN 的缺号与重号的情况、出版社漏缴样书的情况，也没相应的统计数据向有关部门反映，因而也没起到行政管理的辅助作用。

(2)数据发布上的问题。如前所述，美国的图书在版编目工作，其国会图书馆先根据书目清样编目(后改依出版商所提供的标准数据单编目)，然后一方面让出版商将其编目数据印刷在书名页的背面，另一方面则将编目数据输入机读目录系统发行给订户。但我国图书在版编目数据没有与国家图书馆的机读目录记录一起发布，而且由于图书上所印的在版编目数据相对比较简单，文献收藏机构还不能据此编制一条完整的机读目录记录，因而绝大多数文献收藏机构现时对图书在版编目数据的利用率还不高。

数据发布上的问题也反映在图书在版编目数据的印刷版和机读版发行量小，既没有成为出版社与文献收藏机构订购图书的必备工具，又未能减轻出版社编制书目的负担，更未能

① 岳志正．让 CIP 走进互联网．全国新书目，2001(4)

② 贾宇群，侯汉清．中文图书在版编目数据中分类标引的质量评析．山东图书馆学刊，2009(5)

③ 贾宇群，胡梅香．中文图书在版编目数据中主题标引的质量分析．图书馆理论与实践，2008(1)

给出版社带来明显的经济效益,因而也没成为联系出版发行部门、文献收藏机构和书目控制部门的纽带。

(3)编目手段上的问题。现今的图书在版编目,主要是在图书版本记录页上印制在版编目数据。虽然 CIP 中心可以根据各出版社报送上来的图书在版编目工作单来编制该书的机读目录记录,但实际上这仍然属于手工操作,而非自动编目。加之图书在版编目工作单上反映的数据内容有限,各文献收藏机构一般不是直接利用 CIP 中心的机读目录记录,而是在收到图书后再各自编制,因此手工编目时代存在的重复编目问题在现今计算机编目的环境下并未得到根本改观。

二、国内外电子在版编目的探索

根据原始文献的输入方式,编目专家系统可以分成以下两种类型:一是将普通纸质文献(通常是文献的题名页)通过阅读装置输入系统;二是与电子出版系统相连接,文献直接以电子形式输入系统。如对没有结构标签的电子文本以及普通印本图书,OCLC 就曾实行过一个名为"书名页自动编目"的试验性计划。[1] 该计划主要通过电子出版系统或光学扫描装置来"捕捉"图书书名页的图像信息,并在考虑文字的组成结构的基础上引进文字字体、版式等排版因素,然后再根据 AACR2 的有关规则和编目人员的经验,提供简要级次(一级著录)的书目著录。但是即使这个以输出一级著录为出发点的自动编目计划,也需解决如何将编目条例转换成专家系统知识库等复杂问题。另外,上述自动编目计划还需解决如何根据书名页上的字符串的结构、顺序、字体、排版格式来"理解"编目数据等问题。

相比较而言,在网络环境下,直接与电子出版系统相连接的编目专家系统更易实现图书的自动编目。但由于印前电子文本是线性文件,要使之产生数据库文件,需要对其进行以下两种之一的结构化处理:一是以数据库的方式录入,定稿后再将之转换为线性方式,以产生计算机排版文件;二是以线性方式录入,对有关数据元素加注结构标签,定稿后再按其结构标签转换为数据库文件。而所谓电子在版编目(Electronic Cataloging in Publication,以下简称 ECIP),就是利用印前电子文本加注结构标签的方法所进行的自动编目。[2]

(一)美国 ECIP 的发展

CIP 工作一直处于世界领先地位的美国,早在 1995 年起就开始实施 ECIP 计划以及 EPCN 项目(Electronic Preassigned Control Number Program,电子预分配控制号项目)。其中,ECIP 计划要求出版商按下列结构形式向美国国会图书馆提交加注 SGML 或 XML 结构标签的电子文本:[3]

< tp > beginning of title page

</tp > end of title page

< sp > beginning of series page

</sp > end of series page

① 戴维民等. 文献信息数据库建库技术. 北京图书馆出版社, 2001

② 杨兰芝,田昊,曾照云. CIP 存在的问题与 ECIP 计划的实施. 现代情报, 2007(6)

③ Tabb W. The role of national libraries in the digital world // 21 世纪大学图书馆的新使命. 北京大学出版社, 1998

```
< cp > beginning of copyright page
</ cp > end of copyright page
< toc > beginning of table of contents
</ toc > end of table of contents
< ch1 > beginning chapter 1
< ch2 > beginning chapter 2
< ch3 > beginning chapter 3
        etc.
</ ch > end of last chapter
```

上列结构形式看上去只是使用了电子文本中的书名页、丛书页、版权页、目次页和章节标识，其实在每一个标识的内部，还有内容更为详细的子标识。而有了这些标识和子标识，计算机就可进行自动标引和自动编目，而且其质量也会大大提高。

截至 2007 年 1 月，美国国会图书馆 CIP 标准数据的获得方式已由 ECIP 项目取代传统的纸质 CIP 项目（无法参与 ECIP 项目的出版者，则可考虑 EPCN 项目），纸质申请单只用于以下几种文献：①非英语语言的图书（当代西方欧洲语言除外）；②题名页任何位置出现读音符号的图书（当代西方欧洲语言除外）；③内容主要包含图像、表格、图表或数学、化学公式等的图书（儿童读物除外）。①

（二）国内 ECIP 的探索

刘炜等人认为："人工建立索引既慢又贵，数字图书馆中快速变化的海量信息需要另外的方法：有些元数据应该自动生成，有些可以来自专家，也可由经验较少的人士提供，或要求数字对象的创作者编制适当的元数据。"②这段话，其实一方面暗示资源的元数据可由不同的机构提供，另一方面也暗示自动编目既可在资源到馆后也可在资源的创作/出版过程中实现。我国资源到馆后的自动编目可以 2002 年北京书同文数字化技术有限公司推出的"电子编目员"软件为例。③ 该软件与前述 OCLC 的"书名页自动编目"试验性计划不同，它采用 OCR 技术对版本记录页进行扫描，然后再做结构化处理。虽然这只是对物理形态再次数字化操作，而不是完全意义的自动编目，但对随后的相关工作却有很多启迪，即人们开始从创作/出版环节对自动编目进行实质性探索。④ 甚至业内专家在展望 21 世纪文献编目学时还满怀希望地指出："也许人们梦寐以求的全自动化文献编目就在本世纪内实现。"⑤

国内从创作/出版环节对自动编目——ECIP 进行实质性探索的应该首推陈源蒸先生。他在其编著的《中文图书 ECIP 与自动编目手册》一书中，不仅对 ECIP 的产生背景和具体实施进行了概述，而且还对 ECIP 的机读格式及其著录细则进行了详述。⑥ 之后国内学者认识到，只有在图书排版过程中同时实现印刷版与数字版的制作，ECIP 与自动编目才能有效地

①　张耀蕾．中美在版编目的比较研究．图书馆学研究，2008(5)

②　刘炜等．数字图书馆引论．上海科学技术文献出版社，2000

③　张轴材等．数字图书馆的实践探索 // 数字图书馆——新世纪信息技术的机遇与挑战国际研讨会论文集．北京图书馆出版社，2002

④　陈源蒸．ECIP 的实现及其意义．全国新书目，2001(9)

⑤　王松林．20 世纪文献编目学 // 20 世纪图书馆学情报学．北京图书馆出版社，2002

⑥　陈源蒸编著．中文图书 ECIP 与自动编目手册．北京图书馆出版社，2003

进行，从而逐步形成"数字复合出版"之概念。而被列入《国家"十一五"时期文化发展规划纲要》和《新闻出版业"十一五"发展规划》的"国家数字复合出版系统工程"，①则为ECIP与自动编目提供了实施的条件。作为数字出版的重点工程，"国家数字复合出版系统工程"涉及许多子项目以及标准规范。如"国家数字复合出版系统工程"的子项目就包括数字复合出版标准规范，数字复合出版采编管理平台，全媒体资源服务平台，内容制作平台，多渠道采编发布平台，政府监管平台，出版物DOI/CDOI管理与服务平台，生产过程全流通数字版权保护解决方案，补字、超大字符集的应用，全媒体经营管理技术支撑平台，以及全媒体应用整合平台等。从其在科技图书、百科全书/辞书工具书（包括年鉴等）、教育图书、各类期刊、报纸五类不同类型的出版领域，遴选符合该系统实施条件的出版单位进行典型示范的情况看，其范围基本涵盖实体资源的主要类型。

"国家数字复合出版系统工程"的标准规范包括基础类标准、标识类标准、复合文档结构化类标准、复合文档版面规范类标准、元数据类标准、复合出版内容加工类标准以及版权保护与管理标准等。其中，与ECIP相关的元数据类标准则包括电子图书元数据标准、工具书元数据标准、图集出版物元数据标准、数字报刊元数据标准、电子音像元数据标准，以及特种数字文献元数据标准（含家谱、学术论文、古籍、地图集、事实型文献、数值型文献以及科学数据库描述元数据规范）。

（三）实现中文图书ECIP的意义

中文图书实现ECIP即自动编目，对整个文献信息系统的各个环节（包括出版、发行和文献收藏机构）乃至整个社会都有重大影响，尤其在当前我国数字化建设过程中，其意义则更为深远。

（1）从中文图书制作的源头进行ECIP，可使图书机编工作由原来的发行商再次前移到出版社，并将其书目记录以最快的速度在网上发布，供所有的书商和文献收藏机构使用，书目信息滞后的问题将从根本上得以解决。其次，目前还在重复编目的现象也可有效地避免，从而可以节省大量的人力和物力（每年全社会用于编目的费用估计在亿元之上）。另外，实行图书ECIP还体现了系统工程的思想，即上道工序为下道工序创造了提高效率的条件。

（2）中文图书ECIP的实施，将使整个新书预报工作出现全新的面貌。即"ECIP的问世将对编目工作再次产生革命性影响"，②新书预报将更加及时与全面。而图书出版后所产生的标准化书目记录，对建立中国在版书目网站（CBIP）也是有力的支持，对于出版信息化建设将是有力的推动，即全面提高我国出版信息的宏观组织能力，向全世界报道我国出版物的可供情况，增加全行业的信息技术附加值。

（3）中文图书ECIP的实施将促进出版界ERP系统的标准化改造，提高数字管理水平。在出版、发行、文献收藏机构之间普遍存在的"原子—比特""比特—原子"的信息传递障碍问题也有望获得解决，各个环节可直接以"比特—比特"的方式交换信息，真正做到"一家编目、大家使用"，从而提高出版信息传递的速度与利用价值，以及有效改变出版发行单位目前的"信息孤岛"状况。

（4）在为ECIP与自动编目探索而研发的试验性软件"复合出版系统"（Hybrid Document

Publishing System,以下简称 HDPS)中,电子书的属性描述与书目记录的内容保持一致,为数字与非数字资源统一元数据格式创造了条件,有利于各方面制定元数据方案,实现数字与非数字资源的一体化处理。随着 ECIP 的实现,不仅"社店信息对接"的构想有望实现,[①]"出版数字资产管理"也将顺利地进入实施阶段,从而使出版社的经营管理进入一个全新的阶段。

(5)在 HDPS 系统试运行时,所产生的 ISO 2709 文件,还可自动生成二维码。这样在出版发行业制作与应用二维码就不用另行开发软件与编制书目数据,各单位也不用改变现有的计算机软件系统。这将大大加快二维码在我国出版界的应用进程,以极少的投入实现行业性的技术改造,有利于改进出版物物流管理,有利于解决"格式不统一""书号不唯一"等老大难问题,从而降低经营成本,提高出版物市场的社会效益与经济效益。

(6)HDPS 软件的研制成功与实际应用,不仅大大提高了书目质量,改变了书目工作面貌,还为自动标引与后控规范的实现创造了条件。HDPS 所产生的、内容丰富的书目数据,可满足自动标引软件的运行需求。而书目工作的社会化,又必然推动规范工作的社会化进程。所有这一切,都将加快文献处理数字化的步伐,从根本上改变我国书目工作的面貌。

总之,ECIP 的实现,对数字出版、网上书店和数字图书馆等的建设,均将产生积极的推动作用。为此,早在 2005 年新闻出版总署就开始布署制定《中文图书标识数据》等行业标准(《中文图书标识数据》后改称《中文图书标识规则》,并于 2009 年 9 月通过审定,要求从 2010 年 1 月开始实施)。[②] 另外,国内出版界除了研发用于图书出版的试验性软件 HDPS 外,浙江日报报业集团与北大方正也已研制成功"数字报刊与跨媒体出版系统"。后者也能在编辑与排版的过程中对稿件(包括文章、图片、广告、报花)的内容、标题、作者(包括记者所在单位)、编辑等相关属性进行标识,而标识所得的数据不仅可以用来快速生成电子版报,而且还能作为资料系统的数据充实到全文检索数据库中去。[③]

(四)HDPS 系统试运行中的操作流程

用试验性软件 HDPS 进行自动编目,最为合适的操作人员应是出版社负责在版编目的人员。即出版社在将书稿送排版单位之前,先交在版编目人员,由他或她对扉页有关数据加注属性标记(与 CNMARC 元数据全面对应的 DC 标记),并提供或录入图书分类号、主题词、内容简介、读者对象、发行范围及其代码(在校对过程中,在版编目人员也负责对这几部分的校对)。

从自动编目系统处理流程图(图 2-5)可以看出,标识处理是在排版文件完成后进行的。这样做起来容易,数字化的程度也较低。即出版社在不增加工作量的情况下,只需合理组织业务流程,即可实现"人们梦寐以求的全自动化文献编目"。

总之,完整意义上的图书自动编目是指由出版单位从出版物制作的源头,就利用计算机排版文件的相关部分(含图书的扉页、版本记录页、内容简介、附书名页等,详细著录还应包括图书的目次页和各种插页)自动提取书目记录所需的元数据,并以机读目录格式提供给全社会使用。近年来,国内陈源蒸等人根据上述美国国会图书馆 ECIP 计划的原理,一方面在

① 孙京平. 上游与下游共舞?. 中国新闻出版报,2005-01-18

② CY/T 62-2009. 中华人民共和国新闻出版行业标准 中文图书标识规则. 中国书籍出版社,2010

③ 徐萍等. 数字报刊与跨媒体出版. 中国传媒科技,2006(1)

极力提倡在我国推行 ECIP 计划,另一方面也在中文图书自动编目实验上颇有建树,其成果详见本章第四节。①

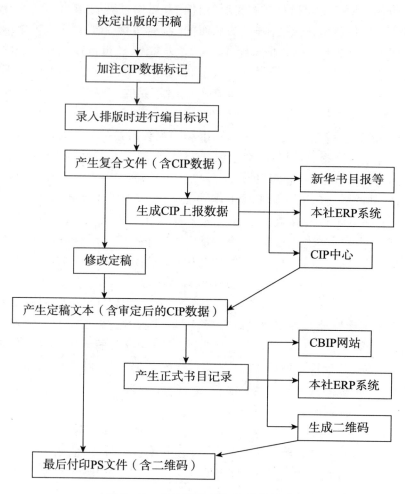

图 2 - 5 自动编目系统处理流程图

第四节 中文图书电子在版编目实验

中文图书电子在版编目主要是对线形排版文件进行结构化处理。在这一过程中,不仅涉及系统问题,而且还需制定各项操作规范和研制各种录入模板。

一、需要解决的问题与 HDPS 的技术处理

(一)需要妥善解决的几个问题

由于书目记录所需的元数据绝大部分均在出版物的对象数据中,因此利用排版文件自

---

① 陈源蒸. 在图书排版过程中实现"自动编目". 数字图书馆论坛,2006(3)

动编制书目记录,主要是对线形排版文件进行结构化处理。但在处理过程中,需要妥善解决如下几个问题:

(1)出版物利用计算机所形成的排版文件也是计算机可读的,只是结构形式不同而已。即在排版文件中,非结构化数据(排版文件数据)与结构化数据(书目记录数据)是混合在一起的,因此需要将这两者有效地分离。

(2)排版文件数据与书目记录数据可能存在以下三种不同的情况:①排版文件与书目记录一致;②排版文件需要印出,而书目记录则不需要著录;③书目记录著录需要,而排版文件上没有。对此,需要有适当的处理办法。

(3)排版文件数据的排列次序与书目记录数据的次序不完全一致,对此需要做出一定的技术处理。另外,由于系统只对纯文字部分进行处理,因此需要过滤某些排版文件中含有的说明字号、字体、排版格式等的注解语句。

(4)为了自动生成书目记录,所有元数据必须唯一标识,因此书目记录的一些选择性项目需要有所调整。另外,用 XML 标记的 DC 元数据与 CNMARC 之间要做到一一对应,因为 CNMARC 毕竟是目前文献收藏机构普遍应用的格式。

(5)对属性数据描述的 XML 结构标签,排版时忽略不计,并对印刷版不产生影响。排版软件的种类很多,除方正书版和 Word 外,还有其他的排版软件,如飞腾、华光、PageMaker 等,这些均要有相应的处理方法。

(二)HDPS 的技术处理

前述含有可独立运行 ECIP 处理软件的 HDPS 灵活运用 XML、排版软件、数字文献处理、元数据研究诸方面技术,在制作复合文件(hybrid document)的过程中,妥善解决了上述五大问题,真正实现了中文图书的自动编目,填补了此项国内空白——从排版文件中生成标准化书目记录,即在排版过程中完成编目处理并产生二维码。

(1)用 XML 处理结构化数据与非结构化数据混合在一起的文件。一般数据库管理系统仅能处理结构化数据,而无法处理结构化数据与非结构化数据混合在一起的文件。XML 以一对相互匹配的起始和结束标识符来标记信息,从而可以只描述结构化数据,而对非结构化数据予以忽略,实现两者的分离。即凡是书目记录中不需要的数据(含说明字号、字体、排版格式等的注解语句)均分离在 XML 的处理范围之外。如"出版 北京图书馆出版社",只将需要的出版单位数据标识在所定义的结构标签内,而将"出版"二字分离在外,这使利用线性结构文件制作结构数据成为可能。例:

出版 < P, name >北京图书馆出版社 </P, name >

对书目记录需要而排版文件中没有的数据,如出版地,可加入到排版文件中,但做不排版处理,例:

[BP( ] < P, place >北京 </P, place > [BP)]

(2)发挥排版软件的特点,以不同方法插入结构标签。目前排版软件形式多样,各有特点,完全可以按其自身具备的功能,使用不同的方法来制作复合文件。如方正排版软件属于批处理排版方式。这种排版方式的排版过程不直观,即以各种注解语句来说明字号、字体和排版格式等,而利用以上注解语句中不排语句"[BP( ]"的功能来说明 XML 描述的语义,就可使方正小样文件成为复合文件。再如 Word 文件操作方便、形象直观、所见即所得,不少出版单位已应用它来进行排版印刷。如果利用其隐藏文字的功能来说明 XML 描述的语义,既

不影响其"所见即所得"之功能,也不影响其正文的打印和输出,同样可以成为复合文件。例:

　　<P,name>人民出版社</P,name>

从我国出版业的实际情况出发,利用现有排版软件的特点,并与 XML 结合使用,不仅可以免除编写 XSL 表达软件的大量工作、降低开发成本,又使复合文件具有实现的可行性。

(3)选择适用的全文检索系统进行优化。目前全文数据处理系统很多,但多数系统是将原始文本用于浏览,而另建一个文本用于检索。但海文全文处理系统则可去除排版文件中含有的说明字号、字体和排版格式等的注解语句,即直接以排版文件建立索引,并以大样文件浏览,因此符合自动编目的基本要求。

优化工作主要是增加系统对 XML 的处理功能和在元数据的标识中采用国家标准格式,使元数据与对象数据在同一文件中。优化后的系统,能处理含有以 XML 描述的结构标签的排版文件,从而产生复合文件。即以其含有的 XML 描述的结构标签,产生符合标准化要求的书目记录。

(4)编制《中文图书元数据表》。在编制《中文图书元数据表》时,一方面要扩充 DC 的修饰词,改变其过于简单的问题,另一方面也要调整 CNMARC 格式,克服它的重复、烦琐、冗长等缺陷,并且做到相互之间一一对应,因为只有排除二义性障碍,计算机软件才能自动进行处理。此外,编制《中文图书元数据表》时还需考虑与《图书书名页》《图书在版编目数据》《普通图书著录规则》《中国机读目录格式》等国家标准保持一致。这些,后来在制定《中文图书标识规则》时同样得以实现。

二、操作规范的制定与录入模板的研制

(一)操作规范的制定

为了保证书目数据符合国家标准的要求,HDPS 规定了在标识过程中需要执行的各项操作规范。

(1)规定数据元素的回车规则。目前系统对数据元素的识别以回车为标志,因此每一数据元素结束处均需回车,这与一般的录入规则有所不同。如:

　　<T,proper>数字图书馆</T,proper>

　　<C,personalName>王大可</C,personalName>

　　<D,c-personalRole>著</D,c-personalRole>

其中,"王大可 著"不能连续著录。现在正在修改数据元素的标识方法,使之不以回车为标志,但在修改之前还需这么做。

(2)排版文件与书目记录数据排列次序不尽相同,为此需要对一些次序不同的数据根据 CNMARC 字段数据排列次序做必要的技术处理。如:

　　主编<C,personalName>杨医亚</C,personalName>

　　<D,c-personalRole>主编</D,c-personalRole>

前一个"主编"用以印刷,后一个"主编"加了结构标签,并做不排版处理(即在印本中不出现)而为书目记录使用。

(3)对排版文件中没有而书目记录需要的数据,可预先设置并将其插入到文本中,以减少大量标识操作。如:

< L , text > chi < /L , text >

< ID , codeOFcountryPublication > CN < /ID , codeOFcountryPublication >

< ID , codeOFregionPublication > 110000 < /ID , codeOFregionPublication >

（4）为适应著录规则的需要,对某些数据要做必要的技术处理。如《大众用药手册》一书的扉页列有主编张熙增等5个人名,则要在张熙增后加注"等主编"的显示方式标识(其他4人则不标识显示方式),这样显示书目印刷形式时为"张熙增等主编"。即:

< C , personalName > 张熙增 < /C , personalName >

< D , c-personalDisplay > 等主编 < /D , c-personalDisplay >

（二）录入模板的研制

据统计,每一书目记录需要结构标签标注的数据元素大约为40个左右。虽然前述《中文图书元数据表》可以用于自动标识,其操作量仍然很大,而采取模板方式录入,则可大大简化其操作。例如《中文图书 ECIP 与自动编目手册》一书的书目记录(这是该书出版后以该书的电子文本所进行的标识)共标识了116个数据元素,除去章节内容的75个数据元素(目前的书目记录中少有这方面的著录数据),真正需要标识的数据元素也只有41个。而这41个数据元素的分布为:扉页4个,版本记录页13个,内容简介1个,机读数据23个。其中,版本记录页、内容简介与机读数据的格式都是固定的,可以设计录入模板,由排版人员按书稿上的数据录入即可;只有扉页上的数据,需要由出版社负责在版编目的人员在书稿上进行标注,并由排版人员在电子文本上进行标识操作。现就《中文图书 ECIP 与自动编目手册》书目实例,对录入模板设计与具体操作方法分别说明。

1. 版本记录页录入模板

< P , place > 北京 < /P , place >

出版 < P , name > 北京图书馆出版社 < /P , name >

（ < D , publisherAddress > 100052 北京市西城区文津街 7 号 < /D , publisherAddress > ）

发行(010)66126153 传真(010)66174391

E-mailBtsfxb@ publicf. nlc. gov. cn

Websitewww. nlcpress. com

经销 < P , name > 新华书店 < /P , name >

印刷 < P , printerName > *中特印刷服务部* < /P , printerName >

版次 < Da , publication > *2003 年3 月* < /Da , publication > 第一版

< Da , printing > *2003 年3 月* < /Da , printing > 第一次印刷

< D , pages > *436* 页 < /D , pages >

开本 < D , size > *787 × 1092 毫米1/16* < /D , size >

印张 28 印张

字数 < D , numberOFword > *665* （千字） < /D , numberOFword >

印数 < D , numberOFprinted > *1 - 5000* < /D , numberOFprinted >

书号 ISBN < ID , ISBN > *7 - 5013 - 2095 - 0* < /ID , ISBN > /*G ·534*

定价 < D , ISBNprice > *CNY60. 00* 元 < /D , ISBNprice >

目前,每个出版社所出图书的版本记录页都有固定的格式,可按出版社已定的格式,将有关数据元素预先做好标识,排版人员只在需要改动的地方(斜体标志处)录入新的内容即可。这样,排版人员和原先的操作完全相同,没有增加任何工作量。

2. 内容简介录入模板

内容简介

< D,summary >本书论述了中文图书"自动编目"(含出版过程中的在版编目与出版后的正式编目)的技术原理与实现方法,结合软件设计需求,说明了对元数据格式与著录规则的调整。从中文图书出版的实际情况出发,对每一数据元素的处理,详加解释,列举例证。本书不仅是"中文图书出版数字化系统"的需求设计与使用手册、图书馆中文数字化信息资源建设的重要参考工具,而且对中文图书自身数字化,在出版过程中同时制作该书的电子版(EBOOK),也有具体说明,可据以操作。本书首次揭示了中文图书"自动编目"的关键技术,提出了中文图书电子版"自动制作"技术的解决方案,立论新颖,方法对路,具有很高的学术水平与实用价值,对出版业与图书馆界的数字化建设意义深远。 </D,summary >

图书上印不印内容简介,现在做法不一。但由于书目报道中要有内容简介,所以不论图书上是否印刷,出版社都应提供内容简介,并将其录入到电子文本中。这里,虽然增加了排版中心录入内容简介的工作量,但却节省了其他单位编制相应书目数据的工作量。

3. 机读数据录入模板

< D,audience >*出版业管理人员,图书馆员* </D,audience >

< D,audienceCode >*km* </D,audienceCode >

< D,distributionLimits > </D,distributionLimits >

< ID,CIPnumber >*(2003)009220* </ID,CIPnumber >

< S,CNSHname >*主题词* </S,CNSHname >

< S,CNSHtopicalSubdivision >*主题复分* </S,CNSHtopicalSubdivision >

< S,CNSHgeographicalSubdivision >*地理复分* </S,CNSHgeographicalSubdivision >

< S,CNSHyearsSubdivision >*年代复分* </S,CNSHyearsSubdivision >

< D,subjectType >610 < D,subjectType >

< S,CNSHname >*主题词* </S,CNSHname >

< S,CNSHtopicalSubdivision >*主题复分* </S,CNSHtopicalSubdivision >

< S,CNSHgeographicalSubdivision >*地理复分* </S,CNSHgeographicalSubdivision >

< S,CNSHyearsSubdivision >*年代复分* </S,CNSHyearsSubdivision >

< D,subjectType >610 </D,subjectType >

< S,CLCclassNumber >*中图法分类号* </S,CLCclassNumber >

< D,CLCedition >4 </D,CLCedition >

< T,electronic >*封面文件名* </T,electronic >

< ID,recordID >012003000005 </ID,recordID >

< D,generalData >20030310d2003####em ychiy0102####ea </D,generalData >

< L,text >chi </L,text >

< ID,codesOFcountryPublication > CN </ID,codesOFcountryPublication >

< ID , codesOFregionPublication > 100000 </ID , codesOFregionPublication >

< ID , codesOFcountryCataloging > CN </ID , codesOFcountryCataloging >

< ID , originalCatalogingAgencyCode > 5013 </ID , originalCatalogingAgencyCode >

< Da , originalCatalogingprocessing > 20030310 </Da , originalCatalogingprocessing >

机读数据是书目记录需要而图书上没有的内容，需在电子文本中录入，但在图书上不印刷。其中，有些内容（即上述斜体部分）需由出版社人员提供，或由在版编目人员直接录入（这些大多都是在版编目数据的内容）；有些内容（即上述下划线部分）则由录入人员按实际操作时间录入（这一部分增加的录入工作量并不大）。

4. 扉页的操作方法

< T , proper > 中文图书 ECIP 及自动编目手册 </T , proper >

< Ty , document > m </Ty , document >

< C , personalName > 陈源蒸 </C , personalName >

< D , c-personalRole > 编著 </D , c-personalRole >

北京图书馆出版社

扉页的内容多种多样，难以设计模板，加之录入人员又不能识别，所以需要出版社负责在版编目的人员在书稿或电子文本打印稿上（或另附一纸）用笔标注书名、作者等数据的属性（具体标识方法见《中文图书 ECIP 与自动编目手册》）。排版人员据以进行标识操作，或由在版编目人员直接录入（本书扉页只有 4 项，多的也只有 7—8 项）。

5. 关于章节内容的处理

如前所述，一般书目记录并不著录章节目次，但有专家认为，"在不断变化的信息和技术环境下，图书馆若要有效地支撑其实体信息资源的管理与访问，必须要向亚马逊的书内搜索以及 Google、读秀知识库等检索系统学习，否则会因离它们全文搜索的检索效果越来越远而落伍。"[①]如果章节目次需要录入，也可做一模板。例：

< T , chapterName > CIP 回顾 </T , chapterName >

< D , chapterOrder > 一 </D , chapterOrder >

（ < D , chapterPages > 1 </D , chapterPages > ）

在该模板中，只需录入斜体部分而省去标识操作。如果作者已有电子文本并用以进行排版，那么只能对已有数据逐个加以标识，但其工作量有限（如《中文图书 ECIP 与自动编目手册》一书需要进行的标识操作只有 75 次），而且比起手工重新著录还是要省力得多。更为重要的是，此项操作对我国数字化建设的意义极大。

此外，HDPS 也在考虑编写一个目次页处理软件，以对已有电子文本的目次页进行自动标识处理。根据以往处理结构化数据的经验，这是可以做到的。

三、书目数据的产生与利用

（一）书目数据的产生

前述扩充修饰词的 DC 元数据结构化标签，通过与 CNMARC 字段、子字段的映射（在《中文图书元数据表》和《中文图书标识规则》中均有附录"中文图书标识数据使用 CNMARC

---

① 王松林. 图书馆实体信息资源组织的两大发展路径. 中国图书馆学报，2009（4）

字段、子字段一览表"),如图 2 - 5 所示,在图书未付印前就可生成 ISO 2709 文本上报给 CIP 中心和《新华书目报》编辑部,并用于本社印前业务管理;而在图书付印时则可生成正式书目送交给 CBIP 网站发布,并据以转换为二维码印刷在封底,当然同时也可用于本社的图书与信息管理。

以下是《中文图书 ECIP 及自动编目手册》一书通过 DC 元数据结构化标签与 CNMARC 字段、子字段的映射而产生的 CNMARC 记录:

001 012003000005

010 $a7 - 5013 - 2095 - 0$dCNY60. 00

021 $b(2003)009220

100 $a20030310d2003####em ychiy0102####ea

101 $achi

102 aCNb100000

200 $a中文图书 ECIP 及自动编目手册 $bm

210 $a北京 $c北京图书馆出版社 $b100052 北京市西城区文津街 7 号 $c新华书店 $g 中特印刷服务部 $d2003 年 3 月 $h2003 年 3 月

215 $a436 页 $d787×1092 毫米 1/16$f665(千字) $g1 - 5000

330 $a本书论述了中文图书"自动编目"(含出版过程中的在版编目与出版后的正式编目)的技术原理与实现方法,结合软件设计需求,说明了对元数据格式与著录规则的调整。从中文图书出版的实际情况出发,对每一数据元素的处理,详加解释,列举例证。本书不仅是"中文图书出版数字化系统"的需求设计与使用手册、图书馆中文数字化信息资源建设的重要参考工具,而且对中文图书自身数字化,在出版过程中同时制作该书的电子版(EBOOK),也有具体说明,可据以操作。本书首次揭示了中文图书"自动编目"的关键技术,提出了中文图书电子版"自动制作"技术的解决方案,立论新颖,方法对路,具有很高的学术水平与实用价值,对出版业与图书馆界的数字化建设意义深远。

333 $a出版业管理人员,图书馆员 $dkm

545 $aECIP 概述 $k第一部分 $p1

545 $aCIP 回顾 $k一 $p1

545 $aECIP 产生的背景 $k二 $p8

545 $aECIP 的具体实施 $k三 $p12

545 $aECIP 机读格式 $k第二部分 $p24

545 $a总则 $k 一 $p24

545 $a工作单设定 $k二 $p31

545 $aECIP 使用字段、子字段一览表 $k三 $p38

545 $aDC 元数据—MARC 子字段对照表 $k四 $p43

545 $a细则 $k 第三部分 $p47

545 $a扉页 $k 一 $p47

545 $a版本记录页 $k二 $p82

545 $a附书名页 $k三 $p96

545 $a插页 $k四 $p122

545 $a目次页 $k五 $p131

545 $a机读数据 $k六 $p142

545 $a预置数据 $k七 $p156

545 $aCIP 不用数据 $k八 $p164

545 $a附录 $k第四部分 $p172

545 $a有关标准 $k一 $p172

545 $a有关代码表 $k二 $p196

545 $a标引规则 $k三 $p198

545 $a图例 $k第五部分 $p249

545 $a几点说明 $k一 $p249

545 $a图例名称及所述重点数据元素 $k二 $p250

610 $a出版 $x数字化 $8610

610 $a数字图书馆 $x自动编目 $x书目记录 $8610

690 $aG254$v4

701 $a 陈源蒸 $4编著 $8编著

801 aCNb5013$c20030310

（二）书目数据的利用

过去，中文图书的在版编目数据主要通过《中国图书在版编目快报》及其光盘版获取。而现在，不仅 ECIP 中的书目信息可以通过《新华书目报》和 CBIP 网站发布，而且基于转换为二维码的书目信息，图书馆只需一个解码器就可避免重复编目，即图书馆只需在二维码提供的图书信息基础上添加其有特殊要求的内容就可完成本馆的目录编制工作。① 不过印刷在封底的 QR Code 二维码目前最大的容量只有 1800 多个汉字，②虽然这对一般图书的数据来说绰绰有余。但还不宜包含图书过多的内容简介与章节目次数据。

在国外，除了前述 ECIP 外，现在也有通过包含出版物出版发行基础信息（含出版物形式特征信息、内容特征信息以及可获得性信息）的 ONIX（Online Information Exchange，在线信息交换）进行自动编目的事例。如美国国会图书馆就利用 ONIX 进行自动编目，并把它作为一种在 CIP 与出版社间传递的资料格式，现已研制出 ONIX 与 MARC 之间的映射表，并开展了"新一代编目"（Next Generation Cataloging）试验计划，内容包括合作出版社/供应商提供 ON-IX 格式的信息，OCLC 将数据转换为 MARC 格式加入其 WorldCat，并尽可能通过数据挖掘与数据映射的方式自动强化数据，强化后的元数据再以 ONIX 格式返回给出版社/供应商，以使后者能对 OCLC 的强化做出评估等。这个试验计划的结果，将使 OCLC 由用户贡献数据的分销商转而成为原始数据的供应商。

---

① 《出版物物流二维码》有重要作用．http://press.idoican.com.cn/detail/articles/20080818 027C61/

② 刘悦等．二维条码在图书馆自动化管理中的研究．图书情报工作，2006(6)

第三章　实体资源的后端组织

实体资源的后端组织是指实体资源在排版和印刷尤其是到达文献/信息机构后对其所进行的编目形式,主要经历了传统手工编目、现代手工编目以及包括联机联合编目在内的计算机编目这三个阶段。由于现代手工编目与计算机编目之间存在着千丝万缕的联系,以及这两种编目形式现在还同时存在,所以本章对其所用的元数据标准及其发展进行论述。

第一节　现代手工编目的元数据标准

现代手工编目使用的元数据标准主要有著录型元数据标准和编目型元数据标准。在第一章中,本书概述了国内外实体资源的著录型元数据标准——ISBD 和 GB 3792,并指出在进入新世纪后 IFLA 一方面在对 ISBD 老版本继续修订,另一方面还在出台一体化的 ISBD 即《ISBD 统一版》(ISBD—*International Standard Bibliographic Description. Consolidated Edition*)。由于《ISBD 统一版》之前还出版过一个内容基本涵盖 ISBD 老版本的《ISBD 预备统一版》(ISBD—*International Standard Bibliographic Description. Preliminary Consolidated Edition*),所以本节先对这两个一体化的 ISBD 版本的主要内容和变化进行论述。

一、《ISBD 预备统一版》的主要内容

《ISBD 预备统一版》于 2007 年出版,主要内容一是规定可能出现在图书馆馆藏中的最常见的出版资源类型的著录和标识要求,二是指定著录单元的顺序及规定著录时所用的标识符。[①]

(一)著录项目

著录项目(Area)是书目著录的一个主要部分,它由特定类别或一组类别的数据(或著录单元)组成。作为著录内容即款目或记录组成部分的著录项目,用以揭示资源的形式特征和内容特征,因此是微观揭示或个性识别资源的依据。

从中、西方编目史的角度看,资源的著录项目经历了一个由少变多且处于一个不断分化组合的过程。如在 1967 年出版的 AACR 中,资源的著录项目只有书名项、著者项、版本项、出版项、稽核项(即后来的载体形态项)、丛书说明项和附注项。[②] 如果考虑后来的 ISBD 将书名项与著者项合二为一,那么总共只有六大著录项目。再如我国的《中文普通图书统一著录条例(试用本)》,原先也只有书名项、著者项、出版项、稽核项、附注项和提要项六大著录

[①] 国际图书馆协会和机构联盟编;顾犇翻译. 国际标准书目著录(统一版). 北京图书馆出版社,2008

[②] American Library Association, et al. Anglo-American cataloguing rules:North-American text. ALA,1967

项目。① 后来 GB 3792.1—83《文献著录总则》根据 ISBD（G）也将书名项与著者项合并成题名与责任说明项,把原先的出版项、稽核项、附注项的内容分别归为版本项和出版发行项、载体形态项和标准编号与获得方式项、丛编项以及附注项,并保留下具有我国著录传统的提要项(GB 3792.1—83《文献著录总则》中的提要项,后在《中国文献编目规则》中又被归并到附注项)。② 但是 20 世纪 70 年代颁布的 ISBD 对资源的著录始终规定八大著录项目,《ISBD 预备统一版》也是如此,即:

(1)题名与责任说明项;

(2)版本项;

(3)资料或资源类型特殊项;

(4)出版、制作、发行等项;

(5)载体形态项;

(6)丛编项;

(7)附注项;

(8)资源标识号与获得方式项。

以上八大著录项目是人们长期对资源著录高度抽象和准确综合的结果。其中,资料或资源类型特殊项,出版、制作、发行等项以及资源标识号与获得方式项在《中国文献编目规则》、ISBD（G）和 AACR2 中,也被称为"文献特殊细节项"或"资料(或出版物类型)专用项"[material（or type of publication）specific area]、出版发行项（publication, distribution, etc., area）以及"标准编号与获得方式项"（standard number and terms of availability area）。《中国文献编目规则》、ISBD（G）和 AACR2 对这三个著录项目之所以如此命名,一是因为资料或资源类型特殊项只用于著录实体资源特殊类型的资料或出版物的独特数据,二是因为出版、制作、发行等项的著录对于实体资源来说主要涉及其出版、发行方面的信息,三是因为资源标识号对于实体资源来说主要涉及 ISBN、ISRC 和 ISSN 等国际标准统一编号。

手工编目时,上述某些著录项目虽然有时可做省略,或对某些类型的资源根本不适用,但其次序不能颠倒,否则将会影响数据之间的交换与识别(下述著录单元也是如此)。其次,上述著录项目均包含数量不等的著录单元(详见表 3 - 1),而著录单元(Element)实指形成书目著录的一个著录项目之部分的一个词或短语或一组字符。

例如题名与责任说明项有正题名等 5 个著录单元。其中,正题名是资源的主要题名,即在题名与责任说明项的规定信息源上出现的资源的题名形式,包括任何形式的交替题名,但不包括并列题名和其他题名信息;一般资料标识用于宽泛地表示资源所属的资料类别(《ISBD 预备统一版》推荐的一般资料标识有测绘制图资源、电子资源、图形、全息图、多媒体资源、缩微品、电影、乐谱资源、印刷文字资料、录音资料、录像资料、视觉投影等);并列题名即资源的规定信息源上呈现的与资源的正题名或没有总题名的资源中一种作品的正题名等同的另一语言和/或文字的题名;其他题名信息指与资源的正题名一起出现并从属于正题名的一个词或短语或者一组符号,包括副题名和题上信息,但不包括在资源中发现而不在规定信息源上出现的变异题名(如书脊题名、容器题名、袖套题名、其他形式的正题名);责任说明

① 北京图书馆编. 中文普通图书统一著录条例(试用本). 书目文献出版社(今国家图书馆出版社), 1981
② 黄俊贵主编. 中国文献编目规则. 广东人民出版社, 1996

即对作品的知识内容或艺术内容的创作或实现负责或做出贡献的任何个人或团体的识别和/或职能相关的名称、短语或字符组(又分第一说明和后续说明)。

版本项也有版本说明等 5 个著录单元。其中,版本说明表示资源属于一个版本的一个词或短语或者一组字符;并列版本说明是版本说明用另一种语言和/或文字的对等说明;与本版有关的责任说明可以指个人或团体,并且可以表示新版本的修订者等职能,或者可以罗列新版本中提供补充资料和/或附录等的个人或团体的名称;附加版本说明即规定信息源中对版本说明的补充说明。

资料或资源类型特殊项,如前所述,只用于著录实体资源特殊类型的资料或出版物的独特数据。如资料或资源类型特殊项在测绘制图资源中,具体表现为数学数据项(用于提供测绘制图资源的比例尺、投影、坐标和二分点说明);在乐谱资源中,具体表现为乐谱格式说明项(用于区分不同的乐谱格式,例如总谱、分谱);在连续性资源中,具体表现为编号项(用于表示一种资源的连续各期或各部分的标识,可以包括数字、字母以及任何其他字符或其组合,可以有或没有附带的词(卷、号等)和/或年代标识)。

出版、制作、发行等项有出版、制作和/或发行地等 7 个著录单元。其中,出版、制作和/或发行地是规定信息源上的与出版者或制作者(如有多个名称,则指主要出版者或制作者)或发行者关联的地名(如果没有出版者、制作者或发行者的名称,则指资源发布或发行的地点),又分第一地点和后续地点;出版、制作和/或发行者名称特指从事资源出版、制作和/或发行或发布活动的个人或团体名称。

载体形态项有特定资料标识和资料数量等 4 个著录单元。其中,特定资料标识和资料数量中的特定资料标识与第 1 项中的一般资料标识相对,表示资源所属的特定资料类型(如《ISBD 预备统一版》将测绘制图资源细分出地图册、示意图、球仪、地图、模型、截面图、遥感图、剖面图、视图等特定资料标识),并用编目机构所选择的语言著录;其他物理细节包括资源的制作方法、颜色、所用的材料等;尺寸、格式中的尺寸表示一种资源的线性度量(高、宽、深)和/或与该资源使用相关的尺寸(对于要求用设备使用的资源),而尺寸、格式中的格式则指每一活字版的版心数量的标识;附件说明是指与所著录资源的主要部分一起发行,并计划与其一起使用的任何资料的说明。需要强调的是,载体形态项的著录单元尤其是其特定资料标识和资料数量、其他物理细节和尺寸著录单元,在不同的实体资源中均存在较大的内容和著录差异。

丛编项有丛编、分丛编或多部分单行资源的正题名等 6 个著录单元。其中,1 至 4 项著录单元(即丛编、分丛编或多部分单行资源的正题名,丛编、分丛编或多部分单行资源的并列题名,丛编、分丛编或多部分单行资源的其他题名信息,以及与丛编、分丛编或多部分单行资源相关的责任说明)与题名与责任说明项中的 1、3、4、5 项著录单元(即正题名、并列题名、其他题名信息以及责任说明)对应,只是它们分别针对的是丛编、分丛编或多部分单行资源;当丛编、分丛编或多部分单行资源计划无限期地连续出版下去,其信息源上才有可能载有应予著录的国际标准连续出版物号;丛编、分丛编或多部分单行资源内的编号应按其出现在规定信息源上的形式著录,但可使用缩略词。

附注项本身不分著录单元,但可包含一个及其以上的著录单元和/或著录项目的信息。从形式上看,附注分格式化附注和非格式化附注两种;从内容上看,附注则分特定资料附注(含古旧单行资源的参考书目附注、连续性资源的频率说明附注、关于系统要求以及与访问模式相关的附注),题名与责任说明项附注,版本项与资源书目沿革附注,资料或资源类型特殊项附注,出版、制作、发行等项附注,载体形态项附注,丛编项附注,内容提要附注,资源标识号和获得方式项附注,形成著录基础的期、部分、更新等的附注,以及手头复本等的附注。总之,附注项是资源著录的延伸和深化,具有处理资源形态和/或内容方面任何问题的作用。

资源标识号与获得方式项有资源标识号、指纹(对于古旧单行资源)等 4 个著录单元。其中,资源标识号、指纹中的资源标识号是根据国际标准分配的与资源相关的数字或字母数字组合的标识,例如国际标准书号(International Standard Book Number)、国际标准音像编码(International Standard Recording Code)、国际标准连续出版物号(International Standard Serial Number),或出版社对资源所分配的一个标识号;而资源标识号、指纹中的指纹则由从资源的文字的一些统一位置抽取的一些字符组成,随后是表示一个或多个字符的信息源的一个数字和/或表示链线方向的一个字母和/或出现在出版、制作、发行等项中的日期;识别题名是 ISSN 网(ISSN Network)给每种登记 ISSN 的连续性资源赋予的唯一名称,可以与连续性资源的正题名相同,也可在连续性资源正题名的基础上通过附加识别和/或修饰成分(例如发行机构、出版地、版本说明)构造(由于识别题名与 ISSN 结合使用具有识别、检索、管理连续性资源的作用,所以即使连续性资源的识别题名与其正题名一致时,也需之前用等号著录在 ISSN 后);获得方式和/或价格用一个单词、短语或数值来表达著录资源的价格和/或资源可获得的条件;限定说明主要用于对资源标识号、指纹的限定,但也可以用于对获得方式和/或价格的限定,以解释、修改或纠正这些著录单元中所著录的信息。

(二)标识符

《ISBD 预备统一版》对资源描述除了规定以上著录项目和著录单元外,还规定了每一著录项目和/或著录单元所用的标识符。从其英文名称 prescribed punctuation 看,著录项目和/或著录单元所用的标识符主要借用西文语法中的标点符号。西方文字由于其自身的特点,每个单词之后需要空格,而为表示句读(即文词停顿的地方),西方文字创建后又辅之一套语法符号。但从刊有早期西文款目的文献看,上面没有使用以标识著录项目或表达著录内容的符号系统(尽管西方图书馆后期已规定副书名前用分号、丛书项的内容需用圆括号括起来著录)。中文汉字由于其自身的特点,每个字词后面毋需空格,句读也只有在理解意义的基础上才能做到,因此书面语上语法符号的使用较西方要晚,以致形成了后来的古文校点工作。这也造成在我国传统的文献著录中,用来标识著录项目或表达著录内容的方法主要不是标点符号,而是空格。例如《中文普通图书统一著录条例(试用本)》就用空两格的方法来界定各著录项目,而一个著录项目内的著录单元之间则空一格。后来 IFLA 着手制定 ISBD,其总的目的是想帮助国际书目信息交流,进而实现全球的资源共享,于是在著录规则上明确规定了八大著录项目,并固定了它们的著录顺序,以及首创了一套供各著录项目与著录单元使用的,能够跨越国际语言文字障碍、突破人机之间理解的标识符。[①]

《ISBD 预备统一版》对标识符的使用规定主要有:①除第 1 个著录项目外,其他所有著录项目应前置句号、破折号、空格(即". -- ",另起段落除外);②除第 1 项的第 1 个著录单元外,其他所有著录单元必须前置或外括规定标识符;③第 6 项的著录单元除了使用规定标识符外,在整个著录项目的前后都要加圆括号;④除了逗号(即",")和句号(即".")后有一空格外,其他规定标识符前后均应有一个空格;⑤省略著录项目或著录单元的同时也省略其标

---

①　王松林编著．信息资源编目(修订本)．北京：北京图书馆出版社(今国家图书馆出版社),2005

识符,但若标识符或其组成部分与其他符号(包括标点符号)相同则应予以保留。

其次,《ISBD 预备统一版》还将著录项目尤其是著录单元在用法(即应用级别)上分为必备、有条件和可选三种。其中,必备是指如果适合,该著录单元在所有情况下都要求著录;有条件是指在某些情况下(例如当有必要用于识别或被认为对于目录使用者重要时),该著录单元要求著录,否则则为可选;而可选则指该著录单元可由编目机构决定是否包括或省略。另外,《ISBD 预备统一版》还对著录项目尤其是对著录单元可否重复的情况做了规定。

以上著录项目和/或著录单元及其所用的标识符,用法中的必备(用"M"表示)、有条件(用"C"表示)、可选(用"O"表示),以及可以重复(用"R"表示)的情况详见表 3 –1。

表 3 –1　著录项目或著录单元使用一览表

编号	著录项目或著录单元名称	标识符	用法	可否重复
1	题名与责任说明项			
1.1	正题名		M	
1.2	一般资料标识	[ ]	O	
1.3	并列题名	=	C	R
1.4	其他题名信息	:	C	R
1.5	责任说明 　第一说明 　后续说明	 / ;	 M C	 R
2	版本项	. --		
2.1	版本说明		M	
2.2	并列版本说明	=	O	R
2.3	与本版有关的责任说明 　第一说明 　后续说明	 / ;	 M C	 R
2.4	附加版本说明	,	M	R
2.5	附加版本说明后的责任说明 　第一说明 　后续说明	 / ;	 M C	 R
3	资料或资源类型特殊项	. --		
3.1	数学数据项	. --	M	R
3.2	乐谱格式说明项	. --	M	
3.3	编号项	. --	M	
4	出版、制作、发行等项	. --		
4.1	出版、制作和/或发行地 　　第一地点 　　后续地点	 ;	 M C	 R
4.2	出版、制作和/或发行者名称	:	M	R
4.3	发行者职能说明	[ ]	O	
4.4	出版、制作和/或发行日期	,	M	

续表

编号	著录项目或著录单元名称	标识符	用法	可否重复
4.5	印刷、生产或刻板地	(	C	R
4.6	印刷、生产或刻板者名称	:	C	R
4.7	印刷或生产日期	,)	C	
5	载体形态项	. --		
5.1	特定资料标识和资料数量		M	
5.2	其他物理细节	:	C	
5.3	尺寸、格式	;	C	
5.4	附件说明	+	O	R
6	丛编项	. --		
6.1	丛编、分丛编或多部分单行资源的正题名		M	
6.2	丛编、分丛编或多部分单行资源的并列题名	=	C	R
6.3	丛编、分丛编或多部分单行资源的其他题名信息	:	C	R
6.4	与丛编、分丛编或多部分单行资源相关的责任说明 　　第一说明 　　后续说明	 / ;	 C C	 R
6.5	丛编或分丛编的国际标准连续出版物号	,	M	
6.6	丛编、分丛编或多部分单行资源内的编号	;	C	
7	附注项	. --	C	R
8	资源标识号与获得方式项	. --		
8.1	资源标识号 指纹		M O	
8.2	识别题名	=	C	
8.3	获得方式和/或价格	:	O	R
8.4	限定说明	( )	O	R

二、《ISBD 统一版》的主要变化与不足

(一)《ISBD 统一版》的主要变化

如果说将原各 ISBD 中的概述、著录单元细则和附录的内容予以整合，是《ISBD 预备统一版》的最大特点，那么引进第 0 项——内容形式和媒介类型项并用以取代一般资料标识，从而废除几十年来在题名和责任说明项中对一般资料标识的著录，则是《ISBD 统一版》的最大特点。① 此外，《ISBD 统一版》较《ISBD 预备统一版》还有以下一些重大变化：①经过编辑后的文字避免冗余，前后更为一致；②著录项目和著录单元的必备、有条件、可选的层次被简化，即只表示其必备的情况；③构成书目著录对象的著录基础得到了澄清；④更多地关注了多部分单行资源；⑤信息源已按术语和应用的一致性要求进行了修订；⑥更多地考虑了非罗

---

① 王松林，顾犇. 从一般资料标识到内容形式和媒介类型：《ISBD 统一版》的新特点. 中国图书馆学报，2012，38(5)

马字符的要求；⑦去除了不符合 ISBD 古旧单行资源的著录规定；⑧澄清了限定词不同于著录单元；⑨更改了"载体形态项"名称（即将原先的 Physical Description Area 更名为 Material Description Area），并允许印刷资源与其他资料著录一致；⑩将"丛编项"（Series Area）扩充为"丛编和多部分单行资源项"（Series and Multipart Monographic Resource Area）。最后，《ISBD 统一版》在其词汇表中还增加了许多新的定义。①

（二）《ISBD 统一版》的不足

尽管《ISBD 统一版》和《ISBD 预备统一版》一样，还对著录的信息源与著录的语言和文字等做了详细规定，但是依据它们所编制的书目记录，一般还不能独立使用。因为仅含资源著录数据元素的书目记录只是完整书目记录的一部分，即一条完整的书目记录除了含有资源的著录数据元素外，还应含有资源的标目、参照以及馆藏信息等的检索数据元素。需要强调的是，标目（Heading）和参照（Reference）在《国际编目原则声明》中已分别被规范检索点（Authorized Access Point）、受控检索点（Controlled Access Point）以及名称的变异形式（Variant Form of Name）所替代，②但考虑到现有的编目条例或编目规则（如 AACR2、《西文文献著录条例》以及《中国文献编目规则》）还未来得及跟进，所以在以下的论述中仍然使用标目和参照这两个术语。

书目记录的标目主要包括题名标目、责任者标目、主题标目和分类标目。其中，题名标目和责任者标目等内容详见以下"三、编目条例或编目规则"，主题标目和分类标目等内容详见本书的第六章、第七章。

三、编目条例或编目规则

目前，AACR2、《西文文献著录条例》以及《中国文献编目规则》均主要由著录法和标目法两大部分组成。③④⑤ 其中的著录法部分，AACR2、《西文文献著录条例》以及《中国文献编目规则》均像以上 ISBD 一样设置八大著录项目，只是资源的类型划分有所差异。在标目法部分，AACR2、《西文文献著录条例》以及《中国文献编目规则》主要包括名称（Appellations，含题名与责任者名称）检索点的选取及其规范等内容。考虑到目前中西文编目分别采用交替标目制（Alternative Entry Headings）和主附标目制（Main and Added Entry Headings）且区别较大，以下着重论述中文编目规则的标目法内容。

（一）名称检索点的选取

在实施交替标目制的中文编目中，无论是资源的题名还是资源的责任者，客观上均存在主次之分。就拿题名来说，资源的主要检索点包括：①如果题名与责任说明项中的正题名是一单纯题名，那它就是该款目和/或记录的题名主要检索点；②如果题名与责任说明项中的正

① ISBD 评估组推荐；国际图联编目组常设委员会通过；顾犇翻译. 国际标准书目著录（2011 年统一版）. 国家图书馆出版社，2012

② IFLA Cataloguing Principles：the Statement of International Cataloguing Principles（ICP）and its Glossary in 20 Languages. http://www.ifla.org/en/publications/statement-of-international-cataloguing-principles

③ Joint Steering Committee for Revision of AACR. Anglo-American cataloguing rules. 2nd ed.，1998 rev. Canadian Library Association，1998

④ 顾犇主编. 西文文献著录条例（修订扩大版）. 科学技术文献出版社，2003

⑤ 富平，黄俊贵主编. 中国文献编目规则（第二版）. 北京图书馆出版社（今国家图书馆出版社），2005

题名含有交替题名,或由共同题名与从属题名一起构成,或由几个合订题名一起构成,那么交替题名前的题名、共同题名及列于首位的合订题名应是该款目和/或记录的题名主要检索点。

资源责任者的主要检索点一般包括:①题名与责任说明项中的第一责任说明中唯一的一个人或一机关团体;②题名与责任说明项中列于第一责任说明首位的个人或机关团体;③在题名与责任说明项中没有责任说明时,版本项中的与本版有关的第一责任说明中的唯一的一个人或一机关团体,或列于版本项与本版有关的第一责任说明首位的个人或机关团体;④题名与责任说明项中没有责任说明,但通过其他来源获得并著录于附注项中的第一个个人或机关团体。

除此之外的资源题名和责任者均为次要检索点。例如资源题名的次要检索点主要包括:①题名与责任说明项中具有检索意义的副题名;②题名与责任说明项中的交替题名;③题名与责任说明项中的从属题名;④题名与责任说明项中非列于首位的合订题名;⑤丛编项中的丛编名;⑥附注项中的目次名、附录名;⑦著录于附注项中除题名原文以外的其他题名(如未在题名与责任说明项中著录的副题名、交替题名、从属题名、合订题名,以及书脊题名、封面题名或其他别名)。

资源责任者的次要检索点主要包括:①题名与责任说明项或附注项中除责任者主要检索点以外的个人或机关团体(含题名与责任说明项中第二合订文献的责任者,以及著录于附注项中的其他合订文献的责任者);②在题名与责任说明项中有责任说明时,版本项中的与本版有关的个人责任者或团体责任者;③丛编项中的丛编个人责任者或团体责任者;④附注项中的目次个人责任者或团体责任者以及附录个人责任者或团体责任者。

需要强调的是,题名和责任者的次要检索点有时会有多个,而且分析检索点的数量可以不限。

(二)名称检索点的规范

根据以上情况选取出来的题名和责任者检索点(无论是主要检索点还是次要检索点),在将它们用作标目时,还有一个对其进行规范即统一标目的问题。所谓统一标目(Uniform Heading)也称规范标目(Authorized Heading),是指同一著作具有不同的题名,或在同一个人或团体具有不同的名称或名称形式时,必须根据一定的原则和方法从中确定一个及其以上的固定的题名或名称及其形式为受控形式。统一标目的作用是便于在目录中汇集同一著作的不同版本或文本以及同一责任者的不同著作,因此它是提高文献/信息机构目录检准率及检全率的重要因素。

根据国际编目原则及“读者至上”的编目原则,①②确定统一标目的原则是:统一标目通常是经过编目的著作中各种版本上使用的题名或名称(或名称形式);或是公认的权威性参考文献中提到的题名或名称(或名称形式)。中文编目中的统一标目的确定,同样遵循上述原则,即一般以常用、惯用、通用为基本原则。当难以或无法确定其常用、惯用、通用时,通常题名统一标目选取最初使用的名称,而责任者统一标目则取最近使用的名称。

1. 题名的统一标目

从上述定义看,统一标目的对象包括题名的统一标目和责任者的统一标目。为加区分,题名统一标目也被称之为“统一题名”(Uniform Title,在《国际编目原则声明》中,统一题名也

---

① 国际编目原则会议最初公告 // 1961 年国际编目原则会议论文选译. 中国科学院图书馆, 1962
② 王松林. 论编目工作中的“读者至上”原则. 图书情报论坛, 1993(2)

被划归"规范检索点")。除特殊情况外,中文文献的题名标目形式采用正文部分的题名。中编统一题名的选择主要涉及:①对原文为中文的各学科名著、古典著作、宗教经典等文献,以其较著名或常用的题名为统一题名;②对原文为外文的名著译本,以其较著称或规范的题名为统一题名。

根据上述两种情况选择出来的统一题名,在现代手工编目时,为使读者从文献本名也能检索到该文献,需对它们做一条题名单纯参照。

另外,中文题名标目形式的选择除了上述统一题名的问题外,还有题名标目形式的其他规范问题,后者主要涉及:①凡题名前说明著作形式特征的字样,如说明一般著作刊刻或抄写年代的字样以及说明著作出版装帧形式的字样,不作为标目的组成部分;②分散著录时,将连续出版物题名中随期/逐年而变的年份、届次等挪后著录,以达到集中检索之目的。其中,年份若是非公元纪年则依原题,若是公元纪年则可采用阿拉伯数字。

同样,根据上述两种情况选择出来的题名标目,在现代手工编目时,必要时还需做一条题名说明参照。

2. 责任者的统一标目

如前所述,责任者分个人责任者和团体责任者。其中,个人责任者的统一标目包括标目的主要成分和附加成分。个人责任者统一标目的主要成分的确定原则主要有:①一个人具有多个名称,应择其最为人熟知的名称形式;②一个人具有多个名称,但无法确定何者最为人熟知,应按在本人著作中最常见的名称、参考工具中最常见的名称、本人最近使用的名称顺序选取;③一个人一般只有一个规范的标目形式,但个别著者若在不同的历史时期或不同的专业领域以不同的名称题署文献且都很知名,可分别建立统一标目。由于个人责任者标目的情况复杂,具体详见《中国文献编目规则(第二版)》的22.2.4"各类个人名称标目的具体规定"。

但以上述原则选取出来的个人责任者的标目形式,有时还会出现异人同名现象。为此,《中国文献编目规则(第二版)》在确定了个人责任者标目的主要成分后,还要求著录用于修饰和区分个人责任者主要成分的附加成分。个人责任者标目的附加成分包括个人责任者的生卒年、朝代、国别、民族、性别、外国人姓名原文、学科、职业、称号、籍贯、所属单位及其他由编目员推断的信息等。上述各类附加成分分别著录在个人责任者标目的主要成分之前和/或之后,并用圆括号括起。若一主要成分的附加成分内容较多,可视出现的位置将不同的附加成分一并著录在一个圆括号内,并在各附加成分之间间一空格。

按照上述附加成分以及前述①②条个人责任者统一标目的主要成分的原则确定的个人责任者标目,必要时还需做一条单纯参照,以将读者从不用作标目的责任者名称引向用作标目的责任者名称;按照上述附加成分以及前述第③条个人责任者统一标目的主要成分的原则确定的个人责任者标目,必要时还需做一条相关参照,以使读者扩大检索范围和产生联系。

《中国文献编目规则(第二版)》中确定团体名称统一标目的原则主要有:①团体机构同时具有两个及其以上的名称,应选择其中最著称者为标目;②若对一机构的两个及其以上的名称无法确定其著称者,则依团体责任者在其出版物中最常用的名称、各种参考信息源中最常用的名称顺序选取;③对同一团体履行不同职能所使用的不同名称或机构改名,应分别建立统一标目。具体细则详见《中国文献编目规则(第二版)》23.2.4"会议名称标目",以及23.2.3"各类型团体机构名称标目"(含中央国家机构名称标目,地方国家机构名称标目,政党组织与政治团体名称标目,国家军事机构名称标目,群众团体、科教文卫机构及企事业单位名称标目,中国宗教团体及寺庙、道观、教堂名称标目,历史上的团体机构名称标目,国际组织或外国团体名称标目,以及职务名称标目等)。

与个人责任者的统一标目一样,团体责任者的统一标目除了主要成分也可出现附加成分。其中,一般团体名称的附加成分主要包括在主要成分之前用圆括号著录的朝代或国别,在主要成分之后用圆括号著录的地理名称、时间限定和其他说明词语(当一个圆括号内的附加成分有两个及其以上时,其间间以冒号。下同),而会议名称的附加成分则主要包括在主要成分之后用圆括号著录的会议届次、日期和地点等。

同样,按照上述附加成分以及前述①②条团体名称统一标目确定原则确定的团体责任者标目,必要时还需做一条单纯参照,以将读者从不用作标目的团体名称指向用作标目的团体名称;按照上述附加成分以及前述第③条团体名称统一标目确定原则确定的团体责任者标目,必要时还需做一条相关参照,以使读者扩大检索范围和产生联系。另外,还有一些情况也需对团体责任者的标目做一条说明参照。

第二节　计算机编目的元数据标准

无论是 MARC21 还是 CNMARC 书目记录,均由以下三个要素组成,即记录结构(record structure)、内容标识符(content designation)以及数据元素内容(content of the data elements)。[①] 其中,MARC 的数据元素内容主要是 ISBD、《中国文献编目规则》以及 AACR2 等内容,含记录头标区数据元素在内的 MARC 记录结构详见本章第四节的 ISO 2709 记录交换格式的结构,本节重点分析 CNMARC 书目格式的内容标识符。

一、CNMARC 书目格式的内容标识符概述

在 CNMARC 书目格式数据字段区中使用的内容标识符,也指以识别数据元素或提供有关数据元素附加信息的编码,包括字段标识符(Tag)、指示符(Indicator)和子字段标识符(Subfield Identifier)。[②] 其中,字段标识符是指用于标识各个字段的一组 3 位数字符号(也称字段号),如 001、010、100 等。由于 CNMARC 书目格式衍生自 UNIMARC 书目格式,所以 CNMARC 书目格式规定,国内使用字段(即国内各系统在 UNIMARC 书目格式基础上追加的字段)均使用含"9"的字段标识符(包括--9、-9-和9--字段)。指示符指与变长数据字段连用的两位字符(数字或符号),用于提供字段内容、记录中该字段与其他字段的相互关系或某些数据处理时所需操作的附加信息,如##、1#、#0 等。而子字段标识符是指由两位字符组成的代码,用以标识变长字段中的不同子字段(CNMARC 书目格式中的 $9 也是在 UNIMARC 书目格式基础上追加的本地子字段)。子字段标识符中的第一位字符为 ISO 2709 中规定的专用符号"IS1"[ISO 646(1/15 位),文本格式中表现为"$"],第二位字符为字母或数字,如 $a、$b、$1 等。

需要强调的是,CNMARC 书目格式的内容标识符除了涉及以上与现代手工编目共有的

---

①　Library of Congress, Network Development and MARC Standards Office. MARC21 concise format for bibliographic data. http://leweb. loc. gov/marc/bibliographic/ecbdhome. html

②　国家图书馆编. 新版中国机读目录格式使用手册. 北京图书馆出版社(今国家图书馆出版社), 2004

著录数据元素和检索数据元素，另外也还涉及一些自身所特有的数据元素。

二、CNMARC 书目格式著录数据元素的内容标识符

CNMARC 书目格式著录数据元素的内容标识符主要包括 CNMARC 书目格式的著录信息块以及附注块的内容标识符。CNMARC 书目格式这两个功能块字段的内容标识符主要是依据 ISBD 的著录内容来设置的，所以只要了解 ISBD 的著录内容即可对号入座地对这两个功能块字段予以录入，但一般不在子字段的交界处或子字段的末尾处录入其著录用标识符。

（一）CNMARC 书目格式著录信息块的内容标识符

CNMARC 书目格式的著录信息块字段包括除 ISBD 附注项和标准编号与获得方式项以外的所有著录用字段。

1. 题名与责任说明字段

CNMARC 书目格式用于录入题名与责任说明方面信息的字段只有 200 一个。该字段为必备字段，不可重复。其指示符 2 未定义，指示符 1 定义为题名检索意义指示符。其子字段共设 $a（正题名）、$b（一般资料标识）和 $c（其他责任者的正题名）等 13 个。

尽管 200 字段的指示符 1 赋"1"可以解决本字段第一个 $a 子字段的正题名检索问题，但若要对其他题名（包括各种并列题名、分辑题名及其他题名信息等）及 200 字段中录入的各种知识责任者进行检索，则需在后使用相应的 4--、5--和 7--字段录入。

2. 版本说明字段

CNMARC 书目格式用于录入版本说明方面信息的字段只有 205 一个。该字段可重复，两个指示符均未定义，其子字段共设 $a（版本说明）、$b（附加版本说明）和 $d（并列版本说明）等 5 个。

若需对 205 字段中的各种知识责任者进行检索，也可在后使用相应的 7--字段录入。

3. 文献特殊细节字段

CNMARC 书目格式根据所录文献的类型，将文献特殊细节字段细分为 206、207 和 208 三个字段（230 文献特殊细节项：电子资源特征字段将随着 ISBD 对该著录项目的取消而废弃，因此本节不予介绍）。

（1）206 字段

CNMARC 书目格式的 206 字段为文献特殊细节项：测绘制图资料——数学数据。该字段对测绘制图资料为必备字段，可重复，两个指示符均未定义，唯一一个 $a（数学数据说明）子字段用于录入测绘制图资料的比例尺、投影、坐标、平分点和纪元的文字说明。

206 字段只是用于款目内容的显示，而要对之相关内容进行检索，则可通过 120、122、123 和 131 编码数据字段。

（2）207 字段

CNMARC 书目格式的 207 字段为文献特殊细节项：连续出版物卷期编号。该字段不可重复。其指示符 1 未定义，指示符 2 定义为编号格式化指示符。其子字段设 $a（编号：年代或卷期标识）和 $z（编号信息来源）。

（3）208 字段

CNMARC 书目格式的 208 字段为文献特殊细节项：印刷乐谱的特定说明。该字段不可重复，两个指示符均未定义，子字段设 $a（印刷乐谱特定细节说明）和 $d（并列印刷乐谱特

定细节说明）。

4. 出版发行字段

CNMARC 书目格式用于录入出版发行方面信息的字段有两个，即 210 和 211 字段。其中，210 字段为出版发行字段。该字段不可重复，两个指示符均未定义，子字段共设 $a（出版、发行地）、$b（出版者、发行者地址）和 $c（出版者、发行者名称）等 8 个。需要强调的是：若要提供出版地/制作地检索点，可用 620 字段录入出版地/制作地名称；若要提供出版者/制作者检索点，可用相应的 7--字段录入出版者/制作者名称。

CNMARC 书目格式的 211 字段为预定出版日期字段，主要用于由出版者提供的信息生成预编记录。该字段不可重复，两个指示符均未定义，唯一一个 $a（预定出版时间）子字段采用 8 位阿拉伯数字录入，形式为 YYYYMMDD。若月份和/或日期不详，则在月份和/或日期的字符位填空位。含有 211 字段的预编记录（该记录头标区只赋记录状态代码"n"）若被编目系统所采用，应将原 211 字段删除并使用 210 字段录入编目实体出版发行方面的信息（此时还需将记录头标区的记录状态由"n"改为"p"，并补录或修改记录头标区里的其他字符位代码）。

5. 载体形态字段

CNMARC 书目格式用于录入载体形态方面信息的字段只有 215 一个。该字段可重复，两个指示符均未定义，子字段设 $a（特定资料标识和文献数量）、$c（其他形态细节）、$d（尺寸）和 $e（附件）。

6. 丛编字段

CNMARC 书目格式用于录入丛编方面信息的字段只有 225 一个。该字段可重复。其指示符 2 未定义，指示符 1 定义为题名形式指示符。其子字段共设 $a（丛编题名）、$d（丛编并列题名）、$e（丛编其他题名信息）等 9 个。

需要注意的是：225 字段 $a 和 $i 子字段的丛编题名和分丛编题名可通过录入相应的 4--字段检索，而 $f 子字段的个人或团体名称可通过录入相应的 7--字段或嵌入在 4--字段中的 7--字段检索。

（二）CNMARC 书目格式附注块的内容标识符

现代手工编目中的附注内容在 CNMARC 书目格式中绝大部分采用相应的 3--字段录入。CNMARC 书目格式的 3--字段除少数附注（如 327 内容附注）外，大多没有预先规定的格式（即以自由行文的方式录入）。由于 3--字段一般不做检索点，所以在 3--字段录入的题名和/或责任者名称如果需要检索需再通过录入相应的 4--、5--和/或 7--字段（如果系统具备全文检索的功能，有些 3--字段的内容也可不通过录入相应的 4--、5--和/或 7--字段而自动建立索引检索）。此外，4--字段和某些 5--字段还有自动生成附注的功能（通过字段指示符），此时也可不用录入相应的 3--字段。

1. 通用附注字段

CNMARC 书目格式的通用附注字段共有两组，一组是 300—315 字段。其中，300 为一般性附注字段，301 为标识号附注字段，302 为编码信息附注字段，303 为著录信息的一般性附注字段，304 为题名与责任说明附注字段，305 为版本与书目史附注字段，306 为出版发行附注字段，307 为载体形态附注字段，308 为丛编附注字段，310 为装订及获得方式附注字段，311 为连接字段附注字段，312 为相关题名附注字段，313 为主题附注字段，314 为知识责任附注字段，315 为资料（或出版物类型）特殊细节附注字段。这些字段的共同点在于它们均可重复,两个指示符均未定义,且都只设一个 $a(附注内容)子字段。因此《新版中国机读目录格式使用手册》认为,如果不加细分,也可只用一个 300 字段来取代上述 301—315 中的任何一个附注字段。

CNMARC 书目格式的另一组通用附注字段包括 320 文献内书目/索引附注、324 原作版本附注、325 复制品附注、327 内容附注、330 提要或文摘附注、332 引文附注、333 使用对象附注、334 获奖附注、345 采访信息附注和 393 系统外字符附注等字段。下面只对这一组中最常用的几个通用附注字段做一论述。

(1)320 字段

CNMARC 书目格式的 320 字段用于录入文献内含有书目和/或索引的附注,有时也包括书目和/或索引所在的位置。该字段可重复,两个指示符均未定义,子字段只设一个 $a(附注内容)。

(2)327 字段

CNMARC 书目格式的 327 字段用于录入文献的目次内容。该字段可重复。其指示符 1 定义为完整程度指示符,指示符 2 定义为结构指示符。其子字段设 $a(附注内容)、$b(一级子章节)和 $c(二级子章节)等 11 个。

(3)330 字段

CNMARC 书目格式的 330 字段用于录入编目实体的提要或文摘附注。该字段可重复,两个指示符均未定义,子字段只设一个 $a(附注内容)。

2. 专用附注字段

CNMARC 书目格式的专用附注字段共有 10 个。这些附注字段,有的专用于古籍(如316 现有副本附注、317 出处附注和 318 保护操作附注字段),有的专用于连续出版物(如 321 文献外索引、摘要和参考书目附注和 326 出版周期附注字段),有的适用于投影和音像资料(如 322 制作者附注和 323 演出者附注字段),有的适用于学位论文(如 328 学位论文附注),有的适用于电子资源(如 336 电子资源类型附注和 337 系统要求附注字段)。使用以上专用附注字段时,可参考《新版中国机读目录格式使用手册》有关内容。

三、CNMARC 书目格式检索数据元素的内容标识符

CNMARC 书目格式检索数据元素的内容标识符主要包括 CNMARC 书目格式的相关题名块、主题分析块以及知识责任块的内容标识符。这些功能块中的字段,大多带有 $3(规范记录号)子字段,说明通过它能与相应的规范记录链接(因篇幅所限,本书对 CNMARC 规范格式不做论述)。但若不用通过 $3 子字段或根本没有建立相应的规范记录,则应严格按照CNMARC 书目格式检索数据元素的内容标识符予以录入。

(一)CNMARC 书目格式相关题名块的内容标识符

CNMARC 书目格式中的 4--字段除用于连接记录或文献外,也可作为相应题名的检索点,但 CNMARC 书目格式的 5--字段却专门用于检索除 200 字段第一个 $a 正题名以外而又通常出现在编目实体上的、与所编文献相关的各种题名(无检索意义的相关题名不用 4--和 5--字段而在相关的 3--字段做附注即可)。与 4--字段一样,CNMARC 书目格式中的 5--字段除用于题名检索外,一般还可自动生成相应的题名附注(其导语可根据相应的字段标识符生成)。[1]

---

① 王松林. 重视能生成附注的 4--和 5--字段录入. 江苏图书馆学报, 2001(3)

1. 统一题名字段

CNMARC 书目格式的统一题名字段共设 3 个,即 500 统一题名、501 作品集统一题名和 503 统一惯用标目字段,且均可重复。中文文献一般只用 500 字段即可,使用 501 和 503 字段的文献/信息机构可参考《新版中国机读目录格式使用手册》。

500 字段的指示符 1 定义为题名检索意义指示符,指示符 2 定义为主款目指示符。我国统一题名若用 500 字段录入,指示符 1 和指示符 2 一般赋"1"和"0",即统一题名做检索点而不做主款目。500 字段的子字段共设 $a(统一题名)、$b(一般资料标识)和 $h(分辑号)等 21 个。

2. 不同题名字段

CNMARC 书目格式的不同题名字段共设 8 个,即 510 并列正题名、512 封面题名、513 附加题名页题名、514 卷端题名、515 逐页题名、516 书脊题名、517 其他题名和 518 现代标准拼写题名字段。

上述 510—517 字段均可重复,其指示符 2 均未定义,指示符 1 均定义为题名检索意义指示符,所不同的是这些字段的子字段设置各有差异。需要说明的是:凡不能使用 510—516 字段录入的各种题名,如果需要检索均可使用 517 字段录入(包括各种副题名、分卷题名、装订题名、书套题名、函套题名和文献组成部分题名等);由于其他题名的复杂性,使用 517 字段时有必要用 312 相关题名附注字段标示其题名类型。

源自 UNIMARC 书目格式的 518 字段一般用于外文早期的出版物(即外文古籍)。针对我国港澳台及广大海外地区现在仍用繁体字出版中文文献的现实以及客观著录的要求,不妨在 2--字段用繁体字录入原用繁体字形式出现的题名等信息,然后再用 518 字段录入其标准简化汉字题名(如果 518 字段的内容与 500/$a 子字段的内容相同,也可不用 518 字段)。518 字段可重复。其指示符 2 未定义,指示符 1 也定义为题名检索意义指示符。其子字段只设 $a(现代标准书写的题名)和 $9(现代标准拼写题名的汉语拼音)。

3. 其他相关题名字段

CNMARC 书目格式的其他相关题名字段共设 7 个,其中有 3 个字段专用于连续出版物,4 个字段适用于一般性文献。但这 7 个字段均可重复。

(1)适用于一般性文献的其他相关题名字段

CNMARC 书目格式适用于一般性文献的其他相关题名字段有 532 展开题名、540 编目员补充的附加题名、541 编目员补充的翻译题名和 545 分部/分栏题名字段。

正题名和/或识别题名有时含有导致排序问题的首字母缩略词、缩写词、数字或符号。由于它们不能正确地生成输出或增加记录的内容,所以应用 CNMARC 书目格式的 532 字段予以展开排序和检索。该字段的指示符 1 也定义为题名检索意义指示符,指示符 2 定义为展开类型指示符。其子字段只设 $a(展开题名)和 $z(题名语种)。

CNMARC 书目格式的 540 字段用于录入编目实体上未出现、也不是统一题名的关键词题名或通俗题名。其指示符 2 未定义,指示符 1 也定义为题名检索意义指示符。其子字段也只设 $a(附加题名)和 $9(附加题名汉语拼音)。

CNMARC 书目格式的 541 字段用于录入编目员对编目实体上出现的题名进行翻译的译名。其指示符 2 未定义,指示符 1 也定义为题名检索意义指示符。其子字段共设 $a(翻译题名)、$e(其他题名信息)和 $h(分辑号)等 6 个。

CNMARC 书目格式的 545 字段用于录入编目实体所属的分部/分栏题名(即单篇分析题

名)。其指示符 2 未定义,指示符 1 也定义为题名检索意义指示符。其子字段只设 $a(分部/分栏题名)和 $9(分部/分栏题名汉语拼音)。

(2)专用于连续出版物的其他相关题名字段

CNMARC 书目格式专用于连续出版物的其他相关题名字段有 520 曾用题名、530 识别题名和 531 缩略题名。其中,520 字段适用于以前更名连续出版物的"新见旧"著录。即将更名连续出版物作为一个编目实体处理时,在反映现题名的记录上使用 520 字段录入该连续出版物的前题名。换言之,现时对更名连续出版物如果采用"重新著录"的方法可不使用 520 字段(即用 4--字段)。如果使用 520 字段,其指示符和子字段的设置可参阅《新版中国机读目录格式使用手册》。

CNMARC 书目格式的 530 字段,其作用相当于前述 500 字段(识别题名即连续出版物的统一题名)。其指示符 2 未定义,指示符 1 定义为正题名异/同指示符。其子字段共设 $a(识别题名)、$b(修饰信息)和 $j(与识别题名相关的卷号或日期)等 5 个。

CNMARC 书目格式的 531 字段用于录入连续出版物识别题名的缩略形式(其结构与 ISSN 国际中心制定的条例及 ISO 4 的规定相符)。根据 ISSN 中国中心的规定,中文连续出版物不做缩略题名(即可不用 531 字段),而包括在中国出版的西文连续出版物做缩略题名(即用 531 字段)。使用 531 字段时,请参阅《新版中国机读目录格式使用手册》。

(二)CNMARC 书目格式主题分析块的内容标识符

CNMARC 书目格式的主题分析块字段主要用于录入从不同主题表和分类表选取出来的、用以描述文献主题内容的数据,其共同特点也是字段均可重复。

1. 主题标目字段

CNMARC 书目格式主题标目字段共设 12 个,即 600 个人名称主题,601 团体名称主题,602 家族名称主题,604 名称/题名主题,605 题名主题,606 论题名称主题,607 地理名称主题,608 形式、类型或物理特性标目,610 非控主题词,615 主题范畴(暂定),616 商标主题和 620 出版地/制作地检索点字段。其中又以 606 字段最为常用。

CNMARC 书目格式的 606 字段用于录入用作主题标目的普通名词或短语。其指示符 2 未定义,指示符 1 定义为主题词级别。其子字段共设 $a(款目要素)、$j(形式复分)和 $x(论题复分)等 7 个。

以个人名称作为主题款目要素时,CNMARC 书目格式采用的是 600 字段。该字段的指示符 1 未定义,指示符 2 定义为名称形式指示符。其子字段除有 606 字段 $j—$3 子字段外,另外设有 $a(款目要素)、$b(名称的其他部分)和 $c(年代以外的名称附加)等 7 个。

以团体名称作为主题款目要素时,CNMARC 书目格式采用的是 601 字段。该字段的指示符 1 定义为会议指示符,指示符 2 定义为名称形式指示符。其子字段除有 606 字段 $j—$3 子字段外,另外设有 $a(款目要素)、$b(次级部分)和 $c(名称附加或限定)等 8 个。

以家族名称作为主题款目要素时,CNMARC 书目格式采用的是 602 字段。该字段的两个指示符均未定义,其子字段除有 606 字段 $j—$3 子字段外,另外设有 $a(款目要素)和 $f(年代)。

以文献题名作为主题款目要素时,CNMARC 书目格式根据有无著者分别采用 604(有著者)和 605 字段(无著者)。其中,604 字段的两个指示符均未定义,其子字段的设置与 4--字段的嵌入字段技术同;605 字段的两个指示符也未定义,其子字段除有 606 字段 $j—$3 子字段外,另外设有 $a(款目要素)、$h(分辑号)和 $i(分辑名)等 12 个。

以地理名称作为主题款目要素时,CNMARC 书目格式采用的是 607 字段。该字段的两个指示符均未定义,其子字段设置与 606 字段完全相同。

以商标名称作为主题款目要素时,CNMARC 书目格式采用 616 字段。该字段的两个指示符均未定义,其子字段除有 606 字段 $j—$3 子字段外,另外设有 $a(款目要素)、$f(日期)和 $c(限定)。

以文献类型作为主题款目要素,即将前述 600—607 和 616 字段中的 $j(形式复分)内容作为款目要素时,CNMARC 书目格式采用的是 608 字段。考虑到我国现有主题词表(如《汉语主题词表》)中缺乏文献类型方面的主题词,以及所有文献若都以文献类型提供检索点将会造成检索结果数量巨大的弊端,建议只将 608 字段用于那些具有版本特色的馆藏文献(如古籍善本等)。该字段的两个指示符均未定义,其子字段设置除与 606 字段一样外,还多设一个通常用于古籍的 $5(使用本字段的机构)子字段。

另外,以文献的出版地和/或制作地作为主题款目要素,CNMARC 书目格式采用的是 620 字段。该字段的两个指示符均未定义,子字段共设 $a(国家)、$b(国家直辖行政区)和 $c(中级行政区)等 5 个。从其子字段的设置情况看,620 字段的作用与 102 字段同,只不过 102 字段对出版地/制作地采用的是代码形式,而 620 字段对出版地/制作地采用的是文字形式。

以上 600—608、616 和 620 字段的录入均要遵循一定的规范主题表,但规范主题表存在的弊端之一就是其内容的滞后性。针对日新月异的社会发展和科技进步,以及用户擅长使用关键词进行检索的特点,CNMARC 书目格式规定可用 610 字段,或在使用 600—608、616 和 620 字段的同时再用 610 字段录入非控主题词。610 字段的指示符 2 未定义,指示符 1 定义为主题词的级别,只是比 606 字段的指示符 1 少一赋值"#"(无适用信息)。其子字段只设一个 $a(主题词)。

2. 主题分析字段

CNMARC 书目格式的主题分析字段共设 2 个,即 660 地区代码和 661 年代范围代码。其中,660 字段与前述 607 字段相关,即当一条记录有 607 字段时,可再用 660 字段将其款目要素使用代码形式予以录入。国际上地区代码目前比较通用的是美国国会图书馆拟定的 7 位字符代码(内含中国地区代码),使用时详见《新版中国机读目录格式使用手册》附录 D。

CNMARC 书目格式的 661 字段与 122 字段相关,122 字段对纪元、年、月、日和时采用格式化方式(共 11 位字符,至少包含由纪元和年构成的 5 位字符)录入,而 661 字段则可再用代码形式录入 122 字段中的纪元和年。国际上年代范围代码目前比较通用的是美国国会图书馆拟定的 4 位字符代码(含公元前和公元后的年代代码),使用时详见《新版中国机读目录格式使用手册》附录 E。

3. 分类号字段

CNMARC 书目格式的分类号字段共设 7 个,即 675 国际十进分类法分类号、676 杜威十进分类法分类号、680 美国国会图书馆分类法分类号、686 国外其他分类法分类号、690 中国图书馆分类法分类号(简称《中图法》分类号)、692 中国科学院图书馆分类法分类号(简称《科图法》分类号)和 696 国内其他分类法分类号字段。其中,675—686 这 4 个字段国内机构一般不用,如果出于国际数据交换而使用这些字段,可参阅《新版中国机读目录格式使用手册》。

国内目前普遍使用的两大分类法即《中图法》和《科图法》分类号所用的690和692字段均可重复,两个指示符均未定义,其子字段的设置也完全相同,即 $a(分类号)、$v(版次)和$3(分类记录号)。

我国其他分类法(如《中国人民大学图书馆图书馆分类法》《四部分类法》及《北京图书馆普通古籍分类表》等)分类号所用的696字段也可重复,两个指示符也未定义,其子字段共设 $a(分类号)、$b(书次号)和$c(分类复分)等5个。

(三)CNMARC书目格式知识责任块的内容标识符

如前所述,世界各国文献机构的标目制度大致可分主附标目制和交替标目制两种。为适应这两种不同的标目制度,UNIMARC书目格式以及由其衍生的CNMARC书目格式对个人名称、团体名称和家族名称均分别设置了主要知识责任字段(即700、710和720字段)、等同知识责任字段(即701、711和721字段)以及次要知识责任字段(即702、712和722字段)。

在实行交替标目制的书目机构中,记录肯定不用以上7-0字段,而将著作主要知识责任者(包括撰、写、著、主编、编译等责任者)使用以上7-1字段录入,其他次要知识责任者(包括译、改写、点校、插图、改编、校注、译注等责任者)使用以上7-2字段录入。但在实行主附标目制的书目机构中,文献若符合个人名称或团体名称或家族名称做主要款目标目,则首先采用以上7-0字段(而且一条记录中只能使用一个7-0字段);若有等同知识责任,则用以上7-1字段录入;次要知识责任,均用以上7-2字段录入。但若文献符合题名做主要款目标目(题名主要款目标目录入在500或200字段中),在知识责任块则不用7-0字段,而是根据情况选择或根本不用任何7-1和/或7-2字段。

需要注意的是,在CNMARC书目格式7--字段录入的著作主要知识责任者和次要知识责任者不一定与200字段录入的第一责任说明和其他责任说明中的知识责任者相一致。

1. 个人名称字段

CNMARC书目格式中的个人名称,如前所述,共设3个字段,即700个人名称——主要知识责任、701个人名称——等同知识责任和702个人名称——次要知识责任。其中,除700字段不可重复外,701和702字段均可重复。这3个字段的指示符定义情况,与前述600字段完全相同,即指示符1未定义,指示符2也定义为名称形式指示符。这3个字段的子字段均设 $a(款目要素)、$b(名称的其余部分)和$c(年代以外的名称附加)等9个。由于中文编目目前采用的是交替标目制,所以一般只用701和702两个字段,这两个字段比700字段还多设一个 $9(款目要素汉语拼音)子字段,另外702字段再多设一个通常用于古籍的 $5(使用本字段的机构)子字段。

2. 团体名称字段

CNMARC书目格式中的团体名称字段原来也设3个,即710团体名称——主要知识责任、711团体名称——等同知识责任和712团体名称——次要知识责任字段。其中,除710字段不可重复外,711和712字段均可重复。这3个字段的指示符定义情况与601字段完全相同,即指示符1定义为会议指示符,指示符2定义为名称形式指示符。这3个字段的子字段均设 $a(款目要素)、$b(次级部分)和$c(名称附加或限定)等11个。由于中文编目目前采用的是交替标目制,所以一般只用711和712两个字段,这两个字段比710字段还多设

一个 $9(款目要素汉语拼音)子字段,另外 712 字段再多设一个通常用于古籍的 $5(使用本字段的机构)子字段。

后来《新版中国机读目录格式使用手册》在 71-团体名称字段中新增了一个 716 商标名称字段。该字段可重复,两个指示符均未定义,子字段设 $a(款目要素)、$f(日期)、$c(限定)和 $3(规范记录号)。716 字段虽然没设 $4(关系词代码)子字段,但它所处的字段位置足以表达商标名称与所录文献的关系。

3. 家族名称字段

CNMARC 书目格式中的家族名称,如前所述,也设 3 个字段,即 720 家族名称——主要知识责任,721 家族名称——等同知识责任和 722 家族名称——次要知识责任字段。其中,除 720 字段不可重复外,721 和 722 字段均可重复。这 3 个字段的指示符,与 602 字段一样均未定义。子字段设 $a(款目要素)、$f(年代)、$3(规范记录号)和 $4(关系词代码)。由于中文编目目前采用的是交替标目制,所以一般只用 721 和 722 字段(主要出现在家谱、档案、手稿和古籍等文献中),这两个字段比 720 字段还多设一个 $9(款目要素汉语拼音)子字段,另外 722 字段再多设一个通常用于古籍的 $5(使用本字段的机构)子字段。

上述字段均用于录入经过标目规范(或根据编目条例规定)的责任者名称(包括用 7--字段录入的出版者名称)。如果责任者名称未经标目规范(或不按编目条例规定),则用下面 730 名称——知识责任字段录入。

4. 730 名称——知识责任字段

730 名称——知识责任字段的作用类似于 610 字段,即 730 字段主要用于录入取自文献本身但又未经标目规范的责任者名称。该字段可重复。其指示符 2 未定义,指示符 1 定义为名称形式指示符。其子字段设置也较简单,即 $a(款目要素)、$4(关系词代码)和 $9(款目要素汉语拼音)。需要强调的是:730 字段用于系统内部记录不规范的名称形式,在与不要求规范的机构进行数据交换时,可根据该字段指示符 1 的值,分别将数据转录到前述70-、71-和72-字段中去。

四、CNMARC 书目格式其他数据元素的内容标识符

CNMARC 书目格式其他数据元素内容标识符包括其标识块、编码信息块、连接款目块以及国际使用块的内容标识符。这些内容标识符中的数据元素,如前所述,有些也具有检索功能或与其他数据元素组合起来进行检索的功能。

(一)CNMARC 书目格式标识块的内容标识符

CNMARC 书目格式的标识块共设 20 个字段,分别用于录入记录标识/参考信息、资源标准号及其他号码信息。其中除 001 字段为每条记录所必备外,其他标识块字段只在编目实体具有相应的数据时才予使用。

1. 记录标识/参考信息字段

CNMARC 书目格式的记录标识/参考信息字段共有 2 个,即 001 和 005,其共同点是都不使用指示符和子字段标识符(这与 CNMARC 书目格式的 010—999 字段不同)。其中,001 记录标识号字段用于录入与记录唯一相关的标识符号(即编制本书目记录机构的记录控制号;如果编目机构套录别的系统记录,可将源记录上的 001 字段内容转录至 035 其他系统控制号字段)。该字段可由用户自定义,甚至还可使用文献标准号、国家书目号为其标识号,但不可重复。

CNMARC 书目格式的 005 记录处理时间标识字段用于录入记录的最后处理日期和时间,以便系统判断所处理记录的版本情况。该字段也不可重复,但可由系统自动生成。其中,日期和时间分别以 ISO 8601—1988 标准的 YYYYMMDD 和 HHMMSS. T 的形式记录。

2. 资源标准号记录字段

CNMARC 书目格式的资源标准号记录字段录入现代手工编目的标准编号与获得方式项的著录信息,具体包括 010 国际标准书号、011 国际标准连续出版物号、013 国际标准音乐号、015 国际标准技术报告号和 016 国际标准音像编码等字段。这些字段的共同特点是字段本身可以重复、两个指示符均未定义,且设置的子字段也基本相同。

3. 其他号记录字段

CNMARC 书目格式的其他号记录字段录入除记录标识/参考信息和资源标准号以外的其他号码信息,具体包括 020 国家书目号、021 版权登记号、022 政府出版物号、092 订购号和 094 标准号等字段。这些字段的共同特点是字段可以重复、两个指示符均未定义,且所设子字段也基本相同。

以上标识字段尤其是资源标准号记录字段除了具有资源描述的功能,还有资源检索的功能。①

(二)CNMARC 书目格式编码信息块的内容标识符

CNMARC 书目格式的编码信息块共设 27 个字段,主要是将著录信息块字段中所反映的文献信息,使用编码化的数据元素予以揭示。正因为编码信息块字段使用的是编码数据元素,所以其子字段大多是定长的,即编码信息块字段数据大多以字符位置定义。其中,100和 101 字段为一般资源所必备。如果编目机构不能在给定的 1--字段中提供任何编码信息,则可不用该 1--字段;如果编目机构在一编码信息字段中提供的数据不完整,则在该字段的相应处填填充符"|"。由于编码信息块字段是 MARC 区别于其他目录的重要部分,其中的许多编码数据元素还直接影响到数据查重、数据合并以及限制性检索,所以这部分的内容应是建立和维护书目数据库的重点。②

1. 通用编码信息字段

在 CNMARC 书目格式中,一般资源都使用的编码信息字段有 100、101、102、106 和 122字段。其中,100 通用处理数据字段不可重复,两个指示符均未定义,唯一一个 $a(通用处理数据)子字段后设入档时间、出版时间类型和出版年 1 等 12 个数据元素,定长为 36 个字符。需要指出的是,当 100 字段中的出版日期和文献内容的年代范围相同时,可同时使用或用其取代 122 文献内容涵盖期间编码数据字段(见 67 页"2. 主题分析字段"中 661 字段说明)。

CNMARC 书目格式的 101 文献语种字段用于录入文献整体及其组成部分或题名的语种代码,以及该文献为译作时用于录入其原作的语种代码。该字段不可重复。其指示符 2 未定义,指示符 1 定义为翻译指示符。其子字段共设 $a(正文、声道等语种)、$b(中间语种)和 $c(原著语种)等 11 个。

CNMARC 书目格式的 102 出版或制作国别字段用于录入一个或多个出版或制作该文献的国家或地区的代码。该字段不可重复,两个指示符均未定义,其子字段设 $a(出版或制作

① 冯会勤, 高志鹏. 文献代码语言及其检索方法研究. 图书馆学刊, 2010(1)
② 王松林. CNMARC 格式代码信息研究. 图书馆学研究, 2001(2)

国代码)、$b(非国际标准出版地区代码)、$c(国际标准出版地区代码)和$2(非国际标准出版地区代码来源)。

CNMARC书目格式的106文字资料——形态特征编码数据字段用于录入文字资料(含盲文本)物理形态的编码数据。该字段不可重复,两个指示符均未定义,唯一一个$a(文字资料代码数据)子字段后要求选用下列一个代码:d(大型印刷品,宽度大于35厘米)、e(报纸形式)、f(盲文本)、g(微型印刷品,宽度小于5厘米)、h(手写本)、i(多媒体,如带有缩微平片补编的普通印刷出版物)、j(小型印刷品,宽度小于10厘米)、r(普通印刷品)或z(其他形式)。

2. 专用编码信息字段

专用编码信息字段在CNMARC书目格式编码信息块中为某一类型文献所专用。如专著性印刷型语言文字资料专用105编码数据字段,连续出版物专用110编码数据字段,投影、录像制品和电影片专用115编码数据字段,书画刻印作品专用116编码数据字段,三维制品和实物专用117数据编码字段,测绘制图资料专用120编码数据字段(一般性数据,必备)、121编码数据字段(形态特征)、123编码数据字段(比例尺与坐标,必备)、124编码数据字段(特定资料标识)和131编码数据字段(大地、坐标网格与垂直测量),录音与印刷乐谱专用125编码数据字段、126编码数据字段(形态特征)、127编码数据字段(录音与乐谱播放时间)和128编码数据字段(音乐演奏与乐谱),缩微制品专用130编码数据字段(形态特征),电子资源专用135编码数据字段,外国古籍专用140编码数据字段(一般性数据)和141编码数据字段(藏本形态特征),拓片专用191编码数据字段,民族音乐专用192编码数据字段,中国古籍专用193编码数据字段(一般性数据)和194编码数据字段(藏本形态特征)。使用上述字段时,可参阅《新版中国机读目录格式使用手册》。

CNMARC书目格式的编码数据字段在固定的字符位填写特定的代码,虽然这会给计算机的运作带来极大的便利,但要每个编目人员熟悉和/或记住每一字段的每一代码的含义实是一件难以做到的事,好在现时的编目软件上大多提供相应的字段模板,录入时可利用其模板信息进行编辑和修改。

(三)CNMARC书目格式连接款目块的内容标识符

如前所述,CNMARC书目格式中的4--字段主要用于实现一条记录与另一记录或另一部文献的连接。所以从CNMARC书目格式的字段连接对象情况看,4--字段一是用于连接实记录,一是用于连接虚记录。所谓用于连接实记录,就是用于连接与编目实体有关的其他实体的记录。由于文档中已存在被连实体的记录,此时的4--字段理论上一般只需连接被连实体的001记录标识号字段即可。但从字段构成的完整性看,此类连接字段还应包含下列必需的被连实体的数据,即500统一题名或200/$a正题名(无500字段时),7--主要知识责任(若有此项)及206资料特殊细节项:测绘制图资料的数学数据。

所谓用于连接虚记录,就是当无被连接实体的记录时用于标识被连实体本身。由于文档中不存在被连实体的记录,此类4--字段除需连接被连实体的500统一题名或200/$a正题名(无500字段时)、7--主要知识责任(若有此项)及206资料特殊细节项:测绘制图资料的数学数据外,还应尽可能多地包含下列可供选择的被连实体数据,即0--标准编号(含010、011、013、016等字段),040 CODEN,101文献语种,102出版或制作国别,123编码数据字段:测绘制图资料——比例尺与坐标,130编码数据字段:缩微制品——形态特征,200/$a正题名(有 500 字段时)、$f 第一责任说明、$h 分辑号、$i 分辑名、$v 卷标识,205 版本说明项,210 出版发行项,215 载体形态项,225 丛编项,510 并列正题名,530 识别题名等。

从 CNMARC 书目格式的字段连接技术情况看,4--字段一是采用嵌入字段技术,一是采用标准子字段技术。虽然后一种新技术实现起来更加容易,但考虑到我国文献机构在此之前大多采用的是前一种技术,所以本节也只介绍嵌入字段这一种技术。所谓嵌入字段技术,就是通过 $1(连接数据)子字段连接被连实体的字段标识号、字段指示符和子字段代码及其完整数据。例:

461 #0$100177-10346$12001#$a欧洲各国 $v第 2 卷

无论采用嵌入字段技术还是采用标准子字段技术,CNMARC 书目格式的连接字段的指示符 1 均未定义,指示符 2 均定义为附注指示符:赋"0"表示不做附注,赋"1"表示做附注(显示或打印记录时,特定的字段标识号可转换成描述被连实体和编目实体的确切关系文字,其具体措词可根据接受记录机构的实际做法决定)。

从 CNMARC 书目格式的字段连接内容情况看,4--字段一是用于连接丛编、补编等(包括410、411,以及 421、422、423 等字段),①二是用于连接先前款目和后继款目(包括 430、431、432、433、434、435、436、437,以及 440、441、442、443、444、445、446、447、448 等字段),②三是用于连接其他版本(包括 451、452、453、454、455、456 等字段),四是用于连接其他关系(包括470、481、482 和 488 等字段)。另需强调的是,CNMARC 书目格式的 4--字段一般都可重复,只有个别字段理论上不能重复(如 455 复制自字段)。

对于 CNMARC 书目格式的连接款目块字段,也须像前述编码信息块字段那样重视。因为如果说编码信息块字段使目录变得更便于机读,那么使传统线性目录成为现代网状结构的则是连接款目块字段。当然,在具备全文检索功能的软件系统中,CNMARC 书目格式 4--字段的功能也许会弱化。③

(四)CNMARC 书目格式国际使用块的内容标识符

《新版中国机读目录格式使用手册》的国际使用块共设 6 个 8--字段,其中有些 8--字段适用于所有形式的计算机编目,而有些 8--字段一般只适用于联机联合编目。

1. 适用于所有形式的计算机编目的 8--字段

适用于所有形式的计算机编目的 8--字段,CNMARC 书目格式有 801、802、830 和 856 这4 个字段。其中,801 记录来源字段是一必备字段,主要用于编制数据的机构、将数据转换成机读形式的机构、修改原始记录或数据的机构以及发行当前记录的机构。该字段可重复,其指示符 1 未定义,指示符 2 定义为功能指示符。其子字段共设 $a(国家代码)、$b(机构代码)和 $c(处理日期)等 5 个。

CNMARC 书目格式的 802 ISSN 中心字段用于录入负责分配 ISSN 和识别题名的 ISSN 国家中心的代码。该字段不可重复,两个指示符均未定义,唯一一个 $a(ISSN 中心代码)子字段用于录入 ISSN 国家中心代码(ISSN 中国中心的代码是"22")。

---

① 王松林. 论 CNMARC 格式中的 41-和 46-字段的联系与区别. 图书馆界,2000(4)

② 王松林. 如何使用和巧用 CNMARC 中表示年代关系的连接字段. 当代图书馆,2002(2)

③ 黄梦洁,朱青青,孙凤玲. 两岸中文图书机读目录格式比较研究 // 变革时代的文献编目:第二届全国文献编目工作研讨会论文集. 国家图书馆出版社,2010

CNMARC 书目格式的 830 编目员一般附注字段用于录入有关该记录书目方面、历史方面或其他方面的注释。该字段可重复,两个指示符均未定义,唯一一个 $a(附注内容)子字段用于录入注释内容。

CNMARC 书目格式的 856 电子资源地址与检索字段主要用于远程存取的电子资源,故本书将它放在第五章中介绍。

2. 适用于联机联合编目的 8--字段

适用于联机联合编目的 8--字段,CNMARC 书目格式有 850 和 886 两个字段。其中,850 馆藏机构代码字段用于录入收藏文献的机构代码。该字段可重复,指示符 1 和指示符 2 均未定义。子字段只设一个 $a(机构代码)。

CNMARC 书目格式的 886 无法被包含的源格式数据字段用于希望保留源格式记录中的数据元素但又没有对应字段的情况。该字段可重复。其指示符 2 没有定义,指示符 1 定义为字段类型指示符。其子字段设 $a(源格式字段标识符)、$b(源格式字段指示符和子字段)和 $2(系统代码)。

第三节　MARC 的评价及其 XML 化

最先由美国国会图书馆于 1965 年研制的 MARC 在经 40 多年的不断发展和标准化后,现已成为全球各国图书馆等文献/信息机构集成管理系统中的重要组成部分,并已成为它们不可丢弃的财富。

一、MARC 的评价

MARC 作为现代化信息处理工具在书目编撰过程的应用,大大提高了书目编撰的效率,产生了新的书目、索引、文摘形态以及数字化产品,并赋予这些新产品以前所未有的高速、准确的检索功能。[①] 但随着资源种类和其他现代元数据标准的不断产生,以及网络技术的不断发展,MARC 的局限性也开始不断地显现出来。

朱芊认为,MARC 的局限性有:①MARC 格式结构复杂,且字段大量重复,编制一条机读书目数据不仅需要经过严格的专业训练(编目人员必须掌握著录规则和熟记几百个字段、指示符、子字段及代码的定义),而且还需花费一定的时间;②MARC 人机界面不友好,只适用于图书馆专业人员使用,难以推广到图书馆以外的行业中去;③MARC 的描述手段往往只适用于完整的、静止的信息处理,而不易处理动态的多媒体信息;④MARC 需在专门的软件系统中使用,不太适应互联网环境;⑤MARC 修订程序相当复杂,特别是联机合作编目,一个代码的改变,往往就会影响到整个集成网络化系统。[②]

刘炜则对 MARC 提出以下 7 点不足,即:①字段众多,且重复严重,真正对读者有意义的字段(主要指与内容描述有关的字段)很少,因此真正能够做索引的字段也不多(据最新的研究统计,80% 的书目记录只用了 36 个字段或子字段,中国国家图书馆数据的抽样中多于

①　彭斐章,陈红艳. 改革开放 30 年来目录学实践的回顾与思考. 中国图书馆学报, 2009(4)

②　朱芊. 全国中文机读书目主题标引格式问题分析. 中国图书馆学报, 2002(1)

30 个字段的记录只占其总记录数的 0.09%);②技术超期服役,严重过时,即 MARC 格式设计所依赖的是以磁带为主要存储介质的技术,而在目前各种集成系统的技术实现中早已采用了关系数据库技术,乃至其他更为先进的全文索引技术、面向对象技术甚至 XML 技术(在与其他数据格式进行数据交换时)等;③规范乃至著录规则很不统一,语义含糊,特别是不同国家、不同地区和不同版本的 MARC,即便不是不能互操作,也难以进行互操作;④字段、子字段标识和结构复杂,书目记录的描述主体、客体及关系模型不清晰,格式规定琐碎、不统一(例如新引入的 856 数字资源链接字段,其著录方式千差万别、千奇百怪,造成系统实现方式也难以统一,况且这个字段随着新的链接机制的应用和普及,其本身的必要性也值得怀疑);⑤数据加工成本巨大,专业门槛高,难以普及,难以成为网络时代人人可用的标准;⑥数据生产的周期较长,时间滞后,不利于服务工作的开展;⑦语义与语法结构捆绑,适应性和灵活性差,难以适应新媒体和新技术发展的需要,具体表现在难以应用于电子资源编目,以及难以进行无损的元数据映射。①

本书认为,在 MARC 诸多的局限性中,最为严重的是 MARC 需在专门的软件系统中运行,且不太适应互联网环境。即 MARC 与目前各种集成系统的技术实现中早已采用的关系数据库技术,乃至其他更为先进的全文索引技术、面向对象技术甚至 XML 等技术不相融。当然,怎样迎合 FRBR 模型来变革 MARC 也是一个需要十分重视的课题。②

二、MARC 的 XML 化探讨

目前,网络上使用的置标语言主要有标准通用置标语言(Standard Generalized Markup Language,简称 SGML)、超文本置标语言(Hyper Text Markup Language,简称 HTML)和可扩展置标语言(eXtensible Markup Language,简称 XML)等。其中,由 W3C 推广采用的 XML 是 SGML 的一个优化子集,因为它仅取用了 SGML 中文档结构的核心部分,而省去了 SGML 中许多复杂而少用的部分,具有明显的简洁性和灵活性。另外因为 XML 是一种元标记语言,使用者可以按照自己的需要扩展和定义新的标记,因而具有良好的扩展性。而将大量的 MARC 书目数据从 ISO 2709 格式转换为 XML 格式,则可将书目数据从严格复杂的格式转换为计算机可读取的 XML 结构化数据,实现书目数据库和互联网上的非书目数据的集成,从而使现有大量的 MARC 数据能够方便地在数字图书馆中得到应用,提供面向 Web 的有效信息。

但要实现 MARC 书目数据从 ISO 2709 格式向 XML 格式的转换,首先要定义作为最普通 Schema 语言的 DTD。③ 为此,早在 20 世纪 90 年代中期,美国国会图书馆的网络发展和 MARC 标准办公室就已针对 MARC 书目数据开始开发 SGML DTD。2001 年,美国国会图书馆的网络发展和 MARC 标准办公室还开发出了一种能在 XML 环境下对 MARC 数据起作用的框架体系。④

---

① 刘炜. 建设 2.0 版的图书馆集成管理系统. 数字图书馆论坛,2007(4)
② 王松林. 从 FRBR 看编目条例及机读目录格式的变革路向. 中国图书馆学报,2004(6)
③ 张翠玲. MRAC 格式的 XML 转换研究与实现. 图书馆学刊,2013(3)
④ MARC XML Architecture. http://www.loc.gov/standards/marcxml/marcxml-architecture.html

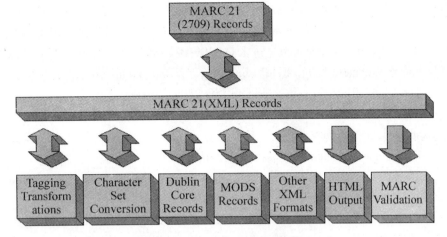

图 3 - 1　MARC21 XML 框架体系

　　MARC21 XML 框架体系的核心是有一个 MARCXML 模式（MARCXML Schema），它能使基于 ISO 2709 的 MARC21 记录与以 XML 编码的 MARC21 记录进行无损的互转。而经 MARCXML 模式转换后的 MARC21（XML）记录则如同一条"总线"，通过它基于 ISO 2709 的 MARC21 记录又能与 DC 记录、MODS 记录以及其他 XML 格式进行互转，并可进行 HTML 输出和 MARC 有效性验证。

　　由于 MARCXML 模式与 ISO 2709 信息交换格式联系紧密，2003 年 5 月，ISO TC46/SC4（信息与文献工作/技术协作委员会）在罗马召开会议，通过制定一个通用的、能够满足世界上所有遵循 ISO 2709 的 MARC 格式的 MARCXML 模式的工作计划，并确定该模式为美国国会图书馆 MARCXML 模式和 ISO 2709 信息交换格式的扩展和补充。其目标是在 MARCXML 模式的基础上，使现有的、基于 ISO 2709 的格式能被描述。

　　在一年之后（2004 年 10 月）的华盛顿会议上，丹麦国家图书馆规范部的 Leif Andresen 和丹麦图书馆中心的 Tommy Schomacker 向 ISO TC46/SC4 推荐了一个在前述 MARCXML 模式的基础上修改而成并被称为"MarcXchange"的 XML 模式。[①]这与华盛顿会议通过的工作计划一致：即为支持 XML 环境下的 MARC 数据，定义一个用于信息交换且不同于 ISO 2709 格式的另一种基于 XML 的通用可选格式。最终形成的 MarcXchange 模式既是 ISO 2709 格式的扩展，亦可很容易的使数据用于其他目的（如 DC 元数据等）。2005 年 11 月，ISO TC46/SC4 发布了 ISO/DIS 25577 Information and documentation—MarcXchange 标准草案。该标准草案于 2006 年 2 月 22 日开始投票征求意见，并经规范程序后于 2007 年被正式通过。以下转录的是 2008 年 ISO 25577 第一版中的 The generic MarcXchange Schema：

　　< ? xml version = "1. 0" ? >

　　< xsd：schema xmlns：xsd = http://www. w3. org/2001/XMLSchema

　　elementFormDefault = "qualified"　attributeFormDefault = "unqualified" >

　　　　< xsd：annotation >

　　　　　　< xsd：documentation >

　　　　　　　　The schema supports XML markup of MARC records as specified in ISO 2709.

　　　　　　　　ISO 2709 defined the following general structure：Record Label – Directory – Record

Identiffier – Reference Fields – Data Fields.

In the schema the element "leader" is used for ISO 2709 Record Label,
the element "control fied" for ISO 2709 Record Identifier and Reference Fields,
and the element "data field" for ISO 2709 Data Fields.

The schema has no counterpart to ISO 2709 Directory.

</xsd:documentation >

<xsd:documentation >

Extensions and elucidations:

The schema allows the usage of "data fields" for all legal tags, including 001 to
009, 00A to 00Z and 00a to 00z.

Subfield identifiers may consist of 8 bits characters from ISO 10646 BMP row 00
(Basic Latin and Latin-1 Supplement).

Two attributes are introduced to specify the content of a record—"format" to specify
the MARC format, "type" to specify the kind of record.

</xsd:documentation >

</xsd:annotation >

<xsd:element name = "collection" type = "collectionType" nillable = "true" id = "collection. e" >

  <xsd:annotation >

    <xsd:documentation > collection is a top level container element for 0 or many re-
cords </xsd:documentation >

  </xsd:annotation >

</xsd:element >

<xsd:element name = "record" type = "recordType" nillable = "true" id = "record. e" >

  <xsd:annotation >

    <xsd:documentation > record is a top level container element for all of the field ele-
ments which compose the record </xsd:documentation >

  </xsd:annotation >

</xsd:element >

<xsd:complexType name = "collectionType" id = "collection. ct" >

  <xsd:sequence minOccurs = "0" maxOccurs = "unbounded" >

    <xsd:element ref = "record"/ >

  </xsd:sequence >

  <xsd:attribute name = "id" type = "idDataType" use = "optional"/ >

</xsd:complexType >

<xsd:complexType name = "recordType" id = "record. ct" >

  <xsd:sequence minOccurs = "0" >

    <xsd:element name = "leader" type = "leaderFieldType"/ >

    <xsd:element name = "controlfield" type = "controlFieldType" minOccurs = "0"
maxOccurs = "unbounded"/ >

```
        < xsd:element name = " datafield"  type = " dataFieldType"  minOccurs = " 0"  max-
        Occurs = " unbounded"/ >
    </xsd:sequence >
        < xsd:attribute name = " format"  type = " xsd:NMTOKEN"  use = " optional"/ >
        < xsd:attribute name = " type"  type = " xsd:NMTOKEN"  use = " optional"/ >
        < xsd:attribute name = " id"  type = " idDataType"  use = " optional"/ >
</xsd:complexType >
< xsd:complexType name = " leaderFieldType"  id = " leader. ct"  >
    < xsd:annotation >
        < xsd:documentation >ISO 2709 Record Label, 24 bytes </xsd:documentation >
    </xsd:annotation >
    < xsd:simpleContent >
        < xsd:extension base = " leaderDataType"  >
            < xsd:attribute name = " id"  type = " idDataType"  use = " optional"/ >
        </xsd:extension >
    </xsd:simpleContent >
</xsd:complexType >
< xsd:simpleType name = " leaderDataType"  id = " leader. st"  >
    < xsd:restriction base = " xsd:string"  >
        < xsd:whiteSpace value = " preserve"/ >
        < xsd:pattern value = " \d{5} \p{IsBasicLatin} \p{IsBasicLatin} {4} \d\d\d{5} \p
        {IsBasicLatin} {3} \d\d\d\p{IsBasicLatin} "/ >
    </xsd:restriction >
</xsd:simpleType >
< xsd:complexType name = " controlFieldType"  id = " controlfield. ct"  >
    < xsd:annotation >
        < xsd:documentation > ISO 2709 Record Identifier and Reference Fields </xsd:
        documentation >
    </xsd:annotation >
    < xsd:simpleContent >
        < xsd:extension base = " controlDataType"  >
            < xsd:attribute name = " id"  type = " idDataType"  use = " optional"/ >
            < xsd:attribute name = " tag"  type = " controltagDataType"  use = " required"/ >
        </xsd:extension >
    </xsd:simpleContent >
</xsd:complexType >
< xsd:simpleType name = " controlDataType"  id = " controlfield. st"  >
    < xsd:restriction base = " xsd:string"  >
        < xsd:whiteSpace value = " preserve"/ >
```

```
        </xsd:restriction>
    </xsd:simpleType>
    <xsd:simpleType name = "controltagDataType" id = "controltag. st" >
        <xsd:restriction base = "xsd:string" >
            <xsd:whiteSpace value = "preserve"/ >
            <xsd:pattern value = "00[1-9A-Za-z]"/ >
        </xsd:restriction>
    </xsd:simpleType>
    <xsd:complexType name = "dataFieldType" id = "datafield. ct" >
        <xsd:annotation >
            <xsd:documentation > ISO 2709 data fields </xsd:documentation >
        </xsd:annotation>
        <xsd:sequence maxOccurs = "unbounded" >
            <xsd:element name = "subfield" type = "subfielddatafieldType"/ >
        </xsd:sequence >
        <xsd:attribute name = "id" type = "idDataType" use = "optional"/ >
        <xsd:attribute name = "tag" type = "tagDataType" use = "required"/ >
        <xsd:attribute name = "ind1" type = "indicatorDataType" use = "optional"/ >
        <xsd:attribute name = "ind2" type = "indicatorDataType" use = "optional"/ >
        <xsd:attribute name = "ind3" type = "indicatorDataType" use = "optional"/ >
        <xsd:attribute name = "ind4" type = "indicatorDataType" use = "optional"/ >
        <xsd:attribute name = "ind5" type = "indicatorDataType" use = "optional"/ >
        <xsd:attribute name = "ind6" type = "indicatorDataType" use = "optional"/ >
        <xsd:attribute name = "ind7" type = "indicatorDataType" use = "optional"/ >
        <xsd:attribute name = "ind8" type = "indicatorDataType" use = "optional"/ >
        <xsd:attribute name = "ind9" type = "indicatorDataType" use = "optional"/ >
    </xsd:complexType >
    <xsd:simpleType name = "tagDataType" id = "tag. st" >
        <xsd:restriction base = "xsd:string" >
            <xsd:whiteSpace value = "preserve"/ >
            <xsd:pattern value =  "(00[1-9A-Za-z]|0[1-9A-Za-z][0-9A-Za-z]|[1-9A-Za-z][0-9A-Za-z]{2})"/ >
        </xsd:restriction >
    </xsd:simpleType >
    <xsd:simpleType name = "indicatorDataType" id = "ind. st" >
        <xsd:restriction base = "xsd:string" >
            <xsd:whiteSpace value = "preserve"/ >
            <xsd:pattern value = "\p{IsBasicLatin}{1}"/ >
        </xsd:restriction >
```

```
</xsd:simpleType>
<xsd:complexType name = "subfieldatafieldType" id = "subfield. ct">
  <xsd:simpleContent>
    <xsd:extension base = "subfieldDataType">
      <xsd:attribute name = "id" type = "idDataType" use = "optional"/>
      <xsd:attribute name = "code" type = "subfieldcodeDataType" use = "re-
      quired"/>
    </xsd:extension>
  </xsd:simpleContent>
</xsd:complexType>
<xsd:simpleType name = "subfieldDataType" id = "subfield. st">
  <xsd:restriction base = "xsd:string">
    <xsd:whiteSpace value = "preserve"/>
  </xsd:restriction>
</xsd:simpleType>
<xsd:simpleType name = "subfieldcodeDataType" id = "code. st">
  <xsd:restriction base = "xsd:string">
    <xsd:whiteSpace value = "preserve"/>
    <xsd:pattern value = "(\p{IsBasicLatin}|\p{IsLatin-1Supplement}){0,9}"/>
  </xsd:restriction>
</xsd:simpleType>
<xsd:simpleType name = "idDataType" id = "id. st">
  <xsd:restriction base = "xsd:ID"/>
</xsd:simpleType>
</xsd:schema>
```

第四节 《CNMARC 的 XML 表示》及示例

ISO/DIS 25577 Information and documentation—MarcXchange 标准草案发布后,全国信息与文献标准化技术委员会第六分委员会就参照它来编制国家标准《CNMARC 的 XML 表示》(主要起草单位为中国国家图书馆)。由于《CNMARC 的 XML 表示》目前还是一个征求意见稿(起草单位计划在 ISO/DIS 25577 最新版本 2013 年征求意见定稿后,再对《CNMARC 的 XML 表示》进行修改颁布),所以本节对它进行简介并提供一个 CNMARCXML 化记录示例。

一、《CNMARC 的 XML 表示》简介

《CNMARC 的 XML 表示》标准征求意见稿的结构为:定义与术语采用与 ISO 2709 格式一致的描述;增加与 ISO 2709 术语的文字连接;描述一个通用的 CNMARCXML 结构,并使之适用于采用 ISO 2709 句法但不改变其结构的记录或与原格式比较变化甚微的记录。据此,

下面先对 ISO 2709—1996 第四部分"记录交换格式的结构"做一介绍：

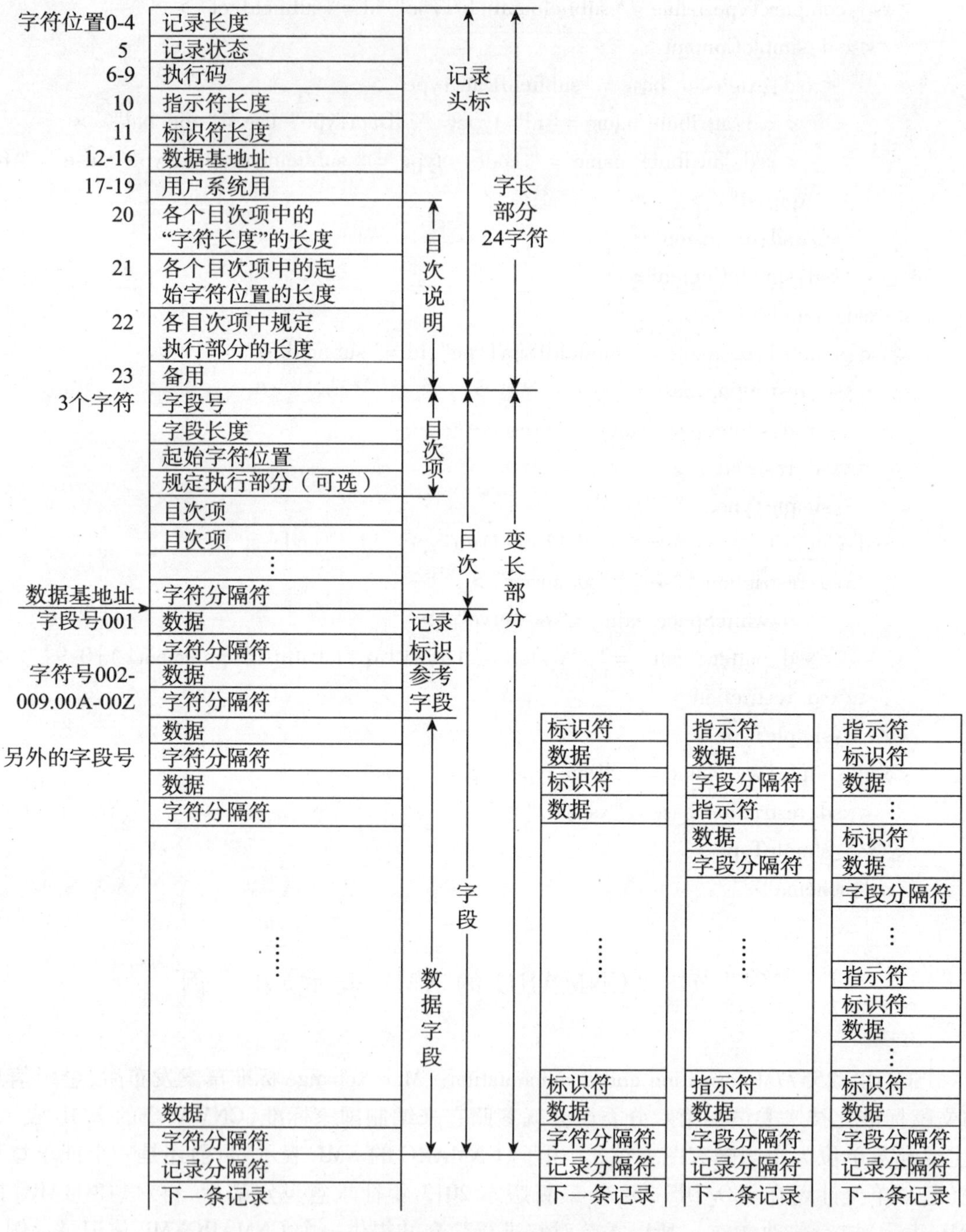

字符位置0-4	记录长度
5	记录状态
6-9	执行码
10	指示符长度
11	标识符长度
12-16	数据基地址
17-19	用户系统用
20	各个目次项中的"字符长度"的长度
21	各个目次项中的起始字符位置的长度
22	各目次项中规定执行部分的长度
23	备用

记录头标 / 字长部分 24字符

3个字符	字段号
	字段长度
	起始字符位置
	规定执行部分（可选）
	目次项
	目次项

目次说明 / 目次项 / 目次

数据基地址 字段号001	字符分隔符
	数据
	字符分隔符
字符号002-009.00A-00Z	数据
	字符分隔符
另外的字段号	数据
	字符分隔符
	数据
	字符分隔符

记录标识参考字段

	标识符	指示符	指示符
	数据	数据	标识符
	标识符	字段分隔符	数据
	数据	指示符	⋮
		数据	标识符
		字段分隔符	数据
			字段分隔符
			指示符
			标识符
			数据
			⋮
	标识符	指示符	标识符
数据	数据	数据	数据
字符分隔符	字符分隔符	字段分隔符	字段分隔符
记录分隔符	记录分隔符	记录分隔符	记录分隔符
下一条记录	下一条记录	下一条记录	下一条记录

数据字段 / 字段 / 变长部分

图 3 - 2　ISO 2709 记录交换格式的结构

对于这个由记录头标区、地址目次区、数据字段区和记录分隔符四部分组成的通用结构，《CNMARC 的 XML 表示》标准征求意见稿给出了相应的 CNMARCXML 通用结构（见图 3 - 3）。其中，元素"头标"对应 ISO 2709 的"记录头标"，元素"控制字段"对应 ISO 2709 的"记录标识字段"和"参考信息字段"，元素"数据字段"也对应 ISO 2709 的"数据字段"。

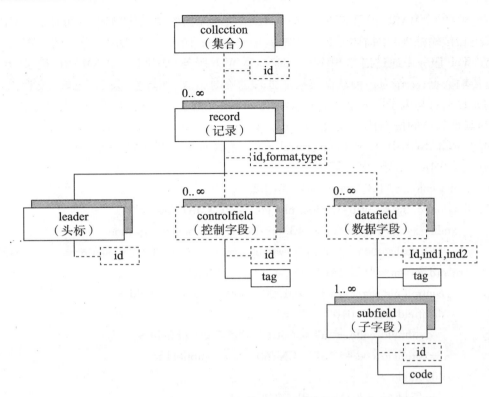

图 3 – 3　CNMARCXML 通用结构

在图 3 – 3 CNMARCXML 通用结构中,所有元素都有一个来自于 MARCXML 的可选属性"id",具体描述如下:

(1)collection(集合):一个顶层容器元素,包含零条或多条记录。

(2)record(记录):一个顶层容器元素,包含组成记录的头标、控制字段和数据字段元素。记录元素具有如下属性:①format(记录格式,可选),MARC 记录的执行格式(如 CNMARC、UNIMARC 等);②type(记录类型,可选),记录类型的标识(如书目、规范、馆藏、分类和团体信息格式)。

(3)leader(头标):对应于 ISO 2709 的记录头标,含 24 个字符位。

(4)controlfield(控制字段):对应于 ISO 2709 的记录标识号字段(001 字段)及参考信息字段(002—009,00A—00Z),它仅适用于没有指示符和子字段的 MARC 字段。控制字段元素具有一个属性,即 tag(字段标识符,必备),用于标识字段(如 001 字段)。

(5)datafield(数据字段):适用于其他所有字段(字段号从 001—999 及从 00A—ZZZ),包括子字段元素。数据字段元素具有如下属性:①tag(字段标识符,必备),用于标识字段(如 200 字段);②ind1, ind2(指示符 1,指示符 2,可选),包含指示符值。

(6)subfield(子字段):对应于 ISO 2709 的子字段。子字段元素具有一个属性,即 code(子字段代码,必备),对应 ISO 2709 的子字段标识符。

二、CNMARCXML 化记录示例

《CNMARC 的 XML 表示》标准征求意见稿称,CNMARCXML 具有以下应用前景:①XML

环境下完整的 CNMARC 记录表示;②用 XML 语法对原始资源进行描述;③可作为 METS(元数据编码和传输标准)中描述元数据的扩展编码方案;④用于 CNMARC 记录的 XML 交换格式;⑤在 Web 服务中通过诸如 SRW(查询/检索 Web 服务)协议传递 CNMARC 记录;⑥用于出版者传输数据;⑦作为各种数据转换或处理的临时格式,如转换、发布、编辑、校验;⑧XML格式的元数据可与电子资源捆绑;⑨作为开放档案元数据收割协议(OAI – PMH)的元数据等;⑩与其他领域的信息体系交互和集成。以下根据《CNMARC 的 XML 表示》标准征求意见稿中的 CNMARCXML 模式(cnmarcxml. xsd)将本书第二章中的一个 MARC 实例(见 50页)转换成 CNMARCXML 化记录:

```xml
< ? xml version = "1. 0" encoding = "GB2312" ? >
< collection xmlns = "http://www. nlc. gov. cn/CNMARC/slim"
        xmlns:xsi = "http://www. w3. org/2001/XMLSchema-instance"
        xsi:schemaLocation = "http://www. nlc. gov. cn/CNMARC/slim cnmarcxml-修正. xsd" >
    < record format = "CNMARC"  type = "Bibliographic" >
    < controlfield tag = "001" >012003000005 </controlfield >
    < datafield tag = "010" ind1 = " "  ind2 = " " >
        < subfield code = "a" >7-5013-2095-0 </subfield >
        < subfield code = "d" > CNY60. 00  </subfield >
    </datafield >
    < datafield tag = "021" ind1 = " "  ind2 = " " >
        < subfield code = "a" / >
        < subfield code = "b" > (2003)009220 </subfield >
    </datafield >
    < datafield tag = "100" ind1 = " "  ind2 = " " >
        < subfield code = "a" >20030310d2003####em ychiy0102####ea </subfield >
    </datafield >
    < datafield tag = "101" ind1 = "0"  ind2 = " " >
        < subfield code = "a" > chi </subfield >
    </datafield >
    < datafield tag = "102" ind1 = " "  ind2 = " " >
        < subfield code = "a" > CN </subfield >
        < subfield code = "b" >100000 </subfield >
    < datafield tag = "200" ind1 = "1"  ind2 = " " >
        < subfield code = "a" > 中文图书 ECIP 及自动编目手册 </subfield >
        < subfield code = "b" > m </subfield >
        < subfield code = "f" / >
        < subfield code = "9" / >
    </datafield >
    < datafield tag = "210" ind1 = " "  ind2 = " " >
        < subfield code = "a" > 北京 </subfield >
```

```
      < subfield code = "c" > 北京图书馆出版社 </subfield >
      < subfield code = "b" >100052 北京市西城区文津街 7 号 </subfield >
      < subfield code = "c" > 新华书店 </subfield >
      < subfield code = "g" > 中特印刷服务部 </subfield >
      < subfield code = "d" >2003 年 3 月 </subfield >
      < subfield code = "h" >2003 年 3 月 </subfield >
   </datafield >
   < datafield tag = "215" ind1 = " " ind2 = " " >
      < subfield code = "a" >436 页 </subfield >
      < subfield code = "d" >787×1092 毫米 1/16 </subfield >
      < subfield code = "f" >665(千字) </subfield >
      < subfield code = "g" >1 – 5000 </subfield >
   </datafield >
   < datafield tag = "330" ind1 = " " ind2 = " " >
   < subfield code = "a" > 本书论述了中文图书"自动编目"(含出版过程中的在版
编目与出版后的正式编目)的技术原理与实现方法,结合软件设计需求,说明了
对元数据格式与著录规则的调整。从中文图书出版的实际情况出发,对每一数
据元素的处理,详加解释,列举例证。本书不仅是"中文图书出版数字化系统"的
需求设计与使用手册、图书馆中文数字化信息资源建设的重要参考工具,而且对
中文图书自身数字化,在出版过程中同时制作该书的电子版(EBOOK),也有具体
说明,可据以操作。本书首次揭示了中文图书"自动编目"的关键技术,提出了中
文图书电子版"自动制作"技术的解决方案,立论新颖,方法对路,具有很高的学
术水平与实用价值,对出版业与图书馆界的数字化建设意义深远。</subfield >
   </datafield >
   < datafield tag = "333" ind1 = "0" ind2 = " " >
      < subfield code = "a" > 出版业管理人员,图书馆员 </subfield >
      < subfield code = "d" >km </subfield >
   </datafield >
   < datafield tag = "545" ind1 = "0" ind2 = " " >
      < subfield code = "a" >ECIP 概述 </subfield >
      < subfield code = "k" > 第一部分 </subfield >
      < subfield code = "p" >1 </subfield >
   </datafield >
   < datafield tag = "545" ind1 = "0" ind2 = " " >
      < subfield code = "a" >CIP 回顾 </subfield >
      < subfield code = "k" > 一 </subfield >
      < subfield code = "p" >1 </subfield >
   </datafield >
   < datafield tag = "545" ind1 = "0" ind2 = " " >
```

```
    < subfield code = "a" > ECIP 产生的背景 </subfield >
    < subfield code = "k" > 二 </subfield >
    < subfield code = "p" > 8 </subfield >
</datafield >
< datafield tag = "545" ind1 = "0" ind2 = " " >
    < subfield code = "a" > ECIP 的具体实施 </subfield >
    < subfield code = "k" > 三 </subfield >
    < subfield code = "p" > 12 </subfield >
</datafield >
< datafield tag = "545" ind1 = "0" ind2 = " " >
    < subfield code = "a" > ECIP 机读格式 </subfield >
    < subfield code = "k" > 第二部分 </subfield >
    < subfield code = "p" > 24 </subfield >
</datafield >
< datafield tag = "545" ind1 = "0" ind2 = " " >
    < subfield code = "a" > 总则 </subfield >
    < subfield code = "k" > 一 </subfield >
    < subfield code = "p" > 24 </subfield >
</datafield >
< datafield tag = "545" ind1 = "0" ind2 = " " >
    < subfield code = "a" > 工作单设定 </subfield >
    < subfield code = "k" > 二 </subfield >
    < subfield code = "p" > 31 </subfield >
</datafield >
< datafield tag = "545" ind1 = "0" ind2 = " " >
    < subfield code = "a" > ECIP 使用字段、子字段一览表 </subfield >
    < subfield code = "k" > 三 </subfield >
    < subfield code = "p" > 38 </subfield >
</datafield >
< datafield tag = "545" ind1 = "0" ind2 = " " >
    < subfield code = "a" > DC 元数据—MARC 子字段对照表 </subfield >
    < subfield code = "k" > 四 </subfield >
    < subfield code = "p" > 43 </subfield >
</datafield >
< datafield tag = "545" ind1 = "0" ind2 = " " >
    < subfield code = "a" > 细则 </subfield >
    < subfield code = "k" > 第三部分 </subfield >
    < subfield code = "p" > 47 </subfield >
</datafield >
```

```
< datafield tag = "545" ind1 = "0" ind2 = " " >
    < subfield code = "a" > 扉页 </subfield >
    < subfield code = "k" > 一 </subfield >
    < subfield code = "p" >47 </subfield >
</datafield >
< datafield tag = "545" ind1 = "0" ind2 = " " >
    < subfield code = "a" > 版本记录页 </subfield >
    < subfield code = "k" > 二 </subfield >
    < subfield code = "p" >82 </subfield >
</datafield >
< datafield tag = "545" ind1 = "0" ind2 = " " >
    < subfield code = "a" > 附书名页 </subfield >
    < subfield code = "k" > 三 </subfield >
    < subfield code = "p" >96 </subfield >
</datafield >
< datafield tag = "545" ind1 = "0" ind2 = " " >
    < subfield code = "a" > 插页 </subfield >
    < subfield code = "k" > 四 </subfield >
    < subfield code = "p" >122 </subfield >
</datafield >
< datafield tag = "545" ind1 = "0" ind2 = " " >
    < subfield code = "a" > 目次页 </subfield >
    < subfield code = "k" > 五 </subfield >
    < subfield code = "p" >131 </subfield >
</datafield >
< datafield tag = "545" ind1 = "0" ind2 = " " >
    < subfield code = "a" > 机读数据 </subfield >
    < subfield code = "k" > 六 </subfield >
    < subfield code = "p" >142 </subfield >
</datafield >
< datafield tag = "545" ind1 = "0" ind2 = " " >
    < subfield code = "a" > 预置数据 </subfield >
    < subfield code = "k" > 七 </subfield >
    < subfield code = "p" >156 </subfield >
</datafield >
< datafield tag = "545" ind1 = "0" ind2 = " " >
    < subfield code = "a" >CIP 不用数据 </subfield >
    < subfield code = "k" > 八 </subfield >
    < subfield code = "p" >164 </subfield >
```

```
</datafield >
< datafield tag = "545" ind1 = "0"  ind2 = "  "  >
    < subfield code = "a"  > 附录 </subfield >
    < subfield code = "k"  > 第四部分 </subfield >
    < subfield code = "p"  > 172 </subfield >
</datafield >
< datafield tag = "545" ind1 = "0"  ind2 = "  "  >
    < subfield code = "a"  > 有关标准 </subfield >
    < subfield code = "k"  > 一 </subfield >
    < subfield code = "p"  > 172 </subfield >
</datafield >
< datafield tag = "545" ind1 = "0"  ind2 = "  "  >
    < subfield code = "a"  > 有关代码表 </subfield >
    < subfield code = "k"  > 二 </subfield >
    < subfield code = "p"  > 196 </subfield >
</datafield >
< datafield tag = "545" ind1 = "0"  ind2 = "  "  >
    < subfield code = "a"  > 标引规则 </subfield >
    < subfield code = "k"  > 三 </subfield >
    < subfield code = "p"  > 198 </subfield >
    </datafield >
< datafield tag = "545" ind1 = "0"  ind2 = "  "  >
    < subfield code = "a"  > 图例 </subfield >
    < subfield code = "k"  > 第五部分 </subfield >
    < subfield code = "p"  > 249 </subfield >
</datafield >
< datafield tag = "545" ind1 = "0"  ind2 = "  "  >
    < subfield code = "a"  > 几点说明 </subfield >
    < subfield code = "k"  > 一 </subfield >
    < subfield code = "p"  > 249 </subfield >
</datafield >
< datafield tag = "545" ind1 = "0"  ind2 = "  "  >
    < subfield code = "a"  > 图例名称及所述重点数据元素 </subfield >
    < subfield code = "k"  > 二 </subfield >
    < subfield code = "p"  > 250 </subfield >
</datafield >
< datafield tag = "610" ind1 = "0"  ind2 = "  "  >
    < subfield code = "a"  > 出版 </subfield >
    < subfield code = "x"  > 数字化 </subfield >
```

```
          < subfield code = "8" >610 </subfield >
       </datafield >
       < datafield tag = "610" ind1 = "0" ind2 = " " >
          < subfield code = "a" > 数字图书馆 </subfield >
          < subfield code = "x" > 自动编目 </subfield >
          < subfield code = "x" > 书目记录 </subfield >
          < subfield code = "8" >610 </subfield >
       </datafield >
       < datafield tag = "690" ind1 = " " ind2 = "1" >
          < subfield code = "a" > G254 </subfield >
          < subfield code = "v" >4 </subfield >
       </datafield >
       < datafield tag = "701" ind1 = " " ind2 = "0" >
          < subfield code = "a" > 陈源蒸 </subfield >
          < subfield code = "4" > 编著 </subfield >
          < subfield code = "8" > 编著 </subfield >
       </datafield >
       < datafield tag = "801" ind1 = " " ind2 = "0" >
          < subfield code = "a" > CN </subfield >
          < subfield code = "b" >5013 </subfield >
          < subfield code = "c" >20030310 </subfield >
       </datafield >
    </record >
 </collection >
```

第四章　网络资源的前端组织

网络资源的前端组织是指网络资源在其制作和发布的同时一并提供其元数据信息的组织形式。由于网络资源主要由原生数字资源(digital born resource)和文献数字化资源(又称数字再造资源,digital double resource)两部分组成,所以本章在对网络资源前端组织进行概述的基础上,分别对这两种网络资源的前端组织方法进行论述,并对网络资源前端组织如何选用元数据标准的问题进行探讨。

第一节　网络资源前端组织概述

如前所述,以在版编目和电子在版编目为特征的实体资源前端组织的最大好处,是在人类历史上第一次实现了元数据与其所描述对象的合二为一。至于网络资源为何要进行前端组织,可从网络资源的定义及特点,以及网络资源的组织手段及其分析谈起。

一、网络资源的定义及特点

网络资源即以电子数据的形式将文字、图像、声音、动画等各种形式的信息存放在光、电、磁等非印刷型的载体中,并通过网络,以通信手段,用计算机或信息终端等方式再现出来的远程存取资源。其特点是:①存取特征是其最为本质的特征;②数量增长迅速,质量良莠不齐;③内容丰富斑斓,难以准确标引;④信息源不规范,难以客观著录。①

由于互联网能够折射社会生活的各个方面,所以人类生产、生活、科研、娱乐以及其他社会实践活动中产生的各种信息都可能在互联网上找到。互联网上的资源内容之所以如此丰富,除了与其信息来源广泛有关外,也与其信息发布自由不无关系。网络资源涉及很多语种、关联许多学科,加之许多新生事物和新型学科往往先在网上披露和报道,这些都给网络资源的信息分类和主题标引带来困难和疑惑,也是网络资源多用关键词进行主题标引的原因之一。另外,与实体资源相比,网络资源采用的格式更是五花八门。

在对实体资源进行信息组织尤其是对实体资源进行后端组织时,一般依其主要信息源和规定信息源所提供的信息即可进行。即实体资源绝大部分的著录项目和著录单元,在受编资源及其规定信息源上都能找到相应的著录信息。但是网络资源本身一般缺乏类似于实体资源题名页或代题名页那样的主要信息源。即网络资源的主要著录信息一般散见在其多个页面上,即使其主要页面上有题名与责任说明等信息,也不像实体资源那样具有明显的标识。造成网络资源难以客观著录的另一原因是其内容极易被修改或更改,而且许多网络资源并不注明其修改或更改的次数和时间。

---

① 王松林.网络资源的特点与 MARC 编目方法新探.图书馆学刊,2003(5)

二、网络资源的组织手段及其分析

从目前的情况看,网络资源的组织手段主要有图书馆式编目和搜索引擎式编目两种。网络资源的图书馆式编目即网络资源的 MARC 编目和增进型 DC"编目",详见本书第五章;网络资源的搜索引擎式编目,实指搜索引擎的信息组织模式。而搜索引擎,众所周知,是指互联网上专门提供查询服务的一类搜索工具。这类搜索工具通过网络搜索软件(又称网络搜索机器人,如 Robot、Spider、Web-Crawler 等)或网站登录等方式,将互联网上大量网站的页面收集到本地,经过加工处理而建库,从而能对用户提出的各种查询做出响应,提供用户所需的信息。简言之,一般搜索引擎的工作原理就是采用网页的全文检索来提供检索服务;而网络资源的搜索引擎式编目即标引每一网页上的每一个词(有些搜索引擎仅标引网页的标题、URL、关键段落的前几个词和文本的前百个词),并将它们存储到巨大的索引库中。

依其组织方式,搜索引擎大致可分目录式搜索引擎和关键词搜索引擎两类(但不排除目录式搜索引擎和关键词搜索引擎之间有相互交叉之现象)。如果说目录式搜索引擎类似于书前的目次(如 Yahoo! 等),那么关键词搜索引擎则更像书后的索引(如 Alta Vista 等)。从结构上看,目录式搜索引擎采取等级结构形式(即按主题——专业上称作本体,对人类知识进行分类),而关键词搜索引擎则没有这样的等级结构(它们是将数以亿计的网页按倒排索引结构组织起来的全文索引)。所以,目录式搜索引擎的优长是为人们提供浏览,而关键词搜索引擎的优长是为人们提供关键词或关键词组检索。①

20 世纪末,AACR2 的第一编者、时任美国加利福尼亚大学图书馆服务部主任的 Michael Gorman 曾经做过一个有趣的调查。他在当时最热门的搜索引擎 Alta Vista 上检索"Honduras"(洪都拉斯),结果找出 266 970 条与之匹配的记录(含大量的与之无关的记录),即使加上限定词"antiquities"(古代),网上也有 86 030 条记录出现,而且整个排列杂乱无章,使人无所适从。② 关键词搜索引擎的检准率之所以低下,是因为被搜索的文档标头除了标题以及可供搜索引擎对之进行排序的文档描述附加信息外,一般别无其他可供搜索的有用信息。人们常有这样的感叹:关键词搜索引擎搜索的结果少则数十上百条、多则数千上万条,有限的知识常被湮没在无限的信息中。

而目录式搜索引擎的典型 Yahoo! 则将其收集到的网站及网页信息采用人工方式分门别类地加以索引和文摘,从而大大提高了其检准率(这是其流行的一个重要原因)。但对海量的网络资源均采用人工方式进行标引那是不现实的,另外我们发现在用 Yahoo! 检索时,其检全率又不如 Alta Vista、Infoseek、Google 等关键词搜索引擎那么高,原因是其收录的网站和网页数量有限。怎么解决搜索引擎的检全率与检准率这一对矛盾? 本书认为唯有在网络资源创建之初就使用元数据对之进行前端组织。

三、网络资源前端组织的特点

网络资源的前端组织不同于实体资源的前端组织,即它不像图书那样由出版者在版本记录页上直接提供一条在版编目数据,而是由提供者(含创建者和出版者等)在网络资源的

① 王松林. 网络资源的"在版编目". 图书情报工作, 2004(11)

② Gorman M. Metadata or cataloguing? : A false choice. Journal of internet cataloging, 1999(1)

文档(即主页的源文件)上提供一定数量的元数据信息,而这些元数据信息在网页上则可构成一个类似于文献主要信息源的"题名页"。下面列举一例由 HTML 文档生成的网页"题名页"信息:

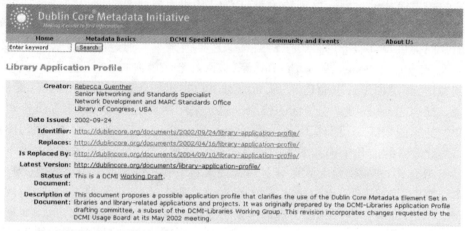

图 4 – 1   DC-Library Application Profile（DC-Lib）"题名页"信息

图 4 – 1 不仅提供了网络资源的题名(Title)、创建者(Creator)、发布日期(Date Issued)和标识符(Identifier)等元数据信息,而且也提供了其文件关联(Replaces、Is Replaced By 和 Latest Version)、文件状态(Status of Document)以及文件描述(Description of Document)等元数据信息。如果所有的网络资源都像上例那样提供元数据信息,那么将对搜索引擎式编目带来极大的便利,同时也能解决前述搜索引擎检准率低的缺陷。即使是对于图书馆式编目(原则上,只有经过选择和评估的那些网络资源才可考虑使用图书馆式编目),网络资源如果含有上述元数据信息,也能大大提高其编目速度和其准确性,从而达到网络资源的书目控制之目的。当然,要使所有或绝大部分的网络资源都像上例那样提供元数据信息,除了需要制定类似于《图书书名页》和《图书在版编目数据》那样的标准外,也需倡导"人为机器打工"之精神。

如同前述图书在版编目一样,在网络资源的源文件上著录其元数据信息,也能实现元数据与其描述对象的合二为一(即书目文献与全文文献合二为一)。但是这种合二为一与图书在版编目具有以下两点不同:①它们所描述的对象发生了变化,即它们所描述的对象往往是数字化对象,比如 Web 网页、电子图书、数字多媒体资料等,而且它们所描述的对象往往是远程存取的资源,所应用的系统往往也是以分布式应用为特点的;②随着标准通用置标语言 SGML 家族的迅速发展和应用,超文本置标语言 HTML 以及后续的可扩展置标语言 XML 几乎成为它们进行信息处理的一个新基础。而图书在版编目之后所用的 MARC,正如其名称——Machine-Readable Catalog 所昭示的那样,是计算机可读的数据,所以这样的数据对于人来说可读性就比较差。另外,由于 MARC 对元数据处理有自己独特的方法,使得其对计算机硬件与软件平台的依赖性很强。

以上两点不同同时也导致:①将元数据在网络资源的源文件上著录往往更需注重描述对象的内容、结构或标准以及应用与管理等方面的信息,而不是像传统元数据(如 MARC

等)有很多外形特征方面的描述;②使用置标语言制作的好处是保证了元数据的结构化,易于被计算机处理和交流,就是对人来说也有很好的可读性。另外,使用置标语言可将元数据与资源内容的管理结合在一起,可大大提高元数据在内容管理与交换中的可用性。虽然要求资源的提供者来创建元数据这一点与前述图书在版编目有点类似,但其要求与特性在不同的应用场合会有很大的差异。此外,在网络环境下,元数据本身也存在着分布式管理与应用的需求。①

第二节　原生数字资源的前端组织

互联网上的主体现时是用浏览器显示其网页的 Web 网站。② 而要构建一个 Web 网站,首先需要选择用何种方法来实现它。现时,能够用来设计网站的方法很多,如既可使用网页制作工具(如 FrontPage、Dreamweaver、Flash、Notepad 等)来设计,也可使用 HTML 语言来编辑。因此,本节先从 HTML 语言及其文档的基础知识谈起。

一、HTML 语言及其文档的基础知识

HTML 语言是 1989 年先由欧洲粒子物理研究中心的 Tim Berners-Lee 使用 SGML 的类似语法,以一个文件类型定义(Document Type Definition,简称 DTD)为基础开发出来的,后由 W3C 修订升级,其 4.0 版于 1997 年 11 月定案。

HTML 语言可用于多个方面,其主要功能有:①发布信息,即出版联网文档,向全球发布信息。这种文档可以包含标题、文字、表格、列表、图像、动画、声音和影像文件等。②获取信息,即通过超链接(Hyperlink)可以检索和阅览联网文件,方便用户与互联网上任何网站链接,及时从网上获取各种信息。③交流信息,即设计表单(Form)及时方便地交流信息。其中,获取信息和交流信息是建立在发布信息之上的。所以了解一些 HTML 语言,可以更精确地控制页面的排版,实现更多的功能。

使用 HTML 语言编写的文档通常由文档标头(Head)、文档名称(Title)、表格(Table)、段落(Paragraph)和列表(List)等文档元素(Element,以下简称"元素")所组成。这些元素是文本文档的基本构件,并使用 HTML 规定的标签(Tag)来标识。

HTML 语言的标签由三部分组成,即小于号"<"、标签名称和大于号">"。其中,小于号"<"表示标签的开始,而大于号">"则表示标签的结束。HTML 语言的标签除个别标签只有起始标签而无结束标签(如表示引入一个换行动作的"
"以及<meta>、<link>等标签,还有如段落的结束标签"</P>"等也可省略)外,通常是成对出现的。例如"<H1>"和"</H1>"分别表示一级标题的开始标签和结束标签,而其中的"H1"则是一级标题标签的名称(结束标签名称与开始标签名称虽然相同,但需在此之前加一斜杠"/")。

某些 HTML 文档元素可以包含属性(Attribute)。这些属性是包含在开始标签中的附加

---

①　吴建中主编. DC 元数据. 上海科学技术文献出版社,2000

②　谢尔曼 C,普赖斯 G 著. 看不见的网站:Internet 专业信息检索指南. 辽宁科学技术出版社,2003

信息,通常用来表示背景颜色和对齐方式等。需要指出的是,与 XML 文档标签严格区分大小写不同,在 HTML 标签名称中,字母的大小写是不作区分的,即 < P ALIGN = LEFT >、< P align = LEFT > 和 < P ALIGN = left > 等都是等效的(但实体内容的名称要区分大小写,如"&NAME"和"&name"用来表示不同的实体)。

HTML 语言的标签和属性很多,限于篇幅,本节只简单介绍 HTML 语言的基本标签、HTML文档的结构及其超文本链接。

(一)HTML 语言的基本标签

HTML 语言的基本标签包括 < HTML >、< HEAD >、< TITLE > 和 < BODY > 等。其中,< HTML > 标签告诉浏览器 < HTML > …… </HTML > 之间的文件是 HTML 文档。

< HEAD > 标签表明 < HEAD > …… </HEAD > 之间包含的是 HTML 文档名称及相关信息(主要是浏览器收集有关页面的各种信息,这部分信息在浏览器中不予显示)。

< TITLE > 标签告诉浏览器在 < TITLE > …… </TITLE > 之间包含的是具体的、需要在特定位置给予显示的 HTML 文档名称(其字符数通常不超过 64 个)。

< BODY > 标签表明 < BODY > …… </BODY > 之间是 HTML 文档显示在浏览器窗口的正文内容,即 HTML 标记的段落、列表和其他文档要素组成的实际文档。这是 HTML 文档内容最多也是最主要的部分。

(二)HTML 文档的结构

通过以上介绍可以看出,HTML 文档的结构主要由 < HEAD > 和 < BODY > 两部分组成,即一个 HTML 文档的抽象结构为:

< HTML >

< HEAD >

< TITLE > …… </TITLE >

</HEAD >

< BODY >

……

</BODY >

</HTML >

(三)HTML 语言的超文本链接

如前所述,HTML 语言主要用于网页设计,但同时也具有超文本链接功能,即能够将 HTML 文档中的元素或图像与另一文档、文档中的一部分或一幅图像链接在一起。

在 HTML 文档中,简单的链接标签是被称为锚签(Anchor)的 < A >。若将一个文件包含在当前的文档中,其基本语法是:

< A HREF = "文件名" > …… </A >

或:

< A HREF = "URL" > …… </A >

其中,属性 HREF 是 hypertext reference 的缩略形式。如果文件名与所链接的 HTML 文档在同一目录下,则直接在 HREF 属性值的位置写上文件名(前一种语法);如果文件名与所链接的 HTML 文档不在同一目录下,则必须在 HREF 属性值的位置上写出它的完整路径(后一种语法)。前者如 file://c:/ok/index. html(表示本地文件链接);后者如 http://123. net

（表示 http 链接）、mailto:123@123. net（表示邮件链接）或 ftp://ftp. abc. com（表示 FTP 文件下载链接）。①

二、HTML 语言的具体应用

为清楚起见，下面先看一个最简单的 HTML 文档：
```
< html >
    < head >
        < title >元数据标准的定义 </title >
    </ head >
    < body >元数据标准是指经标准化组织认可的，对资源书目信息进行描述、结构
        化并对之进行管理的工具（含行业或领域内得到一定公认的元数据模式
        或规范）。
    </ body >
</ html >
```
对于上面这个文档，使用任何文本编辑器都可以将之输入并存为普通的文本文档（注意：文件的扩展名必须是"htm"或"html"，如"test. htm"），然后就可使用浏览器来浏览这个页面了。另外，HTML 文档中的空格都是无效的，即它的最终显示效果完全由文档中的标签来决定，因此在书写 HTML 文档时最好能使每对标签上下对齐，并缩格排版，以便看出其标签是如何配对的，例如以上文档中的 4 对标签。

在对 HTML 语言有了最基本的认识后，下面来看 HTML 语言的一些基本语句。完整的 HTML 规则厚达几百页，同样限于篇幅这里只讲几个最重要的、可使上面这类网页的结构变得更为复杂的标签及其属性。

（1）标题标签。标题标签的格式为：< h? > …… </h? >。其中"?"代表从 1 到 6 的数字。此标签被用来设置标题字体的大小，HTML 准许有 < h1 > 至 < h6 > 这 6 级由大到小的标题，例如" < h1 >这是 H1 标题字 </h1 >"和" < h6 >这是 H6 标题字 </h6 >"，其在浏览器上显示的标题字体大小是不同的。

（2）插入图片标签。插入图片标签的格式为：< img src = # >。其中，等号前的"src"属性值由等号后的"#"表示，而"#"代表的是图片的 URL。图片的 URL 有绝对路径和相对路径（这里的路径概念与 DOS、Windows 文件系统中的路径概念一样），即如果该图片和调用该图片的 HTML 文档位于同一目录，可以直接使用该图片的文档名。例如" < img src = picture. gif >"这一语句表示可在网页中直接插入同一目录中的名为"picture. gif"的图片。

（3）字体颜色标签。字体颜色标签的格式为：< font color = # > …… </font >。这对标签被用来设置字体的颜色，其中等号前的"color"属性值由等号后的"#"后接十六进制数码表示（这个数码对应着相应的颜色）。例如" < font color = #FF0080 >红色文本 </font >"这一语句，会使"红色文本"这 4 个字显示为红色。

另外，我们平时用 Word 排版时可以将文字随意移动，自动缩扩字间距，以使段落左右对齐。然而在 HTML 语言中则没有字间距这个标签，即 HTML 语言不能像 Word 那样对文字进

---

① 周宁. 信息组织（第二版）. 武汉大学出版社，2004

行随心所欲的编排。为此,HTML 语言为段落标签提供了 3 个文字定位属性,即 align = left(左对齐)、align = center(居中对齐)和 align = right(右对齐)。例如" < h3 align = left > 文本左对齐 </h3 > "这一语句,会使"文本左对齐"左面对齐。

下面使用上述标签给出一个完整的编码例,以对 HTML 文档有更深一步的认识:

```
< html >
    < head >
        < title > HTML 概述 </title >
    </head >
    < body >
        < h2 align = center > HTML 的产生 </h2 >
            < img src = banner. gif >
            < h3 align = left >
                < font color = #FF0080 >
                下面我们先来看看 HTML 的产生。
                </font >
            </h3 >
            < h3 align = right > 返回主页 </h3 >
    </body >
</html >
```

上例 HTML 文档的题名为"HTML 概述",其正文部分的"HTML 的产生"为 2 级字体标题,且居中对齐;2 级字体标题接下来插入的是一个文档名为"banner. gif"的图片;图片接下来出现的是一个左对齐的 3 级字体标题"下面我们先来看看 HTML 的产生。",且字体颜色为红色。从该例可以看出,HTML 语言其实很简单,即写入什么样的标签,浏览器就会相应执行该标签所能实现的功能。同时也可看出,HTML 语言是将数据和显示混合在一起的,这与 SGML 语言以及 XML 语言将数据和显示分离有着本质的区别。[①]

三、DC 元数据在源文件上的标注

元数据的标注涉及句法问题,而元数据的句法则包括两个层面:一是元数据标准自身的定义;一是有关元数据记录的描述。作为元数据句法之一的元数据记录的描述,不管采用什么手段,只要它能满足在一定条件下的实际应用就可以。即从理论上讲,元数据记录的编码并无定式,只要所编码的元数据不违反其规范所约定的语义与结构规则。即元数据的编码既可采用文本文件或办公用软件的文档格式(如 Word/Excel 等),也可采用 HTML 网页或关系数据库等。[②]

虽然理论上讲元数据记录的编码没有定式,但在现今网络环境下,在基于开放、共享以及长期保存的理论基础上,元数据记录最好采用 XML 语言或基于 XML 语言的 RDF 来描述。不过考虑到 DC 元数据原本就是针对网络资源内容的提供者而设计的,即 DC 元数据最早、

---

① 王松林编著. 信息资源编目(修订本). 北京图书馆出版社(今国家图书馆出版社), 2005
② 赵亮. 元数据规范应用框架与编码 // 元数据与图书馆. 上海科学技术文献出版社, 2005

最广泛的应用是对于网络资源的描述,以及 Web 网站的内容大多是由 HTML 文本文件组成的,即 HTML 文档是当前 Web 构建的基础,所以本节先讲 DC 元数据在 HTML 文档上的标注问题。

（一）DC 元数据在 HTML 文档上的标注

本节前面介绍的内容充分说明 HTML 文档主要通过各种标签来标识文档的结构以及超链接信息。而将 DC 元数据元素信息嵌入到所描述的 HTML 文档中,则需通过以下两个基本句法来实现:

< meta name = "前缀词．元素名" content = "元素值" >

< link rel = "schema．前缀词" href = "定义地址" >

上述第一个句法主要用于描述有关 HTML 文档的属性。" < meta name = "前缀词．元素名" content = "元素值" > "中的 < meta > 标签含有 lang、dir、http-equiv、name、content 和 scheme 等 6 个属性,与元数据应用相关的 4 个属性分别是 name、content、scheme 和 lang,其中属性 name 的值给出元数据的前缀词和元素名,而属性 content 的值则给出 < meta > 标签的具体值(属性 content 必须存在)。例:

< meta name = "DC．Creator" content = "DCMI-Libraries Working Group" >

这个实例说明 DCMI-Libraries Working Group 是一资源的创建者,而且创建者这个元素是由 DC 元素集所定义的。根据 RFC 2731(《DC 元数据在 HTML 中的编码规则》)以及 DC-MI 的工作草案建议,在上述句法中,前缀词应全部大写(如"DC"),而前缀词后的元素名的首字母也应大写(如"Creator")。

第一个句法中的 scheme 和 lang 属性主要用于 DC 的元素和/或细化元素的编码体系和语种修饰。例:

< meta name = "DC．Subject" scheme = "LCSH" lang = "en" content = "Classification--Books" >

以上表达式被称为附加特征法。当然,属性 scheme 和 lang 也可使用另一种形式即内容超载法来表达,如上例使用内容超载法表达的形式是:

< meta name = "DC．Subject" content = "(scheme = LCSH) (lang = en) Classification--Books" >

在第一个句法描述中,前缀词说明了后面的元素名来自哪个元数据元素集,而要知道或反映这些元素名的前缀词本身是如何定义的或要对之做出参照,则需在 HTML 文档中使用上述第二个句法,即" < link rel = "schema．前缀词" href = "定义地址" > "。 < link > 标签的属性较多,但与元数据应用相关的属性只有 rel 和 href 两个。其中,属性 rel 的值给出 schema 的前缀词,而属性 href 则给出与前缀词相关的 URL 地址。即该句法主要用于建立一个与其他文档的联系(作用与 XML 语言的命名域相似),即若引用了某一集合的元素标签,就应指明其命名域,以说明引用的元素标签的语义定义在哪里可以找到。例:

< link rel = "schema．DC" href = "http：//purl．org/dc/elements/1．1" >

在 HTML 文档中嵌入元数据信息,其位置应出现在 HTML 文档标头的 < title > ……</title > 部分之后,所以下面举例时我们将一个 HTML 文档的 < body > ……</body > 部分的内容略去:

< html >

```
< head >
        < title > Peking University Library </title >
        < meta http-equiv = " Content-Type" content = " text-html；charset = gb2312" >
        < link rel = " schema. DC" href = " http://dublincore. org/qdcmes/1. 0" >
        < meta name = " DC. Title" content = " Peking University Library" >
        < meta name = " DC. Creator" content = " Peking University Library" >
        < meta name = " DC. Description" content = " Library homepage, brief introduc-
tion, electronic resources, OPAC, user guide, news, digital library, inter-library
loan, FAQ, navigations, focus, user training program, CALIS, CAI" >
        < meta name = " DC. Publisher" content = " Peking University Library" >
        < meta name = " DC. Date. Created" scheme = " ISO8601" content = " 1996-10-
25" >
        < meta name = " DC. Type" scheme = " QCLCg" content = " Text data" >
        < meta name = " DC. Format" scheme = " IMT" content = " text/html" >
        < meta name = " DC. Identifier" content = " http://www. lib. pku. edu. cn" >
        < meta name = " DC. Language" scheme = " ISO 639-2" content = " chi" >
        < meta name = " DC. Relation. HasVersion"
    content = " http://www. lib. pku. edu. cn/enhtml/index. htm" >
        < meta name = " DC. Coverage. Temporal" content = " 1902 – " >
        < meta name = " DC. Coverage. Spatial" content = " P. R. China-Beijing" >
    </head >
    < body >
    ……
    </body >
</html >
```

上例是一种典型的将 DC 元数据嵌入所描述的资源对象中的应用实例,句法简单,易于操作。而将 DC 元数据在源文件上著录则可方便搜索引擎采集,即方便网络资源的搜索引擎式编目。需要说明的是,上例 content 的值"1996-10-25""http://www. lib. pku. edu. cn/enhtml/index. htm""1902-"和"P. R. China-Beijing"并非 DC 元素 Date、Relation 和 Coverage 的值,而是这些元素的细化元素 Created、HasVersion、Temporal 和 Spatial 的值。

(二)DC 元数据在 XHTML 文档上的标注

综上所述,HTML 语言易学易用的特点出自其语法上的简单性优点,但也正是这种语法上的简单性严重束缚了其表现复杂文档的能力,而且其标签使用的随意性也为浏览器的开发带来了复杂性,从而逐渐掩盖了其简单性的优点。面对 HTML 语言的这些问题,又鉴于 SGML 语言过于复杂、难以应用和普及,W3C 后来建议使用较之 SGML 语言精简的 XML 语言。1996 年,W3C 正式成立 XML 工作组。1998 年 2 月,XML 1.0 被 W3C 正式确立为推荐标准,并被 W3C 推荐为第二代网页发布语言。①

---

① 李国辉,汤大全,武德峰编著. 信息组织与检索. 科学出版社,2003

由于 XML 语言与 SGML 语言一样是一种元标记语言,所以自它诞生以来,又有一批用 XML 语言定义的新的置标语言随之出现,其中包括用 XML 语言重写的 HTML 语言——XHTML(eXtensible Hypertext Markup Language,即可扩展超文本置标语言)。XHTML 语言最早叫作"HTML in XML",是一种基于 XML 语言的超文本置标语言,即将以前用 SGML 语言定义的 HTML 语言改为用 XML 语言重新定义。从此意义上讲,XHTML 语言实际上是 SGML 语言和 HTML 语言合一的产物或是 XML 语言的一种应用,即 XHTML 1.0 是对 HTML 4.0 的 3 种文档类型的重新实现,使 HTML 语言正式进入了由 XML 语言严格约束的新时期,其优势体现在:①XHTML 文档符合 XML 标准,可用标准的 XML 工具对之进行浏览、编辑和合法性检查;②XHTML 文档作为 text/html 媒体类型,可在符合 XHTML 1.0 的新的用户代理中很好地运行,也可在符合 HTML 4.0 的用户代理中运行甚至运行得更好;③XHTML 依赖 HTML 或 XML 文档对象模型,可以使用如脚本和 Java 应用小程序;④符合 XHTML 1.0 的文档更易在各种 XML 环境中或在不同环境间进行互操作。[①]

现在,互联网上已有不少网页的源文件在用 XHTML 语言来编写,下举一个包含 DC 元数据元素的 XHTML 源文件例(基于与 91 页 HTML 文档示例同样的原因,也将 <body>……</body> 之间的内容略去):

```
<! DOCTYPE html PUBLIC "-//W3C//DTD XHTML 1.0 Transitional//EN"
        "http://www.w3.org/TR/xhtml1/DTD/xhtml1-transitional.dtd">
<html xmlns="http://www.w3.org/1999/xhtml" xml:lang="en" lang="en">
    <head>
        <title>DC-Library Application Profile (DC-Lib)</title>
        <link rel="schema.DC" href="http://purl.org/dc/elements/1.1/" />
        <meta name="DC.title" content="DC-Library Application Profile (DC-Lib)" />
        <meta name="DC.description" content="This document proposes a possible application profile that clarifies the use of the Dublin Core Metadata Element Set in libraries and library-related applications and projects." />
        <meta name="DC.date" content="2004-09-10" />
        <meta name="DC.format" content="text/html" />
        <meta name="DC.language" content="en" />
        <meta name="DC.publisher" content="Dublin Core Metadata Initiative" />

        <meta http-equiv="Content-Type" content="text/html; charset=us-ascii" />
        <link rel="meta" href="index.shtml.rdf" />
        <link rel="stylesheet" href="/css/default.css" type="text/css" />
        <script src="/js/default.js" type="text/javascript"></script>
    </head>
    <body>
```

---

① 高文等著. 数字图书馆:原理与技术实现. 清华大学出版社,2000

......

<／body＞

<／html＞

上例 XHTML 文档中的 DC 元数据信息也出现在 <head＞……<／head＞部分的 <title＞……<／title＞之后,并也通过标签 <meta＞的元素名 title、description、date、format、language 和 publisher,对文档名称为"DC-Library Application Profile（DC-Lib）"的文件的题名、描述、日期、格式、语种和出版者信息做了描述。而这些元素名的前缀词"DC"的定义也通过标签 <link＞做了说明。初看起来,这些都与前述 HTML 语言一样。但仔细查看,它们已按 XML 语法在编写。

另外,既然 XHTML 语言是基于 XML 语言的,所以它也可以使用 DTD（Document Type Definition,有关 DTD 的内容详见本书第五章）。由于上例整个 XHTML 文档的最前面有个独立文档声明,所以下面对该独立文档声明中的 DTD 逻辑名"-//W3C//DTD XHTML 1.0 Transitional//EN"的构成做些分析:该独立文档声明中的 DTD 逻辑名以"-"开始,表明它是一个没有标准化组织同意的 DTD（如果有一个非 ISO 的标准化组织同意该 DTD,那么其名称应以"＋"开始;如果一个 DTD 本身是 ISO 的标准,那么该 DTD 的名称应以"ISO"开始,并在前面不用加初始符"＋"或"－"）;初始字符后的第一个双斜线"//"后接该 DTD 所有者的名称,本例表明该 DTD 为 W3C 所有;第二个双斜线"//"后接描述该 DTD 的文字,本例说明该 DTD 用于定义 XHTML 1.0 Transitional 文档;最后一个双斜线"//"后接 ISO 的语种标识,本例表明该 DTD 是用英文编写的。

第三节　文献数字化资源的前端组织

网络资源中有相当一部分的资源是由实体资源中的经典著作、法律条文和/或其他重要文献转换成计算机可读形式而后建成全文文献数据库的。如何对这种数字全文文献进行前端组织,是本节所要论述的重点。

一、《数字式中文全文文献通用格式》概述

我国对适合数字式中文的全文文献通用格式的研究始于 1997 年。当时,文化部科技司将编制"数字式中文全文文献通用格式"的文化行业标准任务下达给了广东省中山图书馆。后经两年多的研究和试验,广东省中山图书馆完成了《数字式中文全文文献通用格式》的基本设计和标准初稿。基于 HTML 语言的《数字式中文全文文献通用格式》抽象结构如下:①

<REC＞

<1＞＝记录控制号

<2＞＝记录版次标识

<3＞＝固定长编码信息

<4＞＝目录信息

---

① 中山图书馆. 数字式中文全文文献通用格式标准研究获新进展. 北京图书馆馆刊, 1998(2)

<5>＝国际标准编号

<6>＝标引词

<7>＝分类号

<8>＝文献内容

<9>＝制作单位

其中，<REC>是记录初始标志，标识一个全文记录的开始；而记录控制号、记录版次标识、固定长编码信息等字段的结构和定义则与 MARC 基本一致。

之后，《数字式中文全文文献通用格式》一直在完善，最后的修改版格式以 DC 1.1 版为基本框架，结合中文文献数字化处理的特点和要求，在保持符合国家和国际标准通用规则的基础上，规定了中文全文文献的编目格式。其总体结构包括：①

<1>＝记录控制号

<2>＝文献题名

<3>＝主要责任者

<4>＝主题、分类号或关键词

<5>＝文献说明（著录）

<6>＝数字式资源制作者

<7>＝其他责任者

<8>＝数字式资源制作日期

<9>＝文献类型

<10>＝数字式资源数据格式

<11>＝数字式资源标识符

<12>＝数字式数据来源

<13>＝语种

<14>＝关联文献

<15>＝内容范围

<16>＝数字式资源权限管理

上述总体结构除第 1 项记录控制号（Record）包含唯一标识本记录的控制号（由编制文献记录的机构提供）外，其他 15 项均对应于 DC 元数据的 15 个核心元素，但其置标语言仍然采用 HTML 定义。下面是一条采用该格式的文献记录：

<HTML>

 <HEAD>

  <META NAME＝"Record. DC"　CONTENT＝"ZS0001237">

 </HEAD>

 <BODY>

  <META NAME＝"DC. Title"　CONTENT＝"中国文献编目规则">

  <META　NAME＝"DC. Creator"　CONTENT＝"中国文献编目规则编撰小组">

---

① 数字式中文全文文献通用格式（修改稿）．广东省中山图书馆，2000 – 01 – 22

```
< META NAME = " DC. Subject"  CONTENT = " 编目规则    中国    文献工作" >

< META NAME = "DC. Description"  CONTENT = " 中国文献编目规则／中国文献编目规则编撰小组编 . -- 广州：广东人民出版社，1996. -- 312 页；22cm. . -- 本编目规则为全国情报文献工作标准化委员会、中国图书馆学会推荐使用。. -- ISBN 7 -218 -02219 -7（精装）：CNY68. 00" >

< META NAME = "DC. Publisher"  CONTENT = " 广东省中山图书馆" >

< META NAME = "DC. Contributor"  CONTENT = " " >

< META NAME = "DC. Date"  CONTENT = "2000" >

< META NAME = "DC. Type"  CONTENT = " 文本" >

< META NAME = "DC. Fomat"  CONTENT = "TXT" >

< META NAME = "DC. Identifier"  CONTENT = " http://172. 18. 12. 49/zslib2/ZS0001237" >

< META NAME = " DC. Source"  SCHEME = " ISBN"  CONTENT = "7 -218 -02219 -7" >

< META NAME = "DC. Language"  CONTENT = "CN" >

< META NAME = "DC. Relation"  CONTENT = " http://172. 18. 12. 11" >

< META NAME = "DC. Coverage"  CONTENT = " 中国" >

< META NAME = "DC. Rights"  CONTENT = " 版权限制" >

        </BODY >

    </HTML >
```

我国《数字式中文全文文献通用格式》除了以 DC 1. 1 版为基本框架外，与下文将要介绍的 TEI 格式相比，还存在以下两点不足：

(1)正文内容的具体描述缺失。《数字式中文全文文献通用格式》并没有直接对文献的全文内容格式进行定义，而是采取了链接的方式即用 META 标签的 NAME 属性值 DC. Identifie 存贮该文献的存放地址。这样做的好处是实现起来较为简单高效，但却脱离了全文文献描述的本质，即还是将文献的元数据信息与其全文文本分离。从此意义上讲，《数字式中文全文文献通用格式》与其说是一个全文文献格式，不如说是一个与 DC 相对应的书目文献格式。

(2)置标语言仍然采用 HTML。《数字式中文全文文献通用格式》的研究始于 1997 年，当时 XML 1. 0 还未发布，故采取 HTML 作为其置标语言在当时情况下是可理解和接受的。但自 1998 年 XML 1. 0 发布后，XML 语言的应用发展迅速，特别是进入 21 世纪，XML 语言已成为开放性信息组织处理技术框架的基础，网络环境下的信息的定义、组织、处理和交换的核心。《数字式中文全文文献通用格式》始终采用 HTML 作为其置标语言多少显得有些落伍。

二、TEI 及其内容描述

全文文献是存储文献或其主要部分的一次文献。在由此建成的全文文献数据库中，用户可以从中直接检出所需的原始文献。与书目文献相比，全文文献具有许多优点，主要体现在检索直接、报道详尽等方面;但其缺点也较明显,即全文文献对存储容量和检索技术的要求远高于书目文献。另外,全文文献往往来源于文章、书籍等,这些原始文献在用电子形式存储时,会遇到一些如换行符、段落起止符等标识原文件格式、文种语言的问题。而针对这些问题,又由于东西方文化、语言、书写习惯的差异,很难形成一个广泛适用的描述格式。但随着信息处理技术和存储技术的发展,这些问题现已得到基本解决。

TEI(Text Encoding Initiative,文本编码创始项目)是1987年在计算机与人文协会、计算语言协会、文字语言学会、人文语言协会的支持下确立的,其目标是减少现存编码的多样性,提供一个通用的、支持复杂文本结构的编码方案,[1]现已发展成电子文本交换的国际编码标准。

TEI规定了对电子文本的描述方法、标签定义和记录结构等,包括元数据和文献内容两部分。第一版的TEI使用SGML作为其置标语言,而最新版本(TEI P4,2002)已改用XML作为其置标语言。

所有符合TEI标准的文件,都包含一个TEI标头部分(以 < teiHeader > 标志)与文件正文部分(以 < text > 标志)。其抽象编码结构如下:[2]

　　< TEI. 2 >

　　　　< teiHeader >〔标头部分信息〕</teiHeader >

　　　　< text >〔文件正文部分信息〕</text >

　　</TEI. 2 >

(一)TEI Text 的具体内容

TEI的文件正文部分(TEI Text),顾名思义,就是对全文文献的内容格式进行定义。以 < text > 标签封装起来的全文文献内容包括正文前信息(标签名为 front)、正文主体信息(标签名为 body)和正文后信息(标签名为 back),其抽象编码形式是:

　　< text >

　　　　< front > …… </front >

　　　　< body > …… </body >

　　　　< back > …… </back >

　　</text >

其中,正文前信息包括主要文件前的任何项目(标题、前言、献词等);正文后信息在主要文件之后,包含附录等;而正文主体信息一般由一系列可以使用 < p > 来做标签的段落组成,这些段落若被集结成章和节,可再使用元素 < body > 区隔出第一层 < div1 > 或文字区段 < div > 等第二层元素,而第二层元素又可被再细分下去,以下是对这些层次标签的进一步说明:

　　< p > :标记文章的段落。

　　< div > :文件的正文前信息、本文及正文后信息。

　　< div1 > :文件的正文前信息、本文及正文后信息的第一层分项(如果没有使用 < div0 >/ < 第零层 >)。当 < div1 >/ < 第一层 > 还需再分,可以使用 < div2 >/ < 第二层 > , < div2 >/

①　Guidelines for electronic text encoding and interchange. http://www. tei-c. org/Guidelines/

②　董坚峰,张少龙. 国内外全文文献数据描述发展研究. 图书馆学刊,2009(9)

<第二层>又可分出<div3>/<第三层>,以此类推,最深可达<div7>/<第七层>。

以上每个分项都还可以使用下列三项属性:

id/识别码:分项命名,所命名称不可重复,可以用于交互参照或其他连接。在每一个主要的结构单位使用属性 id/识别码非常有用,而且最好以系统方式命名,如在文章题名后,加上章节编号。

n/识别号:分项助记号,可以使用小名或数字。

type/类型:指文件分类的名称。常用的属性值有书、章节、诗等。其他类型可能多用在诗集等类型的文献集中,如诗歌、演讲和歌曲。

下面是一个用 TEI Text 对文献内容描述的例子:

```
<div 1 id = "WN1" n = "I" type = "book">
    <div 2 id = "WN101" n = "I. 1" type = "chapter">
        <head>Mellstock-Lane</head>
        <p>I fully appreciate Gen. Pope's splendid achievements with their invaluable
        results; but you must know that Major Generalships in the Regular Army, are
        not as plenty as blackberries. </p>
    </div2>
    <div2 id = "WN102" n = "I. 2" type = "chapter">
    …</div2>
    …
    <div 2 id = "WN110" n = "I. 10" type = "chapter">
        <div3 id = "WN1101" n = "I. 10. 1" type = "part">
        …</div3>
        <div3 id = "WN1102" n = "I. 10. 2" type = "part">
        …</div3>
    </div2>
    …
</div1>
```

除了上述几个基本标签外,TEI Text 还针对散文、诗、戏剧制定了如下特定标签:

<l>/<诗行>:诗的一行,未完成句也包含其中。可用的属性有:part/分部:用以标示此句诗是否完整(可用的属性值有:f = 未成句的结尾部分;y = 未成句;n = 完整句或被视为完整句;i = 未完成句的开头部分;m = 未完成句的中段)。

<lg>/<诗组>:形式上被视为一组的诗句,如诗节、迭句、诗的段落部分等。

<sp>/<讲述>:单篇的演说文件或在散文和诗中以讲述方式表现的过程。可用的属性有:who/人物(可用属性值 id/识别码定义讲者)。

<speaker>/<讲者>:剧本或文章中出现讲述的片段,前面通常会标示一个或多个讲者。

<stage>/<分幕>:剧本或文章中出现演出或动作指示。可用的属性有:type/类型(任何演出的指示,建议使用的属性值如进场、退场等)。

此外,对于字体、样式、引文、语言特性的描述,TEI Text 也有相应的标签。限于篇幅,这

里不再一一列出。

（二）TEI Header 的具体内容

TEI 的标头部分（TEI Header），顾名思义，位于 TEI 的起始位置，乃是为了使元数据成为电子文本的一个部分而编制的，①所以可以看成是一个电子文本的"电子题名页"。TEI 的标头部分既可作为 TEI 文件正文的一部分，也可作为著录记录单独存在。作为著录记录，TEI 的标头部分包含文件描述部分（file description，必备，标签名为 fileDesc）、编码描述部分（dncoding description，可选，标签名为 encodingDesc）、文本轮廓描述部分（profile description，可选，标签名为 profileDesc）以及版本历史描述部分（revision description，可选，标签名为 revisionDesc）等，并用 < teiHeader > 标签将这些描述封装成一个描述元数据集。TEI 标头部分的抽象编码形式是：

< teiHeader >

    < fileDesc > …… < / fileDesc >

    < encodingDesc > …… < / encodingDesc >

    < profileDesc > …… < / profileDesc >

    < revisionDesc > …… < / revisionDesc >

< / teiHeader >

需要强调的是，< teiHeader > 本身具有属性 type，用以确定 TEI 的标头部分记录所绑定的文献类型，可以是 corpus（同类文献组成的文献集）和 text（单一文本）。②

1. 文件描述部分

TEI 标头部分的文件描述部分以现行的图书馆目录标准为模板，包括一个电子文本的完整的书目描述和电子文本的来源信息，具体标签有：

< titleStmt > / < 题名说明 >：关于作品题名及其知识内容的责任者的说明，必备，子标签有：< title > / < 题名 >、< author > / < 作者 >、< sponsor > / < 支持机构 >、< funder > / < 资助者 >、< principal > / < 主要研究者 >、< respStmt > / < 责任说明 >、< resp > / < 责任性质 > 以及 < name > / < 名称 >。

< editionStmt > / < 版本说明 >：描述版本信息，可选，子标签有：< edition > / < 版本 >、< respStmt > / < 责任说明 >、< name > / < 名称 > 以及 < resp > / < 责任性质 >。

< extent > / < 长度说明 >：描述电子文本在存贮到某些载体媒介时的大致长度，可以是任何方便的单元，可选。

< publicationStmt > / < 出版说明 >：描述电子文本的出版发行信息，必备，子标签有：< publisher > / < 出版者 >、< distributor > / < 发行者 > 以及 < authority > / < 其他对电子文本制作发布负责的非出版发行机构 >。其中，< publisher > / < 出版者 > 子标签又含以下下层子标签：< pubPlace > / < 出版地 >、< address > / < 地址 >、< idno > / < 出版者标识号 >（有属性 type）、< availability > / < 可获得性 >（有属性 status，可取值 restricted、unknown、free）以及 < date > / < 日期 >。

< seriesStmt > / < 丛书说明 >：描述电子文本可能隶属的丛书的情况，可选，子标签有：

---

① 刘嘉著. 元数据导论. 北京图书馆出版社（今国家图书馆出版社），2002

② 张晓林主编. 元数据研究与应用. 北京图书馆出版社（今国家图书馆出版社），2002

< title >/< 题名 >(指丛书题名)、< idno >/< 标识号 >、< respStmt >/< 责任说明 >、< name >/< 名称 >以及< resp >/< 责任性质 >。

< notesStmt >/< 附注 >:描述文本的附加信息集,记载在其他部分的书目描述,可选。

< sourceDesc >/< 来源描述 >:提供电子文本来源文献的描述信息,必备,可重复,可以是一段描述性文字,也可是由以下子标签表示的著录记录:< bibl >/< 简单格式著录记录 >、< biblStruct >/< 结构化著录记录 >、< biblFull >/< 完整结构著录记录 >以及< listBibl >/< 记录列表 >。

2. 编码描述部分

TEI 标头部分的编码描述部分涉及电子文本创建和编码中具体信息,可以是一句简单的叙述,也可选用下列标签:

< projectDesc >/< 项目过程描述 >:详细说明电子文档编码的目的和过程。

< samplingDesl >/< 抽样声明 >:描述创立复杂文本集合时抽样信息。

< editoriaDecl >/< 编撰声明 >:提供在文本编码时编撰原则的细节。

< tagsDecl >/< 标签声明 >:提供用在 SGML 文档中的标签的详细信息。

< refsDecl >/< 参照声明 >:指明电子文本参考文献的结构信息。

< classDecl >/< 分类声明 >:定义文本使用的分类体系。

< fsdDecl >/< 特征体系声明 >:代表了特定类型的特征体系声明。

< metDecl >/< 韵律结构声明 >:关于韵律风格的声明。

< variantEncoding >/< 变化文本编码声明 >:描述电子文本的变化版本的编码封装方法。

3. 文本轮廓描述部分

TEI 标头部分的文本轮廓描述部分也是一个可选部分,用以描述与文本产生、制作有关的非书目数据,使 TEI 文本作为单一的框架来著录其各个方面的属性,例如关于文本使用的术语及专业用语、文本生产的情况、参加者及其背景等。

文本轮廓描述部分有 3 个核心标签(可选),它们是:

< creation >/< 制作信息 >:描述电子文本制作信息。

< langUsage >/< 语言使用 >:描述出现在电子文本中的术语、专业用语、方言等信息。

< textClass >/< 文本类别 >:以标准的分类体系或叙词表对电子文本的主题或属性进行描述。

另外,使用附加标签集时,文本轮廓描述部分还可出现以下 3 个标签:

< textDesc >/< 文本描述 >:提供文本环境参数描述。

< particDesc >/< 参加者描述 >:描述语言性资料中交互出现的可识别的演讲者、噪音或别的参与者。

< settingDesc >/< 背景描述 >:描述语言性资料交互产生的背景(以普通形式或作为一系列的背景元素来描述)。

最后,当选择原资源的派生本的附加标签集时,文本轮廓描述中还可包括< handList >标签。

4. 版本历史描述部分

TEI 标头部分的版本历史描述部分为电子文本的每次变动提供详细信息,可选,但 TEI 计划强烈推荐使用,因为它是电子文本的版本历史总括。有了它,许多文本的更新、更改、变动管理才有据可循,才能使文本在研究者之间、系统之间进行传递。否则,文档的不同版本很容易混淆。

版本历史描述可以用 < change > 或 < list > 标签来表示。其中, < change > 是对研究者之间共享的电子文本的特定版本做一个关于修改或订正的总结。当然,版本变化也可列成清单,用 < list > 标签封装,具体包括以下 3 项内容:

< date > / < 日期 > :指明每种格式、每种变化的日期。

< respStmt > / < 责任说明 > :是当著者、编者等特定元素不能提供或不能充分提供有关责任说明时,用来描述对电子文本、版本、记录或连续出版物的内容负有责任的责任者,例如是谁导致了版本等的变化,这些人的角色是什么等。

< item > / < 变化项目 > :包括变化的所有细节,例如句子、段落等。

最后需要强调的是,版本历史描述在记载变化时建议使用逆时序。

通过以上介绍可以看出,TEI 的标头部分具有灵活性、系统性和独立性三大特点。[①] 其中灵活性是指,一方面著录人员可以根据实际情况确定不同的详简级次;另一方面是其结构既可以以自由文本的形式在某一级次的描述中包含所有子项,也可以以高度结构化的形式分层次地列出每一子项(前者便于非专业人员建立,而后者则更易于通过自动化系统转换为 MARC 格式)。系统性和独立性是由于整个 TEI 以 SGML、XML 语言为应用基础,允许电子文本间通过任何支持 SGML、XML 语言的平台相互转换。另外,TEI 标头部分的独立性还表现在它不依赖于具体的某一种编码系统,既可以附着于电子文本,又可以独立使用。

通过以上论述还可看出,全文文献与书目文献明显不同。如在 TEI 格式中,存储的不应只是一次文献的文献内容(TEI 格式制定了一整套内容描述体系,不仅包括书籍和文章,而且还包括散文、诗歌、戏剧等的描述),而且还应包括文献编目的信息,这样才能够对全文文献建立有效的索引,方便用户对全文文献的查找。另外,全文文献的内容多样性、格式复杂性,决定了对全文文献正文的描述不能采取不可扩展、灵活性差的置标语言如 HTML,而必须采用灵活性强、能够自定义标记的置标语言如 SGML 或 XML[如前所述,TEI 格式在其第四版(P4,2002)中已经改用 XML 作为其置标语言]。

第四节　网络资源前端组织的元数据标准

在前面的论述中我们看到,网络资源的前端组织,有的使用的是像 DC 这样的元数据标准(如《数字式中文全文文献通用格式》),有的使用的是像现行图书馆目录这样的元数据标准(如 TEI 格式)。这就产生一个问题,即网络资源前端组织所用的元数据标准可否统一,以及统一后的元数据标准的语义和结构又如何?

一、元数据标准的选择问题

如同实体资源,网络资源也因描述对象的不同而产生不同类型的元数据标准。[②] 据不

---

①　吴志荣著.数字图书馆:从理念走项现实.学林出版社,2000

②　Zeng M L, Qin J. Metadata. Neal-Schuman, 2008

完全统计,从 20 世纪 90 年代至今,针对网络资源,仅描述性元数据一项,世界各国就已先后制定出数十种有一定影响的标准。[①] 按其用途,网络资源的这些描述性元数据标准大致可分专用型描述性元数据标准和通用型描述性元数据标准两大类。[②]

(一)专用型描述性元数据标准

专用型描述性元数据标准又可根据对象分类、根据内容分类和特殊分类。

1. 按对象分类的描述性元数据标准

按对象分类的描述性元数据标准具体又分描述数字文献的元数据标准、描述数字图像的元数据标准、描述博物馆藏品的元数据标准以及描述特殊资源的元数据标准等。

(1)描述数字文献的元数据标准

描述数字文献的元数据标准除了前述 MARC 和 TEI 元数据标准外,另外还有 ONIX Product Information Standards 2.0(在线信息交换产品信息标准,简称 ONIX)等。

(2)描述数字图像的元数据标准

描述数字图像的元数据标准主要有:The Making Of America II(MOA2 数字图像元数据)、California Digital Library(CDL 数字图像元数据)以及 Technical Metadata for Images(数字图像技术元数据,简称 TMI)等。

(3)描述博物馆藏品的元数据标准

描述博物馆藏品的元数据标准主要有:VRA Categories for Visual Resources(VAR 视觉资料核心类目,简称 VAR)、Categories for the Description of Works of Art(艺术作品描述类目,简称 CDWA)以及 The REACH Element Set(REACH 元数据)等。

(4)描述特殊资源的元数据标准

描述特殊资源的元数据标准包括描述音像资料的元数据标准、描述数据集的元数据标准以及描述可计算模块的元数据标准等。限于篇幅,本书不一一列举。

2. 按内容分类的描述性元数据标准

按内容分类的描述性元数据标准也称按行业和/或领域分类的描述性元数据标准。这类元数据标准主要包括档案部门使用的元数据标准、政府部门使用的元数据标准和教育部门使用的元数据标准等。

(1)档案部门使用的元数据标准

档案部门使用的元数据标准主要有 Encoded Archival Description(档案描述编码格式,简称 EAD)等。

(2)政府部门使用的元数据标准

政府部门使用的元数据标准主要有:Government Information Locator Service(政府信息定位服务,简称 GILS)以及 DC-Government Application Profile(DC 政府应用纲要,简称 DC-Lib)等。

(3)教育部门使用的元数据标准

教育部门使用的元数据标准主要有:Learning Object Metadata(学习对象元数据,简称 LOM)、GEM Element List(GEM 元数据)以及 DC-Education(DC-Ed 元数据)等。

---

① 储荷婷,张茵主编. 图书馆信息学. 中国人民大学出版社,2007
② 张晓林主编. 元数据研究与应用. 北京图书馆出版社(今国家图书馆出版社),2002

3. 特殊分类的描述性元数据标准

特殊分类的描述性元数据标准主要包括数字信息长期保存的元数据标准、描述知识组织体系的元数据标准和描述系统管理机制的元数据标准等。限于篇幅,本书也不一一列举。

(二)通用型描述性元数据标准

如前所述,相对于专用型描述性元数据标准,通用型描述性元数据标准的数量较少,主要有 DC 元数据标准、ROADS Templates 元数据标准和 RFC 1807 元数据标准等。其中,又以 DC 元数据标准最为通用。

DC 元数据标准产生于 1995 年 3 月在 OCLC 所在地 Dublin 召开的第一届元数据研讨会上。之后,DC 元数据工作组召开的每次会议都有不同的研究重点,并由浅入深、由泛到专地对 DC 元数据标准的理论和应用问题进行商讨和辩论。而每次商讨和辩论的结果都对 DC 元数据标准进行了一定的补充和修订,从而也使其结构和功能不断发展和趋于完善。

其一,DC 元数据标准是在网络环境下描述文件类对象(Document-like Object)所需要的最小元数据元素集,一开始它所定义的 13 个元素是:Subject(主题)、Title(题名)、Author(作者)、Publisher(出版者)、Other Agent(相关责任者)、Date(日期)、Object Type(对象类型)、Form(格式)、Identifier(标识符)、Relation(关联)、Source(来源)、Language(语种)和 Coverage(覆盖范围)。这 13 个元素在后来的发展中从名称到内容均都有了很大的变化。

其二,由于 DC 元数据标准原来是以文件类资源为描述对象而设计的,因此难以用于图像资源等的描述。为此,DC 元数据标准后在原来 13 个元素的基础上新增了 Description(描述)和 Rights(权限)这 2 个元素。其中,Description 用于图像方面描述性文字或内容描述,并包括文本文件下的摘要;而 Rights 则对包括图像在内的资源描述极为重要,因此成了核心描述记录的必要组成部分。至 1999 年 7 月,DC 元数据标准的 15 个元素的语义(即 DCMES 1.1)最终完全确定下来。现时,DC 元数据标准的 15 个元素的名称是:Title(题名)、Creator(创建者)、Subject(主题)、Description(描述)、Publisher(出版者)、Contributor(其他责任者)、Date(日期)、Type(类型)、Format(格式)、Identifier(标识符)、Source(来源)、Language(语种)、Relation(关联)、Coverage(覆盖范围)和 Rights(权限)。

其三,随着 DC 元数据标准在世界各国、各学科和各领域的广泛使用,仅有 15 个元素的 DC 元数据标准已不能满足人们对网络资源做具体描述的需要。而为提高其精确度,各有关项目团体均根据自己的特定需求,在 DC 元数据标准 15 个元素的基础上设置了修饰词(Qualifiers)。由于 DC 元数据标准的修饰词最初是 1997 年 3 月在澳大利亚首都堪培拉召开的第四次 DC 会议上提出的,所以也被称作"堪培拉修饰词"(Canberra qualifiers)。1999 年 10 月在德国法兰克福召开的第七次 DC 会议对堪培拉修饰词达成了共识,最终在 1999 年 12 月 22 日形成了 DC 元数据标准修饰词 1.0(Dublin Core Metadata Element Set Qualifiers 1.0)工作草案。2000 年 8 月,DC 元数据修饰词标准正式推出,这在很大程度上代表了各界人士对提高团体机构间互操作性问题的共识。即 DC 元数据标准修饰词被分为 Element refinements(细化元素,或称"元素修饰词")和 Encoding schemes(编码体系,或称"编码体系修饰词")两种。[①]

现在,DC 元数据标准不仅成为互联网界事实上的工业标准(RFC 2413),而且还成为美

---

① DCMI Metadata Terms. http://dublincore.org/documents/dcmi-terms/

国等国的国家标准。2003 年 2 月 26 日,ISO TC46/SC 4 还将 DC 元数据标准批准为国际标准——*ISO 15836:2003 Information and Documentation——The Dublin Core Metadata Element Set*(《信息与文献——都柏林核心元数据元素集》)。[①] 在我国,由国家图书馆发布的《中文元数据方案》、[②]科技部《我国数字图书馆标准与规范建设》中的元数据标准和规范,[③]以及各地图书馆和高校图书馆制定的元数据方案(如广东中山图书馆的《数字式中文全文文献通用格式》和北京大学的《中文元数据标准框架》等),均都使用 DC 元数据标准或以 DC 元数据标准为核心集。

DC 元数据标准之所以成为国内外各个行业的元数据标准,其原因除了第一章中所说的两点外,另外很重要的一点是 DC 元数据标准中的元素语义性很强,即使非图书馆员或没有经过信息组织专业训练的人,也可以比较容易地利用 DC 元数据标准对网络资源进行信息组织,这为资源提供者自行编制元数据提供了可能与方便,从而也扩大了元数据本身的来源。其实,DC 元数据标准一开始就是针对互联网资源内容的制作者而设计的,只是后来才引起正规资源描述界,如图书馆、博物馆、政府部门和商业组织的广泛注意。这从每次 DC 会议都有许多网络界和计算机界的人士参加可以看出。总之,DC 元数据标准具有简单灵活、语义互操作和国际互通等特点。

基于以上特点,以及 DC 元数据标准不仅可以描述文本文件,而且也可用于描述声音、图像、数据集等文件,不仅可以描述原生数字资源,而且也可用于描述文献数字化资源,本书认为网络资源的前端组织所用的基础元数据标准应向 DC 元数据标准统一。同时,选择 DC 元数据标准作为网络资源前端组织的基础元数据标准,也符合 DESIRE(Development of a European Service for Information on Research and Education,欧洲研究与教育信息服务发展)项目选择元数据的标准,即:①利用互联网协议足以有效地支持用户对资源的检索和选择;②非编目人员也能容易地据此生成元数据;③在转换为其他多种格式时,元数据信息的丢失程度在可接受的范围内等。[④]

最后需要强调的是,作为一个整体或体系,包括 DC 在内的元数据标准至少应该包括语义、结构和句法这三方面的内容。[⑤] 所谓语义,或称内容结构,是指元数据概念实体(在 DC 元数据标准中就是元素)的定义结构及其定义的描述;所谓结构,或称语义结构,是指定义元素之间的相互关系以及每个元素所用的细化元素和编码体系;所谓句法,或称句法结构,是指定义元数据整体结构以及如何描述这种结构,如前所述,它包括元数据记录的句法结构和元数据标准自身的句法结构。由于 DC 元数据标准之一的句法问题——DC 元数据记录的句法结构在前述原生数字资源和文献数字化资源的前端组织中已有涉及,以及有关用于网络资源后端组织的 DC 元数据标准自身的句法结构本书将在第五章中予以论述(当然,这一部分内容同样也适用于网络资源前端组织所用的 DC 元数据标准),所以本节第二部分和第

① National Information Standards Organization TC46/SC4 Documents. http://www. niso. org/international/SC4/sc4docs. html

② 中国国家图书馆. 中文元数据方案,2002

③ http://cdls. nstl. gov. cn/cdls2/w3c/

④ 储荷婷,张茵主编. 图书馆信息学. 中国人民大学出版社,2007

⑤ 吴建中主编. DC 元数据. 上海科学技术文献出版社,2000

三部分重点论述 DC 元数据标准的内容结构和语义结构(当然,这两部分内容同样也适用于网络资源后端组织所用的 DC 元数据标准)。

二、DC 元数据标准的内容结构

内容结构中的元素定义结构是对元数据标准中的元素本身的有关属性进行明确的定义,一般采用 ISO 11179 标准。[①] 该标准规定,任何元素均可通过以下 10 个属性来界定:Name(元素名称)、Identifier(元素标识,或称"标签")、Version(采用该元素的元数据版本)、Registration Authority(登记机构)、Language(指描述元素本身的语言,而不是指元素内容的语言)、Definition(定义)、Obligation(使用约束)、Datatype(数据类型)、Maximum Occurrence(最高出现次数)、Comment(注释)。例如,DC 元数据标准中的 Title 元素用以上属性定义的形式为:[②]

Name：Title

Identifier：Title

Version：1. 1

Registration Authority：Dublin Core Metadata Initiative

Language：en

Definition：A name given to the resource

Obligation：Optional

Datatype：Character String

Maximum Occurrence：Unlimited

Comment：Typically, a Title will be a name by which the resource is formally known.

由于篇幅所限,下面只根据 ISO 15836:2003 的元素顺序,给出 DC 元数据标准中的每个元素的名称(Name)、标签(Label)、定义(Definition)和注释(Comment):

元素 1:题名;标签:Title;定义:赋予资源的名称;注释:一般而言,题名指资源对象正式公开的名称。

元素 2:创建者;标签:Creator;定义:创建资源内容的主要责任者;注释:创建者的实例包括个人、组织或某项服务。一般而言,用创建者的名称来标识这一条目。

元素 3:主题;标签:Subject;定义:资源内容的主题描述;注释:如果要描述特定资源的某一主题,一般采用关键词、关键词短语或分类号,最好从受控词表或规范的分类体系中取值。

元素 4:描述;标签:Description;定义:资源内容的描述;注释:描述可以包括但不限于以下内容,即文摘、目次、图像的文字描述或一个关于资源内容的文本描述。

元素 5:出版者;标签:Publisher;定义:使资源成为可获得的责任实体;注释:出版者的实例包括个人、组织或某项服务。一般而言,应该用出版者的名称来标识这一条目。

元素 6:其他责任者;标签:Contributor;定义:对资源的内容做出贡献的其他实体;注释:其他责任者的实例可包括个人、组织或某项服务。一般而言,用其他责任者的名称来标识这

---

① ISO 11179. Specification and Standardization of Data Elements. ftp://sdct-sunsrv. ncsl. gov/x318/11179/

② 张晓林主编. 元数据研究与应用. 北京图书馆出版社(今国家图书馆出版社), 2002

一条目。

元素 7:日期;标签:Date;定义:与资源生命周期中的一个事件相关的时间;注释:一般而言,日期应与资源的创建或可获得的日期相关。建议采用的日期格式应符合 ISO 8601[W3CDTF]规范,并使用 YYYY – MM – DD 的格式。

元素 8:类型;标签:Type;定义:资源内容的特征或类型;注释:资源类型包括描述资源内容的一般范畴、功能、种属或聚类层次的术语。建议采用来自于受控词表中的值[例如 DCMI 类型表(DCMITYPE,http://dublincore.org/documents/dcmi-type-vocabulary/)]。要描述资源的物理或数字化表现形式,请使用格式(Format)元素。

元素 9:格式;标签:Format;定义:资源的物理或数字化表现形式;注释:一般而言,格式可以包括资源的媒体类型或资源的篇幅,格式元素可以用来决定展示或操作资源所需的软硬件或其他相应设备。例如资源的篇幅包括资源所占的存储空间或持续时间。建议采用来自于受控词表中的值[例如互联网媒体类型(MIME,http://www.iana.org/assignments/media-types/)定义的计算机媒体格式]。

元素 10:标识符;标签:Identifier;定义:在特定的范围内给予资源的一个明确的标识;注释:建议对资源的标识采用符合某一正式标识体系的字符串及数字组合。正式标识体系的实例包括统一资源标识符(URI,包括统一资源定位符 URL)、数字对象标识符(DOI)和国际标准书号(ISBN)等。

元素 11:来源;标签:Source;定义:对当前资源来源的参照;注释:当前资源可能部分或全部源自来源元素所标识的资源,建议对这一资源的标识采用一个符合规范标识系统的字串或数字组合。

元素 12:语种;标签:Language;定义:描述资源知识内容的语种;注释:建议本元素的值采用 RFC 3066(RFC3066,http://www.ietf.org/rfc/rfc3066.txt),该标准与 ISO 639(ISO639,http://www.loc.gov/standards/iso639-2/langhome.html)一起定义了由两个或三个英文字母组成的主标签和可选的子标签来标识语种。例如用"en"或"eng"来表示英语,用"akk"来表示阿卡德语,用"en-GB"来表示英国英语。

元素 13:关联;标签:Relation;定义:对相关资源的参照;注释:建议最好使用符合规范标识体系的字符串或数字来标识所要参照的资源。

元素 14:覆盖范围;标签:Coverage;定义:资源内容所涉及的外延或范围;注释:覆盖范围一般包括空间位置(一个地名或地理坐标)、时间区间(一个时间标识、日期或一个日期范围)或行政辖区的范围(比如指定的一个行政实体)。推荐覆盖范围最好是取自于一个受控词表[例如地理名称叙词表(TGN,http://www.getty.edu/research/conducting_research/vocabularies/tgn/index.html)],并应尽可能地使用由数字表示的坐标或日期区间来描述地名与时间段。

元素 15:权限;标签:Rights;定义:有关资源本身所有的或被赋予的权限信息;注释:一般而言,权限元素应包括一个对资源的权限声明,或是对提供这一信息的服务的参照。权限一般包括知识产权(IPR)、版权或其他各种各样的产权。如果没有权限元素的标注,不可以对与资源相关的上述或其他权利的情况做出任何假定。

需要指出的是,《DCMI 元数据术语》除对以上 DC 元数据标准 15 个元素做了定义外,另外还对 DC 元数据标准之外的 audience(适用对象)、accrualMethod(增长方法)、accrualPeriodicity（增长频率）、accrualPolicy（增长政策）、instructionalMethod（教育方法）、provenance（起源）和 rightsHolder（权限所有者）等元素做了定义。[①] 限于篇幅，本节不予介绍。

三、DC 元数据标准的语义结构

以上 15 个 DC 元素，若从目录角度可以将其划分成以下两大类：一类是描述性元素（即这些元素的内容一般使用自然语言来描述，很少以其作为检索点，它们是 Description、Type、Format、Source、Relation 和 Rights），一类是检索性元素（即这些元素的属性值一般可以作为检索点，它们是 Title、Creator、Subject、Publisher、Contributor、Date、Identifier、Language 和 Coverage）；[②]

以上 15 个 DC 元素，若从内涵角度可以将其划分成以下三大类：一类是内容描述元素（如 Title、Subject、Description、Source、Language、Relation 和 Coverage），一类是知识产权元素（如 Creator、Publisher、Contributor 和 Rights），一类是外形描述元素（如 Date、Type、Format 和 Identifier）；[③]

以上 15 个 DC 元素，若从功能角度可以将其划分成以下四大类：一类是查找元素（如 Title、Creator、Subject 和 Contributor 等），一类是识别元素（如 Date、Type、Format 和 Identifier 等），一类是选择元素（如 Description 等），一类是获取元素（如 Identifier 等）。[④]

由于从内涵的角度来划分 DC 的 15 个元素在学界占主导地位，下面对其三类元素中的每个元素所用的细化元素和编码体系逐一做论述（也按名称、标签、定义、注释和/或参见顺序）。

（一）内容描述元素

DC 内容描述元素，如前所述，包括 Title、Subject、Description、Source、Language、Relation 和 Coverage。

1. Title

DC 内容描述元素中的 Title 元素不用任何编码体系，唯一一个细化元素是：

交替题名（标签：Alternative；定义：任何可替代正式题名的其他名称；注释：交替题名可以包括缩写的资源名称和翻译的资源名称）。

2. Subject

DC 内容描述元素中的 Subject 元素没有任何细化元素，所用的编码体系有：

LCSH（标签：LCSH；定义：美国国会图书馆标题表）；

MESH（标签：MeSH；定义：医学主题词表；参见：http://www. nlm. nih. gov/mesh/mesh-home. html）；

DDC（标签：DDC；定义：杜威十进分类法；参见：http://www. oclc. org/dewey/index. htm）；

LCC（标签：LCC；定义：美国国会图书馆分类法；参见：http://lcweb. loc. gov/catdir/cpso/lcco/lcco. html）；

①　DCMI Metadata Terms. http://dublincore. org/documents/2008/01/14/dcmi-terms/
②　陈源蒸. 中文图书自动编目系统应用 DC 元数据的几点思考. 图书馆学刊，2005（2）
③　吴建中. 战略思考：图书馆发展十大热门话题. 上海科学技术文献出版社，2002
④　史田华等. 信息组织与存储. 东南大学出版社，2003

UDC(标签:UDC;定义:国际十进分类法;参见:http://www.udcc.org/);

NLMC(标签:NLMC;定义:医学图书馆分类法;参见:http://www.nlm.nih.gov/class/)。

3. Description

DC 内容描述元素中的 Description 元素不用任何编码体系,其细化元素有:

目次(标签:Table Of Contents;定义:资源内容的子单元列表);

摘要(标签:Abstract;定义:资源内容的概要)。

4. Source

DC 内容描述元素中的 Source 元素没有任何细化元素,唯一使用的编码体系是:

URI(标签:URI;定义:URI 即统一资源标识符;参见:http://www.ietf.org/rfc/rfc2396.txt)。

5. Language

DC 内容描述元素中的 Language 元素没有任何细化元素,使用的编码体系有:

ISO639 - 2(标签:ISO 639 - 2;定义:语言名称的表示代码;参见:http://lcweb.loc.gov/standards/iso639-2/langhome.html);

RFC1766(标签:RFC 1766;定义:互联网 RFC 1766"表示语言的标签"明确规定,用取自 ISO 639 的两个字母代码后跟取自 ISO 3166 的两个字母的国家代码(可选)来代表语言;参见:http://www.ietf.org/rfc/rfc1766.txt);

RFC3066(标签:RFC 3066;定义:互联网 RFC 3066 即"语言表示的标签",这个标签前半部分由选自 ISO 639 - 1 的两个字母或取自 ISO 639 - 2 的三个字母组成,后半部分(可选)为取自 ISO 3166 的两个字母的国家代码或是到 IANA 注册的三字母以上的代码,ISO 639 中的语言代码,如有两个和三个字母的代码,则选两个字母的代码,当只有三个字母的代码时选取三个字母的代码;参见:http://www.ietf.org/rfc/rfc3066.txt)。

6. Relation

DC 内容描述元素中的 Relation 元素的编码体系只有一个,即:

URI(标签:URI;定义:URI 即统一资源标识符;参见:http://www.ietf.org/rfc/rfc2396.txt)。

Relation 元素的细化元素有 13 个,即:

版本继承(标签:Is Version Of;定义:所描述的资源是被参照资源的译本、修订本或改编本,版本的变化意味着是内容而不是格式有了实质的改变);

版本关联(标签:Has Version;定义:所描述的资源有译本、修改本或改编本等,也就是被参照的资源);

被替代(标签:Is Replaced By;定义:所描述的资源已被参照的资源所代替、替换或取代);

替代(标签:Replaces;定义:所描述的资源代替、替换或取代了被参照的资源);

被需求(标签:Is Required By;定义:所描述的资源对于被参照资源而言在逻辑上或在物理上是必不可少的);

需求(标签:Requires;定义:所描述的资源需要被参照资源支持其功能、传递或在内容上保持一致);

部分于(标签:Is Part Of;定义:所描述的资源是被参照资源在物理上或在逻辑上的一个

组成部分);

部分为(标签:Has Part;定义:所描述的资源在物理上或在逻辑上包含被参照的资源);

被参照(标签:Is Referenced By;定义:被参照的资源参考、引用或以另外的方式指引所描述的资源);

参照(标签:References;定义:所描述的资源参考、引用或以其他方式指引了被参照资源);

格式转换于(标签:Is Format Of;定义:所描述的资源与被参照的资源有相同的知识内容,但用另一种格式表现出来);

格式转换为(标签:Has Format;定义:所描述的资源在被参照的资源之前出现,参照资源在实质上与所描述资源有着相同的知识内容,只是格式不同);

遵循(标签:Conforms To;定义:对资源所遵循的已有标准的参照)。

7. Coverage

DC 内容描述元素中的 Coverage 元素的细化元素有:

空间(标签:Spatial;定义:所描述资源知识内容的空间特征);

时间(标签:Temporal;定义:所描述资源知识内容的时间特征);

其中,Spatial 细化元素的编码体系使用如下:

Point(标签:DCMI Point;定义:DCMI Point 利用地理坐标来识别空间中的一个点;参见:http://dublincore. org/documents/dcmi-point/);

ISO 3166(标签:ISO 3166;定义:ISO 3166 代码表示国家名称;参见:http://www. din. de/gremien/nas/nabd/iso3166ma/codlstp1/index. html);

Box(标签:DCMI Box;定义:DCMI Box 表示一个地理区域范围;参见:http://dublin-core. org/documents/dcmi-box/);

TGN(标签:TGN;定义:Getty 地理名称叙词表;参见:http://www. getty. edu/research/tools/vocabulary/tgn/index. html)。

而 Temporal 细化元素的编码体系使用如下:

Period(标签:DCMI Period;定义:对时间区间表示的规定;参见:http://dublincore. org/documents/dcmi-period/);

W3C - DTF(标签:W3C - DTF;定义:W3C 的一个基于 ISO 8601 的、对日期和时间的编码规则的应用;参见:http://www. w3. org/TR/NOTE-datetime)。

含有这些细化元素和/或编码体系的 DC 内容描述元素的语义结构形式如下:

表 4 -1　DC 内容描述元素的语义结构形式

元素	细化元素	编码体系
Title	Alternative	
Subject		LCSH / MESH / DDC / LCC / UDC / NLMC
Description	Table Of Contents / Abstract	
Source		URI

续表

元素	细化元素	编码体系
Language		ISO 639 − 2 / RFC 1766 / RFC 3066
Relation	Is Version Of / Has Version / Is Rep-laced By / Replaces / Is Required By / Requires / Is Part Of / Has Part / Is Referenced By / References / Is For-mat Of / Has Format / Conforms To	URI
Coverage	Spatial / Temporal	Point / ISO 3166 / Box / TGN Period / W3CDTF

(二)知识产权元素

如前所述,DC 知识产权元素包括 Creator、Publisher、Contributor 和 Rights。

1. Creator、Publisher、Contributor

DC 知识产权元素中的 Creator、Publisher 和 Contributor 元素没有任何细化元素,也不使用任何编码体系。

2. Rights

DC 知识产权元素中的 Rights 元素不使用任何编码体系,其细化元素有:

访问权限(标签:Access Rights;定义:关于谁能访问资源的信息,或者是对资源密级状态的说明;注释:访问权限包括基于隐私、安全或其他规则才能对资源进行访问的信息);

特许(标签:License;定义:一种经官方允许利用资源的法定文件;注释:建议最好用一个 URI 来标识特许。这样的特许例子在 http://creativecommons. org/licenses/可以找到)。

含有这些细化元素的 DC 知识产权元素的语义结构形式如下:

表 4 − 2　DC 知识产权元素的语义结构形式

元素	细化元素	编码体系
Creator		
Publisher		
Contributor		
Rights	Access Rights / License	

(三)外形描述元素

如前所述,DC 外形描述元素包括 Date、Type、Format 和 Identifier。

1. Date

DC 外形描述元素中的 Date 元素的细化元素有:

创建日期(标签:Created;定义:资源创建的日期);

生效日期[标签:Valid;定义:资源生效日期(通常是一个时间区间)];

可获得日期[标签:Available;定义:资源将在这段时间内可以获得或曾经可以获得(通常是一个时间区间)];

发布日期[标签:Issued;定义:资源正式发布(例如出版)的日期];

修改日期(标签:Modified;定义:资源被修改的日期);

接受日期[标签:Date Accepted;定义:接受资源(例如大学院系收到的论文、期刊收到的文章等)的日期];

版权日期(标签:Date Copyrighted;定义:版权声明的日期);

递交日期[标签:Date Submitted;定义:资源(文章和论文等)递交的日期]。

Date 元素的编码体系用:

Period(标签:DCMI Period;定义:对时间区间表示的规定;参见:http://dublincore. org/documents/dcmi-period/);

W3C－DTF(标签:W3C－DTF;定义:W3C 的一个基于 ISO 8601 的、对日期和时间的编码规则的应用;参见:http://www. w3. org/TR/NOTE-datetime)。

2. Type

DC 外形描述元素中的 Type 元素没有任何细化元素,唯一使用的编码体系是:

DCMIType[标签:DCMI Type Vocabulary;定义:用来对资源内容的属性和种类进行分类的类型列表(有关 DCMIType,见本书第一章)]。

3. Format

DC 外形描述元素中的 Format 元素的细化元素有:

篇幅(标签:Extent;定义:资源的大小或持续时间);

媒体(标签:Medium;定义:资源的物质载体或组成材料)。

Format 元素的编码体系只用一个,即:

IMT(标签:IMT;定义:资源的互联网媒体类型;参见:http://www. isi. edu/in-notes/iana/assignments/media-types/media-types)。

4. Identifier

DC 外形描述元素中的 Identifier 元素只有一个细化元素,即:

文献引用(标签:Bibliographic Citation;定义:对资源以参考文献的形式加以引用;注释:不论引文的格式是否标准,都建议尽可能地包括足够的书目细节以使对资源的标识更为清晰、不至于引起混淆)。

Identifier 元素也只用一个编码体系,即:

URI(标签:URI;定义:URI 即统一资源标识符;参见:http://www. ietf. org/rfc/rfc2396. txt)。

含有这些细化元素和/或编码体系的 DC 外形描述元素的语义结构形式如下:

表 4－3　DC 外形描述元素的语义结构形式

元素	细化元素	编码体系
Date	Created / Valid / Available / Issued / Modified / Date Accepted / Date Copyrighted / Date Submitted	Period / W3C－DTF
Type		DCMITYPE
Format	Extent / Medium	IMT
Identifier	Bibliographic Citation	URI

第五章 网络资源的后端组织

网络资源的后端组织可采用 MARC 这样的传统元数据标准,但更多的是采用基于 DC 这样的现代元数据标准。据此,本章在网络资源后端组织概述的基础上,分别论述网络资源的 MARC 组织方法和增进型 DC"编目"所用的元数据方案,并对增进型 DC"编目"所涉及的元数据方案或标准的句法问题进行探讨。

第一节 网络资源后端组织概述

关于网络资源的后端组织,学界一直在进行探讨。如 AACR2 的第一编者、时任美国加州大学图书馆服务部主任的 Michael Gorman,曾在第十六届图书馆学学术研讨会上做过一个题为"元数据还是编目:一个两难的选择"报告。该报告的内容先后在该会的会议录以及 1999 年第 2 卷第 1 期的《互联网编目杂志》上发表与转载。[①]

Michael Gorman 认为,根据网络资源(《元数据还是编目:一个两难的选择》一文使用的是"远程存取的电子资源")本身的价值,其书目控制的方法有以下 4 个级次可供选择:

①完全根据国家和国际标准编制成完整的 MARC 记录(be cataloged fully in accordance with national and international standards resulting in full MARC records,以下简称"MARC 编目");②增进型 DC"编目"(receive enriched Dublin Core "cataloguing");③最低限度的 DC 记录(minimal Dublin Core records);④让搜索引擎做(be left to the mercies of search engines)。

一、MARC 编目与搜索引擎

据 Michael Gorman 估计,用 MARC 编目的网络资源数量极少,大约不会超过其总数的 1%—2% ,而用搜索引擎处理的网络资源数量占绝大多数。但是网络资源若用搜索引擎处理,其结果就如本书第四章第一节中所说的那样:检索结果众多,而且整个排列杂乱无章,使人无所适从。在搜索引擎 Alta Vista 上检索"Honduras"(洪都拉斯)以及加限定词"antiquities"(古代)的"Honduras"后,Michael Gorman 也在他所在的馆即美国加利福尼亚大学图书馆的联机目录中输入"Honduras",结果为一份按字顺排列的含有该主题词的清单,而且每个主题词后均含有该主题词所拥有的款目数(用圆括号括起)。然后他选择一个形式为"Honduras—Antiquities (7)"(洪都拉斯—古代(7 条款目))的主题词进行检索,结果是一份反映该主题词内容的简明款目表,其中一条款目的内容为:

Pottery of prehistoric Honduras : regional classification and analysis / Los Angeles : Institute of Archaeology, University of California, Los Angeles, 1993.

---

① Gorman M. Metadata or cataloguing? : A false choice. Journal of internet cataloging, 1999(1)

312 p. : ill. ; 28 cm.

Monograph（University of California, Los Angeles. Institute of Archaeology）; 35.

Subjects

> Indian pottery—Honduras.
>
> Indians of Central America—Honduras—Antiquities.
>
> Pottery, Prehistoric—Honduras—Analysis.
>
> Pottery, Prehistoric—Honduras—Classification.
>
> Honduras—Antiquities.
>
> CSUF STACK F1505. 3. P6 P68 1993

在这条款目上，我们不仅可以看到该资源的 ISBD 著录，而且也可看到附在其上的主题词和分类号，而所有这些都经过了具有编目条例和 MARC 等知识的人的处理。当然，使用同一主题词"Honduras—Antiquities"在加利福尼亚大学庞大的 MELVYL 联合目录里检索，其结果的款目数要多一些（记录为 50 条），但它们也按字顺排列，使人选择自如。

由此 Michael Gorman 得出结论：无论从逻辑上讲还是从经验上看，基于标准化和可控词表的网络资源 MARC 编目，其检索和排列比起那些基于全文、非控词表及词的计算的关键词检索来得更为可取。并且他建议：图书馆对网络资源的书目控制要在先期花钱，以让未来众多的用户能够快速找到其所需要的资源，并达到其满意的检准率和检全率，而不是像现在的互联网和 Web 那样，把钱花在错误百出的关键词检索上，并让众多的用户茫然而又无辜地消耗时间。

二、最低限度的 DC 记录和增进型 DC"编目"

使用 MARC 编目的网络资源虽然相对数不大，但其绝对数却大得惊人。因为据一些互联网专家的估计，一个万维网年（Web year）是 6 至 9 周。即万维网上 6 到 9 周所发生的变化数量，与在社会上一年内所发生的变化数量相当。如据美国微软公司 1999 年预测，网页内容将以每 12 个月翻一番的速度向前发展……10 年后的阅读材料 50% 将是电子读物。① "数字世界"2010 年预测，未来 10 年，全球数字信息总量又将是现在的 44 倍。② 所以，即使图书馆对这些资源的 1% 或 2% 进行 MARC 编目，也是不堪重负的。若另加上 MARC 的编目成本，更会使图书馆对网络资源采取 MARC 编目望而却步。为弥补搜索引擎"噪声"太大而 MARC 编目费力费钱的缺陷，Michael Gorman 在《元数据还是编目：一个两难的选择》一文中又提出另外两种网络资源的组织方式，即最低限度的 DC 记录和增进型 DC"编目"。

所谓最低限度的 DC 记录，即根据 DC 元数据标准中的 15 个核心元素来组织网络资源。通过分析，Michael Gorman 认为 DC 元数据标准中的 15 个核心元素其实就是 MARC 的一个子集（A sub-set of MARC），它们与 AACR2 中的术语定义及 MARC 字段的关系密切。

---

① 吴建中主编. DC 元数据. 上海科学技术文献出版社，2000
② 数字信息进入"泽它时代". 新民晚报，2010 – 05 – 06

表5-1 DC元素和AACR2定义及与MARC字段的关系

DC 元素	与 AACR2 定义及 MARC 字段的关系
Title	正题名的定义与 AACR2 同;MARC 用 245 字段
Creator	与 AACR2 的著者定义一致,仅少了文字"艺术内容";MARC 用 1-- 字段
Subject	主题的定义与主题词表/叙词表同;MARC 用 6-- 字段
Description	目次附注和摘要附注的定义与 AACR2 同;MARC 用 505 或 520 字段
Publisher	出版者的定义与 AACR2 同;MARC 用 260/#b 子字段
Contributor	附加款目的定义与 AACR2 同;MARC 用 7-- 字段
Date	出版日期的定义与 AACR2 同;MARC 用 260/#c 子字段
Type	MARC 用 008 定长字段的字符位 27 代码
Format	ISBD(ER)7.5 项;MARC 用 516 字段
Identifier	定义与 AACR2 同;ISBD(ER)7.5.2 节和第 8 项;MARC 用 02- 字段
Source	定义与 AACR2 同;MARC 用 76-至 78- 字段
Language	MARC 用 008 字段的字符位 35—37 代码
Relation	定义与 AACR2 同;MARC 用 76-至 78- 字段
Coverage	MARC 用 008 定长字段,及 033 和 043 字段
Rights	MARC 用 506 和 561 字段

虽然上表中的 15 个 DC 核心元素与 AACR2/ISBD(ER)及 MARC(确切地说是 MARC21)字段存在一定的关联,但它们也可不按 AACR2/ISBD(ER)的规范编制 MARC 记录,所以被称为最低限度的 DC 记录。为使这种最低限度的 DC 记录能够提升至编目层次,Michael Gorman 认为至少需对下列 DC 元素进行人工干预。

表5-2 DC元素及需人工干预的内容

DC 元素	人工干预内容
Title	根据编目条例(如根据 AACR2 的 1.1 条款)确定
Creator 或 Author	根据编目条例确定,包括著者/创建者的选择及其名称形式
Subject 或 Keywords	根据权威的主题词表和叙词表选用
Contributor	根据编目条例确定其选择及形式
Type	从标准资料标识表中选用一单词或一词组
Source	根据资源评估结果确定并以标准形式给出
Language	从 MARC 语种代码表中提取代码
Relation	根据资源评估结果确定并以标准方式给出
Coverage	从 MARC 地理区域和日期代码表中提取地名和时间代码

虽然上表中的 DC 元素的确定基于对资源的评估以及强调使用规范、可控的数据(即在编目质量上,后一种方式要高于前述最低限度的 DC 记录),但与前述 MARC 编目相比,这种规范和控制的程度有限,所以 Michael Gorman 将这种编目方式称为增进型 DC"编目"(注意:

"编目"一词在这里加了引号是因为与 MARC 编目相比,它是一种准编目)。另外本书认为,若在此基础上对网络资源再追加一些图书馆等文献/信息机构所需的元素,则更是一种增进型 DC"编目"。

最低限度的 DC 记录和增进型 DC"编目"均基于 DC 元数据标准,因此 Michael Gorman 将使用这种现代元数据编目的方式称为在费钱的 MARC 编目和无效的关键词检索之外的第三种编目方式。①

三、图书馆等文献/信息机构的选择

根据 Michael Gorman 的观点,图书馆等文献/信息机构对那些值得长期保存的网络资源应采用 MARC 编目和/或增进型 DC"编目";至于搜索引擎的方法和最低限度的 DC 记录,图书馆等文献/信息机构可以不做考虑。

本书认为,Michael Gorman 的上述观点主要基于:①既然有些网络资源值得长期保存,那么它们就应该像实体资源那样受到规范的书目控制,尽管增进型 DC"编目"和 MARC 编目在规范程度上存在差异;②网站目录(如 Yahoo! 等)以及 Alta Vista、Google 等搜索引擎,是数以亿计的按倒排索引结构组织起来的网页的全文索引,它们在标引主要由图像、音频和视频组成的网页方面能力有限,对于其他类型的非文本资源如 PDF 或 Postscript(Google 除外)、Flash、Shockwave、Executables、压缩文件(如 .zip、.tar 等文件)也还存在严重缺陷;③最低限度的 DC 记录,由于其规范程度较低,主要供非图书馆员或没有受过编目学训练的人使用,即为资源提供者(如创作者或出版者)自行编制元数据提供可能与方便。其实如前所述,DC 元数据标准一开始就是针对互联网资源内容的提供者而设计的,只是后来才引起正规资源描述界,如图书馆、博物馆、政府部门和商业组织的广泛关注。②

基于 Michael Gorman 的上述观点,本书认为对值得长期保存的网络资源(是否值得长期保存,需要经过选择和评估)的图书馆式编目,一是采用 MARC 编目,二是采用增进型 DC"编目"。但在具体论述这两种图书馆式编目方法之前,还需明确网络资源后端组织的编目单位问题。根据肖珑、赵亮的观点,网络资源的编目单位可以是:①网站;②网站中的一个频道或栏目;③具体的网页;④具体的文件;⑤其他可在网上公开访问并具有网络标识(包括 URL、URI、DOI、PUPL 等)的资源,以及需要浏览器特定插件或其他程序支持方可显示的资源。③

第二节　网络资源的 MARC 编目

从第三章的论述可以看出,现行的 MARC 主要用于实体资源的后端组织,而将 MARC 用于网络资源的后端组织,则将网络资源的组织层次提升至规范、受控的编目层次。

①　Gorman M. Cataloguing in an electronic age. Cataloging and Classification Quarterly, 36(3/4)

②　王松林. 电子资源的书目控制: Michael Gorman 电子资源书目控制观评述. 中国索引, 2004(2)

③　肖珑, 赵亮主编. 中文元数据概论与实例. 北京图书馆出版社(今国家图书馆出版社), 2007

一、网络资源的 MARC 编目探讨

MARC21 书目数据格式的前身 USMARC 是世界上问世最早的 MARC 格式,同时也是世界上最早探讨对网络资源进行编目的 MARC 格式。用 MARC 对网络资源进行编目,不能不提以下两个机构,即 LC(美国国会图书馆)和 OCLC(美国计算机联机图书馆中心)。①

早在 1991 年 5 月 1 日,由 LC 提交的 49 号讨论件(Discussion Paper No. 49)就已提出以 USMARC 为主要架构来制定能囊括网络资源编目在内的相关字段。此举不仅使 USMARC 能对既有的各类实体资源进行编目,而且也能针对网络资源进行组织。随后的几年,LC 和 OCLC 对其 USMARC 格式不断地进行局部的修改,以适应网络资源组织不断发展的需要。

同在 1991 年,OCLC 也对网络资源着手调研,并对其形式和本质取得了进一步的认识。与此同时,OCLC 还对 MARC 和 AACR2 能否适用于网络资源的组织进行了一项实验,即将随机收集到的 300 份互联网资源样例,分 30 组分发给世界各地 30 名具有计算机编目经验的人进行组织。需要强调的是,该项实验并不追究这些互联网资源是否需要组织,而只探求这些互联网资源能否被组织。实验结果显示:①除了少数例外,MARC 和 AACR2 能够适应互联网资源的组织需要;②对互联网资源进行组织,需要一种将书目记录与受编互联网资源链接起来的方法;③尽管这些编目员熟悉计算机编目,但仍需要配备一些与互联网资源组织相关的资料。上述实验,第一个结果使 OCLC 坚定了进一步推进互联网资源组织的信心;第三个结果促使 OCLC 后来出版了《互联网资源编目手册和实践指南》(Cataloging Internet Resources: a Manual and Practical Guide)及其他参考资料;而第二个结果则使实验人员(包括前述 LC 相关人员)提出了在 USMARC 书目格式中新增一个用于录入互联网资源存取位置的 856 电子资源地址与检索(Electronic Location and Access)字段。之后,856 字段不仅出现在其他类型的 USMARC 格式中,也被包括 UNIMARC 在内的许多 MARC 格式所引进。

由于实现了将书目记录与被组织的互联网资源链接起来的技术,OCLC 在上述实验之后还开展了一系列建库工作,其中包括 InterCat、NetFirst 以及后来成为 Connexion 一个组成部分的 CORC(Cooperative Online Resource Catalog)。InterCat 由于是在 WorldCat 中研究如何对网络资源进行组织,所以所有记录都用 USMARC 格式,并在记录中添加 856 字段。NetFirst 是经由 OCLC FirstSearsh 或 OCLC Cataloging Service 可查询到的网络资源数据库,它由 OCLC 摘出网页摘要和索引,并配有 LC 的标题词和杜威十进分类号。而 CORC 则是在线资源联合目录,由于它与 InterCat 存在许多相似之处,所以又被称为 InterCat2。但当时的 CORC 较之 InterCat 具有以下特点:①除用 MARC 格式外还可使用 DC 元数据组织;②除用 HTML 外也可使用 XML 作为其句法结构;③强调合作编目、资源共享。

综上所述,MARC 格式不仅可以用于实体资源编目,而且还可用于网络资源组织;既能将网络资源的组织结果单独构成与一般书目数据库并行的书目数据库,也能将网络资源的组织结果融合到一般书目数据库中。在后一种情况下,用户通过 OPAC 不仅能够检索实体资源,而且能够检索与之相关的网络资源。如有后台技术支持,用户还能通过 MARC 记录中的 856 字段直接存取网络资源。

---

① 王松林. 网络资源的特点与 MARC 编目方法新探. 图书馆学刊, 2003(5)

二、网络资源的 CNMARC 编目方法

网络资源 MARC 编目涉及 MARC 格式的记录头标区、数据字段区及其 856 字段。受篇幅所限，本节只论述 CNMARC 书目格式这三方面的内容。①

（一）记录头标区的录入

网络资源若用 CNMARC 书目格式录入，其记录头标区的 06 字符位的值应赋"l"（电子资源）。

（二）数据字段区的录入

CNMARC 书目格式头标区 06 字符位的值赋"l"后，其 135 字段 $a/00 字符位的电子资源类型代码设置需用以下一种代码标示计算机文档的类型（type of computer file）：

a ＝ 数字文件（Numeric Data）；

b ＝ 计算机程序（Computer Program）；

c ＝ 图示信息（Representational，原用 Graphic）；

d ＝ 文本文件（Document，原用 Text）；

e ＝ 书目数据（Bibliographic data）；

f ＝ 字形数据（Font）；

g ＝ 游戏（Game）；

h ＝ 声音（Sound）；

i ＝ 交互式多媒体（Interactive Multimedia）；

j ＝ 联机系统或服务（Online System or Service）；

v ＝ 多类型组合（Combination）；

u ＝ 不详（Unknow）；

z ＝ 其他（Other）；

l ＝ 不选用（No Attempt to Code）。

首先，在用代码标示了电子资源的类型后，上述 135 字段还应在其 $a/01—12 字符位使用代码标示电子资源的特定资料标识（Specific Material Designation，字符位 01，有 11 种代码可供选择）、色别（Color，字符位 02，有 8 种代码可供选择）、尺寸（Dimensions，字符位 03，有 10 种代码可供选择）、声音（Sound，字符位 04，有 3 种代码可供选择）、图像位深度（Image Bit Depth，字符位 05—07，用 3 位数字或字符代码表示）、文件格式数量（File Formats，字符位 08，有 3 种代码可供选择）、质量保证指标［Quality Assurance Target(s)，字符位 09，有 4 种代码可供选择］、先前的/来源（Antecedent/Source，字符位 10，有 7 种代码可供选择）、压缩级别（Level of Compression，字符位 11，有 5 种代码可供选择）和重定格式质量（Reformatting Quality，字符位 12，有 5 种代码可供选择）。

其次，网络资源若具有实体资源一样的特征，则使用 CNMARC 书目格式实体资源相应使用的著录项目字段。例如网络资源的题名与责任说明项、版本项、出版发行项、丛编项和附注项也使用 CNMARC 书目格式的 200、205、210、225 和 3-- 字段。针对网络资源使用著录项目字段时需要注意：①网络资源经常发生修改或更改，且大多并不注明修改或更改的次数和时间，在此情况下一般可省略录入版本项字段。②受编网络资源若属测绘制图资料或乐

---

① 国家图书馆编．新版中国机读目录格式使用手册．北京图书馆出版社（今国家图书馆出版社），2004

谱,则使用 CNMARC 书目格式相应的 206 或 208 字段录入其数学数据或印刷乐谱的特别说明。同理,受编网络资源若属连续出版物,可再使用 207 字段录入其卷、期、年、月或其他标识。③网络资源的载体形态项,根据 ISBD(ER)的总体规定无需录入。但据 ISBD(ER)7.5.3 条款,如果网络资源的某些物理细节(如色彩、声音等)容易获得并被认为重要,应予录入。此时,CNMARC 书目格式可采用相应的 3--字段。

最后,利用 CNMARC 书目格式对网络资源进行组织还需注意以下两个 3--字段:①336字段。该字段可重复,其指示符 1 和指示符 2 均未定义,唯一一个 $a(附注内容)子字段用于录入电子资源的类型特征。即前述 135 字段 $a/00 字符位的电子资源类型代码若用文字方式予以说明,则应使用 CNMARC 书目格式的 336 字段录入。②337 字段。该字段可重复,其指示符 1 和指示符 2 均未定义,唯一一个 $a(附注内容)子字段除了可以用于录入电子资源的检索模式外,还可用于录入软件的编程语言、源程序语句数、对计算机的要求以及对外围设备的要求等附注。

(三)856 字段的录入

如果说前述大部分字段既可用于网络资源的组织、也可用于一般计算机文档的编目,那么下面的 856 字段则主要用于网络资源的组织。即当电子资源或其子集可以通过电子方式获取时,可在记录中使用 856 字段录入该电子资源的定位与检索所需的有关信息。CNMARC 书目格式的 856 字段可选、可重复。其指示符 2 未定义,指示符 1 定义为检索方法(Access Method),具体赋值如下:

\# = 未提供信息;

0 = 电子邮件(Email);

1 = 文件传输协议(FTP);

2 = 远程登录[Remote Login(Telnet)];

3 = 拨号入网(Dial-up);

4 = 超文本传输协议(HTTP);

7 = 在 $y 子字段说明检索方法。

CNMARC 书目格式的 856 字段设有以下子字段,即:

$a 主机名称(可重复);

$b 检索号码(即主机访问号,可重复);

$c 压缩信息(可重复);

$d 路径(可重复);

$e 咨询与检索的日期和时间(不可重复);

$f 电子文件名(可重复);

$h 请求处理者名(即用户名,不可重复);

$i 指令(可重复);

$j 比特/秒(不可重复);

$k 口令(不可重复);

$l 登录/注册(不可重复);

$m 辅助检索的联系信息(可重复);

$n 记录在 $a 的主机地址名(不可重复);

$o 操作系统(不可重复);

$p 端口(不可重复);

$q 电子文件格式类型(不可重复);

$r 设置(不可重复);

$s 文件数据量(可重复);

$t 终端仿真(可重复);

$u 统一资源标识(不可重复);

$v 有效检索时间(可重复);

$w 记录控制号(可重复);

$x 非公开注释(可重复);

$y 检索方法(不可重复);

$z 公开注释(可重复);

$2 链接文本(可重复)。

其中,$u 子字段在 CNMARC 书目格式的 856 字段中最为重要。一是因为它是链接网络资源的重要途径,二是因为它可替代其他子字段($n 和 $z 子字段除外)。当然,$u 子字段也可与其他子字段一起在 856 字段中使用。

其次,856 字段中的上述子字段的选用也与 856 字段指示符 1 的赋值密切相关。如当 856 字段的指示符 1 赋"0"(电子邮件)且 URL 地址不记录在 $u 子字段中时,一般使用 $a 和 $f 子字段,可能使用的子字段有 $b、$h、$i、$m、$n、$s、$x 和 $z 等。例:

856 0#$akentvm. bitnet$facadlist file1$facadlist file2$facadlist file3

856 0#$akentvm. bitnet$facadlist file 1$s34,989 bytes$facadlist file 2$s32,876 bytes$facadlist file 3$s23,987 bytes

当 856 字段的指示符 1 赋"1"(文件传输协议)且 URL 地址不记录在 $u 子字段中时,一般使用 $a、$d 和 $f 子字段,可能使用的子字段有 $b、$c、$i、$k、$l、$m、$n、$o、$p、$q、$s 和 $x 等。例:

856 1#$uftp://uiarchive. cso. uiuc. edu/pub/etext/gutenberg/etext92/oedip10. txt

856 1#$zFTP access to PostScript version includes groups of article files with . pdf extension $aftp. cdc. gov$d/pub/EIS/vol * no * /adobe $f * . pdf$lanonymous$qapplication/pdf

当 856 字段的指示符 1 赋"2"(远程登录)且 URL 地址不记录在 $u 子字段中时,一般使用 $a 子字段,可能使用的子字段有 $b、$k、$l、$m、$n、$o、$p、$t、$x 和 $z 等。例:

856 2#$utelnet://maine. maine. edu$nUniversity of Maine$t3270

856 2#$amadlab. sprl. umich. edu$nUniversity of Michigan Weather Underground$p3000

当 856 字段的指示符 1 赋"3"(拨号入网)且 URL 地址不记录在 $u 子字段中时,可能使用的子字段有 $a、$b、$j、$l、$m、$n、$o、$t、$v 和 $z 等。例:

856 3#$alocis. loc. gov$b140. 147. 254. 3$mlconline@ loc. gov $t3270 $tline mode (e. g. , vt100) $vM-F06:00-21:30 USA EST, Sat. 08:30-17:00 USA EST, Sun. 13:00-17:00 USA EST

856 3#$b1-202-7072316$j2400-9600$nLibrary of Congtess, Washington, DC$oUNIX$rE-7 -1 $tvt100$zRequires logon and password

当856字段的指示符1赋"4"(超文本传输协议)时,一般使用$u子字段,可能使用的子字段有$q、$y和$z等。例:

856 4#$uhttp://www.jstor.org/journals/0277903x.html

856 4#$uhttp://webrum.uni-mannheim.de/rz/nerz/config/1web/1netz/1fyi/9fyi0.htm

当856字段的指示符1赋"7"(在$y子字段说明检索方法)时,一般使用$u、$2或$y子字段。根据$2或$y子字段中定义的检索方法的不同(可能使用的检索方法主要有go-pher、news、nntp、wais、file和prospero等),任何子字段都有可能被用到。例:

856 7#$ugopher://marval.loc.gov/11/services/libinforg/nac28$2gopher

856 7#$3b&w film neg. $ddag$f3d01926$2file

最后再次强调,动态性和不稳定性是网络资源有别于实体资源的一大特点,所以需对856字段经常进行维护,以确保其定位的准确和及时,尤其当网络资源所在的主机地址发生变化、域名服务器出现故障、网络数据库停订等情况出现时。

三、与网络资源 MARC 编目相关的问题

如前所述,将现行 MARC 用于网络资源的组织管理,是将网络资源的组织层次提升至规范、受控的编目层次。网络资源使用 MARC 编目与基于 DC 的现代元数据组织的区别在于:①MARC 所提供的是级别最为详细的描述信息,而基于 DC 的现代元数据所提供的则是级别最为基本的描述信息。即 MARC 具有结构化、有序化、精确性等特点,是网络资源书目控制的有效工具,缺点是太复杂,需要经过专业培训才能创建记录;而基于 DC 的现代元数据的建立则相对比较容易,不要求特定的专业技术,缺点是精确性不足。因此从严格意义上讲,编目产生元数据,但狭义上的元数据并不等于编目,也是 Michael Gorman 将增进型 DC"编目"加引号的原因。②MARC 提供的编目数据,其可靠性要高于基于 DC 的现代元数据,因为基于 DC 的现代元数据没有建立规则和过程来控制其数据元素的内容,元素集明显简单且元素多为可选,而 MARC 编目则对原始数据进行增值处理,编目数据可用现代元数据不能实现的方式进行优化,特别是它可以使用受控词表以及规范控制来增强用户发现资源的能力,以及运用抄录原则和版本概念来提高用户识别和选择所需资源的能力。③由于绝大多数现代元数据没有提供足够的信息用以区别相似的资源或不同版本的同一资源,所以现代元数据虽然在专门针对其用途而设计的系统中使用效率最高,但在图书馆目录系统中的使用效率并非最高。尽管各种现代元数据的记录可在传输语法(即外在格式)层上与 MARC 记录进行相互转换[这种转换又被称为映射(Mapping 或 Cross-walk)],但是格式间的转换只能解决其表层问题,而且很难做到完全对应。

综上所述,网络资源的 MARC 编目与现代元数据组织,其功能是相同的,只是它们的专指性和复杂性不同而已。因此我们认为,问题的关键不是谁替代谁,而是哪些网络资源应用 MARC 来揭示,哪些网络资源应用现代元数据来描述。可以肯定地讲,MARC 将会与现代元数据或其他新的数据标准共存,并将随着实体资源和网络资源的发展而不断地修订下去,以在书目控制中继续发挥其作用。①②

---

① 王松林. 论图书馆电子资源的编目问题. 山东图书馆季刊, 2004(2)

② 朱萌. Michael Gorman 图书馆学新技术思想研究. 图书馆杂志, 2010(4)

（一）原生数字资源的 MARC 编目

对于原生数字资源的编目问题，虽然许多专家认为现代元数据和 MARC 这两种编目格式可以共用，但在编目格式到底如何选用上则有不同的看法。一种意见认为可按原生数字资源的重要性来确定使用何种编目格式，即 MARC 格式只用于互联网上那些重要的原生数字资源编目，因为采用 MARC 编目要伴随着一系列著录标准，必须由专业人员承担，投入的费用较高；而对互联网上其他大量的原生数字资源，则可使用现代元数据编目。还有一种意见不区分原生数字资源是否重要，而认为原生数字资源首先由没有编目知识的网络用户使用现代元数据标识，然后再由编目人员对之进行修改，并给予更精确的描述，以适应各专业的需要。其实，后一种意见只有在 Web2.0 的环境下才有可能实现，而要区分原生数字资源的重要性与否也不那么容易。但按 Michael Gorman 的观点，只有今后有可能成为实体资源（即值得长期保存）的那些原生数字资源才使用 MARC 编目。

过去美国图书馆界对原生数字资源一直使用标准的 MARC 格式编目，但后来 OCLC 已在其 CORC 项目中同时使用 USMARC 格式和 DC 元数据编目。而更多发达国家的图书馆也将原生数字资源进行 MARC 编目并融入其 OPAC，将数据库重组、次序化并建立各种导航系统，整合不同类型数据库并建立数据库之间的链接，研制多个数据库的联合查寻并实现跨库检索等，以力求全方位、多角度和深层次地揭示原生数字资源，为用户提供方便而有效的利用。① 这些做法，均值得我们认真研究和借鉴。

（二）文献数字化资源的 MARC 编目

图书馆的网络资源，多数根据实体资源扫描复制加工而成，因此其中就有一定的规律可循。最为关键的是，文献数字化资源制作时所依据的大部分实体资源，在 OPAC 中均已编制 MARC 书目记录。这为文献数字化资源的 MARC 编目提供了便利。②

当前，对文献数字化资源是将其与其相对应的实体资源合编为一条 MARC 书目记录，还是分别编制出两条各自独立的 MARC 书目记录的问题，还没一个统一的标准。归纳起来主要有以下两种方法：

（1）合成编目法。所谓合成编目法，就是在原实体资源 MARC 书目记录上加著有关该文献数字化资源的数据，如通过增加相应字段注明该实体资源有电子版、标示该实体资源电子版的统一资源地址（URL）等信息而不再为该文献数字化资源另编一条 MARC 书目记录。最初，合成编目法为 GPO（美国政府出版局）等机构所采用。

（2）复制编目法。所谓复制编目法，就是在套用原实体资源 MARC 书目记录的基础上，根据文献数字化资源的著录规则及 MARC 书目记录的规定修改并增加有关该文献数字化资源的数据，如修改记录类型代码，增加电子资源编码数据及其他有关字段、子字段数据内容和统一资源地址（URL）等信息，而重新编制出一条与实体资源 MARC 书目记录并行的书目记录。最初，复制编目法为 LC（美国国会图书馆）等机构所采用。

上述合成编目法的优点是编目成本较低，需要维护的 MARC 记录数较少，但因与其实体资源合用一条 MARC 记录，因此无法加著某些与文献数字化资源有关的数据和检索点，从而也不利于对文献数字化资源的检索。换言之，如果实体资源的 MARC 记录为其文献数字

① 崔宇红，刘涛. 图书馆数字资源与 OPAC 系统的整合. 图书馆杂志，2003(1)
② 沈芸芸，张广钦. 网络型电子期刊编目原则探讨. 大学图书馆学报，2003(3)

化资源提供了足够多的检索途径,不管二者有何不同,都可考虑使用合成编目法。具体而言:①如果文献数字化资源含有足够的全文并成为其实体资源的替代品,且没有添加其他重要的内容,即文献数字化资源与实体资源的内容完全一致,则可以采用合成编目法。②如果文献数字化资源缺乏全文或只是从实体资源中选择部分全文,那么对其重新编目的意义不大,只需采用合成编目法在其实体资源的书目记录上加著有关电子地址等信息即可。

上述复制编目法的优点是可以用模板化的方式大批并快速地编制文献数字化资源的MARC记录,能将文献数字化资源的信息予以充分揭示,有利于检索浏览,而且在资源不再拥有的情况下也便于记录的删除(可以借助合适的代码)或移植,可用性更好,但不足之处是要占用更多的服务器系统资源。具体而言:①如果文献数字化资源的内容远比其实体资源丰富,且许多内容在实体资源中没有,虽然此时可用上述合成编目法对其进行编目,但最好选择复制编目法。②如果文献数字化资源在载体形态、出版发行、组织形式及存放地点等方面均有不同,而且其出版发行也比较复杂和多样,那么应当而且最好选择复制编目法。

(三)网络资源 MARC 编目的其他问题

为了有利于用户检索、阅读和利用网络资源,以及遵循 DC 元数据的"一对一"原则,本书倾向图书馆等文献/信息机构应统一使用复制编目法对所有文献数字化资源进行 MARC编目。其实就连《ISBD统一版》也对原来"以多种格式发行的资源"著录进行了修改,即如果资源以不同类型的物理载体发行,或以不同的输出媒介发行,每一种不同的物理载体或不同的媒介应著录在不同的书目记录中。① 然而,各馆所拥有的此类网络资源数量庞大,要靠人工逐一编目势必需要耗费大量的人力和时间。因此,为了减轻广大编目员的工作量、加快网络资源的编目速度以及早日实现图书馆网络资源的共建共享,应集中有关力量专门研制开发文献数字化资源自动编目软件,并通过自动化的手段对各馆的此类网络资源进行 MARC编目。② 其实,不用说文献数字化资源,就是原生数字资源也可通过编制软件的方式进行MARC 的自动编目。如在美国情报市场上就曾有过一种售价约 50 美元、可安装在图书馆浏览器上的互联网资源 MARC 编目软件——MARCit。当编目员要将某一网站信息添加到本馆的目录中时,只需简单地按一下 MARCit 图标、输入一些编目信息并存盘,MARCit 便会由浏览器抓取该站点的标题、URL 及其他数据,并自动在 OPAC 上建立一条 MARC 记录。此外,有些数据库提供商还向订户提供所购数据库收录的电子文献的 MARC 记录,并有 856 字段与数据库实现链接。这无疑可使图书馆等文献/信息机构以批处理的方式直接将现成的MARC 记录装入本馆的 OPAC。网络资源的 MARC 记录装入 OPAC 后,通过 856 字段的指引能直接进行访问。这种链接的实现在技术上也没障碍,即通过 Z39.50 等协议作为后台支持,不仅引进的国外系统如 INNOPAC、Horizon、SIRSI 等有此功能,国内系统如以南京大学为主开发的"汇文文献信息服务系统"等也具有这种管理模块。

---

① ISBD 评估组推荐;国际图联编目组常设委员会通过;顾犇翻译. 国际标准书目著录(2011 年统一版). 国家图书馆出版社, 2012

② 邵晶, 许文华, 郑庆华. 对我国高校图书馆引进电子资源后续问题的思考及建议. 大学图书馆学报, 2003(3)

目前,对网络资源进行整合已成为复合图书馆建设的重要一环。而对馆藏网络资源进行 MARC 编目,将其 MARC 记录融入 OPAC,把馆藏网络资源纳入目录控制,则可改变数据库中网络资源游离于馆藏目录控制之外的状态,使其与实体馆藏融为一体并通过 OPAC 实现揭示完整馆藏的目的。即在复合图书馆中,图书馆的馆藏记录应该涵盖实体资源和网络资源(即网络资源经过编目加工后成为一条馆藏信息),在 OPAC 检索界面下,用户只用一条检索命令便可同时检出实体资源和网络资源,并能通过网络资源的地址链接实现在线浏览。如果设计合理,用户在独立的数字资源检索界面中,也可方便地查询馆藏信息,帮助用户获取相关资源。因此,图书馆的 OPAC 系统与网络资源的整合,应包括从 OPAC 系统的馆藏记录到网络资源的链接和从网络资源检索系统到 OPAC 系统的链接这两个方面。

第三节 网络资源的增进型 DC"编目"

本节将 Michael Gorman 在 Cataloguing in an electronic age 一文中将网络资源后端组织所提出的第三种编目方式——增进型 DC"编目"所用的工具统称为元数据方案(Metadata Schemas)。元数据方案是为满足特定组织的需求而设计的元素集,[1]多指对元数据标准的具体应用和扩展。这类元数据方案,从国内外图书馆等文献/信息机构使用的情况看,比较典型的主要有《DC 图书馆应用纲要》和《中文元数据方案》。

一、《DC 图书馆应用纲要》

通过搜索引擎和 MARC 编目虽然可以解决相当大一部分的网络资源的组织和管理,但对介于具有永久保存价值和用搜索引擎处理之间的那部分网络资源,到底该如何进行组织和管理呢? 其实,就在图书馆界探索利用 MARC 对网络资源进行编目的同时,图书馆界内外也在积极探讨利用各种现代元数据的方法来对网络资源进行组织。

在众多的元数据项目中,DC 在图书情报界可以说是应用最广、影响最大的一个国际性项目。[2] 但即使有两家机构同属图书情报界(应用领域相同),均都使用 DC(采用的元数据标准相同),由于对 DC 元素的语义理解不同和不同的扩展机制,它们之间仍可能无法较好地进行数据交换。为此,DCMI 后以 DC 15 个元素为基础并根据不同领域制定各自的元数据应用纲要(application profiles)。[3] 源自 DCMI 内部的应用纲要,阐明什么命名域的什么元素可用于某一特定应用领域或项目,是一个包含一个或多个命名域中的多个数据元素的方案。截至目前,DCMI 先后开发的 DC 元数据应用纲要有:《DC-Ed 元数据》《DC 政府应用纲要》和《DC 图书馆应用纲要》(DC-Library Application Profile,以下简称 DC-Lib) 等。限于篇幅,本节仅对 DC-Lib 的发展及其主要内容进行论述。

---

① Taylor A G, Joudrey D N. The organization of information. 3rd ed. Libraries Unlimited, 2009

② 吴建中. 战略思考:图书馆十大热门话题. 上海科学技术文献出版社, 2002

③ 真溱. 矛盾重重的元数据世界(二). 图书情报工作, 2002(10)

（一）DC-Lib 的初期发展

2001 年 8 月 21 日，DCMI 图书馆工作组（DCMI-Libraries Working Group）与 IFLA 在美国马萨诸塞州的波士顿联合召开了一次正式会议。这次会议的主要议题就是关于 DC-Lib 草案的讨论。DC-Lib 意在阐明在图书馆及其相关应用或计划中如何使用 DC 元数据元素集，它由 DCMI 图书馆工作组下属的 DC-Lib 起草委员会负责起草。

DC-Lib 草案于 2001 年 8 月在 DCMI 网站上发布，①之后于 10 月 12 日进行了修订，②其修订稿在 2001 年 10 月 22—24 日东京举行的第九次 DC 会议的 DC 图书馆工作组会议上成为讨论的主要内容。③ 2002 年，DC-Lib 又进行了两次修订，日期分别为 2002 年 4 月 16 日④和 2002 年 9 月 24 日。⑤

（二）DC-Lib 的主要内容

经过屡次修订，DC-Lib 的内容逐渐趋于稳定。下面简单介绍一下 DC-Lib 2002 年 9 月 24 日版的主要内容。⑥

1. DC-Lib 的元素

作为一种元数据应用纲要，2002 年 9 月 24 日版的 DC-Lib 共由 18 个元素组成（见表 5 - 3）。

表 5 - 3   2002 年 9 月 24 日版 DC-Lib 的元素

元素名称	标签	元素名称	标签	元素名称	标签
题名	Title	日期	Date	关联	Relation
创建者	Creator	类型	Resource Type	覆盖范围	Coverage
其他责任者	Contributor	格式	Format	权限	Rights
出版者	Publisher	标识符	Identifier	适用对象	Audience
主题	Subject	来源	Source	版本	Edition
描述	Description	语种	Language	馆藏位置	Location

以上 18 个元素，除元素"适用对象"的命名域选自 http://purl. org/dc/terms/（即《DC 修饰词》），元素"版本"和元素"馆藏位置"的命名域选自 http://www. loc. gov/mods（即《用于<DC-Lib 应用纲要＞中的 MODS 元素》）外，前 15 个元素的命名域均选自 http://purl. org/dc/elements/1. 1/（即《DC 元数据元素集,1. 1 版》）。这说明 DC-Lib 主要基于 DC 和 MODS，

---

① Guenther R. DC-Library application profile：DC-Lib. http://dublincore. org/documents/2001/08/08/library-application-profile/

② Guenther R. DC-Library application profile：DC-Lib. http://dublincore. org/documents/2001/10/12/library-application-profile/

③ Report of the DCMI Libraries Working Group sessions at the DC 2001 conference in Tokyo, Japan. http://www. jiscmil. ac, uk/cgi-bin/wa/exe? A2 = ind0111&L = dc-libraries&D = 0&p = 58&F = P

④ Guenther R. DC-Library application profile：DC-Lib. http://dublincore. org/documents/2002/04/16/library-application-profile/

⑤ Guenther R. DC-Library application profile：DC-Lib. http://dublincore. org/documents/2002/09/24/library-application-profile/

⑥ 王松林. DC-Lib：我国数字图书馆元数据的首选. 中国图书馆学报，2004(1)

而 MODS(Metadata Object Description Schema,元数据对象描述模式)则是 LC 下属的网络发展与 MARC 标准办公室研制的一种针对书目记录元素集的 XML 模式(eXtensible Markup Language Schema)。[①]

为了加深对 2002 年 9 月 24 日版的 DC-Lib 的特点认识,下面重点对其"适用对象""版本"和"馆藏位置"这 3 个元素做些分析(前 15 个元素内容详见本书第四章第四节):

(1)适用对象元素在 DC-Lib 中被 DC 定义为:资源面向或对之有用的实体级别;被 DC 注释为:适用对象实体级别可由创建者或出版者或其他第三方确定。而 DC-Lib 对其注释为:2001 年 10 月 DCMI 使用委员会通过。未解决的问题是:需要评估哪些细化元素或编码体系适合 DC-Lib 使用;MARC 中的适用对象代码可做考虑。从以上增设适用对象元素的情况看,DC-Lib 除受 DC-Ed 影响外,也深受 MARC21 除连续出版物、测绘制图资料和混合性资料以外的 008 字段的字符位 22"读者对象",以及 UNIMARC 100 字段的字符位 17—19"读者对象"的影响,并且拟从 MARC 中抽取适用对象代码。

(2)如前所述,网络资源极易被修改或更改,而且一些网络资源并不注明修改或更改的次数和时间。受时效性及各种不确定因素的干扰和影响,有些网络资源还一直处于波动和无规律状态,其创制、更迭和消亡的情况一般难以预料。而 DC-Lib 有了版本元素就能详细说明特定作品的版本(version or edition),这对成功发现资源和判明资源异同,尤其是对频繁发生变化的资源往往十分关键和重要,但版本元素不用于不同物理格式意义上的版本(例如文本资源的 PDF 版);目前的版本元素在 MODS 中作为 < publicationInfo > 子元素使用;2002 年 5 月,DCMI 使用委员会已通过决议。

(3)网络资源编目的重点由拥有(ownership)转向存取(access)。而现在 DC-Lib 有了馆藏位置元素,就可用以标识藏有该资源或从其存取该资源的机构。对实体资源使用馆藏位置元素,可使用户在 URI 不适用(例如物理形式的文献不能以电子形式获取)时找到物理形式的文献,同时也便于在 URI 不能找到任何东西或仅能找到有限书目信息时进行检索;但在一个馆藏位置中若有更具体的识别内容(例如索取号、登录号),则可考虑使用标识符。

以上 DC-Lib 中的适用对象元素也被《我国数字图书馆标准规范专门数字对象元数据规范》中的《网络资源元数据规范》引用,而后者在 DC 15 个核心元素基础上增加的另一个元素则是资源评价元素。[②]

2. DC-Lib 的子元素

在以上 2002 年 9 月 24 日版的 DC-Lib 18 个元素中,题名、描述、日期、格式、关联和覆盖范围 6 个元素还有各自的子元素(SubProperty)。所谓子元素,在 2002 年 9 月 24 日版的 DC-Lib 中是指"来自被细化的 DCMES 中的元素,相当于'老的'DC 细化元素"。以上元素所含有的子元素有:

① The Library of Congress, Network Development and MARC Standards Office. Metadata Object Description Schema. http://www.loc.gov/standards/mods/

② 肖珑、赵亮主编. 中文元数据概论与实例. 北京图书馆出版社(今国家图书馆出版社),2007

表 5 – 4　2002 年 9 月 24 日版的 DC-Lib 元素所含的子元素

元素	子元素	元素	子元素
题名	交替题名(alternative)	关联	是……的另一格式(isFormatOf)
描述	文摘(abstract)		有格式(hasFormat)
	目次表(tableOfContents)		由……替代(isReplacedBy)
日期	创建日期(created)		替代(replaces)
	有效日期(valid)		是……的组成部分(isPartOf)
	获取日期(available)		有组成部分(hasPart)
	发行日期(issued)		需要(requires)
	修改日期(modified)		由……参照(isReferencedBy)
格式	篇幅(extent)		参照(references)
	媒体(medium)	覆盖范围	空间(spatial)
关联	是…另一版本(isVersionOf)		时间(temporal)

　　2002 年 9 月 24 日版的 DC-Lib 中的子元素的命名域均选自 http://purl. org/dc/terms/ (即《DC 修饰词》)。但与 DC 一般元素修饰词所不同的是,DC-Lib 的子元素可以直接使用, 而并非一定要与其所属的元素名称捆绑在一起,如 2002 年 9 月 24 日版的 DC-Lib 子元素 "交替题名"(alternative)和之前 DC-Lib 的题名元素修饰词"题名 ┃ 交替题名"(Title ┃ Alternative)。这样无疑将更方便网络资源编目员和/或提供者使用 DC-Lib。需要强调的是,2002 年 9 月 24 日版的 DC-Lib 中的子元素并非是新创建的,而全部都由之前 DC-Lib 中的修饰词 转换而来。这与 DC 所走的道路不同,DC 起先用的是"堪培拉修饰词"和"子元素",后来用 的是"修饰词"。

　　3. DC-Lib 的修饰词

　　除了上述子元素外,2002 年 9 月 24 日版的 DC-Lib 中的主题、描述、日期、类型、格式、标识 符、来源、语种、关联、权限和馆藏位置等 11 个元素另外还有各自的修饰词(Qualifier,含细化元 素和编码体系)。由于它们的命名域来源复杂,下表同时列出这些元素的修饰词及其命名域:

表 5 – 5　2002 年 9 月 24 日版的 DC-Lib 元素所含的修饰词

元素名称	修饰词
主题	主题 ┃ DC 编码体系[subject ┃ DC encoding scheme(s),命名域选自 http://dublin-core. org/usage/terms/dc/current-schemes/]
描述	描述 ┃ URI[description ┃ URI,命名域选自 http://dublincore. org/usage/terms/dc/current-schemes/(将注册)]
日期	版权日期(dateCopyrighted,命名域选自 http://purl. org/dc/terms/); 提交日期(dateSubmitted,命名域选自 http://purl. org/dc/terms/); 接受日期(dateAccepted,命名域选自 http://purl. org/dc/terms/); 截获日期(dateCaptured,命名域选自 http://www. loc. gov/mods); 日期 ┃ ISO 8601[date ┃ ISO 8601,命名域选自 http://dublincore. org/usage/terms/dc/current-schemes/(将注册)]

元素名称	修饰词
类型	类型 ⋮ DCMI 类型（type ∣ DCMIType，命名域选自 http://purl. org/dc/dcmitype/）； 类型 ⋮ DC 编码体系［type ⋮ DC encoding scheme（s），命名域选自 http://dublin-core. org/usage/terms/dc/current-schemes/（将注册）］
格式	格式 ⋮ IMT（format ∣ IMT，命名域选自 http://purl. org/dc/terms/）
标识符	标识符 ⋮ URI（identifier ⋮ URI，命名域选自 http://dublincore. org/usage/terms/dc/current-schemes/）； 标识符 ⋮ DC 编码体系（identifier ⋮ DC encoding scheme（s），命名域选自 http://dublin-core. org/usage/terms/dc/current-schemes/（将注册））； 标识符书目引证［identifierCitation，命名域选自 http://purl. org/dc/terms/（已提出）］
来源	来源 ⋮ URI（source ⋮ URI，命名域选自 http://dublincore. org/usage/terms/dc/current-schemes/）； 来源 ⋮ DC 编码体系［source ⋮ DC encoding scheme（s），命名域选自 http://dublin-core. org/usage/terms/dc/current-schemes/（将注册）］
语种	语种 ⋮ ISO 639‑2（language ⋮ ISO 639‑2，命名域选自 http://purl. org/dc/terms/）； 语种 ⋮ RFC 1766（language ⋮ RFC 1766，命名域选自 http://purl. org/dc/terms/）； 语种 ⋮ RFC 3066（language ⋮ RFC 3066，命名域选自 http://purl. org/dc/terms/）
关联	关联 ⋮ URI（relation ⋮ URI，命名域选自 http://dublincore. org/usage/terms/dc/current-schemes/）； 关联 ⋮ DC 编码体系［relation ⋮ DC encoding scheme（s），命名域选自 http://dublin-core. org/usage/terms/dc/current-schemes/（将注册）］
权限	权限 ⋮ URI［rights ⋮ URI，命名域选自 http://dublincore. org/usage/terms/dc/current-schemes/（将注册）］
馆藏位置	馆藏位置 ⋮ DC-Lib 编码体系［location ⋮ DC-Lib encoding scheme（s），命名域选自 http://lcweb. loc. gov/marc/sourcecode/organizations/］

（三）DC-Lib 的后续发展

2004 年 8 月，DC-Lib 重新制定（以下称作"新版 DC-Lib"），并收编了 DCMI 应用委员会在其 2003 年一系列会议上所做的决议以及 2003 年 9 月在美国西雅图工作组会议上所讨论的问题。[1] 与以往版本相比，新版 DC-Lib 的创建者改为更具权威性的 DCMI 图书馆工作组，其主要变化有：①整个版本根据 CEN MMI-DC 会议提出的《DC 应用纲要指南》重新进行了格式化；②将以往版本格式中的"最佳操作"和"未解决的问题"移至"DC-Lib 注释"中；③编码体系在相关元素体例结构中一起出现，并在纲要的后半部分予以展开；④对元素日期、类型、标识符和覆盖范围进行了校订，以反映 DCMI 使用委员会的有关决定；⑤为编码体系 ISO

---

① DCMI-Libraries Working Group. DC-Library Application Profile：DC-Lib. http://dublincore. org/documents/2004/09/10/library-application-profile/

8601 添加了 DC URI,以期今后能被包括进 DCMI 术语文件中;⑥对元素创建者、其他责任者和出版者的内容进行了升级,以反映有关角色(Role)细化元素的决定。虽然新版 DC-Lib 的变化主要反映在其格式上,但下文依据 2004 年 9 月 10 日最新发布的版本仍只介绍其元素、细化元素和编码体系及与元素的关系。①

1. 新版 DC-Lib 的元素

新版 DC-Lib 的 18 个元素与之前 DC-Lib 的 18 个元素一样,但从其定义来源看,新版 DC-Lib 的 18 个元素除第 17 个元素"版本"和第 18 个元素"馆藏信息"的命名域选自 http://www. loc. gov/mods 外,前 16 个元素的命名域均选自 http://dublincore. org/documents/dcmi-terms,即新版 DC-Lib 的元素绝大部分是选自 DCMI 元数据。这进一步证明 DC-Lib 主要基于 DC 和 MODS。另外,DC-Lib 对上述元素还做了如下规定,即:①所有元素可以用作未修饰词元素,如果使用带修饰词的 DC,则要给出其他指南;②若记录用一格式(例如 HTML 格式)表示,而且它们允许为每一元素/修饰词/编码体系的值分配一个语言属性(例如 HTML 标记为:lang = "en"),如果需要,这个属性可以用于所有 DC 元素。

2. 新版 DC-Lib 的细化元素

在新版 DC-Lib 中,并非所有的元素都有细化元素(Element Refinement,新版 DC-Lib 中的细化元素在之前版本中通常被称作子元素,但与之不完全等同,实际上是 DC 元素修饰词的另一称谓)。表 5-6 列出带有细化元素的 DC-Lib 元素:

表 5-6　新版 DC-Lib 带有细化元素的元素

元素	细化元素
题名	交替题名(Alternative, http://purl. org/dc/terms/alternative)
描述	文摘(Abstract, http://purl. org/dc/terms/abstract) 目次表(Table Of Contents, http://purl. org/dc/terms/tableOfContents)
日期	创建日期(Created, http://purl. org/dc/terms/created) 有效日期(Valid, http://purl. org/dc/terms/valid) 获取日期(Available, http://purl. org/dc/terms/available) 发行日期(Issued, http://purl. org/dc/terms/issued) 修改日期(Modified, http://purl. org/dc/terms/modified) 版权日期(Date Copyrighted, http://purl. org/dc/terms/dateCopyrighted) 提交日期(Date Submitted, http://purl. org/dc/terms/dateSubmitted) 接受日期(Date Accepted, http://purl. org/dc/terms/dateAccepted) 截获日期(Date Captured, http://www. loc. gov/mods/)
格式	篇幅(Extent, http://purl. org/dc/terms/extent) 媒体(Medium, http://purl. org/dc/terms/medium)
标识符	书目引证(Bibliographic Citation, http://purl. org/dc/terms/bibliographicCitation)

①　王松林. 新版 DC-Lib 的体例结构及其内容. 图书馆杂志,2006(3)

元素	细化元素
关联	是……另一版本（Is Version Of, http://purl. org/dc/terms/isVersionOf） 是……的另一格式（Is Format Of, http://purl. org/dc/terms/isFormatOf） 有格式（Has Format, http://purl. org/dc/terms/hasFormat） 由……替代（Is Replaced By, http://purl. org/dc/terms/isReplacedBy） 替代（Replaces, http://purl. org/dc/terms/replaces） 是……的组成部分（Is Part Of, http://purl. org/dc/terms/isPartOf） 有组成部分（Has Part, http://purl. org/dc/terms/hasPart） 需要（Requires, http://purl. org/dc/terms/requires） 由……参照（Is Referenced By, http://purl. org/dc/terms/isReferencedBy） 参照（References, http://purl. org/dc/terms/references）
覆盖范围	空间（Spatial, http://purl. org/dc/terms/spatial） 时间（Temporal, http://purl. org/dc/terms/temporal）

3. 新版 DC-Lib 的编码体系及与元素的关系

新版 DC-Lib 的编码体系（Encoding Scheme，新版 DC-Lib 中的编码体系在之前版本中被称作修饰词，但与之不完全等同，实际上是 DC 编码体系修饰词的缩略称谓）共设 21 个，即地理区域范围（DCMI Box）、DCMI 类型表（DCMI Type Vocabulary）、杜威十进分类法（DDC）、数字对象标识符（DOI）、互联网媒体类型（IMT）、国际标准书号（ISBN）、ISO 3166 国家名称代码（ISO 3166）、ISO 639 - 2 语言名称代码（ISO 639 - 2）、ISO 8601 日期表示法（ISO 8601）、国际标准连续出版物号（ISSN）、美国国会图书馆分类法（LCC）、美国国会图书馆标题表（LCSH）、医学主题词表（MESH）、DCMI 时间区间规定（DCMI Period）、DCMI 空间点（DCMI Point）、RFC 3066 语言标签（RFC 3066）、连续出版物和撰稿人标识符（SICI）、Getty 地理名称叙词表（TGN）、国际十进分类法（UDC）、统一资源标识符（URI）和 W3C 日期时间编码规则（W3C - DTF）。

从其定义来源看，新版 DC-Lib 的 21 个编码体系除用于元素"标识符""来源"以及细化元素"是……另一版本"等的 DOI、ISBN、ISSN 和 SICI 外，其他编码体系的命名域均选自 http://purl. org/dc/terms。这进一步说明，任何有 URI（含在非 DCMI 命名域中解释的 URI）的编码体系，都可用于新版 DC-Lib 的元素和细化元素，详见新版 DC-Lib 每一元素和细化元素后的编码体系说明。

编码体系，有的仅适用于新版 DC-Lib 的一个元素或一个细化元素，有的则适用于两个及其以上的元素和/或细化元素。反之，元素或细化元素，有的仅使用一个编码体系，有的则使用两个及其以上的编码体系。表 5 - 7 列出编码体系和使用该编码体系的元素或细化元素：

表 5 - 7　新版 DC-Lib 使用编码体系的元素或细化元素

编码体系	使用该编码体系的元素或细化元素
DCMI Box、ISO 3166、 DCMI Point、TGN	空间（Spatial）

续表

编码体系	使用该编码体系的元素或细化元素
DCMI Type Vocabulary	类型(Type)
DDC、LCC、LCSH、MESH、UDC	主题(Subject)
DOI、ISBN、ISSN、SICI	标识符(Identifier)、来源(Source)、是……另一版本(Is Version Of)、是……另一格式(Is Format Of)、有格式(Has Format)、由……替代(Is Replaced By)、替代(Replaces)、是……的组成部分(Is Part Of)、有组成部分(Has Part)、需要(Requires)、由……参照(Is Referenced By)、参照(References)
IMT	格式(Format)、媒体(Medium)
ISO 639 − 2、RFC 3066	语种(Language)
ISO 8601	日期(Date)、创建日期(Created)、有效日期(Valid)、获得日期(Available)、发行日期(Issued)、修改日期(Modified)、版权日期(Date Copyrighted)、提交日期(Date Submitted)、接受日期(Date Accepted)、截获日期(Date Captured)
DCMI Period	时间(Temporal)
URI	描述(Description)、标识符(Identifier)、来源(Source)、关联(Relation)、权限(Rights)、文摘(Abstract)、目次表(Table Of Contents)、是……另一版本(Is Version Of)、是……另一格式(Is Format Of)、有格式(Has Format)、由……替代(Is Replaced By)、替代(Replaces)、是……的组成部分(Is Part Of)、有组成部分(Has Part)、需要(Requires)、由……参照(Is Referenced By)、参照(References)
W3C − DTF	日期(Date)、创建日期(Created)、有效日期(Valid)、获得日期(Available)、发行日期(Issued)、修改日期(Modified)、版权日期(Date Copyrighted)、提交日期(Date Submitted)、接受日期(Date Accepted)、截获日期(Date Captured)、时间(Temporal)

二、《中文元数据方案》

Michael Gorman 在《元数据还是编目:一个两难的选择》这篇主要论述网络资源组织的文章中,同时也提及网络资源长期保存的问题。他认为,所有的书目控制系统均应具有以下两大功能:一是能够快速有效地检索到所需的资源,二是有助于人类记录的保存和继续传播。并且他相信,图书馆员的独特任务是确保未来几代人都能看到我们现在所能看到的一切。[①] 与此相应,过去元数据一直被认为是用来支持资源的发现,而作为 ISO 14721 的 OAIS 参考模型却突破了这一定位。即元数据不仅支持资源发现,同时也能支持资源的长期保存,而且元数据的这一功能延伸,只需在原有元数据元素集,如 DC 的基础上追加一些有关内容信息及保存描述信息等元素即可。国外 OCLC/RLG 等机构已正式提出保存元数据概念,并在 OAIS 信息模型的基础上制定出保存元数据的标准框架,[②]而国内在这方面做的尝试则不

① Michael Gorman. Metadata or cataloguing? : a false choice. Journal of internet cataloging, 1999(1)

② 刘志,肖文建,沈丽. PREMIS 保存元数据及其对我国的启示. 图书馆学研究, 2009(2)

得不提《中文元数据方案》。① 据此,下面重点介绍《中文元数据方案》的特点,并将其与国外一些保存型元数据方案进行比较。

(一)《中文元数据方案》的特点

由中国国家图书馆负责制定的《中文元数据方案》于 2001 年 6 月发布,并于 2002 年 3 月进行了修订。制定《中文元数据方案》的主要目的是在我国提出一套适用于中文数字资源发现、长期保存和管理的通用元数据框架。《中文元数据方案》的设计大部分基于 OAIS 参考模型,含有描述性、管理性、技术性和法律性等信息,用户可从这几个方面对中文数字信息进行语义级访问。

1.《中文元数据方案》的总体框架

如上所述,《中文元数据方案》在总体框架结构上采用的是 OAIS 参考模型。在《数字图书馆与保存型元数据》②一文中我们看到,OAIS 参考模型规定了支持数字资源长期保存的多种元数据类型,而《中文元数据方案》基本上就是这些元数据类型的综合。即《中文元数据方案》根据 OAIS 参考模型的规定,每个资源与其元数据打包成为"信息总体"(等同于 OAIS 中的"信息包");一个"信息总体"由内容信息和保存描述信息两部分组成。其中,内容信息包括数字对象本身和描述性信息元数据(描述性信息元数据可从语义上告知用户如何访问/读取该数字对象);而保存描述信息则由其他元数据组成,用以帮助用户理解内容信息。

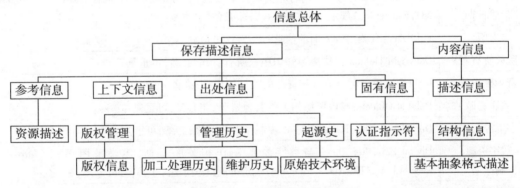

图 5 - 1　《中文元数据方案》结构图

图 5 - 1 中的上下文信息、出处信息和固有信息分别对应于前述 OAIS 参考模型的环境信息、起源信息和完整性信息,所有节点下均有数量不一的元素(见表 5 - 9)。

2. 中文核心元数据集

为方便用户使用,《中文元数据方案》在其结构框架基础上制定了中文核心元数据集。考虑到目前应用较广的其他元数据集(例如 DC 元数据集),《中文元数据方案》的核心元数据集尽量考虑与它们的兼容,比如在"资源描述"部分,用户可以直接使用 DC 元数据集的定义。经过反复比较和实验,《中文元数据方案》最终确定下来的核心元数据集包括以下 25 个元素(见表 5 - 8)。

---

① 　中国国家图书馆. 中文元数据方案,2002
② 　王松林. 数字图书馆与保存型元数据. 数字图书馆论坛,2005(4)

表 5 - 8 《中文元数据方案》的核心元素及定义

元素	英文名称及定义
名称	Title:由资源创建者或出版者给定的资源名称;必备,可重复
主题	Subject:描述资源的主题词或内容的关键词、词组短语或分类号;非必备,可重复
版本	Edition:该该资源原作的版本号及相关的版本说明信息;非必备,可重复
内容摘要	Abstract:资源内容的文本描述,包括文献类对象的文摘或视觉作品的内容描述、对内部逻辑结构(目录、段落、章节等)的阐述等;非必备,可重复
内容类型	Content Type:有关资源内容的特征和类型,包括描述资源内容的分类范畴、功能、特征或术语;非必备,可重复
语种	Language:知识内容的语种代码;非必备,可重复
内容覆盖范围	Coverage:知识内容所涉及的范围,包括空间位置描述(物理地区、经纬度)和时间段描述(一个时间标识,日期或一个日期范围);忠实于原来题法,后者建议采用 W3C(http://www.w3.org/TR/NOTE-datetime)规定的时间表示法;非必备,可重复
内容创建者	Creator:创建资源内容的主要责任者,可以是个人、团体等;非必备,可重复
其他责任者	Contributor:未在 Creator 中列出的,对知识内容的创建作出贡献的其他责任者,其贡献次于创建者,如编辑、誊写员等;非必备,可重复
内容创建日期	Date of Creation:与创建内容相关的日期,建议采用 ISO 8601(http://www.w3.org/TR/NOTE-datetime)规定的日期表示法;非必备,可重复
出版	Publisher:有关出版方面的信息;非必备,可重复
版权所有者	Copyright Holder:原作内容知识版权所有者;非必备,可重复
资源标识符	Identifier:用于区分该数字资源的唯一标识符;必备,可重复
关联资源	Related Objects:与该资源相关的其他资源;非必备,可重复
数字资源制作者	Digital Publisher Name:数字资源制作者的名称;必备,可重复
数字资源制作期	Digital Publisher Date:与数字资源制作相关的日期,建议采用 W3C(http://www.w3.org/TR/NOTE-datetime)规定的时间表示法;非必备,可重复
数字资源制作地	Digital Publisher Place:出版该资源所在的国家和城市;非必备,可重复
权限声明	Rights Warning:对该数字对象的利用权限作出的声明;非必备,可重复
公开对象	Actors:数字资源公开的人群范围;非必备,可重复
操作许可	Actions:阐述哪些操作是被允许的,或者指向一个相关法律或协议文档;非必备,可重复
原始技术环境	Original Technical Environments:原始数字对象加工时的操作环境的信息,包括相关硬件和操作系统以及所需使用的软件;非必备,可重复
加工处理历史	Ingest Process History:描述数字档案馆准备保存数字对象时对其所有的改变;非必备,可重复
维护历史	Administration History:描述完成对数字对象加工后所发生的变化;非必备,可重复
认证指示符	Authentication Indicator:用于对数字对象授权的机制,比如数字证书;非必备,不可重复
基本抽象格式描述	UAF-Description:一个对抽象数据格式的描述,可选值有文本、图像、音频、视频、数据库、程序等;非必备,可重复

如前所述,这些元素基本上包括了中文数字资源的描述性、管理性、技术性和法律性等信息。在确定了中文核心元数据集后,《中文元数据方案》还在其基础上确定了中文扩展元数据集(见表5-9),并分别定义了它们各自的 DTD 和 RDF Schema。据此,用户可以方便地使用 XML 或 RDF 来表示中文元数据。

(二)比较和思考

通过以上特点分析可以看出,《中文元数据方案》本质上是一保存型元数据方案,所以具备与其他保存型元数据方案进行比较的基础。下面先将《中文元数据方案》的扩展元数据集与国外一些保存型元数据方案进行比较,然后再思考一些与保存型元数据方案相关的问题。

1. 与国外保存型元数据方案的比较

《中文元数据方案》在元数据方面主要参考的是 LC(美国国会图书馆)、NLA(澳大利亚国家图书馆)、CEDARS、NEDLIB 项目以及 DC 等较为成熟的元数据集。限于篇幅,下面将《中文元数据方案》的扩展元数据集的元素根据其类型居中列表(如果一种元数据类型本身再度划分,则被划分的元素之后用冒号表示,而划分出来的元素则以缩进一格表示),并将 CEDARS[1] 和 NLA[2] 制定的保存元数据方案的元素分别在其左右排列比较("—"后的内容为该元素的子元素,圆括号内的内容为该子元素的下层子元素)。

表5-9　《中文元数据方案》扩展元数据集与 CEDARS、NLA 保存元数据方案

元数据类型	CEDARS	《中文元数据方案》	NLA
参考信息	资源描述 现存元数据 —现存记录	资源描述: 　名称 　主题 　版本 　内容摘要 　内容类型 　语种 　内容覆盖范围 　内容创建者 　其他责任者 　内容创建日期 　出版 　版权所有者 　资源标识符 原有元数据: 　原有记录	永久标识符 创建日期
上下文信息	相关信息对象	关联信息对象	关系

①　曹兵. Cedars 保存型元数据方案及其案例分析. 数字图书馆论坛,2005(5)

②　罗昊. 澳大利亚国家图书馆保存元数据方案. 数字图书馆论坛,2005(7)

续表

元数据类型	CEDARS	《中文元数据方案》	NLA
出处信息	起源历史 —创建原因 —维护史志 —保存前的更改记录 —原始技术环境（硬件，操作系统和软件应用） —保存理由 管理历史 —提取过程记录 —实时记录（行为，策略） 权限管理 —协商记录 —权限信息（版权声明，行为人，行为）	起源史： 创建理由 保管历史 存档前的变动史 原始技术环境 保存理由 管理历史： 加工处理历史 维护历史 版权信息： 版权说明 公开对象 操作许可	保存行为许可 著作存档决定 著作存档决定的原因 负责著作存档决定的机构 表达形式存档决定 表达形式决定的原因 负责表达形式存档决定的机构 目的类型 保存责任机构 记录创建者 处理 —处理描述，负责处理的代理名称，处理使用的关键硬件，处理使用的关键软件，处理细节，处理规范，处理日期和时间，处理结果，处理原理，处理过程中对数字对象的更改
固有信息	认证指示符	认证指示符	认证
表征信息 （与数据对象）	结构信息： 基本抽象格式描述 转换对象 —运行平台 —参数 —执行/分析引擎 —输出格式 —输入格式 执行/分析/转换对象 —运行平台 —参数 —执行/分析引擎 —输出格式 —输入格式 语义信息： 执行/分析对象 —运行平台 —参数 —执行/分析引擎 —输出格式 —输入格式	结构信息——基本抽象格式描述： 图像 音频 视频 文本 数据库 程序 结构信息——转换对象： TO 平台 TO 参数 TO 执行/分析引擎 TO 输出格式 TO 输入格式 结构信息——执行/分析/转换对象： RAC 平台 RAC 参数 RAC 执行/分析引擎 RAC 输出格式 RAC 输入格式 语义信息——执行/分析对象： RAO 平台 RAO 参数 RAO 执行/分析引擎 RAO 输出格式 RAO 输入格式	结构类型 复杂对象技术结构 文档描述 —图像（图像格式与版本，分辨率，尺寸，色调分辨率，颜色空间，颜色管理，颜色表，取向，压缩方法） —声频（声频格式与版本，清晰度，持续时间，位速率，压缩，封装，磁道与类型） —视频（视频格式与版本，帧大小，持续时间，帧速率，压缩，视频编码结构，视频声音） —文本（文本格式与版本，压缩，文本字符集，文本关联 DTD，文本结构类目） —数据库（数据库格式与版本，压缩，数据类型与表示类目，表示形式与版面安排，最大数据单元值） —程序 已知系统要求 安装要求 存储信息 存取制约条件 损失与改变 查询/检索与访问帮助

在表 5-9《中文元数据方案》的扩展元数据集中,元素"名称"列有子元素"正式名称""又名""并列名称"和"其他名称";元素"主题"列有子元素"主题词或关键词"和"分类号";元素"版本"列有子元素"版本号"和"版本说明";元素"语种"列有子元素"正文语种""字幕语种"和"配音语种";元素"出版"列有子元素"出版者""出版日期"和"出版地";元素"资源标识符"列有子元素"调度码""URI""URL""DOI""ISBN""CD 号""索取号"和"ISSN";元素"原始技术环境"列有子元素"先决条件""操作步骤"和"操作文档";元素"维护历史"列有子元素"操作历史"和"政策历史";元素"版权说明"列有子元素"数字资源制作者""制作日期""制作地"和"权限声明";元素"图像"列有子元素"图像格式和版本""图像分辨率""图像尺寸""图像色彩深度""图像色彩空间""图像色彩管理""图像色彩查找表""图像压缩"和"图像方向";元素"音频"列有子元素"音频格式和版本""音频采样频率""音频时间长度""音频采样字长""音频压缩""音频封装"和"音频通道";元素"视频"列有子元素"视频格式和版本""视频帧尺寸""视频时间长度""视频速率""视频压缩""视频编码结构"和"视频配音参数";元素"文本"列有子元素"文本格式和版本""文本压缩""文本字符集""文本 DTD"和"文本结构分区";元素"数据库"列有子元素"数据库格式和版本""数据库压缩""数据库类型及分类""数据库显示格式""数据库元素最大值"和"数据库元素最小值";元素"程序"只有一个子元素,即"程序编码类型和版本"。

从表 5-9 内容看,《中文元数据方案》的扩展元数据集元素设置与 CEDARS 的保存元数据方案的元素设置最为接近。如在参考信息、上下文信息、出处信息和固有信息上,《中文元数据方案》的扩展元数据集的元素与 CEDARS 的相关元素几乎完全对应(包括元素、各级子元素及体系结构);在表征信息方面,《中文元数据方案》的扩展元数据集的元素也与 CEDARS 的相关元素一致,所不同的是它首先在"基本抽象格式描述"下就将图像、音频、视频、文本、数据库和程序以元素形式展开,而这部分内容又与 NLA 的相关内容完全一致。

2. 与保存型元数据方案相关的问题

与保存型元数据方案相关的问题很多,限于篇幅,下面只谈一个与保存型元数据方案相关的数字资源长期保存的政策问题。数字资源出现之前,曾有多种物质(从甲骨到后来的纸张等)承担着文献载体的使命。由于其阅读工具——人的眼睛永远不会"过时",所以只要保存得当,上述传统文献可以数十、数百甚至数千年地流传下去。这也是国内外图书馆学专业很少或几乎不开文献保存方面的课程的原因之一。网络资源的出现是计算机、网络通讯技术进步的产物,它的优点自不待言,但它的缺点也同样明显,即网络载体上的信息存取要依赖于相关的计算机硬件和软件,而这方面的技术更新速度又在不断地加快。因此,如何长期保存网络资源是 21 世纪图书馆和信息业所面临的巨大挑战,并已引起 UNESCO、IFLA 和 OCLC 等机构的高度重视。而制定和完善保存型元数据方案仅仅是一个国家数字资源长期保存的一个方面。即一个国家仅仅制定和完善保存型元数据方案是不够的,更为重要的是要尽快制定出一套完整的数字资源的长期保存政策。

在制定完整的数字资源的长期保存政策方面,前面国外两种保存型元数据方案的拥有国——英国和澳大利亚的经验值得我们学习和参考。在英国,数字资源长期保存研究项目除了上述 CEDARS 外,另外还有 CAMiLEON、①DPC、②DPRM、③DCC④ 和 AHDS⑤ 等。澳大利亚国家图书馆在数字资源保存的政策方面不仅制定有《澳大利亚数字对象的保存及长期存取原则声明》⑥和《澳大利亚电子出版物取用的国家策略》,⑦而且还制定了《澳大利亚国家图书馆保存澳大利亚在线出版物的选择指南》和《实体数字出版物的管理与保存》等政策。

我国关于数字资源长期保存政策的研究,在进入 21 世纪后也日益得到重视并呈现出一种开放状态。⑧ 如 2003 年 10 月,国际电子图书馆联盟(eIFL)、中科院国家科学数字图书馆(CSDL)和国家科技图书文献中心(NSTL)在北京共同组织召开了数字资源方面的第一次国际会议,即"数字资源合作管理国际研讨会"。2004 年 6 月,由 eIFL 资助的 OSI(Open Society Institute)与中科院、科技部在北京合作召开了"科学数据保存与开放获取战略会议"。2004 年 7 月 14—16 日,在国家科学图书文献中心、中国国家图书馆、中国高等教育文献保障系统、中科院国家科学数字图书馆、德国哥廷根大学图书馆、奥地利国家图书馆、国际电子图书馆联盟大力支持和共同组织下,"中欧数字资源长期保存国际研讨会"在中科院文献情报中心成功召开。该会议的内容涉及数字资源长期保存的一般问题、不同数字对象的长期保存技术、数字资源长期保存的组织环境、数字资源长期保存的全球支撑结构、国家和国际长期保存策略与启动项目等 5 个主题。在 2008 年数字资源长期保存国际会议(iPRE2008)上,数字资源长期保存规划与政策仍是会议五大议题之一。⑨

总之,数字资源的长期保存与利用不仅需要保存型元数据方案(保存型元数据方案还需要按资源长期管理的行为不断地修改),而且还需一整套数字资源的长期保存政策,而由于保存型元数据方案中的元数据要与描述性元数据以及数字对象本身捆绑在一起,所以还需考虑如何将它们封装起来的问题。

---

① Creative Archiving at Michigan and Leads:Emulating the Old on the New. http://www. si. umich. edu/CAMILEON/

② Digital Preservation Coalition:Annual Company Report 23 July 2002 – 31 July 2003. http://www. dpconline. org/graphics/reports/index. html

③ Digital Preservation and Records Management. http://www. jiac. ac. uk/index. cfm? name = programme_preservation

④ National Digital Curation Centre. http://www. dcc. ac. uk

⑤ Arts and Humanities Data Service. http://ahds. ac. uk/

⑥ National Library of Australia. Statement of Principles for the Preservation of and Long-Time Access to Australia Digital Objects. http://www. nla. gov. au/niac/digital/princ. html

⑦ National Library of Australia. National Strategy for Provision of Access to Australian Electronic Publications:a National Library of Australia Position Paper. http://www. nla. gov. au/ policy/paep. html

⑧ 宛玲,吴振新,郭家义. 数字资源长期战略保存的管理与技术策略:中欧数字资源长期保存国际研讨会综述. 现代图书情报技术,2005(1)

⑨ 李丹,向菁. 协作与实践:数字资源长期保存工具与方法. 图书馆理论与实践,2009(11)

第四节　元数据方案或标准的句法

如前所述,《中文元数据方案》对其中文核心元数据集和中文扩展元数据集分别定义了它们各自的 DTD 和 RDF Schema,以方便用户使用 XML 和 RDF 来对中文元数据进行编码。考虑到元数据方案一般是对元数据标准的扩展和应用,所以为了简便起见,本节重点论述用于网络资源后端组织的简单 DC 元数据标准(即不带修饰词的 DC)自身的句法结构。

需要强调的是,从系统应用的角度看,第四章中倡导的元数据记录的 XML 或基于 XML 的 RDF 句法结构如同数据库中的数据区,而元数据标准自身的句法结构则如同数据词典或数据库结构。再说的通俗点,前者好比传统文献编目中的款目著录(具体),后者好比传统文献编目中的著录格式(抽象)。简言之,元数据标准自身的句法结构实指元数据记录编码的规范,其作用是保证 XML 元数据记录文档的有效性(validating)。所以在数字图书馆中,描述元数据标准自身的句法结构是有关元数据记录编码的基础。目前用于描述元数据标准自身的定义语言(definition language)除了 XML Schema 和 RDF Schema 外,之前普遍乃至现在还在使用的是一种被称为 DTD 的定义语言。DTD 是描述 SGML 的鼻祖,加之 XML Schema 和 RDF Schema 与其有着继承和关联,因此本节在论述用于定义简单 DC 元数据标准自身的句法结构时,也从 DTD 开始。

一、DTD

DTD 的全称 Document Type Definition 的直译为"文档类型定义",其实是一段关于该文档中数据的组织存放结构的说明,它不但严格定义了某项数据应在哪里出现,而且定义了各种数据之间的关系,即哪个标记可以包含哪些数据、标记的排列顺序以及所包含的数据标记类型。所以,可以将 DTD 理解为对一种数据文件的组织格式所进行的描述,即 DTD 的实质是一类文档的结构定义。

作为 W3C 的 XML 1.0 的一部分,DTD 是有效的 XML 文档的必需文件,一般使用非 XML 语法来描述 XML 文档的标记声明和参数实体引用,有时它还包括外部实体的 ID。其中,标记声明主要有构成 XML 文档逻辑结构的元素类型声明和属性表声明以及构成 XML 文档物理结构的实体声明和记法声明等内容。限于篇幅,本节仅对其中的元素类型声明属性表声明以及实体声明展开论述。

(一)元素类型声明

一个 DTD 不仅要告诉语法分析器其所关联的 XML 文档的根元素,而且还要告诉语法分析器该文档的内容和结构,以及交代清楚文档结构中的每一个细节。这些在 DTD 中就得使用元素类型声明(Element Type Declaration,简称 ETD)来声明,即 ETD 不仅要说明每个文档中可能存在的元素、给出元素的名字,而且还要给出元素的具体类型。一个 XML 元素可以为空,也可以是一段纯文本,还可以有若干个子元素,而这些子元素同时又可以有各自的下层子元素。DTD 正是通过元素间的这种父子关系来描述整个文档的结构关系的。ETD 的一般形式为:

　　<！ELEMENT 元素名 元素内容＞

XML 1.0 标准将元素按内容划分为 4 种类型:①空元素。这类元素在 DTD 中用 EMPTY 定义,在 XML 文档中使用空元素标记,元素中没有内容,但可以用属性来表示某些参数。②ANY 元素。这类元素在 DTD 中用 ANY 定义,在 XML 文档中该元素可以包含任何内容,即可以包含任何字符数据和子元素的组合,一般用在 DTD 的开发时。③父元素。这类元素可以包含的内容只能是子元素,在 DTD 中通过正则表达式规定子元素出现的顺序和次数。④混合元素。这类元素或只包含字符数据,或同时包含字符数据和子元素(子元素出现的顺序和次数不受限制)。

另外,在 XML 文档中元素出现次数的默认值为一次,如果希望元素出现多次或任意次,在其 DTD 中可以使用量词。DTD 中的量词最常用的有"?"(0 个或 1 个)、"*"(任意个,可以从 0 个到无限个)和"+"(1 个到无限多个)。

再者,有时候需要有选择性地使用元素,在 DTD 中可用在两个元素中加竖线外加圆括号的方法来表示这种元素间的选择关系,如"(直辖市|省)"。

(二)属性表声明

属性表声明用于定义给定元素类型所关联的属性集,还可指定这些属性的类型限制并能提供缺省值。属性表声明通常在 ETD 之后出现,一般形式为:

<！ATTLIST 元素名（属性名 属性类型 缺省值）*＞

其中,元素名是属性所属元素的名字;属性名是属性的命名;缺省值是属性的初值,在对属性进行定义时,可以为其指定一个缺省值,也可以不指定。而属性类型则用来指定该属性是属于 10 种有效属性类型(即 CDATA、ID、IDREF、IDREFS、ENTITY、ENTITIES、NMTOKEN、NMTOKENS、NOTATION 和 ENUMERATED)中的哪一种。

另外,除了可以直接在 <！ATTLIST＞ 中指定属性值外,还可以用"#REQUIRED"(属性值必须包含在元素中)、"#IMPLED"(属性值不一定包含在元素中)和"#FIXED"(属性值是固定的常数)这 3 个关键字来指定属性的用法。

(三)实体声明

XML 文档就物理角度而言可以看作是一种实体的组合。在 XML 中引用实体必须先在 DTD 中对其进行声明,其一般形式为:

<！ENTITY 实体名 实体内容＞

通用实体声明在引用时用"&"开始以";"结束;参数实体声明在引用时用"%"开始以";"结束。而内部实体与外部实体的声明也有区别:内部实体的内容就在声明中给出,即内部实体并不存在单独的物理存储对象;外部实体是独立于本文档实体之外的实体,所以对其声明实际上就是指定该实体的标识符(如 URI)。

最后需要指出的是,DTD 有内部 DTD 和外部 DTD 之分。与外部 DTD 相对的内部 DTD,表示 DTD 直接写在 XML 文档中(可以在 XML 声明中加入语句:standalone = "yes"),即内部 DTD 文档所定义的文档类型就只能应用在该文档中,而其他的 XML 文档则不能使用它所定义的 DTD 文档类型。内部 DTD 一般放在 XML 声明之后,也可放在处理指令之后,但绝不可以放在 XML 数据之后或 XML 声明之前。至于外部 DTD,顾名思义,是物理上独立于 XML 文档之外而作为一个外部文档被引用的 DTD(此时在 XML 声明中可以加入语句:standalone = "no")。使用后者的好处在于,一个外部 DTD 可以被多个 XML 文档所引用。这样做既能减轻输入工作,也有利于统一数据格式,而且在需要对 DTD 做出改动时,可以不用一一改动每个引用了它的 XML 文档,而只需改动这个公共的 DTD 就行了。不过需要注意的是,为保证原来的 XML 文档不出错,改动应该是"先后兼容"的。另外,如果将 DTD 转化为 XML Schema,只需补充某些数据类型的定义即可自动实现,这在技术上不存在困难,原因是前者要比后者简单和易于处理。

下面提供一个简单 DC 的 DTD 样例:[①]

```
< ? xml version = "1. 0" ? >
< ! DOCTYPE dublin-core-simple [
< ! -- Dublin Core Version 1. 1 -- >
< ! -- Based on CIMI Guide to Best Practice 1999 – 08 – 12 -- >
< ! ELEMENT record-list ( dc-record * ) >
< ! ELEMENT dc-record ( title | creator | subject | description | publisher | contributor |
date | type | format | identifier | source | language | relation | coverage | rights ) * >
< ! ELEMENT title ( #PCDATA ) >
< ! ELEMENT creator ( #PCDATA ) >
< ! ELEMENT subject ( #PCDATA ) >
< ! ELEMENT description ( #PCDATA ) >
< ! ELEMENT publisher ( #PCDATA ) >
< ! ELEMENT contributor ( #PCDATA ) >
< ! ELEMENT date ( #PCDATA ) >
< ! ELEMENT type ( #PCDATA ) >
< ! ELEMENT format ( #PCDATA ) >
< ! ELEMENT identifier ( #PCDATA ) >
< ! ELEMENT source ( #PCDATA ) >
< ! ELEMENT language ( #PCDATA ) >
< ! ELEMENT relation ( #PCDATA ) >
< ! ELEMENT coverage ( #PCDATA ) >
< ! ELEMENT rights ( #PCDATA ) >
]
```

如果使用这个主要由元素类型声明构成的 DTD,简单 DC 元数据记录的编码首先要以标记 < record-list > 开始并以标记 </record-list > 结束;在这其间可有 0 到无限个简单 DC 的记录,每一条记录又均以 < dc-record > 和 </dc-record > 开始和结束;在每一条记录中,DC 的 15 个核心元素可出现 0 到无限次。

二、XML Schema

XML Schema 于 2000 年 10 月 17 日被作为候选标准推荐发布,它不仅包括了 DTD 所能实现的所有功能,而且其本身就是一个规范的 XML 文档(这与上述 DTD 不同)。XML Sche-

---

① eXtensible Markup Language (XML) Document Type Definition for Dublin Core Simple. http://www. ukoln. ac. uk/interop-focus/activities/z3950/int_progile/bath/draft/Appendix_D_XML_DTD. htm

ma 的第一部分"结构"(Structure)规定了 XML Schema 的定义语言,提供了规定 XML 文档结构和内容约束的机制,它与 XML Schema 的第二部分"数据类型"(Datatypes)共同对 XML 文档进行定义。本部分主要论述与 DTD 元素类型声明、属性表声明和实体声明相对应的 XML Schema 的元素声明、属性声明和实体声明。在此之前,首先需要定义 XML Schema 的基本结构。

XML Schema 由一组元素构成,其根元素是 < Schema >。即 < Schema > 是 XML Schema 中第一个出现的元素,用于表明该文档是一个 XML Schema 文档,结构如下:

< schema name = "schema" xmlns = "命名域" >

元素和属性定义等内容

</schema >

以上结构中的 name 属性指定该 schema 的名称(可以省略),而 xmlns 属性则指定 schema 文档所包含的命名域。

(一)XML Schema 的元素声明

XML Schema 元素声明(含元素定义和元素引用,前者 ElementType 只起声明元素的作用,而元素的真正引用还需依靠后者 element 元素)的语法表达如下:

< ElementType name = "元素名"

    content = " { empty | textonly | eltonly | mixed } "

    dt:type = "元素类型"

    order = " { one | seq | many } "

    model = " { open | closed } "

    minOccurs = " { 0 | 1 } " maxOccurs = " { 1 | * } " >

</ElementType >

以上语法表达式中 content 属性规定内容的属性,用于描述元素中的内容类型。元素中的内容类型共有 4 种选择,即"Empty"(表示元素的内容为空)、"Textonly"(表示元素内容中只能出现字符数据)、"Eltonly"(表示元素中只能包含子元素)和"Mixed"(表示可以包含子元素和已分析的字符数据)。

以上语法表达式中的 dt:type 属性用于指定元素文本的数据类型。在 XML Schema 中,多达 30 多种的内建数据类型分基本类和派生类两大类。首先,XML Schema 支持 DTD 中所包含的十大数据类型(即 CDATA、ID、IDREF、IDREFS、ENTITY、ENTITIES、NMTOKEN、NMTOKENS、NOTATION 和 ENUMERATED)。其次,XML Schema 还支持众多的扩展数据类型,其中常用的有 boolean、char、time、date、dateTime、float、fixed. 14. 4、int、number、uri 等。

以上语法表达式中的 order 属性的取值有 3 个,分别为"one""seq"和"many"。其中,"one"代表的是"选一"的结果,假如把该元素的 order 声明为"one",则它下面的子元素只能出现一个;"seq"代表 XML Schema 中定义元素在 XML 文档中出现的顺序必须和定义时的顺序一样;"many"类似于"one",但若一个元素的 order 声明为"many",则其子元素可以以任意顺序和数量出现。

以上语法表达式中的 model 属性值可以选择"open"和"closed"。其中,"open"表明该元素可以包含其他未在 XML Schema 中定义的元素和属性;而"closed"则表明该元素只能包含在本 XML Schema 中定义过的元素和属性。

以上语法表达式中的 minOccurs 和 maxOccurs 属性表示元素在该项中最少出现的次数和最多出现的次数。其中,minOccurs 的属性值可以取"0"或"1",表示该元素出现的最少次数为 0 次或 1 次;而 maxOccurs 的属性值则可取"1"或" ＊ ",表示该元素出现的最多次数为 1 次或是任意多次。假如省略任意 minOccurs 或 maxOccurs,则系统会默认为"1"。

（二）XML Schema 的属性声明

XML Schema 中用来定义属性的元素有两个,即 AttributeType 和 attribute。其中,AttributeType 用来定义该 Schema 文档中出现的属性类型,其一般形式为:

```
< AttributeType
    name = " 属性名"
    dt:type = " 数据类型"
    dt:values = " 枚举值"
    default = " 默认值"
    required = " { yes | no } " / >
```

AttributeType 只起声明属性的作用,而真正指明一个元素具有哪些属性还需依靠 attribute 元素,其一般形式为:

```
< attribute
    type = " 属性类型"
    default = " 默认值"
    [ required = " { yes | no } " ] / >
```

attribute 元素实际上只是对 XML Schema 中 AttributeType 元素声明的引用,而具体引用什么属性类型则要看 attribute 元素中的 type 属性了,其值取属性声明中的 name。

（三）XML Schema 中的实体声明

XML Schema 中的实体声明及语法与 DTD 不同,但其基本原理是一样的。在 XML Schema 中,实体分为内部实体、外部分析实体和非分析实体三类。其中,内部实体指的是定义一般的实体,也是最简单的形式,其一般形式为:

```
< textEntity name = " 实体名" >
需要设为实体的文本内容
</ textEntity >
```

外部分析实体是指一个格式良好的 XML 文档(所谓格式良好,是指 XML 文档无论是物理结构还是逻辑结构均符合 XML 1.0 标准中的语法规则)。声明外部分析实体的一般方法是:

```
< externalEntity name = " 实体名" system = " 外部的 xml 文档" / >
```

以上两种实体的引用方法和 DTD 中的通用实体声明相同,即在实体名称的前后分别加上"&"和";"。而非分析实体是为了让用户可以在 XML 文档中引用二进制文件,下面举例说明其用法:

```
< unsparsedEntity name = " 建筑" system = " http://local-host/picture/building. bmp" notation = " BMP" >
```

上例引用不同于前面的实体。下面的编码是对刚才定义的非分析实体的引用:

```
< picture location = " 建筑" >
```

　　总之,XML Schema 拥有一系列新特色,大大弥补了 DTD 的不足。其优点具体表现在支持丰富的数据类型(包括数字型、布尔型、整型、日期时间、URI、十进制数等),而且还支持由这些简单的类型生成更复杂的类型;可以由用户自定义数据类型[称为 Archetype(原型)],更重要的是原型还可更新(即不同于 DTD 定义的封闭式内容模式,XML Schema 定义的内容模式是开放的,是可以更新的);增加了属性分组(有了属性分组就可将一个元素的所有同类属性包含在一起,即只需在元素中直接写入属性组名就可以引用组中的所有属性了)和支持命名域机制(命名域机制与第四章第二节 HTML 的 link 标记的作用相似)。

　　需要指出的是,XML Schema 目前有两个变种的版本,①即 Microsoft 的 XDR Schema (XML Data Reduced)②和 W3C 的 XSD(XML Schema Definition)。③ 由于 W3C 推荐的 XSD Schema 要比 Microsoft 的 XDR Schema 具有更广泛和更明显的优势,下面提供一个简单 DC 的、用 XSD Schema 写成的 XML Schema 样例。④

- < xs：schema xmlns：xs = http：//www. w3. org/2001/XMLSchema xmlns = " http：// purl. org/dc/elements/1. 1/" targetNamespace = " http：//purl. org/dc/elements/1. 1/" elementFormDefault = " qualified" attributeFormDefault = " unqualified" >

- < xs：annotation >

　< xs：documentation xml：lang = " en" >**Simple DC XML Schema, 2002-10-09 by Pete Johnston(p. johnston@ ukoln. ac. uk), Carl Lagoze(lagoze@ cs. cornell. edu), Andy Powell(a. powell@ ukoln. ac. uk), Herbert Van de Sompel(hvdsomp@ yahoo. com). This schema defines terms for Simple Dublin Core, i. e. the 15 elements from the http：//purl. org/dc/elements/1. 1/ namespace, with no use of encoding schemes or element refinements. Default content type for all elements is xs：string with xml：lang attribute available. Supercedes version of 2002-03-12. Amended to remove namespace declaration for http：//www. w3. org/XML/1998/namespace namespace, and to reference lang attribute via built-in xml：namespace prefix. xs：appinfo also removed.**

　</xs：documentation >

</xs：annotation >

　< xs：import namespace = http：//www. w3. org/XML/1998/namespace schemaLocation = " http：//www. w3. org/2001/03/xml. xsd" / >

　< xs：element name = " title" type = " elementType" / >

　< xs：element name = " creator" type = " elementType" / >

　< xs：element name = " subject" type = " elementType" / >

　< xs：element name = " description" type = " elementType" / >

　< xs：element name = " publisher" type = " elementType" / >

　< xs：element name = " contributor" type = " elementType" / >

① Aitken P G 著 ; 谢君英译. 微软 XML 技术指南. 中国电力出版社, 2003

② http：//www. w3. org/XML/

③ http：//www. w3. org/TR/xmlschema-0/

④ Johnston P, etc. Simple DC XML Schema. http：//dublincore. org/schemas/xmls/simpledc20021212. xsd

```
    < xs:element name = " date"  type = " elementType"  / >
    < xs:element name = " type"  type = " elementType"  / >
    < xs:element name = " format"  type = " elementType"  / >
    < xs:element name = " identifier"  type = " elementType"  / >
    < xs:element name = " source"  type = " elementType"  / >
    < xs:element name = " language"  type = " elementType"  / >
    < xs:element name = " relation"  type = " elementType"  / >
    < xs:element name = " coverage"  type = " elementType"  / >
    < xs:element name = " rights"  type = " elementType"  / >
-  < xs:group name = " elementsGroup" >
-  < xs:sequence >
-  < xs:choice minOccurs = "0"  maxOccurs = " unbounded" >
    < xs:element ref = " title"  / >
    < xs:element ref = " creator"  / >
    < xs:element ref = " subject"  / >
    < xs:element ref = " description"  / >
    < xs:element ref = " publisher"  / >
    < xs:element ref = " contributor"  / >
    < xs:element ref = " date"  / >
    < xs:element ref = " type"  / >
    < xs:element ref = " format"  / >
    < xs:element ref = " identifier"  / >
    < xs:element ref = " source"  / >
    < xs:element ref = " language"  / >
    < xs:element ref = " relation"  / >
    < xs:element ref = " coverage"  / >
    < xs:element ref = " rights"  / >
    </xs:choice >
    </xs:sequence >
    </xs:group >
-  < xs:complexType name = " elementType" >
-  < xs:simpleContent >
-  < xs:extension base = " xs:string" >
    < xs:attribute ref = " xml:lang"  use = " optional"  / >
    </xs:extension >
    </xs:simpleContent >
    </xs:complexType >
    </xs:schema >
```

上例用 XSD Schema 写成的简单 DC 的 XML Schema 中的所有元素的内容类型均是"xs:

string",属性均是"xml:lang"(可选)。从其分组定义的情况看,XML 文档中的元素必须按序出现,至于每个元素是否出现或出现多次则是可选的。

从上 XML Schema 的实例可以看出,由于 XML Schema 本身基于 XML 格式,所以不仅提供了有效性验证与格式验证的一致性,同时也大大提高了其本身的扩展能力(即它的模型可以不断扩充)。其次,我们在实例中可以看到,XML Schema 还提供了极强的数据类型定义与约束能力,这一点对于实际运用具有很大的帮助。另外,对于命名域的支持机制也使得其对现代的元数据管理、扩展与互操作有较好的支持。

需要注意的是,在 XML Schema 中,元素一般是通过它的名字和内容模型(即表示元素的类型)来确定。在 XML Scheme 中,元素的类型可分为两种:一种是简单类型,被称为"simple";一种是复杂类型,被称为"complex"。其中,简单类型不能包含元素并不可能带有属性(注意:XML Schema 和 DTD 一样,都有元素属性的说法,而且大致相同),而复杂类型不仅可以包含元素并可能带有属性,而且可以嵌套其他的元素或与其他元素中的属性相关联。

不管是 DTD 还是 XML Schema,其实都是"元标记"概念的产物。虽然基于 XML 的 XML Schema 可以很好地提供相互嵌套和互换的能力、提高 XML Schema 之间的互操作性,但其自身也有一些不足,如它看上去比较复杂,在可读性方面要比 DTD 差了许多。其次,它仍然不能真正地解决元数据语义与结构模型上的一些通用规则,即在管理元数据标准自身的句法结构时,我们不仅需要句法层面的规则,而且需要一些与语义管理相关的规则。

三、RDF Schema

作为 RDF 的一个组成部分(RDF 的另外两个组成部分分别是 RDF Data Model 和 RDF syntax,前者形成对资源的形式描述,后者则把形式描述通过其宿主语言 XML 转换成机器可以理解和处理的文档),RDF Schema 用于定义描述资源时所需要的属性类及其意义和特性。即 RDF Schema 更多的是用于描述属性以及它们的意义与关系,关注的是对象以及属性之间的相互关系的语义,因此更像一种语义层面的 Schema。由于 RDF 的语法主要基于 XML 语法(又称 RDF/XML 语法),所以下面直接提供简单 DC 的 RDF Schema 样例:[①]

```
< ? xml version = "1.0" encoding = "UTF-8" ? >
< ! DOCTYPE rdf:RDF ( View Source for full doctype...) >
- < rdf:RDF xmlns:dcterms = http://purl. org/dc/terms/ xmlns:dc = " http://purl. org/dc/
elements/1. 1/" xmlns:rdfs = " http://www. w3. org/2000/01/rdf-schema#" xmlns:rdf = "
http://www. w3. org/1999/02/22-rdf-syntax-ns#" >
- < rdf:Description rdf:about = " http://purl. org/dc/elements/1. 1/" >
< dc:title xml:lang = " en-US" > The Dublin Core Element Set v1. 1 namespace provi-
ding access to its content by means of an RDF Schema </dc:title >
< dc:publisher xml:lang = " en-US" > The Dublin Core Metadata Initiative </dc:pub-
lisher >
< dc:description xml:lang = " en-US" > The Dublin Core Element Set v1. 1 namespace
```

---

① The Dublin Core Element Set v1. 1 namespace providing access to its content by means of an RDF Sche-
ma. http:/dublincore. org/2003/03/24/dces#

provides URIs for the Dublin Core Elements v1. 1. Entries are declared using RDF Schema language to support RDF applications. < /dc∶description >

< dc∶language xml∶lang = " en-US" > **English** < /dc∶language >

< dcterms∶issued > **1999-07-02** < /dcterms∶issued >

< dcterms∶modified > **2003-03-24** < /dcterms∶modified >

< dc∶source rdf∶resource = "http∶//dublincore. org/documents/dces/" / >

< dc∶source rdf∶resource = "http∶//dublincore. org/usage/decisions/" / >

< dcterms∶isReferencedBy rdf∶resource = " http∶//www. dublincore. org/documents/2001/10/26/dcmi-namespace/" / >

< dcterms∶isRequiredBy rdf∶resource = "http∶//purl. org/dc/terms/" / >

< dcterms∶isReferencedBy rdf∶resource = "http∶//purl. org/dc/dcmitype/" / >

< /rdf∶Description >

- < rdf∶Property rdf∶about = "http∶//purl. org/dc/elements/1. 1/title" >

< rdfs∶label xml∶lang = " en-US" > **Title** < /rdfs∶label >

< rdfs∶comment xml∶lang = " en-US" > **A name given to the resource.** < /rdfs∶comment >

< dc∶description xml∶lang = " en-US" > **Typically, a Title will be a name by which the resource is formally known.** < /dc∶description >

< rdfs∶isDefinedBy rdf∶resource = "http∶//purl. org/dc/elements/1. 1/" / >

< dcterms∶issued > **1999-07-02** < /dcterms∶issued >

< dcterms∶modified > **2002-10-04** < /dcterms∶modified >

< dc∶type rdf∶resource = "http∶//dublincore. org/usage/documents/principles/#element" / >

< dcterms∶hasVersion rdf∶resource = " http∶//dublincore. org/usage/terms/history/#title-004" / >

< /rdf∶Property >

- < rdf∶Property rdf∶about = "http∶//purl. org/dc/elements/1. 1/creator" >

< rdfs∶label xml∶lang = " en-US" > **Creator** < /rdfs∶label >

< rdfs∶comment xml∶lang = " en-US" > **An entity primarily responsible for making the content of the resource.** < /rdfs∶comment >

< dc∶description xml∶lang = " en-US" > **Examples of a Creator include a person, an organisation, or a service. Typically, the name of a Creator should be used to indicate the entity.** < /dc∶description >

< rdfs∶isDefinedBy rdf∶resource = "http∶//purl. org/dc/elements/1. 1/" / >

< dcterms∶issued > **1999-07-02** < /dcterms∶issued >

< dcterms∶modified > **2002-10-04** < /dcterms∶modified >

< dc∶type rdf∶resource = "http∶//dublincore. org/usage/documents/principles/#element" / >

< dcterms∶hasVersion rdf∶resource = http∶//dublincore. org/usage/terms/history/#creator − 004/ >

< /rdf∶Property >

- < rdf∶Property rdf∶about = "http∶//purl. org/dc/elements/1. 1/subject" >

< rdfs:label xml:lang = " en-US" > **Subject and Keywords** < /rdfs:label >

< rdfs:comment xml:lang = " en-US" > **The topic of the content of the resource**. < /rdfs:comment >

< dc:description xml:lang = " en-US" > **Typically, a Subject will be expressed as keywords, key phrases or classification codes that describe a topic of the resource. Recommended best practice is to select a value from a controlled vocabulary or formal classification scheme**. < /dc:description >

< rdfs:isDefinedBy rdf:resource = " http://purl. org/dc/elements/1. 1/" / >

< dcterms:issued > **1999-07-02** < /dcterms:issued >

< dcterms:modified > **2002-10-04** < /dcterms:modified >

< dc:type rdf:resource = " http://dublincore. org/usage/documents/principles/#element" / >

< dcterms:hasVersion rdf:resource = http://dublincore. org/usage/terms/history/#subject - 004/ >

< /rdf:Property >

...

< /rdf:RDF >

由于简单 DC 的整个 RDF Schema 篇幅较大,所以上例只援引了 http://purl. org/dc/elements/1. 1/中的 title、creator 和 subject 3 个元素的描述。其实在上例中,简单 DC 中的 description、publisher、contributor、date、type、format、identifier、source、language、relation、coverage 和 rights 元素与上述 3 个元素一样,也是通过属性 < rdfs:label >、< rdfs:comment >、< dc:description >、< rdfs:isDefinedBy >、< dcterms:issued >、< dcterms:modified >、< dc:type > 和 < dcterms:hasVersion >进行描述的。其中,属性 < rdfs:label > 表达所描述资源的名称,主要用于帮助用户明确对该资源含义的理解,该属性的值必须是文字;属性 < rdfs:comment >用于为用户提供关于资源的描述性信息,即资源的定义;而属性 < rdfs:isDefinedBy > 则表示作为主词的资源是由某个资源定义并包含在该资源之内,该属性的值必须是一个资源或者说是一个 URI。

一个元数据标准自身的句法结构,既可使用 DTD,也可使用 XML Schema 或 RDF Schema。但用户在选用 DTD、XML Schema 或 RDF Schema 时,必须明白它们各自的优缺点。就目前而言,RDF Schema 作为最强势的元数据标准自身的定义语言,其内容和发展值得关注。因为 RDF Schema 与 DTD 和 XML Schema 不同:如果说 DTD 和 XML Schema 主要定义 XML 文档的结构,那么 RDF Schema 则注重定义在形成对资源形式描述的 RDF Data Models 中所用的词汇。即 RDF Schema 可实现无二义性地描述资源对象的问题,使得描述的资源的元数据信息成为机器可理解的信息,并能实现一定的推理功能。所有这些,都是 DTD 和 XML Schema 所难以实现的,也是 RDF Schema 能够作为知识本体(Ontology)描述语言使用的根本原因。[①]

元数据标准自身的句法结构好比一个模板。对于这一模板,我们提倡在网络上挑选一个适合自己使用的 DTD 或 Schema。这样不仅可以节省人力、物力,而且维护更新也可得到

---

① 王松林. 元数据规范的定义与描述语言. 数字图书馆论坛,2007(9)

保障(这也是本节在对 DC 元数据标准自身的各种句法结构进行论述时也从网上选取样例的原因)。当然,在没有可供选择的 DTD 或 Schema 时,也可自己来编写(这也是本节在对 DC 元数据标准自身的各种句法结构进行论述时也对 DTD 和 Schema 的基础知识进行介绍的原因)。但是自己编写时需要注意:①在 DTD 或 Schema 中要指定用 XSL 文件来替代浏览器中所默认的显示文件,因为浏览器中所默认的显示文件一般注重于显示 XML 文档的结构,而不能按照用户的偏好来显示其内容;②虽然人们可以利用 XML 定义标记集的方法来定义一个标记集,但从互操作的角度看,最好使用 DC 等现代元数据元素名作 XML 标记的元素名;③鼓励在同一个文档内引用不同元数据集的元素,但对 XML 中由不同域所定义的标记元素,应用命名域机制做出明确的注释。

最后需要强调的是,在用 XML 进行网络资源建库时,除了由各学科、专业的 DTD 或 Schema 工作组来定义 DTD 或建立 Schema,由网络资源的提供者来制作符合 XML 规范的 Web 网页,以及依据 DTD 或 Schema 对基于 XML 语言的 Web 网页进行语法和语义检验外,数字图书馆的建设者还需进行以下工作:①编制网页搜索程序来实现自动搜索所要建立的数字图书馆范围内的网页;②编制数字图书馆倒排档建立程序,对所搜集的网页逐页分析,自动建立各种倒排档;③编制数字图书馆搜索程序,实现对倒排档的各种检索,并对检索结果进行相关度排序;④编制显示及打印程序,实现在检索结果中对某一基于 XML 的 Web 网页进行显示,并对 Web 网页数据项目实现有选择的显示及打印;⑤编制倒排档维护程序,实现由于网页变化而引起的倒排档的更新。[①]

---

① 臧国全. XML 及其在虚拟图书馆建设中的应用研究. 图书情报知识,2001(2)

第六章 实体资源的主题组织

实体资源的主题组织是指利用知识组织系统之一的主题法对实体资源进行知识组织的一种形式。由于实体资源的主题组织主要涉及标题词检索语言和叙词检索语言,所以本章在对实体资源主题组织进行概述的基础上,重点对实体资源主题组织所用的美国《国会图书馆标题表》和《中国分类主题词表》以及与主题标引工作相关的问题进行论述。

第一节 实体资源主题组织概述

实体资源的主题组织是有别于其分类组织的一种知识组织形式,其所使用的主题法历史和种类在国内外均存在较大的差别,但都是被用来标引文献资源和建立有序的检索系统,而非用于文献资源的排架组织。[①]

一、主题法及其功能

(一)主题法的定义与类型

主题法表达两重含义:一是指具体体现主题检索语言的主题词表(如标题表、单元词表、叙词表等);一是指主题整序法,即用一种语词标识处理文献资源、组织主题检索工具或检索系统的方法。[②] 概言之,主题法就是指直接以表示文献资源主题的语词为标识,提供字顺检索途径,并主要采用参照系统来揭示词间关系的情报检索语言。

一般意义上的主题法,有狭义和广义之分。狭义的主题法是指以规范化的名词术语为基本词汇,以概念之间的形式逻辑为语法和构词法,将语词进行字顺排列,主题概念以参照系统显示概念间关系的一类检索语言,包括标题词检索语言(标题法)、单元词检索语言(单元词法)和叙词检索语言(叙词法)。[③] 而广义的主题法除了上述标题法、单元词法和叙词法外,还包括以未经规范化处理的名词术语为基础的关键词法。但其共同特征均是使用人类创造的词语作为标识,主要是从具体事物、对象和问题的主题名称、字顺系统来揭示文献资源的知识内容,能够将同一主题的文献资源加以集中,以适应人们对事物、对象与问题进行"特性检索"之需要。

---

① 《中图法》编委会.《中国分类主题词表》(第二版)及其电子版手册. 北京图书馆出版社(今国家图书馆出版社),2006

② 侯汉清,马张华. 主题法导论. 北京大学出版社,1991

③ 张琪玉. 情报语言学词典. 北京图书馆出版社(今国家图书馆出版社),2001

表 6 – 1　主题法的类型及其特征

主题法	类型	特征
标题法	先组式定组型	规范的标题
单元词法	后组式	单词组配
叙词法	后组式(少量先组)	概念组配
关键词法		非控性

　　从表达主题概念的语词标识的构成原理和特征角度考察,国内外的主题法均经历了由标题词检索语言向单元词检索语言、叙词检索语言和一体化检索语言的发展历程,呈现出从先组式检索语言向后组式检索语言、从低级向高级、从单功能向多功能方向发展的特点。[①]

　　(二)主题法的性质与功能

　　主题法将表示各种学科知识的主题词按字面成族原理或概念成族原理进行系统排列,并直接以主题词作为文献资源的主题标识,具有概念化、规范化、组配、语义、动态的性质,[②]并基于这些特性发挥其文献资源主题组织的功能。从信息检索的角度来分析,基于主题组织的主题检索具有以下特点:①直接以事物为中心展开检索;②以直观的语词表达检索要求;③以特性检索为主,族性检索为次;④以明确性检索为主,模糊性检索为次。

　　至于主题法的文献资源组织功能,张琪玉从信息内容标引和揭示的角度做了如下透彻分析:[③]

　　(1)对文献资源内容加以标引的功能。主题法采用语词标识实现其对文献资源内容加以标引的功能。语词标识一般是指对自然语言的语词进行规范化处理(控制)后形成的标识。主题法的语词标识除了具有直观性特点外,一般还具有规范性特点,即标识符合唯一性、规律性、定型性、通用性和准确性等要求。

　　(2)对主题相同的或相关的文献资源予以集中或揭示其相关性的功能。主题法通过语词标识的唯一性、显示标识之间的关系来实现对主题相同的或相关的文献资源予以集中或揭示其相关性的功能。为揭示文献资源的相关性,主题法以参照系统为主要手段(此外还有范畴聚类等方法)来显示标识之间的等级关系和相关关系。

　　(3)对大量的文献资源加以系统化组织的功能。主题法以字顺序列组织语词标识,既提供快速的主题字顺检索途径,又形成以事物为中心集中文献资源的系统,具有极强的特性检索功能。借助于参照系统及其他手段,主题法将标识字顺分散的相关的文献资源联系起来,形成一个隐性的逻辑体系,实现大量文献资源的系统化,发挥一定的族性检索功能。

　　(4)便于将标引用语与检索用语进行相符性比较的功能。主题法既便于将标引用语与检索用语进行整体相符性比较,也便于将标引用语与检索用语进行局部相符性比较,因此可以极大地提高检索效率,尤其是能极大地提高检全率,在各种检索系统的组织和检索中得到广泛的应用。

　　①　张燕飞．信息组织的主题语言．武汉大学出版社,2005

　　②　卢秀菊．中文主题标目与标题表中文主题标目与标题表．中国图书馆学会学报,1997,59(12)

　　③　张琪玉．情报语言学基础(增订二版)．武汉大学出版社,1997

二、国外主题法的发展

如前所述,广义的主题法也可包括关键词法。关键词法最早可以追溯到 19 世纪欧洲一些国家的图书馆目录或索引的编制。1856 年,英国克里斯塔多罗(A. Crestadoro)在其《图书馆目录的编制技术》(*The Art of Making Catalogues of Libraries*)一书中就已明确提出书名中的"主词"(即关键词)这一概念,并在书中介绍了用关键词轮排的方法来编制公共图书馆目录的书名语词索引的步骤和方法。但由于自然语言本身的不足,这一方法后在手工检索系统中逐步为标题法所取代。即从狭义的主题法角度看,国外主题法主要经历了一个由标题法向单元词法、叙词法(一体化语言)方向发展的过程。

(一)标题法

标题法是国外最早出现的狭义主题法,它是以先组式标题(Subject Heading)形式表达文献资源的内容主题,并将标题用作著录标目、按其字顺排列的一种检索语言。而国外最早的标题表则是在主题标引产生的标题目录的基础上,经过不断累积、增补和修改而成的。

标题词检索语言概念也始见于 1856 年英国克里斯塔多罗的《图书馆目录的编制技术》一书中,但其正式创立者则是美国图书馆学先驱克特(C. A. Cutter)。1876 年,克特在其《印刷本字典式目录规则》(*Rules for a Printed Dictionary Catalogue*)一书中对主题标目的编制形式及程序做了初步规范,强调主题目录的功能在于便于读者在不知道著者、题名的情况下能够通过主题标目检索到其所需要的书籍;同时也可借此将相同主题的馆藏集中呈现在目录中,以展示该馆中某一主题的馆藏状况。1895 年,美国图书馆协会(American Library Association,简称 ALA)增补了克特规则并出版了世界上第一部权威性标题表——《字典式目录标题表》(*List of Subject Headings for Use in Dictionary Catalogs*,但从 1911 年起 ALA 停止了对该表的编制)。1898 年,美国国会图书馆决定采用克特所提出的由题名、人名及主题交互排列的字典式目录以整理馆藏后,逐步建立起它的主题标目系统。至 1914 年,应各馆的要求,美国国会图书馆将其所用的标题整理成一套标题表,即《国会图书馆字典式目录用标题表》(*Subject Headings Used in the Dictionary Catalogues of the Library of Congress*)。在此以后相当长的一段时期里,标题词检索语言得到了极大的发展。如今,美国的《国会图书馆标题表》在国外最具权威性,并随之产生了一批在世界上具有广泛影响的标题表,如《医学标题表》《西尔斯标题表》《工程标题表》等。

(二)单元词法

国外单元词法是在文献资源数量剧增、文献资源主题日益复杂,且需建立机械化主题检索系统而标题法又不能与之适应的情况下,为克服标题法的不足而发展起来的一种狭义主题法。单元词法对标题法的改进,主要是用单元词并以后组方式来表达标题词检索语言中的那些标题。因此,单元词法也被陶伯(M. Taube)称之为单元词组配索引法。

20 世纪 50 年代,单元词法主要应用于美国的穿孔卡系统。穿孔卡系统的基本思想是用单元词来表达文献资源的主题事物,而这些单元词又是从文献资源中直接抽取并不作任何形式的控制。这种方法在美国海军兵器中心(NOTS)、Linde 航空产品实验室、美国专利局以及杜邦公司等机构都曾进行过较长时间的试验和应用。[①]

---

① 张燕飞. 信息组织的主题语言. 武汉大学出版社, 2005

单元词法在标引和检索上的适应性及其多元性(多途径)较之标题法更为先进,因而曾经风行一时。但由于单元词法采用字面分解和字面组配,容易导致表达主题时语义不定性,所以很快又被叙词检索语言所取代。需要强调的是,尽管单元词检索语言只是一种过渡性的主题检索语言,但是它为以后的叙词检索语言的发展奠定了方法论基础。

(三)叙词法

国外叙词法是在吸取单元词法、标题法以及分面组配分类法等优点的基础上发展起来的,是多种情报检索语言原理和方法的综合。即根据标引和检索的需要,结合计算机的使用,叙词检索语言广泛吸收了多种检索语言的优长,如采用自然语言的语词做标识,但进行更严格的规范控制;适当采用预先组配,选用必要的词组,以减少组配操作和组配误差;采用概念组配;具有完善的参照系统;采用叙词分类索引(范畴索引)和等级索引(词族索引);采用关键词法的轮排方法来编制叙词轮排索引。[①]

自 1947 年到 1950 年美国穆尔斯(C. N. Mooers)创设"叙词、叙词法、情报检索"等专门术语以来,叙词检索语言产生的历史也只不过 60 多年。1959 年,由美国杜邦公司编制的叙词表是世界上第一部真正意义上的叙词表。而世界进入"叙词表时代"的标志,则是 1960 年美国武装部队技术情报局《ASTIA 叙词表》的出版和应用。[②] 此后,叙词表的影响逐渐扩大,并从美国传至欧洲,编制技术也不断完善。特别是进入 20 世纪 70 年代,英国艾奇逊等编制的《分面叙词表》的诞生,说明叙词表这种优良的主题检索语言不但已被广泛应用到现代情报检索中,其编制技术水平也开始进入一个较为成熟的阶段。《分面叙词表》一问世,各国便纷纷效仿,而且这种势头一直持续到 20 世纪 80 年代。目前,世界各国所拥有的叙词表数以千计。

叙词检索语言以概念组配为基础,是一种结构完备、功能丰富、性能较为优异、检索效率较为理想的主题检索语言,目前已成为国外主题检索语言的主流,是文献资源知识组织和检索控制的主要方法。另外,由于叙词检索语言对计算机检索系统具有良好的适应性,因此也被世界上绝大多数采用规范语言的文献数据库检索系统如 DIALOG、INSPEC、Ei、PubMed、ERIC 等所采用。可以说,现在大到联合国各系统组织机构,小到一些专业情报中心等,都有本系统所固定使用的叙词表。图书馆的知识组织基本上也都采用叙词表或经叙词表化的标题表来对文献资源进行标引和检索。

其次,从 20 世纪 60 年代中期开始,国外对分类表和叙词表进行了大量的抽样调查和试验。与此同时,分类主题一体化的理论研究也在进行。大量的调查分析结果表明,分类表与叙词表之间有着非常密切的对应关系,并在此基础上可以实现分类法系统和主题法系统之间的一体化。作为情报检索语言的一大发展趋势,分类主题一体化的实质是两种检索标识——分类表中的分类号与叙词表中的叙词可以兼容互转。即在一个检索语言系统中,对分类主题一体化词表的分类表部与主题词表部的术语、参照、标识、索引这 4 个部分实施统一的控制,从而满足分类标引和主题标引之需要。分面叙词表和分类号—主题词对应表是分类主题一体化组织工具的两种主要模式。其中,分面叙词表有一个相当于传统叙词表的范畴表和词族表功能的分面分类表,但在分面分类表中,叙词词间关系的显示比在范畴表和

---

① 张琪玉. 情报语言学基础(增订二版). 武汉大学出版社,1997

② 戴维民. 情报检索语言综论. 军事谊文出版社,1992

词族表中具有更高的系统性、明确性和完备性。因此,分面叙词表比传统叙词表的质量更高,检索性能更好,但其编制的难度也要更大一些。

再次,随着各种类表、词表的日益增多,词表严重重复、词汇结构和词汇控制方面的不一致性凸显了出来,从而严重影响了信息情报的交流和资源的共享。为了改变这种状况,国外专家学者后在多部词表的基础上又开始编制专业性或混合性集成词表,以促进和实现多部词表间的兼容与互换。如美国国家医学图书馆于 1986 年开始研制的一体化医学语言系统(UMLS)就是一种以概念为中心,汇集生物医学领域叙词表、分类表、术语表的概念,通过指定概念的语义类型并借助"语义网络"建立概念之间的关系,并提供概念的定义或注释,标明概念名称米源词表的机读型集成词表(目前已发展为网络版)。这类词表可以对采用不同检索语言的数据库之间的标引数据进行转换,或者联合进行分类或主题标引。

最后需要强调的是,随着计算机的出现,为适应索引编制自动化的需要,关键词法在国外再次得到发展和应用,并成为主题检索语言的一种重要类型。在计算机时代,关键词法主要用计算机自动抽取文献资源题名、文摘或正文中具有检索意义的语词(建立禁用词表,排除无检索意义的词;语词不做规范控制或只做少量控制)来直接作为文献资源的主题标识,通过对关键词轮排生成各种类型的关键词索引,同时也用来建立数据库供计算机检索使用。关键词法一般不建立关键词表,即使建立,也比标题表、叙词表简单得多,如不设置参照或词间关系等。①

以上主要从狭义主题法的角度谈了国外主题法的发展过程。若从载体形态的角度考察,国外主题检索语言则呈现出从印刷版向电子版和网络版的发展脉络。比如国外最初的标题表和叙词表都是印刷版,20 世纪 60 年代,计算机技术开始成功地运用于词表的编制和管理,而到 20 世纪 70、80 年代,计算机编制和管理词表已是一项成熟的技术。据 20 世纪 80 年代国外对 227 部叙词表的统计,机读版词表有 79 部,超过三分之一。到 20 世纪 90 年代,机编词表已经相当普及。为了适应文献资源知识组织的需要,一些传统的词表也通过计算机技术得到了改造。现时,美国《国会图书馆标题表》《医学标题表》的电子版、网络版在数字环境下得到了广泛的应用,英国《艺术建筑叙词表》(AAT,分面叙词表)的网络版用于网络资源的主题组织也取得了良好的效果。

三、我国主题法的发展

与国外主题法相比,我国主题法的发展历史相对较短,主要经历了标题表发展、叙词法研究和叙词法发展这 3 个阶段。

(一)标题表发展阶段

在我国,20 世纪初至 1964 年间属于标题表的发展阶段。此时,国内的图书馆学界开展了对标题词检索语言理论与技术的介绍和研究。但由于特定的原因,标题词检索语言在我国几乎没有得到发展,其间虽有 3—4 部中文标题表先后问世,但均未能得到实际应用。当时国内的图书情报机构极少采用中文标题目录,只有北京图书馆、北京大学图书馆等少数大型图书馆在参照西方图书馆方式并利用美国《国会图书馆标题表》来编制馆藏西文图书的标题目录(我国的医学系统也有使用美国《医学标题表》来标引医学文献/信息之现象)。

---

① 马张华. 信息组织(第二版). 清华大学出版社,2003

（二）叙词法研究阶段

20 世纪 60 年代后，我国的一些情报单位开始尝试采用叙词法来建立主题目录和/或主题索引。如 1962 年，国防科委情报所曾采用美国《NASA 叙词表》来建立外文主题目录；1963—1964 年，第三机械工业部 628 所也开始组织力量编制专业性的《航空科技资料主题表》，以供本系统建立中文主题目录所用。在检索刊物方面，我国也有一些单位采用主题法来编制主题索引。如中国医学科学院自 1959 年起开始编制《医学文摘》主题索引；中国科技情报所 1966 年开始为《科学技术译文通报》编制年度和多年度累积主题索引，同时也为该所 27 种文摘刊物编制年度累积主题索引。为检索刊物编制主题索引的做法，在 20 世纪 70 年代后在我国变得越来越普遍。

但就总体而言，我国叙词检索语言的研究和应用起步较晚。直到 20 世纪 70 年代，我国词表的具体编制工作、对主题词语言思想及理论的研究工作才逐步开展起来。前述《航空科技资料主题表》是我国第一部叙词表（1971 年出版）。1974 年，作为"748 工程"（汉字信息处理系统工程）配套项目的《汉语主题词表》开始编制，并于 1980 年出版发行。《汉语主题词表》的编制，标志着我国知识组织工具进入了叙词表时代，并在综合性图书馆和情报机构中得到了使用。进入 20 世纪 80 年代，随着计算机数据库的建立，我国叙词表的编制工作出现了前所未有的发展势头。这一时期，为了适应建立专业文献数据库的迫切需要，以《汉语主题词表》为蓝本编制了众多收词更为丰富的专业性叙词表，形成了一股编制专业叙词表的热潮。在 20 世纪 90 年代新编的近 60 余部词表中，除了个别几部属于综合性大型词表外，其他都是各个学科、专业方面的叙词表。到目前为止，我国已编制的汉语叙词表已达百部以上，几乎覆盖了各个专业和各个方面，基本构成了我国叙词检索语言体系。

（三）叙词法发展阶段

从 20 世纪 80 年代中后期开始，我国情报检索语言学界开始寻求编表模式和编表技术上的突破，其中分类主题一体化和运用计算机技术编表是重点，并均取得了实用性成果。国内分类主题一体化词表编制的真正开始，以 1987 年着手编制的《中国图书馆图书分类法》（以下简称《中国法》）第 3 版与《汉语主题词表》对应索引表——《中国分类主题词表》为标志。《中国分类主题词表》的编制是在考虑《中图法》（包括其系列的《中国图书资料分类法》）使用广泛以及《汉语主题词表》如何在图书馆界尽快得到推广这两个因素的基础上，而选择的一条适应我国国情的分类主题一体化道路。随着《中国分类主题词表》1994 年的编制成功及其 2005 年第 2 版的修订成功，它在我国图书情报界也得到了广泛的应用，并成为我国事实上的主题标引和组织标准。

1996 年，《社会科学检索词表》的出版发行标志着我国计算机辅助编表技术的完全成熟。运用计算机技术成功编表的还有《教育主题词表》《中国分类主题词表》《音像资料叙词表》《军用主题词表》以及《国防科学技术叙词表》等。有些词表在运用计算机技术编制电子版的同时还建立了比较完善的词表管理系统，较有代表性的有《中国分类主题词表》第 2 版、《军用主题词表》和《国防科学技术叙词表》。其中，《中国分类主题词表》第 2 版在其电子版的基础上，还成功研制出网络版，使我国词表的编制技术、编制方式和编制水平达到了一个新的水平。

与传统叙词表相比，网络环境下的叙词表的编制方法、知识揭示深度、评价指标、使用主体和应用方式均有了显著发展。为了探索网络环境下叙词表新的编制方法、技术线路、实现标准等，中国科学技术信息研究所自 2002 年起在叙词表领域做了大量研究，并于 2006 年起以小型叙词表——《水利水电汉语叙词表》的编制工作为试点,在项目的组织方式、网络在线协同编表方式、词汇资源库的建设、叙词表编制工具的开发、词表归并机制和方法、主题词的确立、词间关系的自动建立和逻辑校验、词表的维护更新机制等方面做了积极而卓有成效的探索并积累了大量的实践经验。在此基础上,中国科学技术信息研究所于2009年正式启动《汉语主题词表》(工程技术版)编制与应用项目,意在为我国工程技术领域知识组织、检索与其他拓展性知识服务提供基础设施和支撑条件。《汉语主题词表》(工程技术版)编制与应用项目的实践和探索,将会为我国探索在网络环境下如何利用现有信息技术手段通过网络技术方法辅助实现机器编表提供一整套的技术方法和编制标准规范,从而也将推动我国词表编制与应用在网络时代再上一个台阶。

最后需要强调的是,长期以来,占我国文献知识检索主导地位的是分类检索而不是主题检索。但近二三十年来,主题检索在我国有了很大的发展。由于科学研究的交叉和深化,检索人员的非专业化,检索系统的计算机化,导致我国主题检索的需求越来越广泛。与此相应,我国主题检索系统也越来越普遍。至于关键词检索,随着中文自动处理技术的进步,尤其是网络的普及,同样也得到了广泛的普及和应用。

第二节　美国《国会图书馆标题表》及其使用

如前所述,美国《国会图书馆标题表》(*Library of Congress Subject Headings*,以下简称LCSH)是西方图书馆界使用最为广泛、最具影响力的一部标题表。目前包括我国在内的西文文献资源标引和境外合作编目中,基本上也都使用该表或参考其编目数据进行主题标引。据此,本节选介LCSH及其使用方法。

一、LCSH 简介

LCSH的前身是美国国会图书馆从1898年开始以美国图书馆协会1895年出版的标题表为基础,并将其1909—1914年主题编目工作中所累积的众多标题加以整理出版的《国会图书馆字典式目录用标题表》,1975年第8版改为现名。

(一)LCSH 的版本及配套工具

1975年,LCSH第8版包括缩微版本。1986年起,LCSH改用叙词表的款目形式。1988年起,LCSH按月发行每周更新的标题表(*LC Subject Headings Weekly Lists*),然后再按年度累积成册形成新版。目前,LCSH最新的版本是2013年发行的第35版(共五册),按字顺排列的标题及参照超过332 500个。

1986年,LCSH在改用叙词表款目形式的同时还增加了机读版,并被称为"主题规范档"(Subject Authority File)。其中,机读磁带版"主题规范档"每周修订,其更新部分会累积到每三个月发行一次的光盘上。[①] 为提供国会图书馆标题表的查询,2001年LCSH又发布网络版,即与美国《国会图书馆分类法》(LCC)一体化的Classification Web。另外,LCSH还有以下4种主要的配套工具:[②]

---

①　马张华. 信息组织(第二版). 清华大学出版社, 2003

②　张燕飞. 信息组织的主题语言. 武汉大学出版社, 2005

1.《主题标题手册》

《主题标题手册》(*Subject Headings Manual*)是有关 LCSH 详细标引规则的集合,可谓主题编目的"经典"。其中除了介绍主题编目工作的基本规定外,还以较大的篇幅介绍各种复分标题及其使用方法,可供编目员在主题编目时参考。2008 年起,《主题标题手册》代替 *Subject Cataloging Manual*:*Subject Headings*,并每年出版 2 期更新内容。

2. 机读版的"名称规范档"

对于名称,LCSH 要求直接使用名称规范档的相应名称做标题。

3.《编目服务通报》

《编目服务通报》(*Cataloging Service Bulletin*)以季刊形式出版,收录《主题标题手册》出版后标题的修改、更新、使用及有关出版物的信息,主要用于帮助用户及时掌握编目有关事项的最新动态。

4.《自由浮动复分表:字顺索引》

《自由浮动复分表:字顺索引》(*Free-Floating Subdivisions*:*An Alphabetical Index*)将《主题标题手册》中按范畴编排的全部自由浮动复分标题按字顺编排,以提供其字顺查找途径。该索引每年出版,最新版为 2011 年的第 23 版(此后该索引将不再出印刷版,其更新的内容将作为 LCSH、Classification Web 和编目员桌面的一部分继续提供)。

(二)LCSH 印刷版的结构

LCSH 印刷版的结构由其宏观结构和微观结构两部分组成。其中,LCSH 印刷版的宏观结构主要由导言和字顺主表两大部分组成(导言是对该表编制和使用的说明,并介绍标题表的结构体例、收词范围和使用方法;而字顺主表则由众多的标题款目所组成,是编制标题及参照的依据。此外,LCSH 印刷版的宏观结构还包括注解卡片标题表、更新的 LC 标题、由名称标题所代替的主题标目);而 LCSH 印刷版的微观结构则指构成字顺主表的正式标题款目和非正式标题款目的结构。

1. LCSH 正式标题款目结构

LCSH 正式标题款目的结构由以下 5 个部分组成:

(1)主标题。LCSH 的主标题用黑体印刷,作为款目词,它决定该款目在表中的位置。

(2)分类号。分类号是 LCSH 主标题对应于 LCC 的类号,放在主标题下的方括号内。需要指出的是,并非所有的 LCSH 标题下都有 LCC 分类号。

(3)范围及用法注释。对于地理复分,LCSH 标题款目一般通过在标题或子标题后加短语"May Subd Geog"来注明。

(4)参照项。LCSH 第 10 版及其之前各版通常有"参见""见自""参见自"等参照。为使词间关系更加清晰,LCSH 从第 11 版起开始改用与叙词法相似的参照项和符号,即改用 UF(代)、BT(属)、NT(分)、RT(参),同时保留原来所用的 SA("参见"参照)。

(5)复分标题。LCSH 的复分标题也被称为副标题或子标题,也以黑体印刷,但前面用破折号表示,主要用于通过与主标题的组配对复合主题进行标引和检索。LCSH 的多数复分标题须依《主题标题手册》的规则配置,只有部分子标题在主表中列出,具体包括论题复分、地理复分、年代复分、形式复分等(复分标题下也可包含注释、参照及次副标题等项)。

例:

Electronic commerce(May Subd Geog)

〔HF5548. 32 – HF5548. 33〕

Here are entered works on the exchange of goods and services and the transfer of funds through electronic communications.

UF　Cybercommerce

　　　E-business

　　　E-commerce

　　　Internet commerce

BT　Commerce

　　　Information superhighway

NT　Electronic data interchange

　　　Internet advertising

　　　……

　　　Internet marketing

　　--Law and legislation(May Subd Geog)

.

2. LCSH 非正式标题款目结构

LCSH 非正式标题款目的结构包括以下两个部分:

(1)非正式标题。LCSH 的非正式标题使用常规字体印刷,并与正式标题混排;

(2)USE(用)参照项。USE 参照项为必备项,用于指向一个或一个以上的正式标题。

例:

Fine arts

　　USE　Art

　　　　　Arts

(三)LCSH 机读版的款目结构

如前所述,LCSH 的机读版为主题规范档。在主题规范档中,每个主标题、主标题与每个复分标题的组合都是分开在不同的规范记录中。其中,标题和参照由特定的字段标识符标明,而复分标题则由这些字段中的子字段标识符标明。例如,论题标题、地理名称标题、形式标题以及各种参照,在主题规范档的记录(MARC21 规范数据格式)中分别使用 150、151、155 以及 260、360、450、451、550、551 等字段标识符标明;而复分标题则用这些字段中的 $x、$z、$y 等子字段标识符标明。例如:标题款目"Reference books"在主题规范档中共有 3 条记录,其中一条记录的主要字段如下:

010 ##$ash85112186

150 ##$aReference books

450 ##$aBibliography$xReference books

450 ##$aBooks, Reference

450 ##$aLibraries$xReference books

550 ##$aBibliography$wg

550 ##$aBooks and reading$wg

此外,在主题规范档记录中,还有标题的收录时间、变动时间等诸多信息。

（四）LCSH 标题的类型

LCSH 中的标题是直接表达文献资源主题的标识,大多是对文献资源内容所论及事物名称及特征的规范表达。依据标题的构成,LCSH 的标题分主标题和复分标题两类。其中,主标题是指标题表中的一级标题,是手工检索工具中进行主题检索的入口;而复分标题则是对主标题予以细分的部分,它与主标题构成多级标题。

按其功能,LCSH 的主标题可分论题标题、形式标题和地理名称标题 3 种。但按其构成特点,LCSH 的主标题则包括如下类型:

(1)单词标题。例如:Automobiles;Economics;Libraries。

(2)词组标题。例如:Agricultural credit(形容词短语标题);California sea lion(名词性短语标题);Technology and science(连词短语标题);Budget in business(介词短语标题)。

(3)倒置标题。倒置标题的建立基于手工卡片目录,其作用是尽可能利用字面成族的机会将重要的、定型的、通用的词置于标题的最前端。例如:Airplanes, Military;Bridge, Concrete。需要说明的是,随着机检系统的广泛使用,美国国会图书馆在 1992 年后已逐渐地将倒置标题改为自然语序的标题形式。

(4)带限定词的标题。带限定词的标题主要用于限定多义词和某一通用概念的专门用途或特定应用领域,如:DIALOG (Information retrieval system);Evolution (Biology)。但 LCSH 已决定不再新增后一类限定标题(未决定是否改变以前建立的这类标题),以后将采用词组标题或主标题与复分标题组合来表达通用概念的专门应用。①

(5)预先组配好的多级标题。这类标题在标题表中数量众多,例如:Art, American-20th century。

(6)自由浮动短语标题。自由浮动短语标题是将标题中的一部分(一般指位于"[　]"中的内容)赋予自由浮动的功能,使它可用同类词/同类词组任意转换,从而达到"举一反三"的目的。LCSH 保留了 8 种自由浮动短语标题,限于篇幅,下面仅以[Personal name]和[Topic]这两个自由浮动短语标题为例加以说明:

[Personal name], in fiction, drama, poetry, etc.

例:Dickens, Charles, 1812—1870, in fiction, drama, poetry, etc.

[Topic] in literature

例:Shanghai (China) in literature

二、LCSH 的使用

限于篇幅,本部分只论述 LCSH 标题标引的一般要求及其复分使用的情况(其他使用内容,请参考其《主题标题手册》)。

(一)LCSH 标题标引的一般要求

LCSH 是一个庞大的词表体系,为此必须对 LCSH 的词表结构、款目结构、各种版本、辅助工具,尤其是《主题标题手册》、机读版的主题规范档和名称规范档的使用有一个充分的了解和掌握。即为了能够正确使用 LCSH 并提高标引的准确性和效率,在正式标引前应花时间去熟悉和掌握 LCSH 的收词原则、词汇控制规则以及标引规则等。

虽然 LCSH 是一种先组式语言,主标题与复分标题的组合搭配也是固定的,标引工作似

---

① 　曹树金,罗春蓉.信息组织的分类法与主题法.北京图书馆出版社(今国家图书馆出版社),2000

乎就是简单地从标题表中查找和选择能表达文献资源的标题,查不到时还可以自拟标题,但查表和选择标题并不像查词典那样容易,自拟标题也要受到严格控制。为了准确、迅速地选择和自拟标题进行标引,应该注意以下几点:

（1）用标题标引是要直接表达文献资源的主题,因此在对文献资源内容进行主题分析时,要找出文献资源所论及的事物或论题。

（2）由于 LCSH 除了字顺主表外,还有许多其他辅助工具,因此要注意其名称规范档、自由浮动复分表等的使用。尤其需要注意的是,LCSH 字顺主表及其《主题标题手册》事实上是一个整体,因此在主题标引时应将两者结合起来使用。

（3）随着机读规范数据的完善,LCSH 的查表方式已经转变为以查机读规范数据为主、手工查询印刷版标题表为辅的方式。与名称规范一样,现在也可通过 OCLC Connexion 查询到与印刷版标题表结果相同的各类标题(MARC21 规范数据格式)。

（4）LCSH 每周、每月、每季、每年都有标题及相应项目的增、删、改通报或补编,并及时提供给用户使用。因此,标引人员应密切注意 LCSH 标题的更新变化。

（5）自拟标题标引时,要严格遵循 LCSH 的规定,根据示范标目、自由浮动短语标题、自由浮动复分表组合出标题;只有在非常必要的时候,才可自拟新的标题,并做好相应的记录。

（二）LCSH 复分的使用

使用 LCSH 标引文献资源时,除了直接采用从 LCSH 中能够查找到的单词或短语等标题作为独立标题外,多数主题还需通过复分进行组配标引。组配标引可以提高主题标引的专指度且便于检索,因此利用 LCSH 进行主题标引必须了解其复分的形式、内容和工具等。

如前所述,LCSH 在每一个主标题之下列出可以使用在此项主标题后的复分,形式上由破折号"--"引入。一个标题下有多个复分时就在该标题下分行列出;当复分不止一级时,用增加破折号"--"的数目来体现其层次。无论是 LCSH 字顺主表还是《主题标题手册》中的复分均是经过商议、最终获得使用授权的复分,即编目员不能擅自使用没有获得授权的复分,但可视具体情况使用的自由浮动复分除外。

从内容上看,LCSH 的复分,如前所述,可分论题复分、地理复分、年代复分和形式复分等,具体论述如下:

（1）论题复分:用在主标题或其他复分之后,将标题所表达的概念限定到专门的论题或方面。如:Corn--Harvesting;Stomach--Diseases--Diagnosis。在 MARC21 书目数据格式中,论题复分记录在 6——主题检索字段的 $x 子字段。

（2）地理复分:用以指明主要论题的起源或地理位置,在 LCSH 主表中凡标注(May Subd Geog)的标题均可进行地理复分。例如:

Construction industry (May Subd Geog)

    --Finance

    -- --Law and legislation (May Subd Geog)

在 MARC21 书目数据格式中,地理复分记录在 6--主题检索字段的 $z 子字段。

（3）年代复分:用以限定主标题或复分所反映文献资源内容涉及的历史时期,它既可以直接跟在主标题后,也可在论题复分和地理复分下使用,如:Art, Chinese--To 221 B. C. 。年代复分一般都不能自由浮动,而要严格按照 LCSH 主表中在不同标目下所设置的年代复分来标引。在 MARC21 书目数据格式中,年代复分记录在 6--主题检索字段的 $y 子字段。

（4）形式复分：用以指明关于文献资源主题的形式特征，如：Periodicals、Dictionaries 等。形式复分一般位于主题标引的最后一级，如：Oriental philosophy--Periodicals；Egypt--History--Fiction。形式复分可在任何论题性标题或复分下使用，即可自由浮动。在 MARC21 书目数据格式中，形式复分记录在 6--主题检索字段的 $v 子字段。

当一个标题有多个构成因素时，这些因素（主标题和各种复分标题）的组合次序即为引用次序。LCSH 的主题标目的基本引用次序是："主标题--论题复分标题--地理复分标题--年代复分标题--形式复分标题"。

另需指出的是，除了上述 4 种常用的复分外，LCSH 中还有一种多重性复分（即衍生复分），包括自由浮动短语标题和示范标目控制复分两种形式。其中，自由浮动短语标题如前所述在 LCSH 中的表示方法是：将复分中的某一词用方括号"［ ］"括起，指明该词在针对具体文献资源标引时可用其他的同类词予以置换（替代）并在使用时取消方括号；而示范标目控制下的复分则为各类标目分别选定 1—2 个示范标目，并在其下列出一整套标准化的适用于这类标题的复分词。下面以"化学品"（chemicals）下的示范标目为例加以说明：

Patterns：Copper；Insulin

$x　Absorption and adsorption（May Subd Geog）

$x　Acoustic properties（May Subd Geog）

$x　Administration

$x　Affinity labeling（May Subd Geog）

……

例如：Nitrogen--Absorption and adsorption

除了一些特别重要的标题，一般通用的自由浮动复分不再在示范标目下列出。《主题标题手册》的 H1147—H1200 各章中分别列出了适用于从"动物"到"战争"的 40 个示范标目，涉及宗教、史地、社科、人文及自然科学 5 个领域 27 个学科门类下的复分。①

表 6 - 2　LCSH 示范标目实例

Category	Pattern(s)
Animals	Fishes；Cattle
Chemicals	Copper；Insulin
Diseases	Cancer；Tuberculosis
Musical Comps.	Operas
Organs of body	Foot；Heart
Plants & crops	Corn
Land vehicles	Automobiles
Religions	Buddhism
Religious orders	Jesuits

---

①　CALIS 联机合作编目中心．西文文献主题标引原则．http://www.calis.edu.cn/calis/lhml/lhml.asp? fid = fa0320&class = 2

从对复分的处理来看,LCSH 的复分有自由浮动复分及非自由浮动复分两种。其中,非自由浮动复分就是 LCSH 字顺主表中各主标目下所收录的复分;而自由浮动复分除了以上示范标目控制下的复分外,又可依其使用场合细分为以下 4 类:

(1)通用(论题和形式)自由浮动复分:这类自由浮动复分仅限于论题及形式复分,如:Environmental education--Political aspects;Environmental education--Bibliography。

(2)用在不同人物类别和种族群体标目下的复分,如:Political prisoners--Abuse of;French-Canadians--Job stress。

(3)用于单个法人团体、个人、家族名称标目下的复分,如:Lincoln, Abraham, 1809—1865--Birthplace;Smith--Homes and haunts。

(4)用在地理名称(包括河流、水体名称)下的复分,如:Italy--Social life and customs。

以上自由浮动复分应根据相应的"自由浮动复分表"进行。但是这种"自由浮动"又是相对的,实际上绝大多数的自由浮动复分都是在指定范围内有限的标目下使用(详见《主题标题手册》中关于"自由浮动复分表"的使用)。具体而言,通用的论题和形式复分见《主题标题手册》的 H1095;各种专门的可在人物类别、种族群体、团体名称、个人名称、家族名称、地理名称和水体名称下使用的自由浮动复分,分别见《主题标题手册》的 H1100、H1103、H1105、H1110、H1120、H1140 和 H1145.5。

三、LCSH 及用于标题词标引的评价

LCSH 从手工标引时代进展到目前的 OPAC、WebPAC 普及的环境,它以其发展过程最完整,影响力最大、最具代表性而成为西文标题表的典范。LCSH 不仅被美国国会图书馆用于集中编目中印刷卡片的标引、馆藏卡片目录和机读目录的标引,而且还被美国国内以及加拿大、澳大利亚及南美和欧洲一些国家的图书馆(包括我国部分高校图书馆和公共图书馆)用于编制其主题目录。此外,LCSH 还为美英等国的在版编目所采用。总之,现时无论是MARC 还是在版编目上的西文主题标引大多来自 LCSH,这也是众多图书馆的西文文献都采用 LCSH 作为其主题标引工具的原因所在。

作为传统的先组列举式主题词表(标题表),LCSH 具有以下三大特点:

(1)LCSH 是美国国会图书馆在编目实践的基础上编制的,其所建立的标题是在标引过程中逐步积累起来的,因此具有较大的实用性和充分的文献资源保证。其次,LCSH 由国会图书馆编目部负责定期修订并备有《主题标题手册》等配套工具,保证其使用上的一致与规范。

(2)LCSH 是标题法基本原理的体现,重视用户用词,选用通用、专指词做标题,重视标引的一致性和对相关性的揭示。其次,LCSH 还充分利用网络环境加快词表的更新速度,以适应资源增长和主题标引的需求。

(3)LCSH 探索了主题标引的一系列技术和方法,它所发展的标题组配次序、复合标题的建立形式以及各类文献标引的方法,是建立各类标题的参考依据。这些技术和方法也被其后出现的其他主题检索语言所继承。其次,LCSH 在其发展过程中不断增加组配因素、完善参照关系,因而增强了在机检系统和网络环境下的适用性和生命力。

除了社科领域的标题带有明显的美国中心和西方意识形态外,LCSH 的不足主要有:

(1)LCSH 采用的是积累成表法,即主要根据其馆藏的内容及特性建立标题词汇积累而成,而非整体知识体系之下的系统编表,因而词表的系统性差且各个学科的标题极不均匀。

其次,由于缺乏统一的理论指导,不同时期在标题方式和形式(例如同类标题在使用正写与倒置、限定标题、单数与复数等方面)的处理上存在着不一致性。

(2)LCSH 由于属于先组式定组型检索语言,同所有的标题检索语言一样,也不可避免地存在着"集中"与"分散"的矛盾。同时,由于标题形式在标题表中是固定的,主标题和副标题的搭配基本上也是固定的,虽然增加了众多类型的自由浮动复分标题,但做了极为严格、繁琐的规定,因而在标引中显得不够专指和在检索时显得不够灵活。

(3)LCSH 的参照项因从传统标题参照形式转换为叙词参照形式,在关系揭示上不够准确。另外,参照不严密,缺乏规律性和一致性,许多标题也未做互逆参照。

第三节 《中国分类主题词表》及其使用

《汉语主题词表》是我国第一部且影响最大的综合性叙词表(叙词表在我国又称主题词表)。由于《汉语主题词表》的篇幅过大,使用不太方便,这在一定程度上影响了它在文献资源主题标引中的推广和使用。但在《汉语主题词表》基础上编制的《中国分类主题词表》(以下简称《中分表》)一方面包含了前者的所有主题词,另一方面也随着《中图法》的普遍使用而不断扩大影响。据此,本节选介《中分表》及其使用方法。

一、《中分表》简介

现已替代《汉语主题词表》功能的《中分表》是我国的一部非常成功的分类主题对照索引式一体化词表,也是国内中文文献资源主题标引事实上的标准。

(一)《中分表》的发展沿革、版本及辅助工具

作为一部分类主题对照索引式的一体化检索语言,《中分表》是在《中图法》编委会的主持下,从 1987 年开始由全国 40 个图书情报单位共同参加编制的一部大型文献标引工具书。具体而言,它是在《中图法》第 3 版(包括《资料法》第 3 版)和《汉语主题词表》的基础上编制而成的分类检索语言和主题检索语言兼容互换的工具,其目的是为实现分类主题一体化标引,为机助标引、自动标引提供条件,以及降低标引难度,提高检索和标引工作效率。《中分表》第 1 版于 1994 年由华艺出版社出版,同时与此配套的还有《〈中国分类主题词表〉标引手册》。

考虑到计算机技术与网络技术在图书馆的广泛应用,联机编目与远程网络编目的进一步发展,词表的易用性问题,以及如何反映《中图法》第 4 版的变化,如何对原有主题词做更全面的增补更新,2000 年 4 月《中图法》编委会在桂林召开全体会议,决定开始修订《中分表》,并把研制适应计算机检索环境下的电子版和主题词及其与类目对应关系的修订作为重点。《中分表》第 2 版在《中图法》第 4 版的基础上修订,2005 年出版时还一并开发研制了《中分表》第 2 版电子版及其编辑、维护管理系统。

《中分表》第 2 版是我国目前规模最大的分类—主题一体化标引工具,共收录分类法类目 52 992 个、主题词 110 837 条、主题词串 59 738 条、入口词 35 690 条,涵盖哲学、社会科学和自然科学所有领域的学科和主题概念,可适用于图书馆、档案馆、情报所、书店、电子网站等进行的各种类型、各种载体的文献资源分类主题一体化标引和检索。

《中分表》第 2 版电子版是以《中分表》的编制规则、"叙词机读规范数据库"和"《中图

法》第四版机读数据库"为基础,并兼顾印刷版的需求而开发的、可应用于网络环境下独立使用的资源组织和检索工具。《中分表》第 2 版电子版的诞生实现了真正意义上的分类主题一体化标引和检索,并为实现机助标引和自动标引提供了知识库和应用接口。

《中分表》第 2 版电子版的编辑、维护管理系统是开发和维护电子版词表的关键项目,基本实现了如下功能:①增加、删除、修改分类和主题词款目的功能;②辅助生成及动态校验数据格式和类目、词间关系的功能;③通过索引和算法生成多种数据内部结构和显示界面的功能;④满足维护管理词表特定需求的数据检索和归类整合功能;⑤提供不同级别(用户级、委员级、主编级)的维护管理以及统计功能;⑥相关数据产品(印刷版和各种索引)的生产功能。①

为顺应网络环境的新需求,借鉴国内外的理论成果和实践经验,《中分表》在其电子版先期成果和研制实践的基础上还研制开发了 Web 版,即 Web CCT。《中分表》Web 版可实现以下功能:①以授权方式使文献标引用户能在互联网上获取和利用不断更新的《中分表》数据库,即可通过网络获得《中分表》的最新版本和查询所有数据。②使互联网环境下的文献检索用户可通过《中分表》的语义浏览界面向类似 OPAC 的检索系统获得主题检索(包括分类检索)服务,即通过镜像方式提供连接本地网络实现联机检索目录(Web OPAC)。③在一定权限下,系统能满足可更新扩展的实用分类体系(知识本体)的建设需求,方便推出新的行业或专业分类主题对应表的建设平台,同时能保证与国外有影响力的分类法、主题词表映射关联的机制,从而可进一步形成一个有影响力的知识本体。④通过特殊授权可下载数据库和管理系统(MARCXML转换格式),为网络用户、专业用户、多语种用户服务。⑤提供友好的可视化网络界面。②

为各图书情报机构学习、掌握和使用《中分表》,提高文献主题标引和文献分类标引的质量,《中图法》编委会曾组织编写过《〈中国分类主题词表〉标引手册》。《中分表》第 2 版及其电子版出版后,《中图法》编委会又组织编写了《〈中国分类主题词表〉(第二版)及其电子版手册》。新手册全面论述了《中分表》印刷版和电子版的编制理论、体系结构及功能,同时还结合文献信息机读标引工作的实际,详细分析了利用《中分表》对各类主题、各类文献资源、各类学科文献资源进行标引的方法。其次,新手册还附有大量的机读标引实例,是应用《中分表》进行分类—主题一体化标引和检索的规范指南,因而也成为文献资源知识组织人员手中的必备工具。随着《中图法》第 5 版的问世,2012 年《中图法》编委会还启动了"《中分表》更新《中图法》(第 5 版)对应主题词工作"。

(二)《中分表》印刷版词表和款目结构

《中分表》第 2 版印刷版与其第 1 版印刷版一样,也包括 2 卷:第 1 卷"分类号—主题词对应表"(2 册)和第 2 卷"主题词—分类号对应表"(4 册)。其中,第 1 卷与其电子版内容完全相同;第 2 卷由于篇幅所限,省略了电子版的部分内容,如主题词英译名、名称主题词(包括人名、团体机构名、题名)、类目对应的主题词串,并在主题词款目中不设"属"项和"分"项,而在族首词下采用等级关系全显示。

1.《中分表》的"分类号—主题词对应表"

《中分表》的"分类号—主题词对应表"是从分类体系到主题词对照的完整索引,含有

① 《中图法》编委会.《中国分类主题词表》(第二版)及其电子版手册.北京图书馆出版社(今国家图书馆出版社),2006

② 《中分表》Web 版简介. http://clc.nlc.gov.cn/ztzfbweb.jsp

《中图法》的 22 个大类、8 个通用复分表、大类中的专用复分表及其对应的主题词、主题词串、对应的注释和说明。该表相当于一部增加了主题词以及主题词组配形式、对应注释与说明的新版《中图法》，及一部以《中图法》体系组织而成的《汉语主题词表》的分类索引。

《中分表》的"分类号—主题词"对应款目由下列要素构成：

（1）分类号、类名、类目注释。

（2）对应的主题词和主题词串（非交替类的交替词改为双竖线，主题词串组配符号一律用"\"表示）。

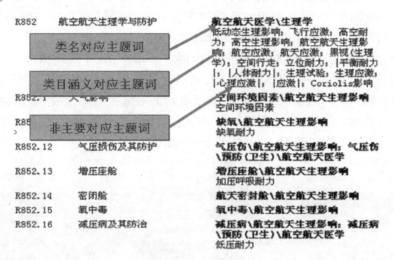

图 6-1　"分类号—主题词对应表"款目样例

2.《中分表》的"主题词—分类号对应表"

《中分表》的"主题词—分类号对应表"是《中分表》从主题词到分类号的对照索引。它包含了 110 837 个正式主题词和 35 690 个非正式主题词（入口词），相当于一部以《中图法》类号为范畴号的《汉语主题词表》，及一部主题词表式的《中图法》类目索引。

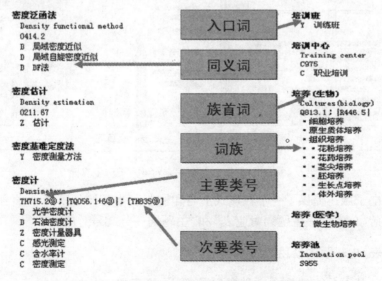

图 6-2　"主题词—分类号对应表"款目样例

《中分表》的"主题词—分类号"对应款目由下列要素构成:

(1)主题词。

(2)主题词的含义注释及语义参照(族首词下采取等级关系全显示,族内词语义参照省略"属""分"参照)。

(3)对应的分类号(包括正式分类号和交替分类号,类目复分用圈号表示)。

(三)《中分表》电子版的体系结构

《中分表》电子版利用各种手段,充分显示各级类目对应的专有名称主题词、主题词串以及词表中的各种词间关系,包括旧版省略的叙词款目中的"属"项和"分"项(改用族首词等级关系全显示),而且还增加了叙词的英文译名,所以容量较大。

《中分表》电子版的各种功能以不同的界面展现给用户,其体系结构由一个主框架窗体和多个子窗体组成。其中,主窗体通过自动显示滚动条来控制浏览所有子窗体,含"分类号—主题词对应表"子窗体(简称"分类表")、"主题词—分类号对应表"子窗体(简称"主题表")和词族表子窗体(简称"词族表")。此外,主窗体还包括菜单栏、快捷工具栏、检索栏、检索结果栏和状态栏。限于篇幅,有关各子窗体的结构不做介绍。

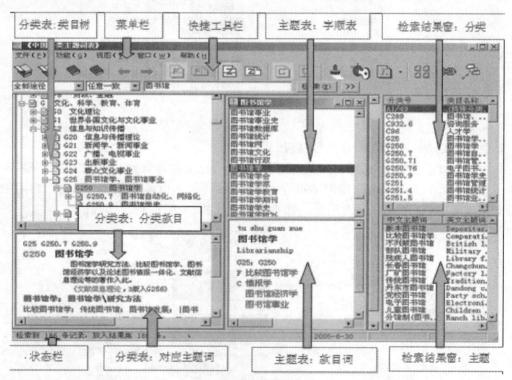

图6-3 《中国分类主题词表》(电子版)主界面

《中分表》电子版还提供了一个在形式上与印刷版基本相同但不属于子窗体形式的"浏览表"窗体,包括"分类号—主题词对应表"和"主题词—分类号对应表"。

二、《中分表》电子版的使用

《中分表》的基本功能就是在文献资源的标引、检索中,提供一个规范的主题术语系统

（包括分类系统），用于对文献资源的内容特征描述，提供一个分类主题一体化的、多维的语义网络，使用户得以迅速查找和准确判断所使用的术语。由于《中分表》的电子版中已记录了标引和检索系统所需数据的数字化信息，因此可以利用这些数据通过发送有关分类或主题标引的信息辅助计算机编目系统的标引。

（一）利用分类主题一体化的优势实现主题标引

如前所述，《中分表》是分类主题一体化的标引工具，既可用于文献分类标引，也可用于文献主题标引，并可使分类标引与主题标引结合起来一次完成。使用《中分表》进行分类标引或主题标引时，既可从"分类号—主题词对应表"入手，也可从"主题词—分类号对应表"入手。鉴于本章的内容，本节只选择介绍使用《中分表》进行主题标引的内容。

由于文献资源的主题是多样和复杂的，以及标引人员的知识结构和思维方式各不相同，从而形成对同一文献资源理解的切入点不同。因此，对于一种文献资源究竟是先从分类标引入手，还是先从主题标引入手，可以因人、因文献资源而宜，并主要取决于标引人员对某一特定文献资源更易从哪个角度（分类或主题）来把握其中心内容以及他们的标引习惯。对于论文的标引，由于涉及的内容比较专深，且常常涉及多个主题和方面，所以更适合从主题标引入手进行一体化标引。

1. 从"主题词—分类号对应表"入手进行主题标引

先将文献资源的主题按主题分析的要求分解成各个主题因素，并正确概括文献资源的内容、提炼其主题概念，然后在词表中利用检索功能查找相应的主题词。如果"主题词—分类号对应表"中已存在与文献资源主题因素一致的主题词或主题词串，则可将其直接作为标引主题词，否则需进行组配标引、上位标引、靠词标引。

使用《中分表》电子版进行主题标引时，要善于利用电子词表所提供的各项检索功能，从多种途径查找主题词，其查找方法有：

（1）直接查找。直接查找是最基本的查找方法，即在检索栏输入所要查找的主题概念，选用"主题途径"或"主题词途径"进行检索。直接查找时，要注意善于变化词形，当某概念没有查到时，未必表示词表没有收录，很有可能是用户所使用的词形与词表所采用的词形不一致。另在直接查找时还要注意根据试检索的结果，调整主题概念的专指度（词素的多少或语词的长度）以及匹配的方式。

（2）通过词族索引查找。由于词族是一系列具有属种关系主题词的集合，所以在比较具有从属关系的主题词、查看某一大概念下还包括哪些小概念时，利用词族索引查找主题词是一种非常有效的方法。特别是查找一些通用概念中还包括哪些专指主题词（如环境、设备、制备、指数、噪声、植物、微生物、心理、因素、影响、自动控制等），则更离不开词族索引。

（3）通过主题词的英译名查找。对于文献资源中出现的英文主题词，可通过电子词表数据库的主题词译名字段进行查找；在西文分编时，输入文献相关的英文单词或片段，也可检索到包含该英文单词或片段的对应主题词。

（4）通过拼音查找。对于某些难以输入的汉字（如无有关词组、形体不好确认等），以及对汉字输入较慢的分编人员来说，通过拼音查找主题词也不失为一种选择。使用拼音检索的途径包括"普通主题词"和"名称主题词"。

（5）通过分类表查找。对于熟悉分类表的分编人员来说，从分类途径了解主题词的收录和词形，也是查找主题词的重要途径。

2. 从"分类号—主题词对应表"入手进行主题标引

从分类标引入手的一体化标引,基本步骤是先确定文献信息的主要类号、次要类号;其次在分类号所对应的主题词中选择与该主题直接相关的主题词(串)进行主题标引;如果与分类号对应的主题词还不足以描述文献资源的主题,再从其他角度查找合适的主题词进行标引。

从"分类号—主题词对应表"入手所查出的主题词(串)对于文献资源的主题往往不够专指,必要时可根据标引专指度要求查出其他主题词并进行组配;对于主题词后带"各国""各种""按…分"等概括性限定词的,更应根据文献资源的具体内容替换成专指词进行组配标引。

(二)充分利用词表的浏览、互动、检索等功能

《中分表》电子版设置了多种浏览方式,并通过超文本技术实现了类目间、叙词间、类目与叙词间的自动链接与跳转。窗口之间的互动,也是电子版词表的重要功能之一。在《中分表》构建的多结构的复杂语义网络中,当用户在某一个结构(如分类表、主题表等)中选中一个语义单元时,那么其他各个结构都会自动定位到与该语义单元相对应的关系类或关系词上来,为标引提供了选择判断等路径,起到了机助标引的作用。

《中分表》电子版词表还为用户提供了非常丰富的检索功能,可用多种方式检索到电子词表的全部数据,充分满足在文献资源主题标引中的各种检索需求。其检索方式分直接检索和组合检索两种,每种检索方式又包括"检索途径""检索匹配""逻辑关系"的选择。另外,不论是从分类还是从主题角度进行检索,某一主题概念(事物、学科等)的全部语义关联都能被揭示,用户根据这些语义之间的关联可以很容易进行一次主题分析之后的分类标引和主题标引,既降低了标引的难度,又可提高标引的效率和质量。

再次,《中分表》电子版还设计了评注功能,用户在词表上可以随时加入必要的评注,即用户对当前活动的分类表或主题表的分类款目或主题词款目所做的使用注释。用户的评注可以分别加在分类款目和主题词款目上,成为特定用户对分类表和主题词表使用的特殊规定,从而形成本馆/本机构的使用本。

(三)实现与编目系统的挂接功能

《中分表》电子版的数据格式由于记录了分类号、类名、类目注释、普通主题词、名称主题词的字段号,这为实现词表与编目系统的挂接奠定了基础。《中分表》与编目系统挂接的设置及使用步骤如下:

(1)设置用户标引接口参数。为了使用户在电子版选择的检索词(类号)直接"发送"到用户编目系统的相关字段,需要先在帮助菜单中选择"设置标引接口参数…"。选择后出现设置标引接口参数菜单,系统默认的编目系统标引窗口名是"著录标引工作单",用户应自行改为所使用的编目系统窗口上方的标题名称(包括版本号)。

(2)加入接口协议。接口协议需由用户联系各自的系统开发厂商协助加入。标引接口协议标准模块代码请参见《〈中国分类主题词表〉(第二版)及其电子版手册》的相关内容。

(3)发送标引词。一旦接口协议加入,并设置了标引接口参数,那么用户在分类表或主题表选中某标引词(分类号)后,点击"发送"图标,或在功能菜单选择"发送标引词",该主题词或分类号就被添加到编目系统的相关字段中。当用户设置了标引接口参数但还没有将接口协议加入时,暂时可先使用复制、粘贴方式完成标引词到编目系统各个字段的操作。

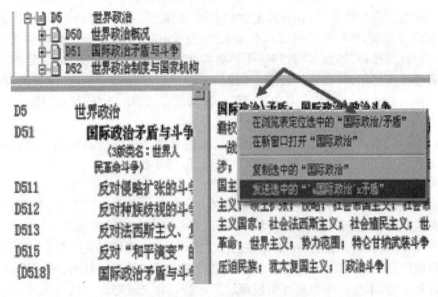

图 6-4　《中分表》向编目子系统发送标引词

在使用《中分表》进行主题标引时需要注意：①勿将主题词串当作现成的标引词；②当遇到以人名、团体或会议名称、家族名称、作品名称、节目或栏目名称、产品设备的专有名称、计算机语言数据库软件名称、人大通过的法律名称、地理名称为文献资源所论述的主题时，要根据标引规则的要求将其直接选作主题词，并著录在 CNMARC 书目格式相应的主题字段中。

三、《中分表》及用于主题标引的评价

《中分表》第 2 版对《中分表》第 1 版、《中图法》第 4 版的部分类目和《汉语主题词表》进行了全面的审查和系统的修订。如在主题词方面，《中分表》第 2 版根据文献保障原则增补了大量的新主题词和入口词，删改了旧主题词，并加强了词表的自然语言检索功能，完善了主题词之间的语义关系，修订了词族索引、英译名；在类目与主题词的对应关系上，《中分表》第 2 版根据《中图法》第 4 版及其出版以来增删改类目的变化情况，重新对应、调整、修订对应主题词，以适应文献资源的标引和检索要求。

《中分表》电子版从实现一体化标引和检索的功能要求出发，为不同用户设计了个性化服务界面。并采用分类树视图直观显示，多表、多文档互动结构，参照关联的超文本链接显示；提供多途径、多方式的检索（结构化全文检索、一体化扩检功能），词族表动态重组生成，与编目和检索应用系统挂接的公共接口等功能。从根本上克服了《中分表》印刷版的线性体系结构和检索效率低等功能缺陷，免除了用户在旧版的六大分册之间来回翻检的烦恼，增强了词表的易用性，提高了标引和检索的效率，实现了真正意义上的一体化标引与检索。[①] 另外，《中分表》电子版还具有基于知识语义网络的一体化扩检功能，从而为分类—主题一体化标引提供了理想的工作平台。而《中分表》Web 版的成功开发以及推广应用，则为我国各类文献资源的组织、检索和利用提供了一个最大、最全面、可扩展更新的知识体系，以及一个通

---

①　侯汉清,李华.《中国分类主题词表》(第二版)评介. 国家图书馆学刊, 2006(2)

用的数字型检索语言交换平台,在我国文献资源整合、重组、共享中具有不可替代的作用。

《中分表》的编辑、维护管理系统具有录入、修改、纠错、链接、自动生成各种索引、多种显示模式、编辑、自动校验、排版、检索和统计等功能,该系统的成功开发为《中分表》的修订和维护全面实现计算机化、动态维护管理、远程反馈用户信息提供了基础,使我国词表编制水平有了一个极大的跃升。其实,《中图法》第5版也是应用《中分表》编辑、维护管理系统完成的。

虽然《中分表》的第2版、电子版及其编辑、维护管理系统的研制成功,对我国图书馆和情报机构文献管理和服务的现代化具有重大意义,但仍存在以下不足:

(1)《中分表》的修订周期过长,词汇更新滞后。《中分表》创建、维护、自动更新系统目前为封闭式环境,还不能完全适应网络环境的发展,不能为用户提供有效的使用反馈机制,不能实现实时修订,不能定期维护和升级换版,因而总是存在时滞问题。

(2)《中分表》词表的性能和功能有待完善。由于类目和对应的主题词之间只是一种先组语言和后组语言之间的兼容互换关系,很难进行两者之间的精确转换,不少类目上下对应的主题词数量不够,不能详尽包括标引较深层次的类目含义或隐含主题。另外,《中分表》类目的处理由于是人工按照概念关系的理解转换而成的,因而不可避免地存在随意性和不一致性,从而影响对应的质量。

(3)《中分表》单线多层次的体系结构与多属性、多元化、一站式的多用户检索需求不相适应。例如,主题词概念关系多为线性体系,缺少多属性划分形式,而且同主题的属种关系与《中图法》类目概念体系也还存在着矛盾、重复和交叉。

(4)《中分表》第2版的等同率虽然已经有了大幅度的提高,但还远不能满足今后网络用户使用自然语言进行检索的需求。①

第四节 与主题标引工作相关的问题

文献资源主题组织的核心在于分析文献资源内容、赋予语词标识并对之进行系统化。而主题标引则是在主题分析的基础上,依据一定的主题词表和主题标引规则,赋予文献资源语词标识的过程。即主题标引的目的是通过对文献资源进行主题分析,从文献资源中客观、全面、准确地提炼出主题概念,然后借助于主题词表和主题标引规则,把主题概念转换成标引词,从而建立起主题检索系统。② 由于文献资源的知识组织具有主观性特征,所以本节重点论述实体资源主题标引的方式、步骤与方法,以及基于机读目录的主题标引。

一、主题标引的方式

主题标引的方式是指根据文献资源的特点和用户使用的需要而确定的标引和揭示其主题内容的形式。依文献资源标引所针对的内容,主题标引可以分为整体标引、全面标引、重点标引、综合标引、分析标引等;依主题标引中标识组配的先后,主题标引可以分先为组式标

① 侯汉清,李华.《中国分类主题词表》(第二版)评介. 国家图书馆学刊, 2006(2)
② GB/T 3860 – 2009. 文献主题标引规则. 中国标准出版社, 2009

引和后组式标引;依所用标识与主题概念的对应性,主题标引可以分为专指标引、组配标引、上位标引、依附标引(靠词标引)、暂定标引;依所用主题标识的受控程度,主题标引可以为分受控标引和自由标引;依标引深度,主题标引可以分为深标引和浅标引。标引方式通常应结合检索系统的性质和条件、文献资源的类型和特点、用户需求和检索语言等多种因素加以确定。

关于标引深度,即标引一篇文献资源所用主题词的数量,与文献资源所实际具有的主题数量、主题类型、检索系统的类型、文献资源的类型以及所用主题词表中词的先组程度等有关。标引深度过低,可能会遗漏文献资源中的重要检索点,降低检全率;标引深度过大,可能会增加文献资源中的无意义检索点,减低检准率。一般而言,用于手工检索系统时,普通图书的标引用词约1—5个,论文等资料的标引用词约2—10个;用于计算机检索系统时,普通图书的标引用词约1—10个,论文等资料的标引用词约3—20个。不同的文献/信息机构应根据各自的需要拟定标引深度。

主题标引是一项十分复杂的技术性工作,一方面是因为文献资源主题及其论述方式千差万别,各种词表的体系结构、编制技术复杂,且本身都有不同程度的不足,另一方面是因为标引人员对文献资源主题的理解、标引技术的运用等也还存在着一定的差异。除了词表质量和人员素质之外,检索系统的专业性质、服务对象的需求特点和检索习惯、馆藏资源的特点等都是制约标引质量的重要因素。由此不难看出,主题标引具有很高的严密性,同时又具有很大的灵活性,因此必须对其全过程进行规范化控制。具体而言,主题标引的规范化主要包括以下几个方面:

(1)选用规范化的词表作为文献资源标引的工具(这是标引工作规范化的基础)。

(2)制订科学、实用的主题标引工作程序和标引规则,使标引工作有章可循(这是标引工作规范化的主要措施)。

(3)对于一个具体的文献/信息机构来说,为保证主题标引工作的规范化,还应在基本规则的基础上,结合本单位的实际情况制定更具体、更实用的标引细则,如确定本馆的使用本、确定标引深度和检索深度、确定主题词的组配级别、设计主题分析提纲和标引工作单等。国内外相关机构颁布的各种主题标引细则,如我国 GB/T 3860—2009《文献主题标引规则》以及 LCSH 的《主题标题手册》都是制定各种主题标引细则的基础。

二、主题标引的步骤与方法

主题标引的步骤主要包括文献资源审读和主题分析、主题概念转换成主题词和标引工作记录等,但为保证文献资源标引的质量、减少标引误差,还需由经验丰富的标引人员对主题标引的各个环节及最后的结果进行审核。整个文献主题标引工作的流程如图6-5所示:

(一)文献资源审读和主题分析

1. 文献资源审读

文献资源审读是主题分析的前提,目的是了解与判别文献资源所具体论述与研究的对象或问题,从而确定文献资源的主题。

审读文献资源时,通常应从文献资源的题名、前言、导语、结语、序、跋、目次、图表及所附的文摘、简介、参考文献,以及以特殊字型字体突出的或加重点号的语词等主题信息富集区进行审读,做到不遗漏有用的信息。必要时还应浏览文献资源的重点章节或全文,切忌仅依文献资源的题名进行主题分析。

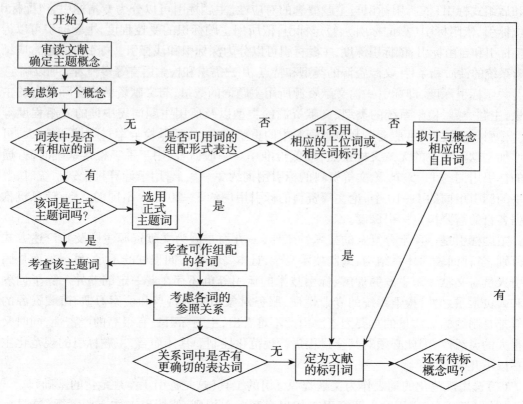

图6-5　文献主题标引工作流程

2. 主题概念确定

文献资源审读后,标引人员应遵循一定的方式确定出能描述文献资源主题基本要素的概念。主题概念的确定通常是事先应拟定出主题分析提纲,指明有关的分析重点。其中,主题分析提纲的一般性重点问题包括:

(1)文献资源研究的具体对象是什么,如问题、产品、材料、设备、事件、现象等;

(2)研究对象的结构、成分、材料、性质等;

(3)主题里是否包含有动态的概念,如行为、过程、操作等;

(4)文献资源中是否提到某种活动、事件的主体等;

(5)文献资源中是否说明了完成某行为、解决某问题的具体方式或方法;

(6)文献资源中是否具有检索价值的空间因素、时间因素和文献类型因素;

(7)文献资源中是否有新理论、新观点、新产品、新技术、新材料、重要数据等信息;

(8)讨论研究对象时是否从某种特定的观点出发,而并非从该研究领域的正常观点出发;

(9)文献资源中是否还有其他隐含概念:如一种现象、过程,是否隐含着某种性质或原理;一种工艺、技术,是否隐含着某种设备;一种新材料,是否隐含着某种特殊的用途;一种药物疗效,是否隐含着该种药物的副作用;一种化学反应,是否隐含着某种"催化剂"概念;一个人物的研究,是否隐含着对某种思想的研究;一篇作品的评论,是否隐含着"文学创作"的概念;一个政治事件,是否隐含着"国家之间的关系"或"民族矛盾"等概念;

（10）文献资源是否具有其他潜在的用途。

3. 主题类型分析

对于主题类型的分析，国内一般按文献资源中主题的情况以及标引处理的需要，同时从多个角度进行分析：

（1）按文献资源所包含的主题数量，可分单主题与多主题；

（2）按主题所包含的主题因素（主题概念）的多少，可分单元主题与复合主题；

（3）按主题所反映的专业属性，可分专业主题与相关主题；

（4）按主题在文献资源中的重要程度，可分中心主题与边缘主题、主要主题与次要主题；

（5）按主题概括文献资源内容的范围，可分整体主题与局部主题；

（6）按主题在文献资源中的清晰程度，可分显性主题与隐性主题；

（7）按主题之间的关系，可分从属主题、并列主题、因果关系主题、影响关系主题、比较关系主题、应用关系主题等。

了解与掌握这些主题类型以及主题与主题之间的关系，并从多个角度对主题概念进行分析，有利于在实践中避免片面性，以及恰当地对文献资源的主题进行分析、提炼和取舍。

4. 主题结构分析

了解与掌握文献资源的主题结构，有助于在进行主题分析时准确提炼和取舍主题概念。主题结构是指构成文献资源主题概念的各个基本概念因素以及它们之间的相互关系。而分析主题结构则是为了在了解主题类型的基础上，进一步分析文献资源中复合主题的成分，以便查明主题构成因素及其相互关系的同时，对主题概念进行提炼。为了便于标引的一致、有效地分析一资源的主题构成，各国学者提出了各种主题关系的结构模式，并将其作为进行主题分析和确定先组式主题标题的依据。我国 GB/T 3860—2009《文献主题标引规则》采用的主题结构模式与 LCSH 主题标目的引用次序基本一致，即：

主体因素：通常是指文献资源具有独立检索意义的研究对象（包括理论、事物、事件、现象、问题、产品及其组成部分等中心主题概念）；

方面因素或限定因素，也称通用因素：是指成分、材料、方法、过程、条件、状态、尺度、性质、作用、关系等对主体因素研究方面（角度）的说明或限定因素；

空间因素；

时间因素；

文献类型因素。

例如《中国 20 世纪 90 年代诗歌流派论丛》的"诗歌—流派—中国—20 世纪 90 年代—论丛"的主题结构可以分析为：

　　诗歌　　　　流派　　　　中国　　　20 世纪 90 年代　　　论丛
（主体因素）（方面因素）（空间因素）　（时间因素）　（文献类型因素）

当然，若将空间、时间、文献类型因素作为研究对象时，它们也可成为主体因素。需要注意的是，利用这一主题结构模式进行主题分析，一是有助于查明主题概念的成分，避免遗漏有检索价值的主题概念；二是可以在明确主题因素之间关系的基础上，根据需要对主题概念进行合理的分析和选择；三是采用统一的规范，有助于增加主题分析结果的一致性。[①]

---

①　马张华. 信息组织（第二版）. 清华大学出版社，2003

（二）主题概念转换成标引词

在受控主题标引的情况下，主题概念的转换通常以一定的词表为工具，将主题分析阶段选定的表达主题内容的概念转换成主题词表中的标题词、主题词或它们的组配形式。主题概念转换与主题分析一样，也是主题标引工作中极为重要的环节，一般应在熟悉词表结构功能、掌握词表使用方法以及标引规则方法的基础上才能进行。

由于标题语言是一种先组式检索语言，使用标题表对主题概念进行转换时，主标题与副标题的搭配一般是固定的，因此在选择标题时需要注意：①直接从词表中查找相应的单词或短语标题作为标引词；②各种类型的主题概念要严格按照词表的规定处理，如 Work and family 是 LCSH 中规定的形式，标引时不可随意将其颠倒为 Family and work；③对复合主题的处理要遵循标题复分的规定进行组配标引；④对于标题表中未列出的标题词，需要时必须符合所选用标题表规范化的要求（如根据示范标目）自拟标题。

关于叙词的选定，我国 GB/T 3860—2009《文献主题标引规则》则做了如下规定：

（1）使用主题词表（叙词表）标引文献用词必须是词表中的正式主题词（非控主题词字段除外），书写形式要与词表中的书写形式一致。非正式主题词（即入口词）不能用来标引文献。

（2）使用专指词标引。标引文献用词应优先考虑选用与文献主题概念直接相对应的专指主题词。如果仅选用较为专指的词标引将会影响检索系统的性能时，可用较为泛指的主题词作补充标引，例如使用设备具体型号标引时，应选用表达设备类型的词作补充标引。

（3）概念组配标引。当词表中没有与文献主题概念直接相对应的专指主题词时，应优先选用两个或两个以上相关的主题词进行概念组配标引、优先交叉组配，避免越级组配。

（4）如果不宜使用组配或无法组配时，可选用最直接的上位主题词或相关主题词（靠词标引）标引。

（5）无上位或相关主题词时，可根据情况选用自由词作补充标引。

对可采用自由词标引的情况，我国 GB/T 3860—2009《文献主题标引规则》的规定如下：

（1）某些概念虽可采用上位词标引或相关词标引，但当这些概念在文献中出现的频率较高时；

（2）某些概念如采用组配，其组配结果出现多义时；

（3）词表中明显漏选的概念；

（4）表达新学科、新理论、新技术、新材料、新事物、新设备、新产品等的概念；

（5）词表中未收录的空间（地区）、时间（时代）、人物、文献、事件、机构等的名称；

（6）词表中未收录的现象、过程、性质、状态、形状、数量等的通用概念及重要数据名称；

（7）某主题词的同义词（包括英文缩写形式）、准同义词未编入词表，且在文献中使用率较高时；

（8）用户使用频率较高的检索词。

自由词可从文献资源的题名、目次、摘要或正文，以及用户检索词积累数据库、其他词表、参考工具书中选择，必要时也可以由分编人员自行拟定，但选用的自由词必须做到概念明确、语义专指、词形简练、实用性强。其次，使用自由词标引后，应该予以记录，并将其反馈到相应的词表管理部门。

（三）标引工作记录

标引工作记录包括两个方面：一是对标引结果的著录；二是对标引工作中遇到的重要问题及处理结果的著录。

根据主题检索工具的不同特点，标引结果应分别采用相应的著录形式。如手工检索系统中标引词的著录有两种形式：一种将确定的主题词著录在目录的款目上，以作为排检依据；另一种是直接将文献代号记录在相应的标目下（主要用于书目式索引）。而机器检索系统通常应根据所依据的编目规则对"主题块"各主题字段按规定进行著录。

对标引中遇到的重要问题及处理结果加以记录，如对主题词增、删、改的记录，上位词标引、相关词标引、自由词标引等的记录，主要是为了今后备查。

三、基于机读目录的主题标引

由于在机读目录中，各主题字段和子字段都可作为检索点，以及著录在相应字段和子字段的主题词都可进行组配检索，所以机读目录的主题标引应采用全面标引、深标引的方式，以提供尽可能多的、有检索意义的检索点。

基于机读目录的主题标引需要注意以下几点：[①]

1. 主标目的选定与主题因素的复分

应以作为论述对象的主题词作为主标目标引于主题检索字段的 $a 子字段（或其他相关子字段）。

主题因素的复分应标引于对应的子字段。例如主题的空间/地区因素、时间/年代因素、文献类型因素，在 CNMARC 书目格式主题检索字段中分别标引于 $y、$z、$j 子字段；其他主题复分，如事物的性质、状态、过程、工艺、材料等，在 CNMARC 书目格式主题检索字段中不分先后地标引于 $x 子字段。例如《数控磨床的检验与维修》用《中分表》第 2 版和 CNMARC 书目格式标引为：

606 0#$a 数控磨床 $x 检验 $x 机械维修

或：

606 0#$a 数控磨床 $x 检验

606 0#$a 数控磨床 $x 机械维修

再如 *Cancer morbidity and mortality among Danish brewery workers* 用 LCSH 和 MARC21 书目数据格式标引为：

650 #0$aCancer$zDenmark.

650 #0$aCancer$zDenmark$xMortality.

650 #0$aBrewery workers$xDiseases$zDenmark.

650 #0$aBrewery workers$zDenmark$xMortality

2. 多主题的标引

文献多主题的标引，宜重复使用或分别使用多个主题字段分别标引。例如《鸡鸭的规模饲养》用《中分表》第 2 版和 CNMARC 书目格式标引为：

606 0#$a 鸡 $x 规模饲养

---

① GB/T 3860—2009 文献主题标引规则．中国标准出版社，2009

606 0#$a 鸭 $x 规模饲养

3. 名称主题标引

当个人名称、团体名称、家族名称、文献题名、地理名称等作为研究对象时,CNMARC 书目格式应分别标引于 600、601、602、604 或 605、607 等主题检索字段。各名称主题的学科主题复分,分别标引于这些字段的 $x 子字段(凡在名称主题字段的学科主题复分子字段中没有标引的学科主题,应在 606 字段加以标引)。

4. 自由词标引

在机读目录标引中,宜充分利用自由词标引来弥补使用主题词标引时主题词表修订不及时、标引专指度低、组配标引产生歧义等方面的不足。

凡属于"自由词标引"列举的范围,以及有助于对主题的理解与检索的语词都可以作为自由词标引。例如《美国海军两栖攻击舰(LHD8)命名为"马金岛号"》用 CNMARC 书目格式标引为(其中 610 字段为自由词标引):

606 0#$a 两栖攻击舰 $x 命名 $y 美国

610 0#$a 马金岛号 $aLHD8$a 黄蜂级 $a 塔拉瓦级

第七章　实体资源的分类组织

实体资源的分类组织是指利用知识组织系统之一的分类法对实体资源进行知识组织的一种形式。由于国内外实体资源分类组织所用的分类法存在较大的差别,所以本章在对实体资源分类组织进行概述的基础上,重点对实体资源分类组织所用的《杜威十进分类法》和《中国图书馆分类法》以及与分类标引工作相关的问题进行论述。

第一节　实体资源分类组织概述

分类是指依据本质属性或其他显著特征对事物进行区分和类聚,并将区分的结果按照一定的次序予以组织的活动或过程。实体资源的分类组织是依据一定的分类法,根据实体资源所反映的学科知识内容与其他显著特征,将实体资源分门别类地加以系统组织与揭示的方法。

一、分类法及其功能

分类法的发展是随着文献资源分类的应用需要和其本身的编制实践而不断发展的,同时也深受国内外哲学家们对人类知识体系划分的影响。总体来看,国内外的分类法在揭示文献资源内容、应用服务范围、编制维护技术等方面均取得了长足发展。

(一)分类法的定义与类型

与主题法一样,分类法也包含两重含义:一是指具体的用于类分文献资源的分类表;一是指使用分类号来表达文献资源内容属性、组织检索系统并提供分类检索途径的方法。概言之,分类法就是将表示各种知识领域(学科及其研究问题)的类目按照知识分类原理进行系统排列并以代表类目的分类号(数字、字母符号)作为文献资源主题标识的情报检索语言。

一般意义上的分类法,也有广义和狭义之分。狭义的分类法主要包括等级体系分类法(又称等级列举式分类法,简称体系分类法)和分析—综合分类法(又称分面组配式分类法,简称组配式分类法)两种。[①] 而广义的分类法除了上述两种之外,另还包括半分析—综合分类法(即体系—组配式分类法)。[②] 使用这些分类法尤其是使用体系分类法所建立起来的文献资源检索系统能使检索者鸟瞰全貌、触类旁通,使他们能系统掌握和利用一个学科或专业范围的文献资源。

以上广义和狭义的分类法都是按其编制的结构形式划分的。但是若从不同处理对象的角度,分类法则可被划分为文献分类法、学科分类法、网络信息分类法、事物分类法等。其

---

① 张琪玉. 情报语言学词典. 北京图书馆出版社(今国家图书馆出版社),2001

② 戴维民主编. 信息组织(第二版). 高等教育出版社,2009

中,文献分类法是诸多分类法中最为重要的一种分类法,因为文献是人类知识最为完整和系统的记录,对它们的整序要求也最高。文献分类法最为复杂和庞大,包括图书分类法、资料分类法、档案分类法、专利分类法、标准分类法、公文分类法等。

若从标记制度的角度,分类法还可被划分为使用顺序制标记法、层累制标记法、混合制标记法、分段制标记法、起迄制标记法以及回归制标记法等分类法。其中,层累制标记法是一种使分类号的位数与类目的等级数相对应的标记制度,即其分类号能够反映类目之间的隶属和并列关系,所以在文献分类法中使用得较为普遍。

(二)分类组织的特点与功能

与主题组织相比,实体资源的分类组织具有以下显著特点:①

(1)分类法采用人为规定的号码(分类号)做标识,可赋予资源特定涵义,易于通用,但含义不直观。

(2)文献资源的分类组织主要是从具体事物、对象和问题的学科性质来揭示其知识内容,能够将同一学科性质的文献资源加以集中,以满足人们从学科门类对事物、对象与问题进行"族性检索"之需要。

对实体资源进行分类组织具有多方面的作用,包括:

(1)对实体资源进行分类排架。以学科知识的系统性来分门别类地排列实体资源,是分类法在实体资源组织中最为重要的一种应用。将实体资源分类排架具有以下优点:①能使藏书体现学科的系统性,便于人们按学科体系来利用藏书;②有利于提高开架借阅的质量。

(2)建立分类检索系统。分类法在实体资源揭示中的应用主要体现在为分类检索系统提供分类号。与分类排架相比较,分类检索系统不受实体资源形式和具体单位收藏的限制,可以从多角度对实体资源的内容予以揭示。这种按照类目体系展开的等级层次,也便于用户在检索过程中扩大或缩小检索范围。

(3)分类统计。分类法能对文献/信息机构中实体资源的各类统计提供帮助。而利用分类标识按类进行实体资源的入藏统计、利用统计、经费统计,是有效进行实体资源配置、管理和利用的基本手段。

应该明确的是,分类法的分类排架与建立分类检索系统虽然都有检索实体资源之作用,但不完全相同。过去,无论是编制分类法还是制定分类规则,或是对实体资源进行分类标引,大都倾向于以满足分类排架为主要需要。但如今,要充分发挥实体资源的作用,便于用户的检索利用,实体资源的分类首先应保证分类检索系统的检索效率,其次才兼顾分类排架之要求,尤其是 RFID 用于文献/信息机构后。

二、国外分类法的发展

早在古希腊时期,亚里斯多德(Aristotle)就把当时的人类知识分为三类,即理论哲学、实用哲学和生产哲学。西方图书分类学家认为,亚里斯多德的这一知识分类对后来的图书分类体系起着间接影响。即在此之后,虽然西方许多国家都纷纷编制了各自的分类法,但大多没有新的建树。直到16—17世纪,英国哲学家培根(Francis Bacon)才把人类全部知识分为历史(记忆的)、诗歌(想象的)和哲学(理性的)三类并据此做了详细的划分,从而构成了系

① 俞君立,陈树年. 文献分类学. 武汉大学出版社,2001

统的知识分类体系。培根的这一知识分类体系对后来的图书分类体系产生了很大影响。1870年,美国哈里斯(W. T. Harris)在编制《圣路易大学图书馆目录》时则将培根的知识分类体系加以倒转,即以哲学—诗歌—历史的次序来组织文献资源的分类体系。①

当然,国外真正意义上的现代文献分类法的诞生,则以采用上述倒转知识体系并于1876年问世的《杜威十进分类法》(Dewey Decimal Classification)为标志。《杜威十进分类法》的问世也将国外图书分类法的发展史划分为前杜威时期和杜威时期,并开创了图书分类法史上的新纪元。②自《杜威十进分类法》诞生以来的100多年间,西方文献分类法的理论与技术得到了迅猛发展,国外文献分类学家也致力于文献分类法的研制与创新,以致产生了以《杜威十进分类法》《美国国会图书馆分类法》(简称LCC)为代表的列举式体系分类法,以《冒号分类法》(简称CC)、《布利斯书目分类法》(简称BC)为代表的分面组配式分类法,以及以《国际十进分类法》(简称UDC)、俄国《图书馆书目分类法》为代表的体系—组配式分类法等一大批文献分类法。其中,尤以《冒号分类法》的影响最为深远。

《冒号分类法》是印度学者阮冈纳赞针对20世纪初文献新事物新主题不断涌现以及原有分类法不能充分表达这一现状,根据其分面分析合成理论(一种灵活的、多角度看待事物、无限容纳概念的文献分类理论)而编制的。在该分类法中,阮冈纳赞将整个知识领域按"知识大纲—分面—亚面—类目"结构分类,并根据概念的分析与综合原理,将概括文献、信息、事物的所有分面归纳为本体(Personality)、物质(Material)、能量(Energy)、空间(Space)和时间(Time)5个基本范畴。即在使用《冒号分类法》合成新主题的类号时,需要按照PMEST分面引用次序将各个组面加以组配。

尽管《冒号分类法》由于其过于复杂的分面标记制度而未能在实体资源分类组织中得到广泛的应用,但它所倡导的分面分类理论却给分类法带来了一场革命,即它使图书分类理论从静态理论(追求知识整体序列的客观性)发展为动态理论(分析兼综合、主题概念分面组配动态灵活)。这对后来分类法的编制、修订和使用都产生了巨大的影响,具体表现为多种综合性的列举式体系分类法都或多或少地吸取了组配、复分(通用复分、专类复分)、仿分、多重列类等分面组配技术,从而形成了体系—组配式分类法。

英国分类法研究小组(CRG)在发展阮冈纳赞的分面分类理论和技术的同时,也编制了10多部专业分面分类法。该小组成员B. C. 维克里1960年出版的《分面分类法——专业分类表的编制和使用指南》则全面总结了英国分类法研究小组编制分面分类法的经验,促进了分面分类法的推广。此外,分面分类理论除在图书分类法中得到应用外,还被推广使用到叙词表的改编中,最为典型的例子就是分面叙词表的出现(具体内容可参本书第六章)。即通过分面分析技术的改进和语词规范,能将分类体系和叙词体系进行有机结合从而成为主题分类一体化词表。随着网络的兴起,分面分类法概念表达的灵活性和能提供多种检索途径的优势,使之在网络资源组织和检索中得到广泛的应用。

此外,国外图书情报界也一直比较重视编制专业的文献分类法。当前欧美各国,几乎每个学科、每个主题领域、每个资源类型都有自己的专业分类法,如《ACM计算机分类表》(简称ACM CCS)、《国际专利分类表》(简称IPC)和《国际标准分类法》(简称ICS)等。许多著名的文献分类法还在技术方法上进行不断的变革与创新,以致一些文献分类法既有印刷版

---

① ②戴维民. 情报检索语言综论. 军事谊文出版社,1994

又有电子版甚至网络版,而且特别注重与文献资源分类组织与检索的应用需求相结合。

三、我国分类法的发展

为整理丰富的图书文献,我国古代很早就产生了图书分类体系。但是,具有现代特征的图书分类法在我国却到 20 世纪初才在西方新学的影响下出现。①

在我国,古代图书分类体系除了郑樵等人的十二分法等外,主要有七分法和四部法两大流派。其中,七分法是我国最早出现的一种图书分类体系,它始创于汉代的《七略》(含辑略、六艺略、诸子略、诗赋略、兵书略、书数略和方技略),后有南朝的《七志》、梁朝的《七录》;而由甲、乙、丙、丁改称经、史、子、集的四部分类体系——四部法则是我国古代占主导地位的一种图书分类体系(唐宋的各种官私书目大多采用四部法分类),到清代编制《四库全书总目》时,四部法更趋完善。总之,四部法对我国后代公私目录有着深远的影响,即使今日,我国不少图书馆仍用四部法在对古籍进行分类。

随着西方文化科学技术的不断渗入,以及四部法难以容纳“西学”“新书”之要求,我国开始出现新的图书分类体系和图书分类法。这一过程大约经历了半个多世纪,其中影响最为深远的是《杜威十进分类法》的引入。将西方的分类法理论应用于我国分类法的编制,使我国近代分类法的研究和编制工作进入了一个新阶段,以致产生了脱离书目形式而以科学分类为基础的分类体系,其中最具代表性的是刘国钧依据《杜威十进分类法》原则而编制的《中国图书分类法》和《中文普通线装书分类表》,从而在当时的京师图书馆形成了中文善本书、普通线装书、平装书的不同分类体系。

新中国成立后,我国文献分类法的编制和研究进入了一个全新时期,编制了多部大型综合性分类法和数十种专业分类表。《中小型图书馆分类表草案》和《大型图书馆图书分类法》的编制,首次创立了“五分法”,首次采用字母与数字相结合的混合号码、层累制的标记制度及借号法、八分法、设置交替类目,这些都为以后的分类法所沿用。这一时期影响较大,目前还在使用的分类法有《中国图书馆分类法》《中国科学院图书馆图书分类法》(简称《科图法》)和《中国人民大学图书馆分类法》(简称《人大法》)。

1999 年起,我国的文献分类法进入了机读化、电子化研究时期。如 2001 年《中国图书馆分类法》第 4 版电子版以及 2005 年《中分表》第 2 版电子版的研制成功和推广,为实现分类主题一体化标引、机助标引、自动标引等提供了便利,降低了标引难度,提高了标引效率。而 2010 年 3 月《中国图书馆分类法》和《中分表》Web 版的正式发布,则进一步满足了图书馆编目网络化、OPAC 检索网络化以及实时修订网络化的需求,并为广大用户(包括图书馆业界和读者)提供了一个通用的数字型知识组织系统服务平台(含各类信息资源的知识组织、知识检索、学科导航和实时更新等功能)。

总之,我国分类法的发展变迁与分类法的应用需求是分不开的。从半封闭式藏书楼的书本式分类目录到查询借阅所需的卡片式目录,从分类开架的实地浏览借阅到基于 Web-PAC 的远程检索,无不体现出对分类法的不同需求,同时也表现出对分类法继承和变革的需求。

---

① 曹树金,罗春蓉. 信息组织的分类法与主题法. 北京图书馆出版社(今国家图书馆出版社),2000

第二节　《杜威十进分类法》及其使用

如前所述,《杜威十进分类法》(以下简称 DDC)开创了分类法的新纪元,并对世界各国(包括我国)的图书馆分类法理论和实践都产生了很大影响。据此,本节选介 DDC 及其使用方法。

一、DDC 概述

(一)DDC 的发展沿革

由美国图书馆学家、图书馆学教育家杜威(Melvil Dewey)创制的 DDC,其前称为《十进分类法与相关索引》和《图书馆图书、小册子排架和编目用分类法及主题索引》。其中,《图书馆图书、小册子排架和编目用分类法及主题索引》出版于 1876 年,收入近千个类目,用 3 位阿拉伯数字做号码,整个分类法包括导言和类目索引在内的篇幅仅 42 页。但由于它的标记简明,以及率先提出以相关排列法来替代当时美国图书馆界普遍采用的固定排列法并为类目表编制相关索引,因而受到普遍的欢迎。《图书馆图书、小册子排架和编目用分类法及主题索引》1885 年出第 2 版时改名为《十进分类法与相关索引》。该版增加了类目的细分程度,首次配置了标准复分表,并规定了在保持已有类目的基础上进行修订的方针,为分类表的进一步发展奠定了基础。1951 年,《十进分类法与相关索引》出第 15 版时改称现名。

从第 16 版开始,DDC 实行名为"凤凰"(phoenix)的对类目的根本修改,即对二级类目进行彻底改造,推翻某些旧的局部体系并建立某些新的局部体系。这些新的局部体系,在第 20 版前被称之为"凤凰表",但自第 20 版起改称"彻底改编的类表"。①

DDC 有详本和简本两种版本。其中,1894 年开始出版的、供中小型图书馆使用的 DDC 简本,主要是给馆藏量低于 20 000 册的图书馆使用,但与详本保持同步修订。DDC 简本的最新版本是 2012 年出版的第 15 版,而其详本的最新版本则是 2011 年出版的第 23 版(包括印刷版和网络版)。

在类表不断修订的同时,DDC 从 20 世纪 80 年代就完成了计算机管理系统的研制,并于 1993 年推出了 MS-DOS 版的"电子杜威"(Electronic Dewey,这是世界图书分类法史上第一部以 CD-ROM 形式推出的电子分类法);1996 年推出 DDC 20 版的"视窗杜威"(Dewey for Windows),同年,DDC 21 版的印刷版和视窗版同时出版和推出;1997 年,DDC 推出专业网站,发布更新内容、相关研究进展及分类法相关知识,为检索语言的研究者和用户提供了极有价值的最新信息和资料;2000 年,DDC 又推出世界上第一部网络版分类法——WebDewey in CORC;2002 年,正式推出 WebDewey,同时也发布了 DDC 简本网络版,即 Abridged WebDewey;2012 年推出新版 DDC 网络版 WebDewey2.0。DDC 网络版的主要特点是:①具有易于使用的可视化浏览界面;②与美国《国会图书馆标题表》(LCSH)对应链接;③提供用户注释功能;④更新速度快(每季对内容和功能进行更新)。

DDC 自问世以来始终遵守"与知识发展保持同步的原则",大约每隔 6—7 年修订一次

---

① 俞君立,陈树年.文献分类学.武汉大学出版社,2001

并推出新版。而在两版之间,一般采用连续修订(continuous revision)的方针,即对类表进行定期检查,并根据需要修订、索引和为新主题的标引制定规则等,以确保类表适应发展需要。目前更是采用了网络发布的形式,每季发布一个网络版,每月定期发布增补公报、更新信息,使用户能及时了解类表的实时变更信息。

除了传统的更新方法,DDC 还加强了与 LCSH 的联系,即直接与 LCSH 中的相关词进行映射,并将 LCSH 作为增补类目的一个重要来源(收录 DDC 相关索引中没有的主题词)。另外,DDC 还利用"WordSmith Project"(语词大师计划)从原始文本中自动识别和抽取新词,并利用"Scorpion Project"(蝎子计划)进行自动分类和自动主题识别的实践。①

目前,DDC 已被翻译成 30 多种语言,被全球超过 135 个国家和地区使用——不仅用来组织图书馆的藏书,而且也被广泛用于书目和文摘数据库以及网络信息的组织与检索。

(二)DDC 印刷版的体系结构

DDC 印刷版的体系结构由其宏观结构和微观结构组成。

1. DDC 印刷版的宏观结构

DDC 23 版的宏观结构由主表、复分表和相关索引以及使用手册等组成。其中,DDC 23 版的主表是对已知主题的详细列举,基本大类按学科或研究领域组织,即把所有学科归并成 9 大类,不能归入 9 大类的另外设一总类,其 10 个基本大类为:

000 Computers, information, & general reference(计算机、信息及总类)

100 Philosophy & psychology(哲学及心理学)

200 Religion(宗教学)

300 Social sciences(社会科学)

400 Language(语言学)

500 Sciences(科学)

600 Technology(技术)

700 Arts & recreation(艺术及娱乐)

800 Literature(文学)

900 History & geography(历史及地理学)

在这 10 个基本大类中,并非一个学科为一类,而是不少相关学科组成一个类组。即每一大类下再分为 9 类外加一个"总论"类,依此类分形成一个完整的、层层展开的十进等级分类体系。DDC 23 版对其 22 版部分修订的类表包括 004 – 006 计算机科学、155 差别和发展心理学、320 政治学、340 法律以及 370 教育等,另外也在分类结构上采取了更利于机器显示和检索、更便于用户使用的优化措施,如删除双标题(dual headings)、删除类表和复分表中的起止类目。

复分表的主要作用是精简篇幅,避免重复列举,同时增加分类法的组配因素,向列举与组配相结合的方向发展。DDC 23 版将其 22 版复分表 T1 中的"-08 Kinds of persons"修改为"-08 Groups of people",并由于将"-092 Persons treatment"修改为"-092 Biography",所以也将"-09 Historical, geographic, persons treatment"修改为"History, geographic treatment, biogra-

---

① 孔晨妍, 侯汉清.《中国图书馆分类法》类目更新途径之探讨 // 分类法研究与修订调研报告. 北京图书馆出版社(今国家图书馆出版社),2007

phy"。另外,DDC 23 版还将其 22 版复分表 T2 的名称由"Geographic Areas,Historical Peri-ods,Persons"修改为"Geographic Areas,Historical Periods,Biography"。DDC 23 版的 6 个复分表分别为:

T1,Standard Subdivisions(标准复分表);

T2,Geographic Areas, Historical Periods, Biography(地区、时代、传记复分表);

T3,Subdivisions for the Arts, for Individual Literatures, for Specific Literary Forms(文学复分表);

T4,Subdivisions of Individual Languages and Language Families(语言复分表);

T5,Ethnic and National Groups(种族和民族表);

T6,Languages(语种表)。

除了上述复分表外,DDC 还在表内采用了专类复分表和仿分等组配形式。

相关索引是 DDC 宏观结构中的一个重要组成部分,它以检字表的形式单独成册,是一种从标题词指向分类号的字顺索引工具。DDC 相关索引的内容包括类表和复分表中的类名、类目注释及实例中的大多数术语和同义词。此外,DDC 相关索引还采用倒置、按学科集中等形式将那些在类表中被分散了的相关类目项集中在一起。DDC 相关索引的左栏按英文字顺排列主题,右栏为 DDC 分类号。例如:

Hospitals	362. 11
accounting	657. 832 2
animal husbandry	636. 083 2
architecture	725. 51
armed forces	355. 72
Civil War(United States)	973. 776
construction	690. 551
energy economics	333. 796 4
institutional housekeeping	647. 965 1
landscape architecture	712. 7
law	344. 032 11
liability law	346. 031
meal service	642. 56
pastoral theology	206. 1
Christianity	259. 411
social theology	206. 762 11
Christianity	261. 832 11
social welfare	362. 11
United States Revolutionary War	973. 376
World War Ⅰ	940. 476
World War Ⅱ	940. 547 6
see also Health services	

为了充分揭示词间关系,DDC 还在索引款目之间使用参照方法,用于指向上位词。

2. DDC 印刷版的微观结构

DDC 的微观结构指其类目结构,如下所示:

332. 32　Savings amd loan associations

Variant names:building and loan associations, building societies, home loan associations, mortgage institutions

其中,"332. 32"是类号;"Savings and loan associations"是类名;"Variant names:⋯"为类名注释(本例为异名注释);而其类级通常则由结构和标记来表示。

DDC 的注释通常用于说明各主题文献归类的类名释义、位置、范围、沿革、使用等,具体包括以下一些类型:

(1) Definition notes(类名释义注释);

(2) Scope notes(范围注释);

(3) Number-built notes(类号组建注释);

(4) Former-heading notes(类目沿革注释);

(5) Variant-name notes(异名注释);

(6) Class-here notes(入此注释);

(7) Including notes(包括注释);

(8) Class-elsewhere notes(入别类注释);

(9) See references(见注释);

(10) See-also references(参见注释);

(11) Revision notes(修订注释);

(12) Discontinued notes(停用注释);

(13) Relocation notes(重新编号注释)。

(三) DDC 的标记制度

DDC 分类号的标记符号采用单纯阿拉伯数字,小数采用层累制。具体而言,DDC 分类号的前三级类目一律用 3 位数字标示,三级类目下则在前 3 位数字后用小圆点隔开。例如:

600 Technology

640 Home & family management

646 Sewing, clothing, management of personal and family life

646. 7 Management of personal and family

646. 72 Care of hair, face, skin, nails

646. 724 Care of hair

646. 7248 Wigs

DDC 标记在号码的配置中重视对类目划分等级的揭示,但有时也适当使用灵活的标记方法来扩充下位类。同时,为了体现号码配置上的助记性,DDC 还有规律地使用同一个数字来表示相同的概念。如在 DDC 的类目标记中,理论总是"1",历史总是"9",欧洲总是"4",亚洲总是"5",中国总是"51"等。例如:

299. 51(Religions of Chinese origin)

324. 251075(Chinese Communist Party)

529. 32951(Chinese calendar)

895.1（Chinese literature）

（四）DDC 的网络版

DDC 的网络版 WebDewey 是基于 OCLC Connexion 的 OCLC 编目和元数据的配套部分。登录 http://connexion.oclc.org 就可使用 WebDewey。由于 2012 年推出的 WebDewey2.0 基于 DDC 23 版,所以其易用性显著提高,并增加了多个功能,进一步提高了分类工作的效率和准确性。

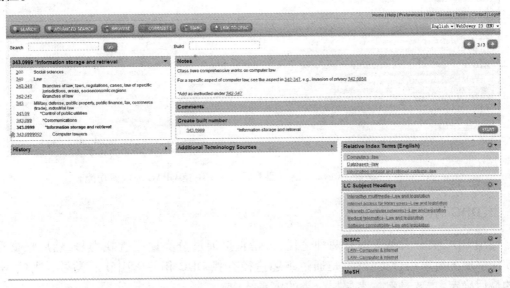

图 7-1 Webdewey2.0 类号、类名、注释、相关索引及与多标题表对应界面

WebDewey2.0 包括 DDC 23 版和简本 15 版的所有内容,在 WebDewey 的基础上继续建立与《国会图书馆标题表》（LCSH）、《医学标题表》（MeSH）主题词的映射,增加了与《书业标准与通讯》（BISAC）主题标目的映射,并季度更新以反映新发展、新建类号。另外,WebDewey2.0 在界面布局、个性化设置方面更加注重用户体验。与 WebDewey 一样,WebDewey2.0 也提供多种检索（包括分类号、标题、注释、LCSH、相关索引、分类法全文等多种检索途径）和浏览（包括类号及类目浏览、相关索引及 LCSH 的标准索引方式浏览等）。WebDewey2.0 的其他功能还有:采用人工和统计相结合的方法实现 LCSH 标题词与 DDC 类目的相互映射;通过 LCSH 标题词,DDC 可以链接到其相应的 LCSH 规范记录;广泛应用链接揭示 DDC 使用手册中的相应款目,方便用户查检特定类目的详细信息;用户可以根据分类号构建说明来自行构建 DDC 类号,也可在 WebDewey2.0 中加入自己的注释并在 WebDewey2.0 中显示和检索;结合分类标引的需要,WebDewey2.0 可以个性化设置需要链接到的一个或多个 OPAC,然后通过发送 DDC 分类号来检索本地 OPAC。

通过以上论述可以看出,WebDewey2.0 已经不再是一部单纯的分类法,而是一部分类主题一体化检索语言工具,即通过与多部标题表的"类目—标题词"映射实现类目对照索引的功能。WebDewey2.0 增强了 DDC 在网络环境下的使用能力,为用户提供了简单易用、基于 Web 的到 DDC 及其相关信息的入口,从而推进了分类法网络服务研究的进程。其次,WebDewey2.0 还对数据格式进行了转换,可将内部 MARC 格式（如 MARC21 格式）转换为 MARCXML 表示,另外还有 SKOS 化的 DDC 数据,这些都进一步推进了 DDC 融入语义网环境。

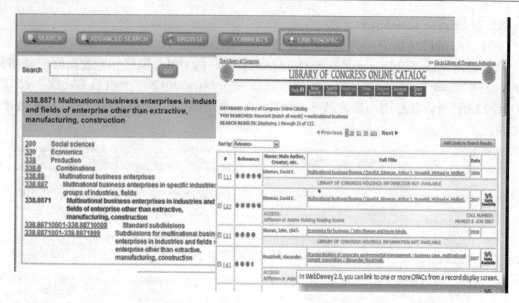

图 7 - 2　Webdewey2.0 链接到美国国会图书馆 OPAC 的检索功能

二、DDC 的使用

使用 DDC 类分文献资源有两种途径:一是直接通过分类途径查找类号,然后根据注释和使用手册的要求组合类号;二是通过主题途径查找 DDC 相关索引获取类号。当然,分类号的最后确定,主要是看主表层层分类的体系结构。

当对文献的学科归属较为明确时,宜采用直接查找分类表主表的方式。需要说明的是,DDC 使用手册是类分文献最主要的参考依据,而注释则有助于对文献的确切归类,并有助于各国图书馆在采用 DDC 类分文献时达到类目间的一致。总之,分类表中的注释和其使用手册有助于说明各主题文献归类的位置、范围和界线。

当分类人员对学科文献知识了解有限时,则宜通过主题途径在相关索引中查找相对应的类号,以克服分类的盲目性。有效利用相关索引是利用 DDC 分类的关键,即 DDC 的相关索引是有效地对文献主题下属概念有系统地进行组织的关键,主表中未能归纳的学科内容的各个方面都可容易地从相关索引中找到。虽然相关索引为类分文献提供了一条便捷而直观的途径,但从相关索引中获取到的类号还须与主表进行查证或核实后才能被选作正式类号。①

此外,WebDewey2.0 还为用户提供了类表与相应注释、使用手册之间的联系,具有高度相关揭示能力。因此在使用 WebDewey2.0 时,用户可充分利用网络版的检索与浏览功能,从多个途径实现类号和标题的查找,以达到快捷类分文献之目的。

使用 WebDewey2.0 的浏览功能来实现类号的查找适用于以下场合:①当想要查找自建的类号与已知的基础类号时;②当查找跨领域的类号或是某一主题下的类号有哪些时;③当想查找特定关键词下的所有类号时;④当不确定词汇的结构时;⑤当不确定想要查找的词汇

---

① 　纪陆恩,庄蕾波. 境外合作编目理论与实践. 海洋出版社,2007

在标题或标目中的哪个位置时。①

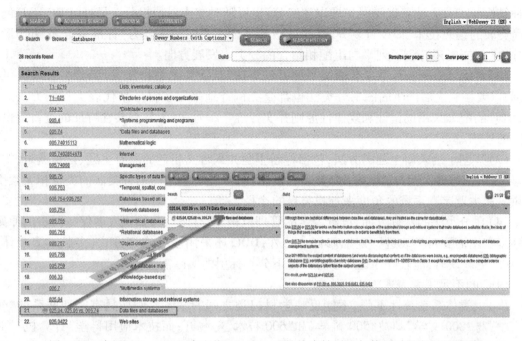

图7-3　在WebDewey2.0中查找"databases"的检索结果及与使用手册之间的关联

图7-4　在WebDewey2.0相关索引中浏览标题为"hospitals"所对应的类号

三、DDC 的特点与评价

DDC 之所以能在全球众多图书馆中得到广泛使用,成为现代文献分类法发展史上的典范,主要是由于其在发展的过程中始终遵循实用性原则,在技术上不断创新以及在修订管理机制上有充分的保证。其特点主要有:

---

① 文岗咨询股份有限公司. WebDewey in Connexion:线上杜威分类法第22版系统使用说明. http://lib. fju. edu. tw/db/intro/WebDewey. ppt

（1）覆盖全部学科知识的类目体系完整、等级分明，是等级列举式分类法的代表。采取这种结构与编排方法可以随时扩展以便细分，也可随时缩小以便粗分。另外，DDC 还开创了精简类表的编表技术，即设置复分表（第 2 版起就设置了后被称之为"标准复分表"的"形式复分表"），同时还开创了列举与组配相结合的分类表发展方向。

（2）首创了以阿拉伯数字代表类目的标记方法，从而为图书排架、组织分类目录提供了依据，以致在它之后产生的图书分类法也都毫无例外地采用了符号来代表类目的方法。另外，DDC 的配号采用助记性和规律性原则并实行统一编号法，为具有共性特征的类目提供了相同的号码。

（3）开创了纳入新主题的方法，包括将新主题并入含义相近的原有主题、延长类号、扩展类号、预留空号等。另外，为便于分类表的使用，DDC 还首创了图书分类法的类目相关索引，提供了从主题字顺系统的角度来查找类目的途径。

（4）在分类法的修订方面，设置稳定的管理机构，始终坚持与知识发展保持同步的原则，并根据实用需要对类表进行定期修订。另外，DDC 还采用多种修订方式、多版本多载体形式，加之更新及时，能较好地适应多种环境下分类标引的实际需求。

DDC 的不足主要表现为：[1]

（1）大类体系系统性不强，不能反映学科门类之间的联系。例如具有密切联系的"400 语言学"与"800 文学"却被"500 科学"和"600 技术"等隔开；而技术应用科学"计算机"则被置于"000 计算机、信息及总论"中。

（2）大类的设置已不能适应现代科学和技术发展的需要。如科学和技术在类表中只占有两个大类，远不能满足现代科学和技术文献标引的现状。

（3）过分明显的美国中心影响了其在其他国家的使用。例如地理、历史、文学等在类目设置上有过分突出以美国为中心的痕迹。

（4）十进小数标记虽然便于扩充，但也造成一些专指主题的号码过长以及文献排架的不便。

第三节 《中国图书馆分类法》及其使用

在我国，《科图法》和《人大法》虽然仍在使用，但不争的是《中国图书馆分类法》（以下简称《中图法》）已成为我国文献分类法领域事实上的国家标准。即《中图法》目前已普遍应用于我国各类型图书馆，国内的主要大型书目、检索刊物、机读数据库以及 GB/T 5795—2002《中国标准书号》等也要求著录《中图法》分类号。据此，本节选介《中图法》及其使用方法。

一、《中图法》概述

（一）《中图法》的发展沿革

《中图法》的编制始于 1971 年，是在我国文化事业管理局的支持下，由北京图书馆倡议、集中全国 36 个大型文献单位的力量，经过 4 年多的努力而编制完成的，并由中国科学技术

---

① 马张华. 信息组织（第二版）. 清华大学出版社，2003

出版社于 1975 年正式出版(时称《中国图书馆图书分类法》)。《中国图书馆图书分类法》问世后迅速在全国得到推广,并从 1999 年第 4 版起改称《中国图书馆分类法》(简称不变),英文译名为 Chinese Library Classification(缩写为 CLC)。

30 多年来,《中图法》不断吸取国外分类法的编制理论和技术,先后进行了 4 次更新和修订,分别是 1980 年的第 2 版、1990 年的第 3 版、1999 年的第 4 版和 2010 年的第 5 版。《中图法》的修订是一项持续性、系统性的工作,每版修订都有其重点和特色。例如为了较好地反映近 10 年来我国政治、经济、社会、文化、技术等的发展以及基本解决第 4 版中类目体系和标引上的问题,《中图法》第 5 版对其第 4 版进行一些常规性的修订,如增改注释以控制类目的划分深度,完善和补充类目的参见注释和反向参照,合并使用频率过低的类目(停用与删除类目约 2500 多个),修改类名以增强类目的容纳性(修改类目约 5200 多个),对有一定文献保障且较成熟和较稳定的新主题增设新类(新增类目 1631 个)。除此之外,这次修订的重点及特色是:①

(1)把"A 马克思主义、列宁主义、毛泽东思想、邓小平理论"列为特别处理的大类,在分类方法上采用"推荐选择使用法"。规定若不集中 A 大类文献,可按文献性质及学科内容分散处理;对 A 类均给出供选择使用的类号并在 D 大类增设了相关类。

(2)将"F 经济""TP 自动化技术、计算机技术""U 交通运输"作为重点修订大类,将"D 政治、法律""G 文化、科学、教育、体育""TS 轻工业、手工业、生活服务业"等与政治、经济、文化、生活、计算机技术相关的类作为局部调整大类。

(3)对专类下一组具有总论性和通用复分性问题的"一般性问题"类进行了规范,增加了禁用类分文献的标记,以提示分类人员避免误标引以及造成与其上位类分类不一致的问题。

(4)为增强类目复分助记性、降低复分难度,对一组或多组需要复分而类下又无直接复分注释的类目,在其类名后增加能区别 8 个通用附表、专类复分或仿分的标记(分别与《中分表》主题词对应类号的复分标记一致,即①、②、③、④、⑤、⑥、⑦、⑧、⑨)。

(5)对 8 个附表相应补充新主题,增设新类目,或增加注释或修改类名以扩大外延。如为解决主表类目进一步按各类型环境和各类人员进行复分的需要,在附表"八、通用时间、地点表"中新增了环境、人员类列,同时也在主表部分类下增加了该复分注释。

(6)通过主表类目注释解决附表连续复分的使用问题。对地区、时代、民族等复分区分标识明确使用方法,在主表需连续使用附表复分的类目,一般都明确注释出要求使用复分区分符,避免连续复分的类由于跨越复分而引起加多个"0"的问题。

另外,为了满足计算机编目和检索的需要,2001 年《中图法》第 4 版电子版问世。这标志着我国文献、信息分类法已从传统的印刷型分类法开始向电子分类法迈进。2006 年 5 月开始,《中图法》编委会组织《中图法》第 4 版修订调研工作,并采用了革新方式,充分发挥《中分表》第 2 版电子版及其管理系统在类表修订中的便捷、高效特点,将分类法修订功能作为一个功能模块集成到了《中分表》电子版中,以便用户可以充分利用该词表电子版的原有语义环境的展示结果。在修订分类表的过程中,同时完善相对应的主题词。随着《中图法》网站(http://clc.nlc.gov.cn)的开通,《中图法》编委会根据标引实践及用户反馈等信息,周期性地发布"修订试用"文件以供用户试用,试用期后转入"修订快讯",以网络形式发布并

---

①　《中图法》网站. http://clc.nlc.gov.cn/

对电子版做相应的升级。

最后,为满足不同图书情报机构、不同文献类型分类标引和检索的需要,《中图法》在其发展过程中还逐渐形成了一个产品系列,包括:①满足不同规模图书情报机构使用的版本,如《中图法》《资料法》《中图法·简本》《中图法·儿童图书馆、中小学图书馆版》等;②满足不同图书情报机构使用的版本,如《中图法·教育专业分类法》《中图法·测绘学专业分类表》《中图法·医学专业分类表》等;③满足不同文献类型使用的版本,如《中图法·期刊分类表》。除此之外,还有大量非《中图法》编委会编辑的版本和工具书,这对完善《中图法》的外围系列,推动《中图法》的普及应用起了重要作用。

(二)《中图法》的类表结构

《中图法》的微观结构与 DDC 的微观结构基本相同,其宏观结构也与 DDC 的宏观结构大同小异。所以本部分在简单介绍《中图法》宏观结构中的编制说明、基本大类表和基本类目表(简表)后,重点论述其各学科门类的编制结构。

《中图法》的编制说明是对其编制理论、编制原则、结构体系、主题范畴、适用范围、标记制度,以及编制经过等有关事项的总体说明。

《中图法》的基本大类表是由其一级类目所组成的一览表,用于揭示其基本学科范畴和排列次序。《中图法》以哲学、社会科学、自然科学作为人类知识领域的基本构成建立基本序列,并将作为社会主义分类法编制指导思想的"马列主义"(具有特藏性质)和结合文献特殊性设置的"综合性图书"作为基本部类,在此 5 大部类基础上再划分出以下 22 个基本大类:

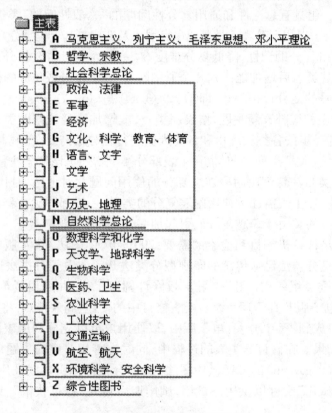

图 7-5 《中图法》基本部类结构

《中图法》的基本类目表(简表)由上述 22 个基本大类以及在此基础上进一步划分出来的二、三级类目所构成。即《中图法》在以上 22 个基本大类的基础上,根据各类文献的特点,遵循从总到分、从一般到具体、从理论到实践的方式逐级展开,并根据不同学科门类的特点确立了不同的编制结构,以满足各学科、各专业文献的组织与检索需要。①

1. 马列主义理论类目的编列

《中图法》的 A 类具有特藏性质,首先按著作类型区分为原著、传记、学习和研究三大部分,继而采用"依人列类"的方法按经典作家列类,在各经典作家之下,分别再按著作体例、时代细分。原著、传记、学习和研究三大部分都编列了相应的总论性类目。A 类类目编列框架如图 7-6 所示:

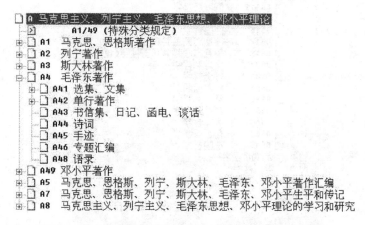

图 7-6 《中图法》马列主义理论大类类目编列示例

如前所述,《中图法》第 5 版已对 A 类采用"推荐选择使用法",因而在 A 类均给出了供选择用的类号并在 D 大类增设了相关类。

2. 哲学、社会科学类目的编列

在哲学、社会科学类,国家和时代是其重要的分类标准,在各学科的理论方法之后,突出序列世界各国的社会、经济、文化活动。对国家和时代的划分,因学科性质的不同,使用的阶段和层次也有所不同。由于时代的区分一般限定在一定的区域内,所以哲学、社会科学类目的时代区分,都规定在国家区分之后进行。

3. 自然科学、基础科学类目的编列

《中图法》在自然科学、基础科学(即狭义的自然科学)部分,主要根据研究对象的物质结构或运动形式划分类目,类目的排列主要依据事物内部自身的规律和系统,形成"机械运动—物理运动—化学运动—无机物质的宏观运动—生命运动"的基本次序(如图 7-8)。其中生物学的编制结构与其他学科不同,即 Q1/8 首先编列各种生物的共性方面的问题,如细胞学、遗传学等,作为总论性类目,然后编列 Q91/98 各类生物的专论性类目。

① 戴维民主编. 信息组织(第二版). 高等教育出版社,2009

```
□ B 哲学、宗教
⊞ □ B-4  哲学教育与普及
⊞ □ B0   哲学理论
⊞ □ B1   世界哲学
⊞ □ B2   中国哲学
⊞ □ B3   亚洲哲学
⊞ □ B4   非洲哲学
⊟ □ B5   欧洲哲学
      ⊠        B502/506  欧洲各时代哲学
   ⊞ □ B502   古代哲学
   ⊞ □ B503   中世纪哲学
      □ B504   十七~十九世纪前期哲学
      □ B505   十九世纪后期~二十世纪哲学
      □ B506   二十一世纪哲学
      □ B507   马克思主义哲学在欧洲的传播与发展
   ⊟ □ B51/56 欧洲各国哲学
         ⊡  [B511.2] 俄罗斯哲学
      ⊞ □ B512   俄国及苏联（1917~1991年）哲学
      ⊞ □ B516   德国哲学
         □ B517   德意志民主共和国哲学(1945~1990年)
         □ B518   德意志联邦共和国哲学(1945~1990年)
         □ B521   奥地利哲学
         □ B534   丹麦哲学
         □ B541   阿尔巴尼亚哲学
         □ B546   意大利哲学
         □ B551   西班牙哲学
      ⊞ □ B561   英国哲学
      ⊞ □ B563   荷兰哲学
         □ B565   法国哲学
   □ B6   大洋洲哲学
⊞ □ B7   美洲哲学
⊞ □ B80  思维科学
```

图 7-7 《中图法》哲学、社会科学类目的编列示例

```
□ 0 数理科学和化学
⊞ □ 01 数学
⊞ □ 03 力学
⊟ □ 04 物理学
   ⊞ □ 04-0 物理学理论
      □ 04-1 物理学现状与发展
   ⊞ □ 04-3 物理学研究方法
   ⊞ □ 041  理论物理学
   ⊞ □ 042  声学
   ⊞ □ 043  光学
   ⊞ □ 044  电磁学、电动力学
   ⊞ □ 045  无线电物理学
   ⊞ □ 046  真空电子学（电子物理学）
      □ 0469 凝聚态物理学
   ⊞ □ 047  半导体物理学
   ⊞ □ 048  固体物理学
   ⊞ □ 051  低温物理学
   ⊞ □ 052  高压与高温物理学
   ⊞ □ 053  等离子体物理学
   ⊞ □ 055  热学与物质分子运动论
   ⊞ □ 056  分子物理学、原子物理学
   ⊞ □ 057  原子核物理学、高能物理学
      □ 059  应用物理学
⊞ □ 06 化学
⊞ □ 07 晶体学
```

图 7-8 《中图法》自然科学、基础科学类目的编列示例

4. 技术科学、应用科学类目的编列

技术科学以自然科学理论为基础,应用科学是改造自然、生产物质产品的理论与技术,而医学和农林科学则是技术科学和应用科学的综合体。由于在文献中技术科学和应用科学常常交融在一起难以区分,因此《中图法》将这两种科学合并编列而不加区分。技术科学和应用科学类目的编列,一般先依加工的对象或方法分,然后再按产品或技术方法分,各项具体工程技术都按工程的"方面"(即按"理论—设计—结构—材料—设备—工艺—运行—工厂—综合利用")使用统一的体例进行细分。

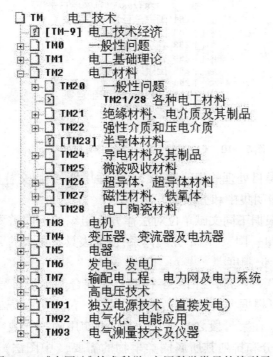

图 7-9　《中图法》技术科学、应用科学类目的编列示例

5. 综合性图书类目的编列

综合性图书是根据文献著述、出版的形式特点而编列的。由于该类文献是多学科知识的集合,所以首先按出版物类型划分。该类文献大体分参考工具书和检索工具书两类。其中,参考工具书按"出版物类型—国家"的次序列类,专科性参考工具书也可按出版形式集中,按学科细分;检索工具书中的综合性图书目录的编列,与上述参考工具书基本相同,而专科性的检索工具书一律不分国别,直接采用组配编号法按学科内容细分。

为了适应现代文献分类的特点及我国文献分类的实际需要,《中图法》还在类目设置中采用了以下多种处理方法:[1]

(1)重视对新学科、新技术的反映,在不影响类目系统性的情况下,适当突出其级位,将其编列在较显著的位置。

(2)根据实用需要,对部分知识门类集中设类;或根据文献处理的需要多重列类,使类表具有多角度处理文献的能力,并具有分面组配的能力。

---

① 　马张华. 信息组织(第二版). 清华大学出版社,2003

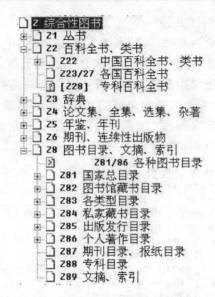

图7－10 《中图法》综合性图书类目的编列示例

（3）重视交叉关系类目处理的规律性、灵活性、适用性，编制交替类目、类目参照，规定互见分类方法，通过注释指明集中和分散的方法等。

（4）双表列类。如根据不同文献单位对法律方面组织的不同需要，为"D9 法律"类编制了"国家—法律"和"法律—国家"两个分类体系，使类表具有更大的灵活性和适用性。

（三）《中图法》的标记制度

《中图法》采用拉丁字母与阿拉伯数字相结合的混合制标记符号。即《中图法》以拉丁字母标记基本大类，并可根据大类的实际需要再展开一位字母标记二级类目，如"T 工业技术"下的二级类目编列。在字母段之后，《中图法》再使用阿拉伯数字标记各级类目。为了满足某些类目按名称区分和排列其所属同类事物的需要，《中图法》也有选择地使用了"字母标记法"，即在类目的最后区分阶段，使用字母标记其下位类目，如"TP312 程序语言、算法语言"。

为使标记符号具有良好的逻辑性和助记性，《中图法》在为类目（包括通用复分表和专类复分表）配号时，广泛采用统一配号法、对应性配号法以及空号法等多种技术。而为进一步增强标记符号的表达能力，适应类号灵活组合的需求，《中图法》另外还采用了以下特殊符号作为其辅助标记符号：

．间隔符号：用作分类号数字部分的分隔。自左往右每3位数字之后加一间隔符号的目的在于使号码段落醒目、易读。例如：TS293.7。

a 推荐符号：该号置于 A 类马列经典作家著作的互见分类号之后，以示推荐。例如：《实践论》，毛泽东著，入 A424，互见分类号为 B023a。

／起止符号：在主表类号中用以表示概括一组相连类号的起止区间；在注释中表示类目仿分的类号区段或参见的类目范围。例如：

K290.1／.7 各代总志

依中国时代表分。

[ ] 交替符号：用以标记交替类目，表示该类目是供选择使用的。例如：

［B835］　艺术美学

　　宜入 J01。

－　总论复分符号：该号置于总论复分号之前，是总论复分号的前置标识符。在主表中也有选择地列举了一些使用总论复分表复分的的类目，目的是为了增加注释或将类目进一步展开；个别的则是借用了总论复分号的形式进行配号，以标识某类具有共性的类目。例如：－06 学派与学说；TU－86 建筑风格、流派及作品评价。

（　）国家、地区区分号：用于一般学科性类目下进行国家地区复分。例如：TJ761.2（351）印度的中程导弹。

＝　时代区分号：用于一般学科性类目下进行时代复分，凡具有中国属性的类目使用"中国时代表"复分，而其他类目则使用"国际时代表"复分。例如：K892.11＝6 民国时期的纪念日；O411.1＝535 20 世纪 80 年代的数学物理方法。

"　"民族、种族区分号：用于一般学科性类目下进行民族、种族复分。例如：K891.22"382"犹太民族的婚俗。

＜　＞通用时间、地点区分号：主表的类目依"通用时间、地点复分表"复分时，将通用时间、地点区分号用尖括号括起，加在主类号之后。例如：E712.3＜114＞美军冬季训练。另外，＜　＞号也在类目注释中用来说明类目的沿革。

：组配符号：用于连接主类号，表示主类号之间的概念交叉组配。例如：Z89：TV21 水利规划索引。

＋　联合符号：用于连接主类号，表示文献的若干个并列主题。例如：B2＋G12 中国哲学与中国教育。

──　指示性类目提示符：置于一组用"／"连接的类号之上，用来标识类表中的"指示性类目"（指示性类目"是为给一组类目作共同的注释而设置的，不用来类分文献）。例如：

U48　　其他道路运输工具

────────────

U481／489　　各种其他道路运输工具

　　可依 U469.1／.79 下专类复分表分，例：摩托车的设计为 U483.02。

│ │停用类目指示符：用来标识在修订中停止使用的类目。通常某一版修订时停止使用的类目其分类号都暂时不再使用，为换用新版分类法和改编文献留下足够的时间。例如：

　　│F552.62│集体和个体运输企业

　　　　＜停用；5 版改入 F552.6＞

分类号组合时如涉及多种辅助符号，则按 －、（　）、"　"、＝、＜　＞的顺序组合。用：或＋连接的主类号，其辅助符号也按上述次序组合。

（四）《中图法》的电子版

鉴于《中图法》第 5 版电子版尚未出版，故本节对其介绍仍以第 4 版为例。《中图法》第 4 版电子版有两个窗口，一是检索窗口，它是由类目树框（主表和复分表）、检索栏、检索结果浏览框组成的子窗口；二是详细窗口，它是由超文本框和邻近类目框组成的子窗口，其中超文本框以两种格式显示类目的详细数据，即超文本格式（类目的格式与印刷版分类法完全相同，但增加了超文本链接）和 MARC 格式。

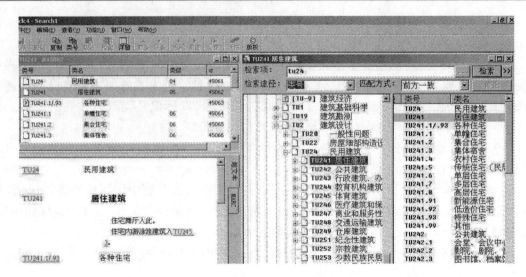

图7-11 《中图法》电子版窗口(左侧是详细窗口,右侧是检索窗口)

二、《中图法》的使用

据统计,现时我国94%以上的图书情报单位都在使用《中图法》,我国集中编目部门也将《中图法》作为其主要分类依据。此外,《中图法》还被逐步应用到网络资源的分类组织中。因此,如何使用好《中图法》就成了一个十分重要的问题。

(一)使用《中图法》时应注意的细节

(1)使用《中图法》进行文献标引时应遵守文献分类的基本规则、一般规则、特殊规则,同时也应结合本馆、本机构的馆藏规模、学科和专业需求以及用户检索需求等因素在具体分类标引时做出真正体现实用性需求的本馆使用规定。另外,在类分文献时,应以《中图法》各版本相配套的使用手册作为分类指南,并将其作为主表不可或缺的一部分。

(2)使用《中图法》索引时应注意以下问题:分类法索引是通过字顺查找类目的辅助工具,一般不能直接用于分类标引,即查找的结果要回到分类法中进行核对;如果查到分类号的末尾附有表示复分和仿分的专用符号,则按《中图法》的有关规定进行复分、仿分,并将它们转换成专指的分类号。

(3)当使用通用复分表时,注意凡主表中已注明"依××复分表分"的,即将该复分表的号码加于主表分类号码之后即可;凡主表中未注明而需使用复分表细分时,则需添加相应复分表的符号,例如"中国苗族竹编制品"的分类号为:TS959.2"216"(注:"216"为中国民族表中"苗族"复分号)。

(4)当使用专类复分表细分类目时,应注意专类复分表编列的差别:自然科学类专类复分表子目前加"0",而社会科学类的子目前不加"0",所以应特别注意取号组号时加"0"不加"0"的情形。

(5)类目仿分应依据主表有关类目注释规定的范围进行仿分,凡不在限定范围内的类目不得随意仿分。类目仿分必须严格根据注释规定的仿分次序进行,需根据《中图法》的规定,遵循仿分组号加"0"的规则。

(6)在《中图法》中,除主表规定可用组配编号的类目外,一般不再扩大组配编号的范围。资料分类,可根据标引的需要和概念组配的原则,较灵活地运用组配编号法标引复杂的主题或对类目进行细分。

(7)当使用《中图法》第4版电子版时,应充分利用电子版"直观方便的互动显示、浏览功能""超文本链接功能""灵活的多途径检索功能""评注管理功能"和"与编目系统和检索系统挂接"的功能,提高分类的效率。

(二)《中图法》组配技术的使用

组配技术是分类法的类号合成技术,通过组配达到类目细分或形成新主题类号的目的,是体系分类法缩小类表篇幅、增强标引和检索灵活性的重要手段。《中图法》运用组配技术主要体现在以下3个方面:

一是编制各种类型的复分表(通用复分表和专类复分表),作为全表或某些类目组配细分的依据。《中图法》第5版中共有8个通用复分表,即"总论复分表""世界地区表""中国地区表""国际时代表""中国时代表""世界种族与民族表""中国民族表""通用时间、地点和环境、人员表";而《中图法》第5版的主表中共编列了68个专类复分表(见图7–12)。此外,"总论复分表"和"中国地区表"中也还各编列了一个专类复分表。

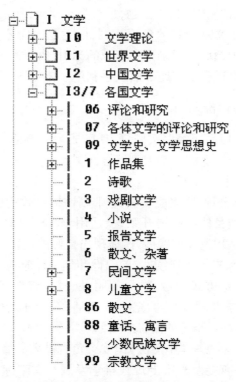

图7–12　"各国文学"专类复分表样例

二是采用部分类目仿照已列出的类目进行细分。类目之间的仿分更具灵活性,也可增加主类号细分的层次。《中图法》运用仿分有两种类型:邻近类目仿分和仿总论性类目分。

三是主类号之间使用冒号直接组配,合成新的主题,以表达分类表中未列举的较专指或较复杂的检索主题。

(三)《中分表》一体化对照索引的使用

如第六章所述,《中分表》是分类主题一体化的标引工具,使用该表进行分类标引或主题标引时,既可从"分类号—主题词对应表"入手,也可从"主题词—分类号对应表"入手。鉴于本章的内容,这里只介绍使用《中分表》如何进行分类标引。

从《中分表》"分类号—主题词对应表"入手进行分类标引时,主要是利用该对应表的左栏部分,这相当于使用《中图法》进行分类标引,因而应遵守《中图法》的标引规则。对应表中右栏所列类目的对应主题词和主题组配形式,相当于类目的注释(见图6-1)。分类标引时,可根据对应的主题词来辨别类目的涵义。由于对应主题词往往比类名和类目注释中所列出的概念更多、更具体、更完整,因而可从不同角度帮助明确类目的涵义。首先,对应主题词串完整地揭示类目的涵义;其次,对应主题词(串)提示细小主题或隐含主题概念;第三,对应主题词提供类目概念的同义或近义词;第四,比较相关类目下的对应主题词组配形式,明确相关类目的区别。①

当文献信息不易先从分类标引入手时,可使用《中分表》"主题词—分类号对应表"。该对应表可视为《中图法》的主题索引,因而可以作为辅助工具应用于分类标引。即通过主要主题词(描述文献信息整体内容或主要内容的主题词)对应的类号判断主题的类属(见图6-2)。从主题入手进行分类标引的具体做法是:一是从主题字顺入手查找有关的类号;二是通过迅速查出分散在《中图法》中的相关主题,进行类目比较,从相关比较中选择分类号。由于主题标引与分类标引揭示文献信息的角度不同,由主题词向分类号转换时一定要把握文献资源整体主题所属的知识领域。对于论文资源的标引,由于涉及的内容比较专深,且常常涉及多个主题、多个方面,更适合从主题标引入手利用一体化词表实现分类标引。

三、《中图法》的特点与评价

《中图法》自1975年出版后历经多次修订,现已成为一部适应我国国情、适合多种类型机构进行多种类型文献分类标引的一部大型综合性文献分类法。作为一部典型的列举式等级体系分类法,《中图法》的特点主要有:

(1)大类体系设置科学合理,基本能反映我国现代社会、政治、经济、科技、文化以及文献资源本身等发展的现状。类目体系的展开系统、适用、规律。整个类表按照从总到分、从一般到个别、从低级到高级、从理论到实践展开,体现出良好的规律性。

(2)在类目类号编排上,贯彻了连续性、前瞻性和预见性原则。类表采用字母、数字结合的混合号码,以基本层累标记方式配号,类号简明,配号规律性强;使用多种号码扩充技术(如借号法、八分法)、空号技术,类表的扩充性强、弹性好,便于新事物、新学科的不断扩充完善;类表设有多种辅助符号提供组配使用,助记性强。

(3)《中图法》由常设机构——《中图法》编委会负责类表的修订和管理,从而保证了《中图法》经过不断的修订和完善能及时跟上现代科学发展和文献标引实践的需要。在修订过程中较多地考虑到方便用户使用分类法新版本进行图书改编的措施。

(4)《中图法》在自身基础上发展了适合多种规模和性质的文献单位的配套产品,为我国文献标引和检索的一致和规范提供了必要的条件。

但是《中图法》也还存在以下不足:

---

① 《中图法》编委会. 《中国分类主题词表》(第二版)及其电子版手册. 北京图书馆出版社(今国家图书馆出版社),2008

（1）类目层次结构、组号方法（尤其是类目复分、仿分的组号规则）较为复杂，虽然《中图法》第5版对此进行了一定的规范，但总体而言，其易用性仍需进一步改进。另外，个别类目体系以及某些类目的涵义注释仍存在进一步完善的问题。

（2）通用复分表需进一步完善改进。目前《中图法》通用复分表中还未设置语种复分表，地区表、时代表均按世界、中国分别编制，存在设置分散，类目不够充分等问题。

（3）《中图法》现行的文献分类标引规则是基于手工检索工具的条件和需要而建立的，因而不太适应计算机尤其是网络环境下的机读数据分类检索的要求。

（4）由于《中图法》第4版电子版没有将索引加进去，也没有《〈中国图书馆分类法〉（第四版）使用手册》的相关内容，以致它的主题检索功能不足，欠缺分类标引规则等指南性帮助。

第四节　与分类标引工作相关的问题

分类标引又称归类，是指依据一定的分类法，对文献资源的内容特征进行分析、判断、选择并赋予分类标识的过程。分类标引工作是对文献资源进行分类组织的基础和前提，同时也对文献资源的开发利用具有重要意义。

一、选用分类法版本和确定使用本

（一）分类法版本的选用

为适应不同规模、不同性质的文献/信息机构选用，一部综合性的分类法往往会衍生出详简不同的、适合于不同资源类型的版本以及专科性的分类表版本。因此，一个文献/信息机构在选用分类法和分类法版本时，应考虑本单位的实际情况和需要做出慎重选择。

（二）分类法使用本的制定

由于综合性、通用性的分类法是根据一般文献/信息机构的标引需要而编制的，所以在类目体系展开的详略程度、学科关系的处理等方面，与具体文献单位的使用需要并不完全一致。为此，各使用单位就有必要根据本机构的性质任务、馆藏规模和读者需求，对选定的分类法进行适当的调整，做好分类法"使用本"的制定工作。

使用本的制定需要遵循两个原则：一是实用，即符合本单位的实际情况；二是不破坏原有分类法的类目体系和标记制度。具体内容包括：①规定使用类目的级别。根据本机构的藏书现状和发展规划以及实际使用需要，对使用的详略程度加以确定，规定哪些可以详分、哪些可以略分以及如何使用附表等。②规定类目复分、仿分、组配的使用范围和办法。③根据专业需要对局部类目进行细分扩充。④对"集中与分散"的处理做出规定，如对总论与专论、人物传记、教材、工具书分散与集中的处理做出规定。⑤对交替类目的使用做出选择，一般没有特殊要求的图书馆应遵循类表的规定，专业图书馆和有特殊要求的单位可根据本单位情况，有选择地启用交替类目。⑥对一些特殊的分类方法、某类文献的分类方法、涵义不清或外延交叉类目的使用等做出必要的说明，以在本单位内取得一致的理解。

上述各方面的内容，都需一一记录在使用本上。另外，对于日常分类工作中遇到的疑难问题及其处理方法，应注意积累，定期整理后也应记录在使用本上。

（三）制定本机构的分类细则

分类法版本和使用本确定后,文献/信息机构还要根据文献资源分类的基本原则,结合本机构分类的实际需要,制定本机构更具体、更实用的分类细则。因为分类标引工作既具体、繁杂、细密,又要求有很强的系统性、连续性、一致性,是一项富有科学性和技术性的工作。[①]

国内外相关机构颁布的各种分类标引规则,如与《中图法》各版本配套的使用手册、DDC的使用手册都是制定各类型、各语种文献分类细则的基础。其内容一般包括:①分类工作的程序,各个环节的质量要求,检验、复核办法等。②不同载体、不同文种、不同类型文献分类法的使用。③确定不同类型文献的分类标引深度和专指度以及标引方式等。④编制手工检索工具与编制机读目录对分类标引不同的要求。⑤同类书区分方法及相关工具书(号码表)的选择、索书号的编制方法。⑥分类目录组织方法。[②]

二、分类标引的质量要求与流程

（一）分类标引的质量要求

（1）以文献资源内容的学科或专业属性为主要依据是分类标引最为重要的原则,也是与主题标引以"事物"为主要标准的根本区别。文献资源只有以内容的学科属性或专业属性为分类的主要标准,才能把众多的文献资源纳入到既定的科学(知识)分类体系,形成分类法特有的系统检索功能。文献资源的空间、时间、民族、形式(体裁)等是分类的辅助依据,只有在按文献资源的学科或专业内容分类不适用时,才能按文献资源的其他特征分类。

（2）在对标引内容进行主题分析时,应客观、正确、全面(充分但不过度)地揭示文献资源的内容。即应根据使用需要,充分揭示有检索价值的内容主题。

（3）由于分类法是一个逻辑性的概念系统,每个类目的内涵和外延均受到多种因素的限定,所以分类标引时不能孤立地理解类目的涵义,而应仔细辨析类目的确切含义和使用范围,其次还应遵守所用分类法的规定,如总论与专论的处理、分类的次序等各项分类原则。

（4）归类要确切,应把文献资源归入分类体系中最专指、最切合其内容的类目。只有当分类表中无确切类目时,才能将其分入范围较大的类目(上位类)或与内容最密切的相关类目。

（5）对同一主题内容的文献资源的归类应一致,而且要求同类型或同性质的文献资源,其主题分析水平、分类标引方式等方面也应保持一致。为此,必须遵守分类标引工作流程和相应的分类标引规则。

当然,为使分类标引工作高质量、高效率地进行,还需制定科学的规章制度和进行科学地管理。如建立分类规范档,可从制度上保证文献资源的分类质量。

（二）分类标引的工作流程

（1）查找并利用已有分类标引成果。查找并利用已有分类标引的成果,通常利用本馆的公务书名目录或书目数据库。在联机编目环境下,还可通过联机目录进行查找,查明待标引的文献资源是否已被本单位、本系统或其他单位、其他系统标引过以及有无标引成果可以直

①②《中图法》编委会．《中国图书馆分类法》(第四版)使用手册．北京图书馆出版社(今国家图书馆出版社),1999

接采用或作为参考。

(2)内容主题分析。与主题标引一样,分类标引也需在主题分析的基础上进行(参考本书第六章的有关内容)。即在分类标引时,首先要查明待分文献资源的研究对象、学科或专业性质、写作目的、用途等,以便正确归类。

(3)主题提炼及选择。分类标引主题选择的重点是弄清并确定文献的学科专业属性,在此基础上深入分析文献内容的组成要素,将其归纳成若干主题概念,再结合本单位的需求选定应标引的主题因素。另外,应注意对隐含概念的分析,注意区分主要主题与次要主题、专业主题与相关主题。在确定和选择标引主题时,还要注意参考分类法的类目划分标准和使用次序。①

(4)归类。归类即主题概念转换的过程。根据文献资源主要主题的学科属性及其他特征,在分类表中选定与之相符的类目,将分类号赋予文献资源作为分类检索标识。其次,还要根据主题分析的结果,决定是否给出互见分类号、分析分类号。这一工作通常应在对分类法类目结构及其关系有了充分了解的基础上进行。

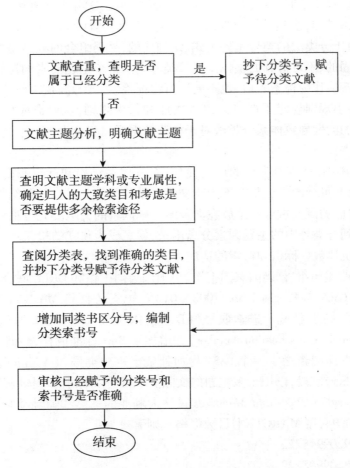

图 7-13 分类标引工作流程示意图

---

① 俞君立,陈树年. 文献分类学. 武汉大学出版社,2001

（5）编制分类索书号。馆藏文献如果采用分类排架，还须进一步区分同类书，即编制书次号，实现同类书的个别化。编制分类索书号时应注意：当一种文献有几个分类号码时，应选择其中最主要的类号作为排架分类号，其余的则作为目录分类号。

（6）分类审核。在确定文献分类号及索书号后，必须对主题分析的正确性、充分性、归类和类号组配的正确性进行审核，这一工作通常由标引经验较为丰富的人员进行。

三、基于机读目录的分类标引

手检目录的分类标引用于手工检索系统，其主要作用体现为组织馆藏资源分类排架，而机读目录的分类标引则用于建立分类检索系统，其主要作用体现在为用户提供检索。因而在文献揭示深度、标引规则、类号要求等方面，机读目录与手检目录的分类标引有着较大的区别。

目前，国内外较有影响、广泛使用的分类法都是基于编制手工检索工具和文献排架的需要而编制的体系分类法，尽管经过多次修订也都未能摆脱这个模式。这种模式下的分类法用于机读数据标引和检索时，主要存在以下三方面的问题：①分类法采用等级列举和逻辑划分的方法建立体系结构，使其不能对事物进行多角度、多属性的标引，从而造成多途径检索的功能很弱；②由于分类法的类号是先组式、结构式的，号码组合的顺序是严格的，所以类号一经组合便是凝固的、不可拆分的整体。尽管类号是一个个主题要素的逻辑集合，但其所包含的主题要素既不能作为检索入口，也不能进行组配检索；③为满足文献线性排列和分类款目组织的需要，标引规则规定了严格的组号次序和标引规则，从而造成检索入口单一且复杂。上述三方面的问题导致体系分类法对于机读数据标引和检索（多途径检索和组配检索）的不适应性。

鉴于 DDC、《中图法》等分类法的广为使用，对其体系结构和标记制度做大的变动和调整是不现实的，因此可行的方法是在不影响文献排架的基础上对其某些结构做适当的调整。目前，国内外这方面的研究重点一是放在涉及多主题因素的文献要充分揭示；二是放在把原来通过复分组合到分类号中的主题因素分离出来，使之成为独立的检索点和组配单元，以此来提高分类法对机读数据标引和检索的适应力。

例如在由 DDC 编辑组、德国国家图书馆、美国国会图书馆和 OCLC 联合提出的第 2008 - 01 号 MARC 提案（MARC Proposal No. 2008 - 01）①中，一方面将 MARC21 书目数据格式中的 082 字段名由原来的"杜威十进索取号"（Dewey Decimal Call Number）改为"杜威十进分类号"（Dewey Decimal Classification Number）并增加了 $m（标准或任选标识）和 $q（指定代理）子字段，另一方面则新增了一个 083"附加杜威十进分类号"（Additional Dewey Decimal Classification Number）字段，以用于多主题的文献资源的分类标引和提供其附加分类检索途径。例如文献 *Australian Birds and Mammals*（《澳大利亚的鸟类和哺乳动物》）用 DDC 22 版详本标引为 599.0994，用 MARC21 书目数据格式则著录为：

082 04　$a599.0994$222
083 0#　$a598.0994$222

---

① ALA Annual, Dewey Breakfast Update-July 11, 2009. Representation of DDC in MARC 21 Bibliographic Format：An Update. http://www.oclc.org/dewey/news/conferences/default.htm

083 0#　$z2$a94$222

其中,著录在082字段$a(分类号)子字段的"599.0994"可以分析为:"599"用于表示"哺乳动物的文献和综述鸟类和哺乳动物的文献";"09"取自T1,用于表示"地理标准复分";"94"取自T2,表示"澳大利亚"。但仅从类号"599.0994",我们还无法辨识出该类号是否包含了"鸟类"的信息。而通过增加083字段(第一个083字段$a分类号子字段中的类号"598.0994"用于表示"澳大利亚的鸟类",即类号中的"598"表示"鸟类";第二个083字段$a分类号子字段中的类号"94"取自T2,表示"澳大利亚")则能帮助用户查找有关澳大利亚及其鸟类的所有信息,从而实现了多主题资源的分类标引。

为了实现先组类号的分解,在上述提案中另外还新增了一个085"合成分类号分解著录"(Synthesized Classification Number Components)字段。通过该字段,MARC21书目数据格式可以实现合成分类号的分拆,实现先组合成类号的分解著录,以及适应机读环境下的分类检索要求。例如文献 *Web sites for genealogists*(《系谱学家网站》)用DDC 22版详本标引为025.069291,用MARC21书目数据格式则著录为:

082 04　81a025.069291$222

085 ##　81b025.06$a025.06001$c025.06999$s9291

其中,著录在085字段$b(基础类号)子字段中的"025.06"用于表示"用于特定领域或学科的信息存储和检索系统";著录在085字段$a(单一分类号或分类号范围的起始号)和$c(分类号范围的终止号)子字段中的"025.06001"和"025.06999"分别表示各种"特定领域和学科";著录在085字段$s(取自分类主表或复分表中的数字)子字段中的"9291"用于表示"系谱学"。

以上研究成果2008年10月已被增补到MARC21更新内容(Update No.9)中,并由OCLC从2009年8月起在WorldCat中正式执行。这些成果和做法,对于CNMARC书目格式不无借鉴参考意义。

第八章　网络资源的本体组织

网络资源的本体组织是指网络资源利用形式化的本体进行知识组织的一种形式。由于形式化本体既可通过编码语言转换传统的知识组织系统而获得,也可利用相关工具进行开发,所以本章在对网络资源本体组织进行概述的基础上,重点论述本体的 OWL 编码与传统知识组织系统的 SKOS 编码,以及本体工程方法与 OWL 本体开发,最后也对与本体构建的相关问题进行探讨。

第一节　网络资源本体组织概述

如本书第一章所述,经过改造后的受控词表和分类表也能对网络资源进行知识组织。但由于网络资源与实体资源相比具有很大的特殊性,采用实体资源传统的组织方法常常不能发挥网络资源的特点和优势,因此在分类主题等传统组织方法面临改造的同时,以本体为代表的一些新的方法也逐步发展起来,或被引入图书情报领域后成为新的研究和应用热点。

一、本体的定义与类型

（一）本体的定义

本体(Ontology)又称"本体论"或"知识本体"。《牛津英语辞典》对 Ontology 的释义是: the science or study of being,意即对事物本原的研究。这个定义最早来自于古希腊哲学,[①]亚里士多德在其著名的形而上学理论中曾对本体这一概念进行过完整的、系统的阐述。[②] 在哲学领域研究一直十分生僻的"本体论",与目前在计算机领域(主要是人工智能、语义网领域)成为热点研究的"本体"在概念上既有联系,也有很大的区别,甚至可以认为它们根本就是两个完全不同的概念。据此有人提出以大小写来对这两种概念加以区分,即大写的 Ontology 作为哲学的本体论,而计算机领域的本体论则用小写,且可以为复数。

目前在计算机领域作为热点研究的"本体",实际上是希望通过一定的方式,将人们对世界的系统性认知——知识体系,映射成计算机能够处理的形式,也即对知识体系进行编码化、数字化。这也可以看成是对"存在"的一种抽象和模拟,具有很强的实用性和工具性,其目的是为了方便计算机的处理,以及在计算机和网络所造就的"虚拟空间"中重构一个"知识世界"。从此意义上讲,它与哲学上的"本体论"有异曲同工之处。

同样作为上述"知识体系的机读化"本体,人们对其的认识却不尽相同。据统计,近年来对"本体"的定义有上百种之多。这里选取一些影响较大、获得广泛认同或具有某种典型意

---

① 顾金睿,王芳. 关于本体论的研究综述. 情报科学, 2007(6)
② 寇鹏飞. 古希腊哲学本体论探寻. 黑龙江教育学院学报, 2006. 25(1)

义的定义进行简要介绍：

T. Gruber 于 1993 年提出："本体是对共享的概念进行形式化的显式的规范说明。其中'概念化'是指对现实世界现象的抽象模型，要明确标识与现象相关的概念；'显式'是指概念的类型以及概念在使用中的约束需要被明确地定义出来；'形式化'是指本体应该是机器可读的；而'共享'则是在本体中反映的知识是中立的，在一定范围内是一致认可的。"[①] Fensel 将本体定义为"对一个特定领域中重要概念的共享的形式化的描述"。[②] Swartour 认为"本体是一个为描述某个领域而按继承关系组织起来并作为一个知识库骨架的一系列术语"。[③]

1998 年，Studer 等人在 T. Gruber 定义的基础上对本体的定义给出了一个更为简明的解释，即"知识本体是对概念体系的明确的、形式化的、可共享的规范说明"，并且进一步指出，知识本体"是领域知识规范的抽象和描述，是表达、共享、重用知识的方法"。

由于本体最终需要计算机加以操作和处理，因此也有很多本体的定义采用了数学语言。这里介绍何克清等人对本体的一个形式化定义：本体的逻辑基础设为 L，在描述本体时采用的符号和词汇设为 V，则可以得到一个模型 $<S,I>$。其中，$S = <D,R>$ 是对论域中对象的概念化（D 表示论域中的静态对象，R 表示对象之间的关系）。$I: V->D \cup R$ 表示对于本体词汇的解释（用论域中的静态对象解释 V 中的静态符号，而用论域中的对象之间的关系解释 V 中的谓词）。令 $C = <D,R>$ 表示论域的概念化（D 表示论域中的概念，R 表示概念之间的关系），$I: V->D \cup R$（用论域中的概念解释本体中的静态词汇，用论域中的概念之间的关系解释本体中的谓词）。$K = <C,I>$ 被称为本体语言 L 的本体承诺，称本体语言 L 以 K 的形式表达了特定论域的概念化 C。[④]

综上所述，本体是领域知识经过抽象而形成的一套计算机可操作的概念体系，主要是由概念或术语以及概念术语之间的关系所构成。即概念术语需要明确地进行定义；概念术语之间的关系（例如"用""代""属""分""参"等关系）可以根据需求采用较为严格的集合、图论、代数、概率论、布尔和其他逻辑方式（例如 OWL DL 就应用了描述逻辑，OKBC 和 FLogic 支持框架逻辑）或不太严格的自然语言方式进行描述和表达。进而，领域知识可能还包含一些公理性的知识陈述（例如"所有的期刊论文都是出版物"），这些公理也可根据需要以本体语言（通常是支持逻辑描述的语言）进行编码。概念间的关系、概念约束和公理陈述常常表现为函数或逻辑关系。以上都是构成本体的基本要素，但是对于具体的应用来说，除了概念定义和概念关系（概念列表也表达一种概念关系），是否需要其他要素，甚至是否需要形式化描述，都可以视具体需求而定。

（二）本体的类型

计算机领域的本体存在广义和狭义之分。符合前述本体定义的、仅以"概念化"和"形式化"作为基本特点的本体，即为广义的本体，例如早期大量人工智能本体的研发（如 CYC 和 WordNet 等），纯粹是对于知识的抽象，没有规定应用环境和形式化方法，也没有采用专门

---

① Gruber T. A translation approach to portable ontology specifications. Knowledge Acquisition, 1993(5)

② Fensel D. The Semantic Web and its languages. IEEE Computer Society, 2000,15(6)

③ 郁书好，郭学俊. 基于语义 Web 的本体及本体映射研究概述. 微机发展, 2005,15(8)

④ 何克清等. 本体元建模理论与方法及其应用. 科学出版社, 2008

的知识表示法。目前语义万维网所关注和开发的本体,由于其确定的应用环境及具体的本体编码标准 OWL,而被称为狭义本体。由于狭义本体为基于 Web 的资源组织提供了一整套本体工程方法,故有人认为,凡是以 OWL 编码的知识体系都可以称为狭义的本体。

1999 年,Gómez-Perez 和 Benjamins 研究了各种本体的分类方案,对 Guarino 的本体分类进行了归纳和总结,提出本体类型包括知识表示本体、通用本体、顶级本体、核心本体、领域本体、语言本体、任务本体、领域—任务本体、方法本体和应用本体。① 其实,这 10 种本体的分法,界限模糊、标准不一,让人感到困惑。另外,也有人将本体分成术语本体、形式本体、表现本体以及混合本体等。而根据内容和适用领域,本体则可分成顶层本体(又称高层本体或一般本体)、领域本体、任务本体和应用本体(其关系如图 8 – 1 所示)。

上述本体类型中的顶层本体(common ontologies)通常从哲学的认识论出发自顶向下涵盖所有人类的认知领域,其概念的根节点往往是时间、空间、事件、状态、对象等抽象术语,反映了对客观物质世界和主观精神世界的根本性认识。顶层本体也是"本体的本体",由于哲学认识论不同,对世界的根本性认知也不同。而计算机网络世界作为真实世界的反映,它必须提供技术方案,能够容纳所有不同的认知。领域本体(domain ontologies)专注于领域知识的系统化和抽象化。相对于顶层本体来说,领域本体较为具体,一般应用于领域知识的共享和揭示。术语本体(terminology ontologies)常常表现为一个词表,概念关系的抽取较为随意和简单,要求不严格,甚至可以不对概念术语进行定义,例如著名的 WordNet 本体。形式本体(formal ontologies)对于概念术语的分类组织要求较为严格,需要依照一定的原则和标准,明确定义概念之间的显性、隐性关系,并明确各种约束、逻辑联系等。这类本体常常由术语本体发展而来,与术语本体没有截然的界限。

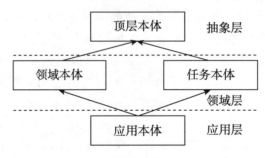

图 8 – 1　本体的类型

大多数具体领域的知识本体都不是唯一的,即便是认识的角度和方法相同,也可能由于粒度、形式化方式手段的不同而开发出不同的本体,而不同的本体可以通过一定的映射、交换机制进行互操作。各类编码和映射方式与机制需要大量的标准规范支持,这就是知识本体语言的作用。

总之,随着网络资源的爆炸式增长,对网络资源进行组织的需求越来越迫切,本体技术也随之有一个飞跃式的发展,本体的应用也将呈现爆炸式的增长。信息及信息需求的复杂性和多样性将使本体越来越丰富多彩,本体将无所不在。值得注意的是,万维网中的本体为

---

① 　Gómez-Pérez A, Benjamins R. Applications of ontologies and problem solving methods. AI Magazine, 1999,20(1)

满足不同的需求和目的,都是分布式构造的,它们之间的互联互通或互操作,是一个非常重要的问题。各类本体从语义上不可能合并成一个统一一致的、表达人类所有知识的大本体,但本体编码语言和本体方法的标准化将有助于从语法上提供一定的可能性,W3C倡导的语义万维网运动一直在朝这个方向努力。

二、本体的功能与特点

（一）本体的功能

领域本体是对领域知识的抽象、描述和表达,目的是为了规范人们对于知识的认识,并在人(代理)之间达成相关知识和信息的交流。领域本体着眼于整个领域,而不是局部。由于对于同一个领域,认识问题的需求和角度不同,很可能造成本体的详细程度和结构模型完全不同。领域知识之所以需要明确、显式地进行描述,一个很重要的原因是为了方便计算机达成一致性理解,以便在更大范围(因特网范围)内进行知识和信息的共享和重用。因此,本体的主要功能可以归纳为4个方面,即规范领域知识、对领域知识建模、在一定范围内共享复用领域知识以及实现一定程度的语义互操作。其实,这也可以看成是传统KOS的功能,但由于传统KOS的形式化程度要求不高,对于这4项功能的实现程度不及本体。

制定本体的过程通常称为本体工程。本体工程不仅使领域知识本体化,使本体为人所用,让普通用户分享专家的知识,同时通过制定和应用一套人工语言和规则,使本体(包括本体的各个要素——概念词表、词间关系、关系约束、公理、推理规则等)得到编码化表达(可以采用RDF/OWL等编码语言),这样就能使计算机"读懂"和操作本体。这一过程就是本体的"形式化"过程,其目的就是为了更好地、在更大范围内对本体进行自动的共享和重用,从而能够利用计算机信息处理的强大能力,处理互联网规模的信息。

本体现在已经成为一种用计算机进行知识提取、处理和"理解"的工具,一种最基本的互联网知识组织的方法论,正在被广泛地应用于各学科和专业领域。值得注意的是,本体的作用与本体编码语言的作用是不同的。经过本体语言编码之后,本体才能得到具体的应用,发挥其功能和作用;本体编码语言表达领域知识的能力及其形式化方法,决定了本体的能力和适用环境,以及本体能否满足应用系统的功能需求。一般而言,本体编码语言具有以下4个作用:[1]

（1）为构建本体提供建模元语;

（2）将本体转换为机器可读的形式;

（3）负责将本体中需要描述的各类关系、约束进行形式化表达;

（4）为不同系统间实现本体的互操作提供交流语言。

由于计算机只能依靠形式化语言来"读懂"本体,因此本体编码语言决定了本体的形式化程度。然而本体的形式化程度也非越高越好,最终需要根据应用的具体需求来决定。

（二）本体的特点

本体的核心特点有两个:

（1）本体是对知识的抽象和"概念化",即用概念体系来表达知识。语词(术语)是概念的外在形式,用来表达概念并揭示概念之间的相互关系。但知识的表达并非只有通过以语

---

① 李景．主要本体表示语言的比较研究．现代图书情报技术,2005(1)

词为基础的概念体系这一种形式。符号学派曾经是人工智能中的重要学派，他们相信一定的专用符号系统能比语言更准确地表达知识；另外还有一派非常重视以逻辑、代数、集合论、概率论、图论（拓扑学）等离散数学为基础的知识表达，他们认为数学语言更能揭示知识的规律性。通过语词"概念"来表达知识，可能没有数学符号方法严格和"形式化"，但适用面却更广，能够表达更大量的"简单"知识（例如概念间的等同、层级和模糊的相关关系），更适应于开放的网络世界。

（2）本体需要进行"形式化"。这里的"形式化"意为代码化，即把知识体系中所包含的各类语义元素（例如概念术语、概念术语相互之间的关系、公理函数等逻辑内容等）通过一定的规则和方式进行编码，使机器可以处理。不同的技术环境，代码化的方式和要求是不一样的。例如传统的叙词表和分类法一般应用于单独开发的独立系统，其数据通常以 MARC 形式表达或包含在关系数据库的索引中，对"机读"的形式化有要求，否则概念的相关关系就无法利用（例如用于规范检索词、族性检索等）；而本体产生于 Web 环境，通常采用基于 XML 或 RDF 的编码标准进行编码。目前 W3C 推出的专用于本体编码的 OWL（分 OWL Lite、OWL DL 和 OWL Full 3 个版本）以及 OWL2（OWL 第 2 版）都是对于 RDF(S) 的扩展，但具有不同的编码能力和适用范围。但是基于这些本体编码语言的实用系统目前还不多见，即本体的编码目前还缺乏对具体应用有较大参考价值的最佳实践，且还处在不断探讨和发展变化中。

除了上述两个核心特点外，本体还有"明确的""可共享的""领域的"等特点。

（1）"明确的"原文为 explicit，意思是必须将"知识"显性化，以一定的方式明确地表达出来（编码也是一种表达），而不是要通过人脑"意会"才能理解的隐含知识。这是机器可读的必要条件。其实任何本体都会进行某种程度的"明确"，只是这种"明确"是否足够满足需求，与本体编码语言的选择和本体工程的技巧有关。

（2）"可共享的"是一个必然能得到某种程度满足的属性。因为大多数本体编码语言本身即是标准，提供了各类具体本体一定的互操作性；所开发的本体描述如果能被其他应用所采用，应用了这些本体的数据通常就具有了相同的知识体系，这在数据共享和交换方面能带来很多好处。

（3）"领域的"是指作为一种工具性的本体而不是哲学的本体论，不管其多么庞大复杂、涉猎广泛，都无法涵盖所有的知识，都只能看作是领域本体。即便是顶层本体，也有一定的适用范围和领域。对于目前分布式的网络资源环境，本体不可能统一，但本体方法和编码方式可以标准化，这样即便是有无数个领域本体，也能达成基本的互操作。

三、本体与传统 KOS 的联系与比较

（一）本体与传统 KOS 的联系

从本体的定义来看，以受控词表和分类表为代表的传统 KOS 与本体有很大程度的交叉。传统 KOS 是"用来定义并组织表述真实世界物体的术语和符号的系统"，[①]是通过对真实世界的抽象化和概念化，用人工语言或符号系统来表达知识的体系。这与本体的定义非常近似，唯一不同的是它们"形式化"的程度有较大的区别。也许正因为如此，司莉才将本

---

① 曾蕾．知识组织系统 // 知识技术及其应用．科学技术文献出版社，2006

体包含在 KOS 中,并将后者定义为"对人类知识结构进行表述和有组织地阐述的各种语义工具的统称,包括分类法、叙词表、语义网络、概念本体以及其他情报检索语言和标引语言。"①

传统 KOS 基本上是供人工标引和检索选词时使用的,加上当时的技术环境,其编制体例均都按照印刷排版的需求制定,并不要求将其编码成计算机可读的形式。但传统 KOS 的内容体系经过本体语言(如 RDFS 或 OWL)的编码转换,加之保留其概念体系的语义和关系,可以很方便地进行"形式化",从而转换成本体。当然这种转换不是完全等价的,不仅在形式上发生了重大变化,语义上也会有一些不同甚至于丢失。但其价值在于适应了网络环境,使传统 KOS 在网络时代赋予了新的生命。即传统 KOS 为网络资源的组织提供了一个良好的基础和很高的起点,应该能够随着网络资源本体组织的普及而发扬光大。

(二)本体与传统 KOS 的比较

叙词表和分类法是传统 KOS 的典型。国际标准 ISO 25964-1 对叙词表是这样描述的:"叙词表的最初目的是帮助标引员和查询者为同样的概念选择同样的术语。为了达到这一点,叙词表首先需要列出某一领域能用于检索的所有概念,而概念由术语来表达,即每一个概念都需指定一个术语作为款目词。叙词表要让人们能够方便地找到他们所需要的款目词,这就需要建立术语(以及概念)之间的关联,这种关联以一种规范有序的方式呈现。叙词表中的术语及其相互关系可以有多种应用,包括扩检、搜索词推荐、族性检索、指认拼写错误以及支持自动索引等。"我国国家标准 GB 13190—91《汉语叙词表编制规则》对叙词表的定义是:"叙词表是将文献、标引人员或用户的自然语言转换成规范语言的一种术语控制工具;它是概括各门或某一领域,并由语义相关、族性相关的术语组成的可以不断补充的规范化词表。"此外,美国国家标准 ANSI/NISO Z39.19—2005 对叙词表的词间关系进行了进一步细化,除了与《汉语主题词表》相同的"用""代""属""分""参"及"族"6 种关系之外,还对层次关系引入了 NTG、NTI、NTP、BTG、BTI、BTP 等更为准确的关系。②

分类法尤其是文献分类法是一种直接体现知识分类的等级制概念标识系统,是对概括文献情报内容及某些外表特征的概念进行逻辑分类(划分与概括)和系统排列而构成的。文献分类法的主要特点是按学科和专业集中文献,并从知识分类角度揭示各类文献在内容上的区别与联系,提供从学科分类检索文献情报的途径。

本体兼具上述特点,可以表达任意的概念及关系构成的知识组织体系。其与众不同的特点是表达知识体系的内容与表达方式(编码)分离。本体的编码目前多采用 OWL 家族的标准,当然用 RDFS 或其他自定义方式也都可以(即为了解决存储和管理效率问题,也可不用基于 XML 的编码语言);只要能够实现与标准编码语言(如 OWL)之间的映射转换,互操作也不是问题。对于本体的内容,由于涉及面非常广泛,并没有统一的规定,但是制定本体的过程和经验,通常都体现在"本体工程"这一主题中了。

---

① 司莉著. KOS 在网络信息组织中的应用与发展. 武汉大学出版社,2007
② 参见 http://www.niso.org/kst/reports/standards/中该标准文本全文。

表 8 −1　本体与叙词表、体系分类法的比较

比较内容	本体	叙词表	体系分类法
应用对象	信息资源	文献	文献
适用范围	任意实体(包括物质的、概念的和信息的)	学科主题	学科领域
宏观结构	基于模型(实体关系)	领域主题(概念层次)	学科体系
微观结构	概念(类)关系	概念范畴	类目
标识	URI	概念(标目)	类号(先组或后组)
组成要素	概念(类)、概念间关系(属性)、函数、公理、实例	叙词、术语及词间关系	类号,类名,解释
编排方式	依靠软件编码呈现,图示,概念索引	字顺,分类索引,排版印刷格式	族性编排,排版印刷格式
结构特点	网状	层次,线性	层次
概念之间关系	整体与部分、继承关系、类与实例、概念与属性	等同关系:用、代 层次关系:属、分、族 相关关系:参	上下位类 有序列表 无序列表
编码	OWL 及其他多种编码方式,本体形式与内容可分离	印刷格式(缩进)或 SKOS(经转换)	印刷方式或 SKOS(经转换),符号系统和印刷格式辅助
应用方式	通过模式(OWL/ RDFS)编码数据	作为资源的主题属性	作为资源的主题属性
更新管理	注册系统,动态	手工,静态,版本更新	手工,静态,版本更新

　　叙词表和分类法作为手工标引的工具,其复杂性受到人工处理能力的很大限制,特别当词表、分类体系或数据量庞大到一定程度时,表达层次关系和模糊的相关关系(这些都属于线性关系①)的能力几乎已经到了极限,而且受限于标引员水平的高低和主观判断的一致性问题,不可能达到这些知识组织体系设计的理论效果。相对来说,本体更加适应于网状关系的描述,能够表达概念间的多维、交叉关系,例如聚合、继承、总分以及更为明确的参照关系(如版本、时序、引申等),由于借助于计算机形式语言,其各种限定、约束和逻辑关系一旦被编码,就不会因为数据量而影响其准确性。因此,本体具有更强的描述和规范能力,更有助于利用计算机强大的自动处理能力。

　　但是叙词表和分类法在本体出现以后依然具有其不可磨灭的思想价值,它们之间最大的不同,并不是实质上的不同,而只是技术和应用环境造成的形式上的不同。技术的进步带来了不同的应用方式,数字化改变了所有信息的存在形态,造成了知识组织的细粒度化、普适化,带来了"本体无所不在"的可能性。然而未来也不可能是本体统领一切,或者说许多知

---

　　① 贾君枝. FrameNet 叙词表与传统叙词表语义关系比较研究. 情报理论与实践,2006(5)

识组织体系,虽然采用了本体编码语言进行了编码,形式上转成了本体,但并不具有本体的完整属性,例如可能只是一种层次化的概念体系,而不包含任何实例、函数或者公理。这类通常包括同义词环、可选词单、专业叙词表、分类法等的传统 KOS 仍将占据重要地位,因为它们较为简单、实用,更接近于人的思想方法。相对而言,严格的形式化本体过于复杂,不够人性化,需要实体对象分析、建立模型、提取属性,需要析出概念、概念关系、实例、函数和公理,这些都不是普通人能掌握的,也不是一般用户需要关心的。

第二节　OWL 本体编码语言与传统 KOS 的 SKOS 编码

如前所述,本体的形式化需要通过编码语言加以实现。而本节论述的 OWL 和 SKOS 则是 W3C 先后推出的两种重要的本体编码语言。

一、OWL 本体编码语言

(一)OWL 本体编码语言概述

作为一种基于 XML 的本体编码语言,OWL(Web Ontology Language)提供了一整套的建模元语(描述元素),支持概念类、概念间的关系、属性、属性关系、取值约束等的描述,其中关系描述除了常见的等级关系之外,还有大量的逻辑关系,包括定义域、值域、必要条件、充要条件等,并支持一定的集合/逻辑运算,如并集、交集、与或非等(有些运算是有条件的)。

需要注意的是,OWL 的表达能力是有限的,而且通常描述能力与逻辑推理能力有一个相反关系。即描述能力强,就不可能为了推理的一致性做更多的限制;而为了对推理进行很详尽的约束和限定,其描述能力就要受到影响。因此,为了针对不同的应用,W3C 推出了 3 个 OWL 版本,即 OWL Lite(轻型版)、OWL DL(描述逻辑版)和 OWL Full(完整版)。其中,OWL Lite 的表达能力有限,只适宜表达分类、层次等关系和简单属性约束,如描述属性的传递性、对称性等特征以及对属性取值基数进行约束;OWL Full 则具有丰富的语义描述能力,元建模能力很强,不仅包含所有 OWL、RDFS 词汇,而且还允许本体在预定的 RDF 和 OWL 词汇表外增加词,但其推理机制并不完善;而 OWL DL 则在表达能力和逻辑推理能力之间进行了平衡,所以表达能力相对完整,即以 OWL Lite 为基础引入类型区分,要求一个属性要么为对象属性(Object Property,表示两对象之间的关系),要么为数据类型属性(Datatype Property,表示对象与 XMI 数据类型之间的关系),同时由于基于描述逻辑且包含 OWL 语言中所有的语言约束,能保证推理系统的计算完整性(保证所有结果均可计算)和可判定性(所有计算都能在有效时间内结束)。

以上 3 种 OWL 语言之间的关系为:每个合法的 OWL Lite 本体都是一个合法的 OWL DL 本体,每个合法的 OWL DL 本体都是一个合法的 OWL Full 本体;每个有效的 OWL Lite 结论都是一个有效的 OWL DL 结论,每个有效的 OWL DL 结论都是一个有效的 OWL Full 结论。

2009 年,W3C 还推出了 OWL2 系列规范,对目前 OWL 中尚未明确定义的各类数学及逻辑表达方式进行了进一步的明确和扩展,并规定了转换算法,赋予了 OWL 编码文件对于函数及逻辑表达式的支持,从而使 OWL 具有了完整的逻辑验证能力,能够用于基于 Web 的知识查询。

（二）OWL 本体编码语言的构词

OWL 构词(contructs)又称"建模元语"，RDF 在采用 XML 序列化之后，其所有的术语其实都是 XML 元素，因此又称"描述元素"。下面分别以 OWL Lite 和 OWL DL 以及 OWL Full 为例对 OWL 的构词进行完整的介绍(构词中没有命名域前缀的元素，其前缀皆为"owl:"，命名域为:http://www.w3.org/2002/07/owl#)。OWL Lite 包括 43 个构词，其中有一部分是 RDF(S)中定义的，如表 8-2 所示：

表 8-2　OWL Lite 构词一览表

类别	构词（元素）	说明
RDFS Features 复用 RDFS 构词(元素)	Class（Thing, Nothing）	owl:Class 是 rdfs:Class 的子类，owl:Thing 用来表达所有类的超类，owl:Nothing 用来表达没有任何实例
	rdfs:subClassOf	OWL 借用来表示子类，即层次关系
	rdf:Property	用来表示两个资源（类）之间的关系，或资源与（属性）值之间的关系
	rdfs:subPropertyOf	表达两个属性之间的层次关系
	rdfs:domain	资源的定义域
	rdfs:range	资源的值域
	Individual	类的个体（实例）
（In）Equality 等同（不同）	equivalentClass	表达类的等同关系 注意：相同的类其包含的实例完全相同
	equivalentProperty	表达属性的等同关系
	sameAs	表达实例的等同关系。可以在不同名称的实例间建立起等同联系
	differentFrom	不同的实例（与 owl:sameAs 相反）
	AllDifferent	所有实例皆不相同
	distinctMembers	不同的实例（每个实例分别…），owl:distinctMembers 属性声明只能和 owl:AllDifferent 属性声明一起结合使用
Property Characteristics：属性构词（元素）	ObjectProperty	对象属性，被描述资源的属性的值是实例
	DatatypeProperty	数据类型属性，被描述资源的属性的值是某种数据类型的数据
	inverseOf	属性的互逆关系
	TransitiveProperty	属性的传递关系
	SymmetricProperty	属性的对称关系
	FunctionalProperty	函数型属性。某资源有函数型属性，其个体一定能对应一个属性值
	InverseFunctionalProperty	逆函数型属性

续表

类别	构词（元素）	说明
Property Re-strictions 属性约束	Restriction	对于 owl:Class 进行限定而形成一个子类
	onProperty	对于属性进行限定而形成一个新的子类
	allValuesFrom	定义一个类，其所有属性值来自于某一特定类
	someValuesFrom	定义一个类，其所有属性值至少有一个来自于某一特定类
Restricted Car-dinality 受限基数	minCardinality（only 0 or 1）	属性值的最小基数（对于 Lite 来说，只能取 0 和 1）
	maxCardinality（only 0 or 1）	属性值的最大基数（对于 Lite 来说，只能取 0 和 1）
	cardinality（only 0 or 1）	属性值的基数（对于 Lite 来说，只能取 0 和 1）
Header Infor-mation 头信息	Ontology	OWL 本体文件的根元素
	Imports	OWL 本体文件的引用本体（一种扩展机制，使得在 Web 上的本体可以方便地重用）
Class Intersec-tion 类相交	intersectionOf	类相交而成的新类
Versioning 版本管理	versionInfo	版本信息
	priorVersion	以前版本
	backwardCompatibleWith	向后兼容于
	incompatibleWith	兼容于（与…兼容）
	DeprecatedClass	废弃类
	DeprecatedProperty	废弃属性
Annotation Properties 注释属性	rdfs:label	沿用 RDFS 标签元素
	rdfs:comment	沿用 RDFS 注释元素
	rdfs:seeAlso	沿用 RDFS 参见元素
	rdfs:isDefinedBy	沿用 RDFS 定义责任者元素
	AnnotationProperty	标注属性注释
	OntologyProperty	本体属性注释
Datatypes 数据类型	xsd:datatypes	数据类型（沿用 XML 数据类型定义）

OWL DL 和 OWL Full 除了表 8-2 中的 43 个构词外，还包括以下构词（其中带星号的表示与 OWL Lite 重复，但定义域、值域范围规定有所不同）：

表8-3　OWL DL 和 OWL Full 中除 OWL Lite 之外的其他构词

类别	构词(元素)	说明
Class Axioms 类的属性	one of, dataRange	描述枚举类型
	disjointWith	描述两个类不相交
	equivalentClass *	用于表达类的相同(而不是属性的相同)
	rdfs:subClassOf *	用于表达类的子类(而不是属性)
Boolean Combinations of Class Expressions 类的布尔运算表达	unionOf	并集运算
	complementOf	补集运算
	intersectionOf *	属性相交运算
Arbitrary Cardinality 任意基数	minCardinality *	最小基数
	maxCardinality *	最大基数
	cardinality *	基数
Filler Information 信息过滤	hasValue	数据值(Data Value)属性,表示具有某一特定值的类

以上这些构词又可分为 8 个类别,即:类(Class)、数据类型(Datatype)、对象属性(Object Property)、数据类型属性(Datatype Property)、个体(Individual)、数据值(Data Value)、本体属性(Ontology Property)及注释属性(Annotation Property)。

从这些构词可以看到,OWL 中对于属性约束的编码还是非常有限的,属性构词中只有范围(allValuesFrom、someValuesFrom)和基数(hasCardinality、minCardinality、maxCardinality)的规定,对属性的取值也只有一个构词 hasValue,即某一属性的值等于 hasValue 所给出的值,不能表达大于、大于等于、小于或小于等于等关系。这在一定程度上影响着 OWL 的表达能力。

(三)OWL 本体编码语言的评价

从表8-2和表8-3可以看到,OWL 的功能与 SKOS 的功能非常类似,两者在编码方式上也很类似。即 OWL 同样也是 RDFS 的扩展,是一套扩展元素词表(在其规范文档中称为构词)。W3C 之所以在有了 OWL 之后还要发展一套基于 RDFS 的 SKOS 来描述传统 KOS,这完全是因为 OWL 还"无法忠实地表达"传统 KOS。这里所说的"无法忠实地表达",不是说 OWL 无法表达传统 KOS 中的逻辑关系和知识内容,而主要是指传统 KOS 的一些特性还无法用 OWL 来表达。例如传统 KOS 在形式上的诸多规定,如标记符号、排列、分组等,在 OWL 中就缺乏相应的元素构词;在语义关系的表达方面,传统 KOS 中模糊的相等关系、层次关系和相关关系,也达不到 OWL 的要求(如 nkos:broader、nkos:narrower 之类,对于 OWL 来说是非常模糊不清的)。

尽管也有研究采用 OWL 来描述传统 KOS,即将传统 KOS 转换成基于 OWL 描述的本体,但我们认为这其实已经给传统 KOS 带来质的变化。即传统 KOS 与狭义的本体在概念模型上是不一样的,这样的转换只是利用了传统 KOS 对概念及相互关系的描述,其中很多关系描述需要进行重新明确后才能正确地采用 OWL 的元素构词。除此之外,这项工作基本上只能由人工来承担,这给转换工作带来很大的工作量,其成本几乎与重新开发 OWL/RDFS

模式相差无几。

从此意义上讲,最能保留传统 KOS 语义的是 SKOS 而不是 OWL。即 OWL 描述的是比 SKOS 更一般的"本体",提供了对于对象、属性、关系、取值以及本体管理所需的必要的编码构词元素,而 SKOS 则可看作是 OWL 的进一步扩展。但它们都是开放的,在具体应用中都可根据需要共同来组成 RDFS 文档,描述资源,建立数据之间的联系。由于所有采用 RDF(S)的数据都是"兼容"的,所以可以用来共同完成领域本体的语义描述。

二、传统 KOS 的 SKOS 编码

(一)SKOS 概述

从名称上看,SKOS(Simple Knowledge Organization System,简单知识组织系统)似乎与 KOS 或 NKOS(Networked Knowledge Organization System)一样,也是一种"知识组织体系",但其实是 W3C 提出的对传统 KOS 进行编码的一种规范标准(俗称"格式"),用来在万维网上表达和共享传统 KOS,使万维网上的数据有可能通过传统 KOS 中的关系标注建立链接。需要强调的是,这里的知识组织体系既包括标题表、叙词表、通用分类表、专业分类表甚至大众分类法及各类形式的受控词表,也包括嵌入在词汇表和术语表中的概念体系。

W3C 在其参考文档 *SKOS Simple Knowledge Organization System Reference* 中对 SKOS 的定义是:"在 Web 上共享和关联知识组织系统的通用数据模型。"其中有一段文字非常概要而全面地说明了 SKOS:采用 SKOS,概念用 URI 标识符来辨识,每个概念使用一种或多种自然语言的文本字符串作为标签,配以标记(文字代码),采用多种注释类型,与其他概念关联和组织成等级体系或关系网络,汇总成概念体系,组合为有标记的或有序的集合,与其他概念体系建立映射。[①]

从中可以看出,SKOS 能够保留传统 KOS 的基本特征:自然语言标签(如款目词、索引词)和标记符号(如分类号)、说明与注释、等级体系和参照关系、复分表或成组的概念集等。由于 SKOS 采用的是 RDF Schema(资源描述框架模式),也就是说它通过扩展 RDFS 词表的方式提供了对传统 KOS 的描述能力,因此 SKOS 实际上是一个兼容各类传统 KOS 的通用编码模式。由于 RDF 本身是一种以三元组表达数据关系的数据模型,所以 SKOS 也可以被看成是扩展了一套词表(元素)的、用以对传统 KOS 进行 RDF 编码的数据模型。

总之,应用 SKOS 不仅可望使大量传统的 KOS 数据维持"网络化生存",使其迁移至 Web 环境,也将使传统 KOS 的知识组织思想在本体方法中获得新生。

(二)SKOS 元素

根据传统 KOS 的共同特征,SKOS 定义了 4 种对象类:概念体系、概念、(概念)集合和(概念)有序集合。而为了描述这 4 类对象,SKOS 根据 RDF 表达模型的需要慎重地引入了 28 个属性,分别提供了对标签、标记符号、注释、语义关系、映射关系等方面的描述能力,对这些属性的 URI、定义域、值域和相互关系也做出了规定。应该说 SKOS 这么做满足了大部分传统 KOS 特性的编码需求(但并非所有的需求,例如版本控制和先组式词表的很多特性

---

① 参见:http://www.w3.org/TR/skos-reference/,目前的最新版本是 2009 年 8 月 18 日版,已经是 W3C 的正式推荐标准。中文参考翻译见:http://www.knowl.org.cn/files/skos/skos-reference-zh.htm(译者:范炜,喻菲)。

和规定,目前的SKOS还无法描述)。

SKOS在具体应用时允许根据具体需求以及所表达的传统KOS特性的不同,从其他RDFS词表(例如OWL、DCMI、FOAF等)中选取元素,或者按照一定的规则自己扩充元素,共同组成具体的RDF模式。需要说明的是,此处的元素(实为RDF/XML编码时的元素),即构词,其URI命名域皆为:http://www.w3.org/2004/02/skos/core#。表8-4为SKOS元素的概要说明:

表8-4　SKOS构词元素一览表

构词(元素)	说明
skos:Collection	有一定意图的概念集合。加上标签,就可以一起表达某种属性,例如共同放置在某一概念底下作为下位概念 是owl:Class的实例 与skos:Concept、skos:ConceptScheme不相交
skos:Concept	SKOS概念类,是owl:Class的一个实例 一个SKOS概念可以被视为一个观念或想法;一个思维单元。通常是传统KOS的标目单元所表达的概念
skos:ConceptScheme	SKOS的概念体系类,指一组概念集合,可能包含概念间的语义关系的描述 是owl:Class的一个实例 对应于一个叙词表、分类表、标题表或其他知识组织系统 允许一个概念出现于多个概念体系中 也允许一个概念体系也是一个OWL本体
skos:OrderedCollection	概念的有序集合,无论是组合还是排序,在这里都有一定的意义 是owl:Class的实例,skos:Collection的子属性
skos:altLabel	一个资源的其他可选语词标签 是rdfs:label的一个子属性,owl:AnnotationProperty的一个实例,值域都是RDF普通文字
skos:broadMatch	表示不同概念表的两个资源之间的上位等级映射连接 是owl:ObjectProperty的实例 是skos:mappingRelation的子属性 是skos:broader的子属性
skos:broader	上位概念。在层次体系中常表示为父类概念。只用作断言两个概念之间的直接等级关系 是owl:ObjectProperty的实例 是skos:broaderTransitive的子属性 但它是非传递属性 通常,skos:broader和skos:narrower仅用作断言两个SKOS概念之间直接的(也就是邻接的)等级关系

构词(元素)	说明
skos:broaderTransitive	表达两概念间的上位传递关系 是 owl:ObjectProperty 的实例 是 skos:semanticRelation 的子属性 是 owl:TransitiveProperty 的实例 skos:related 与 skos:broaderTransitive 不相交 它是传递性属性。通常,skos:broaderTransitive 和 skos:narrowerTransitive 不用于断言,而是仅用于推理
skos:changeNote	有关概念修订的注释 是 owl:AnnotationProperty 的实例 是 skos:note 的子属性
skos:closeMatch	是 owl:ObjectProperty 的实例 是 skos:mappingRelation 的子属性 是 owl:SymmetricProperty 的实例
skos:definition	概念的定义说明 是 owl:AnnotationProperty 的实例 是 skos:note 的子属性
skos:editorialNote	编辑性说明,包括词表编撰人员、翻译人员或维护人员的工作日志 是 owl:AnnotationProperty 的实例 是 skos:note 的子属性
skos:exactMatch	两个概念精确匹配,表示它们可以互换使用 是 owl:ObjectProperty 的实例 是 skos:closeMatch 的子属性 是 owl:SymmetricProperty 和 owl:TransitiveProperty 的实例 skos:exactMatch 与 skos:broadMatch、skos:relatedMatch 都不相交
skos:example	是 owl:AnnotationProperty 的实例 是 skos:note 的子属性
skos:hasTopConcept	是 owl:ObjectProperty 的一个实例,注意其定义域和值域:其定义域(rdfs:domain)是 skos:ConceptScheme,其值域(rdfs:range)是 skos:Concept。这就是说它不是概念的属性,而是概念词表的属性,用于定义 SKOS 概念体系与等级关系中顶层的 SKOS 概念
skos:hiddenLabel	一个资源的隐藏标签。在资源进行可视化显示时能够通过全文搜索而查到 是 rdfs:label 的一个子属性,owl:AnnotationProperty 的一个实例,值域都是 RDF 普通文字
skos:historyNote	有关本概念过去的情况、用法、意义的注释 是 owl:AnnotationProperty 的实例 是 skos:note 的子属性

续表

构词(元素)	说明
skos:inScheme	是 owl:ObjectProperty 的一个实例,其值域(rdfs:range)是 skos:ConceptScheme,它具有最大的值域(即可以是任何 rdfs:Resource 类) 一个概念可以是多个概念表的成员
skos:mappingRelation	映射关系,不同概念体系之间的概念建立起相互语义关系的一种方式。注意:这种用法不一定符合 SKOS 数据模型,而是直接给出语义联系 是 owl:ObjectProperty 的实例 是 skos:semanticRelation 的子属性
skos:member	表达某概念是集合的一个成员 是 owl:ObjectProperty 的实例 定义域是 skos:Collection 类,值域是类 skos:Concept 和类 skos:Collection 的并集(union)
skos:memberList	成员列表 是 owl:ObjectProperty 的实例,同时也是 owl:FunctionalProperty 的一个实例 定义域是 skos:OrderedCollection 类。值域是 rdf:List 类 对于任何资源,给定 skos:memberList 属性值列表中任何条目也是 skos:member 属性的值
skos:narrowMatch	表示不同概念表的两个资源之间的下位等级映射连接 是 owl:ObjectProperty 的实例 是 skos:mappingRelation 的子属性 是 skos:narrower 的子属性 是 skos:broadMatch 的 owl:inverseOf 逆属性
skos:narrower	下位概念。在层次体系中表现为子类。同 broader,只用来断言两概念之间的直接等级关系 是 owl:ObjectProperty 的实例 是 skos:narrowerTransitive 的子属性 是 skos:broader 的 owl:inverseOf 逆属性 但它是非传递属性 通常,skos:broader 和 skos:narrower 仅用作断言两个 SKOS 概念之间直接的(也就是邻接的)等级关系
skos:narrowerTransitive	表达两概念间的下位传递关系 是 owl:ObjectProperty 的实例 是 skos:semanticRelation 的子属性 是 owl:TransitiveProperty 的实例 是 skos:broaderTransitive 的逆属性 owl:inverseOf 属于传递性属性。通常,skos:broaderTransitive 和 skos:narrowerTransitive 不用于断言,而是仅用于推理

续表

构词(元素)	说明
skos：notation	概念的标识符,如分类号,通常是一个字符串 是 owl：DatatypeProperty 的一个实例 通常仅用在三元组客体位置上,数据类型 URI 表示对应特定标记系统或分类代码系统的一个用户定义的数据类型。基数(cardinality)没有限制,一个概念可以有 0、1 或多个标记。并且同一概念体系中的两个概念不会拥有相同的标记
skos：note	注释。可以直接使用,也可作为各类具体注释的上位属性 是 owl：AnnotationProperty 的实例
skos：prefLabel	概念的首选标签 是 rdfs：label 的一个子属性,owl：AnnotationProperty 的一个实例,值域都是 RDF 普通文字 每个资源在每个语种中有且仅有一个 skos：prefLabel 值
skos：related	表达两概念间的任意相关关系 是 owl：ObjectProperty 的实例 是 skos：semanticRelation 的子属性 是 owl：SymmetricProperty 的一个实例 skos：related 与 skos：broaderTransitive 不相交
skos：relatedMatch	表示不同概念表的两个资源之间的相关关系映射 是 owl：ObjectProperty 的实例 是 skos：mappingRelation 的子属性 是 skos：related 的子属性 是 owl：SymmetricProperty 的实例
skos：scopeNote	可以澄清概念意义的任何注释 是 owl：AnnotationProperty 的实例 是 skos：note 的子属性
skos：semanticRelation	语义关联。作为表达所有语义关系属性的上位元素,一般不直接使用 是 owl：ObjectProperty 的实例 其定义域和值域都是 skos：Concept 类
skos：topConceptOf	是 owl：ObjectProperty 的一个实例,skos：inScheme 的子属性,skos：hasTopConcept 的 owl：inverseOf 互逆属性

　　传统 KOS 的标签系统由于涉及分类法、叙词表等多种形式,相对来说较为复杂,而且标签本身在 SKOS 中并不作为资源,而是作为文字(literal)的语言实体(lexical entities),在模型上相对独立。目前 SKOS 提供的 skos：prefLabel、skos：altLabel 和 skos：hiddenLabel 很可能对于具体的传统 KOS 来说还不够用,于是它还专门扩展了一个命名域,进一步提供了一些用于标识、描述和链接标签的附加元素,并负责管理所有 SKOS 中与标签有关的元素,以方便

不同的传统 KOS 在采用 SKOS 时选用,也避免了将来进行扩展时影响到 SKOS 本身。

SKOS 的标签扩展(SKOS eXtension for Labels)在 SKOS 的参考文档中是以附件 B 的形式定义的,它规定了命名域为 http://www.w3.org/2008/05/skos-xl#,前缀为 skosxl,定义了一个新类:skosxl:Label,将 SKOS 中的 3 个标签元素也归入其中(前缀不同):skosxl:prefLabel、skosxl:altLabel 和 skosxl:hiddenLabel,并增加了 skosxl:literalForm、skos:labelRelation 两个元素。具体如表 8-5 所示:

表 8-5 SKOS 扩展构词元素一览表

扩展构词元素	说明
skosxl:Label	语言实体,owl:Class 的实例,与 skos:Concept, skos:ConceptScheme 和 skos:Collection 等 SKOS 的类不相交(独立类),并且作为 skosxl:literalForm 的基数为一的子类
skosxl:literalForm	定义域为 skosxl:Label,值域为 RDF 文字。值一样并不意味着概念相等
skosxl:prefLabel	owl:DatatypeProperty 的实例,值域为 skosxl:Label
skosxl:altLabel	owl:DatatypeProperty 的实例,值域为 skosxl:Label
skosxl:hiddenLabel	owl:DatatypeProperty 的实例,值域为 skosxl:Label
skosxl:labelRelation	owl:DatatypeProperty 的实例,定义域和值域皆为 skosxl:Label,并且是对称属性 owl:SymmetricProperty

(三)叙词转换实例

下面通过《汉语主题词表》中的一组叙词款目转换的实例来说明 SKOS 编码。值得注意的是,叙词转换可能存在多种编码方法,目前由于缺乏应用实践的检验,很难说哪种方式更好,将来应该制定一些"最佳实践",以指导实际应用。

图 8-2 《汉语主题词表》叙词片段

下面给出图 8-2 中"电阻焊""电阻箱"和"高温阀"3 个叙词款目的 SKOS 编码:

```
<? xml version = "1.0"? >
<rdf:RDF xmlns:rdf = "http://www.w3.org/1999/02/22-rdf-syntax-ns#"
         xmlns:rdfs = "http://www.w3.org/2000/01/rdf-schema#"
```

```
        xmlns:skos = "http://www.w3.org/2004/02/skos/core#" >
<skos:Concept rdf:about = "http://www.nkos.net/ct/concept#电阻焊" >
<skos:prefLabel xml:lang = "zh" >电阻焊</skos:prefLabel >
<skos:prefLabel xml:lang = "pinyin" >Dian zu han</skos:prefLabel >
<skos:altLabel xml:lang = "zh" >接触焊</skos:altLabel >
<skos:altLabel xml:lang = "en" >resistance welding </skos:altLabel >
<skos:broader rdf:resource = "http://www.nkos.net/ct/concept#加压焊"/ >
<skos:narrower rdf:resource = "http://www.nkos.net/ct/concept#点焊"/ >
<skos:narrower rdf:resource = "http://www.nkos.net/ct/concept#缝焊"/ >
<skos:narrower rdf:resource = "http://www.nkos.net/ct/concept#凸焊"/ >
<skos:related rdf:resource = "http://www.nkos.net/ct/concept#电阻焊机"/ >
</skos:Concept >
<skos:Concept rdf:about = "http://www.nkos.net/ct/concept#电阻箱" >
<skos:prefLabel xml:lang = "zh" >电阻箱</skos:prefLabel >
<skos:prefLabel xml:lang = "pinyin" >Dian zu xiang </skos:prefLabel >
<skos:altLabel xml:lang = "en" >resistor boxes </skos:altLabel >
<skos:historyNote >增词时间:1989 年</skos:historyNote >
<skos:broader rdf:resource = "http://www.nkos.net/ct/concept#电阻测量仪器"/ >
</skos:Concept >
<skos:Concept rdf:about = "http://www.nkos.net/ct/concept#高温阀" >
<skos:prefLabel xml:lang = "zh" >高温阀</skos:prefLabel >
<skos:prefLabel xml:lang = "pinyin" >Gao wen fa </skos:prefLabel >
<skos:altLabel xml:lang = "en" >High temperature valves </skos:altLabel >
<skos:scopeNote >温度大于 45 摄氏度</skos:scopeNote >
<skos:broader rdf:resource = "http://www.nkos.net/ct/concept#阀门"/ >
</skos:Concept >
</rdf:RDF >
```

除了这种直接用 skos:Concept 元素描述概念术语的编码方法,也可以把概念术语放到 rdf:description 元素中进行描述,用 rdf:about = " "点出该元素,并用 rdf:type 说明该元素是一个 skos 的 Concept。如下例:

```
<? xml version = "1.0"? >
<rdf:RDF xmlns:rdf = "http://www.w3.org/1999/02/22-rdf-syntax-ns#"
        xmlns:rdfs = "http://www.w3.org/2000/01/rdf-schema#"
        xmlns:skos = "http://www.w3.org/2004/02/skos/core#" >
<rdf:Description rdf:about = "http://www.nkos.net/ct/concept#电阻焊" >
<rdf:type rdf:resource = "http://www.w3.org/2004/02/skos/core#Concept"/ >
<skos:prefLabel xml:lang = "zh" >电阻焊</skos:prefLabel >
<skos:prefLabel xml:lang = "pinyin" >Dian zu han</skos:prefLabel >
<skos:altLabel xml:lang = "zh" >接触焊</skos:altLabel >
```

```
< skos:altLabel xml:lang = "en" > resistance welding </skos:altLabel >
< skos:inScheme rdf:resource = "http://www. nkos. net/ct/concept"/ >
< skos:broader rdf:resource = "http://www. nkos. net/ct/concept#加压焊"/ >
< skos:narrower rdf:resource = "http://www. nkos. net/ct/concept#点焊"/ >
< skos:narrower rdf:resource = "http://www. nkos. net/ct/concept#缝焊"/ >
< skos:narrower rdf:resource = "http://www. nkos. net/ct/concept#凸焊"/ >
< skos:related rdf:resource = "http://www. nkos. net/ct/concept#电阻焊机"/ >
</rdf:Description >
</rdf:RDF >
```

若要添加该知识组织体系的总体信息,可用 DC 元素加以说明:

```
<? xml version = "1.0"? >
< rdf:RDF xmlns:rdf = "http://www. w3. org/1999/02/22-rdf-syntax-ns#"
          xmlns:rdfs = "http://www. w3. org/2000/01/rdf-schema#"
          xmlns:skos = "http://www. w3. org/2004/02/skos/core#"
          xmlns:dc = "http://purl. org/dc/elements/1. 1/" >
< skos:ConceptScheme rdf:about = "http://www. nkos. net/ct/concept"/ >
< dc:title >汉语主题词表 </dc:title >
< dc:creator >中国科技情报研究所,国家图书馆 </dc:creator >
< dc:subject >叙词表 </dc:subject >
< dc:description >中国首部大型综合性汉语叙词表。 </dc:description >
< dc:publisher >科学技术文献出版社 </dc:publisher >
< dc:date >1980 </dc:date >
< dc:language >zh </dc:language >
</skos:ConceptScheme >
< skos:Concept rdf:about = "http://www. nkos. net/ct/concept#电阻焊" >
          < skos:prefLabel xml:lang = "zh" >电阻焊 </skos:prefLabel >
          < skos:prefLabel xml:lang = "pinyin" >Dian zu han </skos:prefLabel >
          < skos:altLabel xml:lang = "zh" >接触焊 </skos:altLabel >
          < skos:altLabel xml:lang = "en" >resistance welding </skos:altLabel >
          < skos:inScheme rdf:resource = "http://www. nkos. net/ct/concept"/ >
          < skos:broader rdf:resource = "http://www. nkos. net/ct/concept#加压焊"/ >
          < skos:narrower rdf:resource = "http://www. nkos. net/ct/concept#点焊"/ >
          < skos:narrower rdf:resource = "http://www. nkos. net/ct/concept#缝焊"/ >
          < skos:narrower rdf:resource = "http://www. nkos. net/ct/concept#凸焊"/ >
          < skos:related rdf:resource = "http://www. nkos. net/ct/concept#电阻焊机"/ >
</skos:Concept >
</rdf:RDF >
```

上述 SKOS 的编码虽然都符合 RDF 模型的一般规则,但在具体应用时通常还需添加许多其他元素以及本地的限定,并且这些代码并不是在所有的 RDF 或 OWL 编辑软件中都能编辑通过的。主要原因是：

（1）目前由于《汉语主题词表》的责任单位还没有提供可用于万维网参引的命名域（在上述编码实例中以"http://www.nkos.net/ct/concept#"替代）。

（2）每一个叙词款目可直接以它的款目叙词作为概念 URI 的 Name，也可以用《汉语主题词表》的 MARC 格式中的记录控制号作为唯一标识（例中采用的是前一种做法）。但需注意，应该在 prefLabel 处重复标注该词作为主标签，另外有些软件并不支持元素名采用非 UTF-8 的编码。

（3）拼音作为 skos:prefLabel 标注，用@pinyin 做语种区分。也可采用 skosxl 中的元素来标注所有标签有关的项（例中为了简化说明，没有用到扩展元素）。

（4）元素标签的英语翻译有的作为注释（skos:Note），有的作为替代标签（skos:altLabel）@en 甚至首选标签的英文表示（prefLabel 的@en）。

（5）族首词例中没有编码，因为 SKOS 提供的元素 skos:hasTopConcept（以及它的逆关系 skos:TopConceptOf）定义特殊，不能直接用在这里，因为它的 domain 是 skos:ConceptScheme 而值域是 skos:Concept。对于机读数据来说，每一个词都标注族首词是一种没有必要的冗余，计算机完全可以根据传递关系（当然，在这里不能用 skos:broader、skos:narrower 来传递，必须用 skos:broaderTransitive 和 skos:narrowerTransitive 来定义属性元素的传递属性）很快跟踪到每一个词的族首词。因此在这里没有编码族首词。

（6）例中也没有编码范畴号。因为根据 skos:notion 的定义，采用该元素的值必须与元素一一对应，而《汉语主题词表》的一个范畴号有很多词对应。而且范畴号不是词的属性。

最后需要强调的是，由于 OWL 和 SKOS 的编码都是为了使知识体系达到计算机可读、可处理，对于本体工程而言，这完全是为机器打工，而且很难做到严格地规范一致。因此，必须通过开发相应的软件工具和开发环境，使其能够管理本体工程的开发流程，辅助工作，降低难度，减少差错。如此，对于像 OWL 和 SKOS 这样的本体编码语言就不需要人人精通和掌握。即对于一般的应用人员，只需懂得它们的作用、原理以及能做什么和不能做什么，而把精通元素用法的工作留给软件开发人员即可。其实，软件开发人员也只需要了解元素的语义和语法，并懂得本体模型和开发的流程步骤，编写和生成代码的工作也可交由软件本身来自动完成。即本体方法最具革命性的特点，得益于计算机网络的发展和自动处理。

第三节　本体工程及 OWL 本体开发

前述本体工程是通过一定的方法流程或采用辅助工具进行本体创建的过程。其实，早期的本体工程是包含于知识工程中的，只是后来由于对知识库中概念模式共享和重用的要求而从中抽象出专门的本体构建过程。目前，本体工程已经有许多行之有效的方法，开发了不少辅助本体制作的工具。其创建的本体，既可以是仅包含极少数量的术语词表，也可以是含有复杂概念实体关系的庞大知识库。由于近年来本体的应用环境逐渐聚焦于万维网，创建本体也成为开发语义万维网的一项核心技术。

另外，近年来人们认识到传统 KOS 对于本体构建的重大价值，纷纷呼吁"不要重新发明轮子"，并开始探讨如何利用传统 KOS 进行本体化，或者用本体语言对其进行编码。因此，通过转换传统 KOS 创建本体也成了本体工程的一项重要内容。

一、本体构建方法与步骤

（一）本体构建方法

Uschold 和 Gruninger 于 1996 年首次对当时的本体构建方法进行了方法学总结,为随后更多改进方法的提出奠定了基础。

（1）骨架法。骨架法起源于为企业开发知识本体而创建的方法,所以又称企业法。该方法最早由英国爱丁堡大学人工智能应用研究所 Uschold 的团队于 1995 年提出,主要规定了一个本体创建的流程,从确定本体的应用目的和范围开始,经过领域专家、用户和本体专家共同参与的本体术语定义、关系分析等过程,确定本体表示的语义模型和方式而建立本体,然后在试验和应用中进行清晰性、一致性、完整性和可扩展性评估并加以完善。

（2）TOVE 法。为规范和模拟企业活动加拿大多伦多大学企业集成实验室 Gruninger 和 Fox 等人于 1994 年提出 TOVE 法,该方法又称评估法或企业建模法。它主要采用了一阶逻辑来构造模型,建立企业设计本体、项目本体、调度本体和服务本体。

（3）KACTUS 法。于 1995 年发表的 KACTUS 法,由欧洲 Esprit KACTUS 项目的负责人 Bernaras 牵头开发,所以又称 Bernaras 法。该方法主要考察了在复杂技术系统生命周期过程中非形式化的概念模型语言 CML(Conceptual Modeling Language)描述知识和知识复用的灵活性,以及本体和本体复用在其中的关键作用和价值。

（4）METHONTOLOGY 法。于 1996 年由西班牙马德里理工大学人工智能实验室的 Go-mez-Perez 等人开发,该方法基于软件工程中的进化原型生命周期模型,并主要采用了框架逻辑来构造本体。

（5）SENSUS 法。SENSUS 法由美国南加州大学信息科学研究所自然语言处理团队的 Knight 等人提出。该方法通过建立一个电子科学领域的术语库来建立领域本体,采用循环迭代的方法增加术语并建立联系。

（6）七步法。斯坦福大学医学院 Ontolingua 项目所采用的七步法是:确定本体的专业领域和范畴、考察复用现有本体的可能性、列出本领域重要术语、定义概念类和层次关系、定义类的属性、定义属性的分面、创建实例。

（7）IDEF-5 法。IDEF-5 法由美国 KBSI 公司在创建用于企业的本体时开发,其特点是采用了图形化表达和形式化人工语言两种方式表达知识、构建本体。

从上述本体构建方法可以看出,本体在企业生产和知识管理中的应用研究在本体早期的研究中十分普遍,即包括骨架法、TOVE 法、IDEF-5 法在内的本体构建方法都源自于企业的知识本体。

（二）本体创建步骤

本体创建是一完整的流程,一般如图 8-3 所示。从图 8-3 可以看出,本体创建大致可分以下 7 个步骤:

1. 确定目的和需求

（1）确定资源组织的对象,有哪些类型(如文献),涉及哪些格式(如网络资源);

（2）确定使用环境:专门系统、网络还是手工或兼而有之;

（3）确定用户对象:包括以人还是以机器为用户(还是兼具),以及系统管理维护的用户需求和最终用户的需求；

(4)以情境法(情境描述)确定需求；

(5)如果是叙词表转换，需详细分析两者的不同及应用方式的不同。

2. 考察重用已有本体的可能性

(1)考察是否有相同领域的本体可以直接使用；

(2)考察是否有类似领域的本体可做参考(类、属性、关系、实例及其他约束的参考)；

(3)考察是否有领域本体的部分元素可做参考(重用本体不仅可以重用整套本体元素集，也可重用其中的部分元素，包括类和属性集甚至实例)；

(4)考察是否有顶层本体可做参考(顶层本体提供了领域本体与其他本体进行互操作的宏观视角，常常可以作为本体建模的参考)。

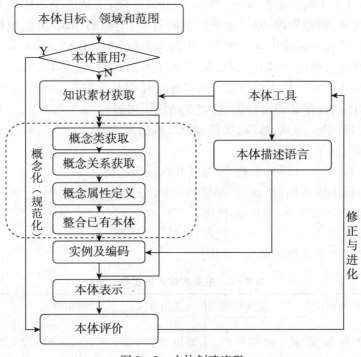

图 8-3 本体创建流程

3. 知识素材的获取

(1)实体关系分析，析出主要的概念类(这是自顶向下的思考方法，建模的深度和整体架构在此决定)；

(2)从领域知识中获取概念、概念关系、属性、属性关系、公理或其他需要描述的内容。

4. 概念化

(1)根据上一步的实体关系图和领域素材，利用本体开发工具(如 UML)析取概念类、概念关系、属性定义、属性关系，明确各元素的定义域和值域、取值规范、术语控制等；

(2)对所有的元素进行形式化定义，赋予 URI；

(3)如果复用其他本体的 RDFS 元素，将其组织进来。

5. 编码与实例

(1)制定完整的编码模式；

(2)导入实例。

6. 发布

即在网上发布规范文档,通常可以包括上述各个过程形成的成果或说明文本,其中各类形式化编码模式的发布非常重要,可以供同行进行验证和复用。

7. 测试评价,反馈修改

这是不容忽视而又常被忽视的步骤,应该建立一定的机制(如成立专门的测试小组或评价委员会),并提供必要的渠道(例如提供统一的反馈联系方式)来落实这一步骤。

二、本体开发工具及示例

(一)本体开发工具

完善的本体开发工具能够提供一个完善的开发环境,支持整个本体开发周期的各类管理任务,如用户管理、模型管理、概念术语体系的管理、全面的编辑功能、数据的查询和输入输出,以及各类统计和报表输出等。作为一个知识工程环境,有些本体开发工具还支持建模元语,提供支持逻辑表达的形式化工具,提供基于事实的查询,具有一定的逻辑推理功能。当然,也有一些本体开发工具比一个文本编辑器也复杂不了多少。一般而言,大多数本体开发工具都具有本体的操作和编辑功能,主要支持以下内容:

(1)编辑:包括创建、浏览、修改、保存、发布、输出等功能;

(2)集合代数:并集、交集等;

(3)构造:抽取、合并、修剪、切割等,可以并入编辑功能;

(4)转换:包括术语转换(语义)和格式转换(语法);

(5)聚合/分解:对知识库(KB)的操作;

(6)检查:合法性、完整性、一致性判断,进行匹配和验证;

(7)查询:基于事实或推理的知识查询。

表8-6　主要本体开发工具一览

工具名	开发机构	使用环境	使用方式	输出格式	主要特点
JOE：Java Ontology Editor	南加利福尼亚大学	独立软件,Java环境	图形界面,本体可视化呈现	可以applet形式嵌入网页	增减实体、概念、属性、关系
KADS22	荷兰阿姆斯特丹大学SSI	独立软件	CML语言描述的形式化模型	支持HTML、可视化呈现,打印	支持CML建模语言,交互式图形化界面
OILed	英国曼彻斯特、荷兰Jrije等多所欧洲大学和公司合作	一个独立的本体编辑器	代码编辑	自定义格式代码	不是一个完整的本体开发环境,只是一个本体编辑工具

工具名	开发机构	使用环境	使用方式	输出格式	主要特点
OntoEdit	德国 Karlsruhe 大学 AIFB 学院,后被商品化	独立软件	图形方式	支持本体的 XML 和 RDF 表达	支持本体生命周期建模,以及框架逻辑等,功能较为完善
Ontolingua	美国斯坦福大学知识系统实验室(KSL)	基于 Web,包括服务器软件和标识语言	通过 Web 浏览器实时交互	支持本体复用,以及合并或导入本体	服务器提供本体知识库,具有用户管理功能,编辑功能全面
WebODE	西班牙马德里理工大学人工智能系	本身是一个本体开发环境	是 METH-ON-TOLOGY 本体构建方法的实现平台	本体存于关系数据库中,支持各类 API 访问	不仅用于开发和管理本体库,而且是一个可扩展的本体工程平台
WebOnto	英国开放大学知识媒体研究所(KMI)	用于 Web 环境	基于 Web 的全图形化工具	编辑功能完善,支持 XML	支持本体建模语言 OCML
Protégé	美国斯坦福大学医学信息中心 SMI,得到 NSF 等机构支持	独立软件,开放源码,跨平台	文本和图形方式,支持多种逻辑语言	支持多种本体格式的导入导出,支持多种数据库存储方式	通过插件可不断扩展,功能全面且强大,操纵方便,管理、统计功能也相对完善

值得注意的是,上述本体开发工具基本上都是 20 世纪 90 年代中期开发的,其中除了少量较为常用(如 Protégé)和一些基于 Web 的工具还在不断更新外,其他工具软件所支持的格式都已过时,而且大多连 OWL 甚至 RDFS 也不支持。

(二)利用 Protégé-OWL 开发网络资源导航本体示例

如前所述,Protégé 是一款由斯坦福大学生物信息学研究所开发的基于 Java 的开源软件。它最早开发于 20 世纪 80 年代末,后经多次技术变迁、规范制定和系统改造,目前已成为最为普及的本体开发和应用工具,支持多种操作系统和数据库平台,已有近 15 万注册用户,开发讨论组邮件列表也有 2000 多人,是一个比较活跃的开源社区。

Protégé 除了具有本体编辑、知识库管理、一致性检查、可视化、查询、推理等本体开发工具通常所具有的功能外,还提供 API 开发接口和一些开发管理功能,具有架构开放灵活、支持各类插件扩展等优点,是一个功能完备的综合开发环境和本体应用平台。

Protégé 平台目前支持两种模式的本体开发,即 Protégé-Frames(框架模式)和 Protégé-OWL(OWL/XML 模式)。其中,Protégé-Frames 主要用于构建基于框架逻辑的本体,这种本体支持概念类的层次表示、类的属性(称为槽 slots)及相互关系表示以及对类的实例集合的管理;而 Protégé-OWL 对 OWL 的支持则更加全面和完整,是为了顺应对语义万维网本体开发的迫切需要,严格按照 OWL 标准开发的(但其核心仍然是支持框架模式的 Protégé OWL

API)。

另外,Protégé 目前有 3.4.4 和 4.0.2 两个版本(全面支持 OWL2 的 4.1 版本,目前还是 beta 版),它们对上述两种本体模式的开发所支持的重点有所不同。例如版本 3.4.4 是一个功能完善、插件众多的版本,适用于各类混合型、以属性揭示为主、逻辑推理要求不高的本体开发,支持多种编码方式的输出、本体知识库的查询和管理、实例数据的关系数据库存储、客户端/服务器结构的应用等;而版本 4. ＊ 目前在功能上还不尽完整,但将全面支持 OWL DL 和 OWL2 标准而不支持 OWL Full(由于逻辑推理机制不完善)。

下载安装 Protégé 时注意所需安装的版本要跟自己的运行环境相符合。由于 Protégé 是一个基于 Java 语言的跨平台的开源软件,所以支持 Unix(AIX、Solaris、HPUX 等)、Linux、MacOS、Windows 等多种平台,并有多个源码包提供下载。其各个版本都可以从地址 http://protege. stanford. edu/download/registered. html 中找到。

对于图书情报界常见的本体开发项目,由于目前还不太涉及本体的推理功能,所以支持 Windows 平台、附带全套 Java 虚拟机的 Protégé3.4.4 是最为大众化和方便实用的版本。用户可以点击 http://protege. stanford. edu/download/protege/3. 4/installanywhere/直接下载安装 Protégé3.4.4,安装完成后即可双击运行。下面以一个"网络资源导航本体"的开发为例来全面介绍 Protégé 本体开发的过程。

1. "网络资源导航"本体需求

用 Protégé 为图书馆"网络资源导航"应用开发本体的实例,具体参照"CALIS 重点学科网络资源导航门户"[①]的建设需求。目前该网站采用的是传统的数据库发布技术,如果采用本体技术,将给整个网站在完整性、可移植性、可验证性方面带来巨大的好处。

"网络资源导航"本体要求能够应用于按 2—3 级学科分类体系(教育部正式颁布的学科分类系统,这里只选择一级类目和部分二级类目,以 SKOS 编码),将 10 种左右的网络资源进行组织,每种资源采用 Qualified DC 元数据进行标引,系统还需标注与资源相关的责任实体(责任者、推荐人、录入员等,复用 FOAF 本体)、针对的读者对象、不同级别用户的权限,并兼顾资源的生命周期管理的基本描述(格式、版本、是否存档、是否可访问、更新周期等)。

2. 引用本体导入

双击 Protégé 3.4.4 图标打开程序,弹出对话框,选择以 RDF/OWL file 方式新建本体。由于需求中对于网络资源需要用到 DC 元数据,对于责任者、读者和管理者实体需要用到 FOAF 词表,对于主题需要用 SKOS 进行编码,以便留下与《中分表》等分类、主题方法进行互操作的接口,因此我们在本体构建前可以先将这些能复用的本体导入。当然也可以不导入完整的本体,而通过引入命名域和手工设定的方式有选择地使用上述词表中的元素。

导入时,需要正确输入每个词表的命名域。有时某些本体(元数据模式)会有几种编码模式,分别置于不同的命名域下,例如 DC 元数据,其包含 15 个元素的 DCMES 的命名域为 http://purl. org/dc/elements/1. 1/,其资源类型表的命名域为 http://purl. org/dc/dcmitype/,而包含完整 DC 术语的 Qualified DC(15 个元素与 DCMES 重复)的命名域为 http://purl. org/

---

① 参见:http://202. 117. 24. 168/cm/main. jsp。

dc/terms/，并且如果采用 Qualified DC，则须先引入 DCAM 抽象模型术语表（命名域为 http://purl. org/dc/dcam/）。

为了方便构建，我们选择了首先考察是否能复用现成的本体并尽可能多导入现成本体的开发方式。除了上述 4 个 DC 词表之外，还有 FOAF 和 SKOS。FOAF（命名域为"http://xmlns. com/foaf/0.1/"）本身是一个复合的 RDF 词表，其中也用到了 DC 命名域的元素。Protégé 有一个 SKOS Editor 插件，但是只能用于 4.0 以上的版本而不适合 3.4.4 版本，因此只能根据 SKOS 的命名域 http://www. w3. org/2004/02/skos/core 来导入词表。所有需要用到的本体导入后，其界面如图 8 - 4 所示：

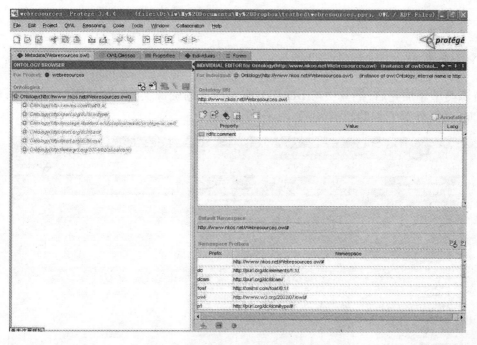

图 8 - 4　Protégé 本体导入后的界面

3. 添加概念类

（1）点击 OWL Classes 标签

在根节点 owl：Thing 高亮状态下，点击"Create Subclass"，添加类 Webresource。在 Webresource 下按照"CALIS 网络资源导航系统"的规定添加资源类型。为了避免元素名直接使用中文而造成 Protégé 系统及其插件出错，建议采用英文名作为类型名称，中文名作为标签（rdfs：label）。限于篇幅，以下只介绍"CALIS 网络资源导航系统"的部分资源类型：

一、参考资源（ReferenceResource）

1. 资源导航

2. 辞典与百科全书

3. 文摘与索引

4. 统计资料

5. 其他参考资料

二、全文资源（Fulltext）

1. 数据库

2. 电子期刊

3. 研究报告

4. 政府出版物

三、教学资源（InstructionalResource）

四、多媒体资源(Multimedia)

1. 图像资料(Image)

2. 音频资料(Audio)

3. 视频资料(Video)

五、黄页资源(YellowBook)

1. 协会/学会

2. 大学院系

3. 研究机构/中心

4. 其他组织机构

5. 专家学者

六、交互资源(InteractiveResource)

1. 邮件列表

2. 论坛/讨论组

3. 新闻组

4. 搜索引擎

七、事件(Event)

1. 会议(Conference)

2. 研究项目(ResearchProject)

3. 学术动态(NewsBulletin)

八、其他(OtherResource)

1. 网站(Website)

2. 服务(Services)

3. 软件(Software)

4. 杂类(Miscellaneous)

资源类型添加完后,把其中与 DCMI 类型表相关的资源类型,与 DCMI 类型术语建立联系(DCMI 的类作为它们的超类)。如图 8 - 5 所示:

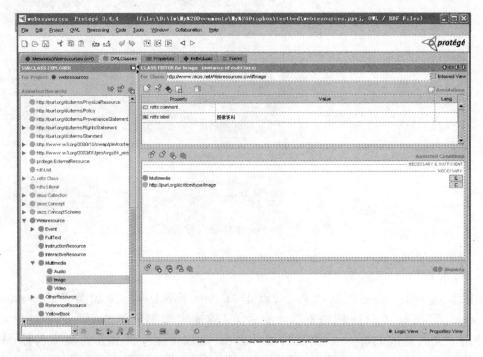

图 8 - 5 Protégé 资源类型添加后的界面

(2)添加 Agent 类,使其等同于 foaf:Agent(设定 foaf:Agent 是超类),这样就继承了后者的属性元数据。如图 8 - 6 所示:

4. 用 CALIS 学科分类体系建立 SKOS

为方便起见,这里以学科分类代码作为名称,中文学科名称作为 prefLabel(限于篇幅,这里选择性地添加其中的类别,个别类别添加到三级类目)。

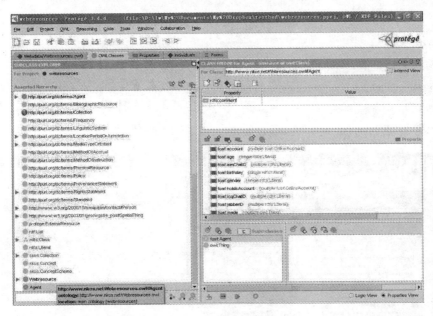

图 8－6　Protégé 代理（Agent）类添加并与 foaf：agent 关联后的界面

110 数学	460 机械工程
120 信息科学与系统科学	470 动力与电气工程
130 力学	480 能源科学技术
140 物理学	490 核科学技术
150 化学	510 电子、通信与自动控制技术
160 天文学	520 计算机科学技术
170 地球科学	530 化学工程
180 生物学	540 纺织科学技术
210 农学	550 食品科学技术
220 林学	560 土木建筑工程
230 畜牧、兽医科学	570 水利工程
240 水产学	580 交通运输工程
310 基础医学	590 航空、航天科学技术
320 临床医学	610 环境科学技术
330 预防医学与卫生学	620 安全科学技术
340 军事医学与特种医学	630 管理学
350 药学	710 马克思主义
360 中医学与中药学	720 哲学
410 工程与技术科学基础学科	730 宗教学
420 测绘科学技术	740 语言学
430 材料科学	750 文学
440 矿山工程技术	760 艺术学
450 冶金工程技术	770 历史学

780 考古学	850 民族学
790 经济学	860 新闻学与传播学
810 政治学	870 图书馆、情报与文献学
820 法学	880 教育学
830 军事学	890 体育科学
840 社会学	910 统计学

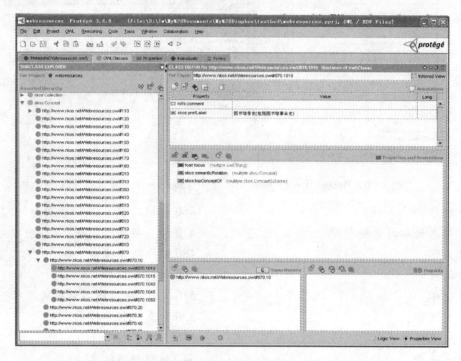

图 8 - 7　Protégé 中将 CALIS 学科分类代码表转换成 SKOS

注意,在 Properties 选项卡中要加入 skos:hasTopConcept,如图 8 - 8 所示:

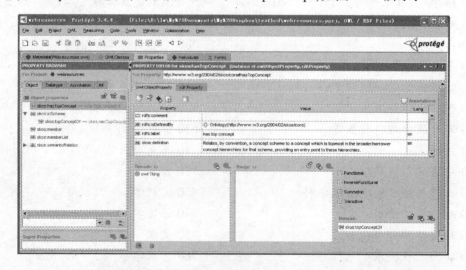

图 8 - 8　Protégé 中设定 SKOS 的"族首词"

5. 添加实例

点击 individuals 选项卡,按照左侧 Webresource 的类目,双击需要添加的实例类型,系统会自动弹出表单,并自动产生一个流水 ID。此时可将预先设定好的该类属性一一填入。如果属性太多,在右侧的半屏中显示不下,可再双击实例标签,将出现满屏的属性输入表,如图 8－9 所示:

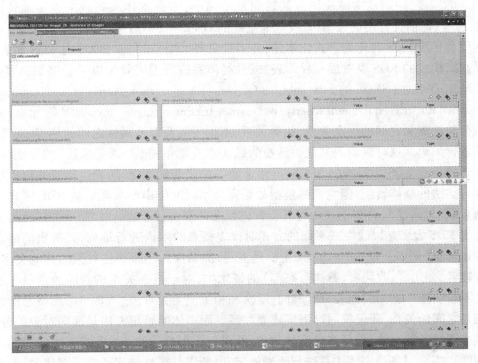

图 8－9　Protégé 中根据各类数据的元数据添加实例

经过以上流程,我们已经初步建立起一个完整的、基本能够满足需求的本体。需要注意的是,上述本体还只是一个开发示例,还有很多不完善的地方,例如用户、管理者和责任者等角色并未做区分,都统一采用 FOAF 的词表进行标引,也没有把 Agent 当做实体类而进行规范控制;对于术语的标识和标签以及 URI 的规定也比较随意;实例还远不够丰富、元数据空白太多等。这些问题在真实系统开发时都需仔细考量,争取做得更为完善。

第四节　与本体构建相关的问题

叙词表、分类法后期的复杂化发展,已超出人们所能掌控的范围,造成应用上的模糊性、不一致性和数据质量的不尽如人意,特别是不能适应数字化信息的组织。传统 KOS 要在 Web 时代继续发挥作用,首先需要按照 Web 标准进行编码。我们认为用本体语言(RDFS 家族的 OWL 和 SKOS)编码传统 KOS 就是使其本体化,但是传统 KOS 向本体的转换远不只是编码问题,另需考虑的还有模型、关系转换以及应用等方面的问题。

一、编码转换与模型转换

KOS 的 3 种模式——词汇列表模式、分类模式和关系组织模式都可以经过某种形式的编码(又称置标)而转换成形式化的本体。早期许多本体项目或本体开发工具,都会定义一套适合自己的编码语言,例如 KIF、OKBC、CycL、SHOE、DAML、OIL 等。近年来由于开放、重用和共享的需要,特别是本体应用开始转向基于 Web,于是本体编码越来越多地转向采用 W3C 的标准,即前文介绍的以 RDF 模式为基础的 OWL 和 SKOS 编码语言。

然而将传统 KOS 转化为形式化本体,并不是只要采用 OWL 或 SKOS 对 KOS 词表(这里将关系组织模式的 KOS 也看成一种词表)或分类体系进行编码就可以了。例如很多研究仅仅简单地用 OWL 或 SKOS 的 rdfs:subClassOf、skos:Broader、skos:Narrower、owl:equivalentOf、owl:disjointWith、owl:equivalentProperty、owl:symmetricProperty、owl:inverseOf 等元素,来对叙词表或分类法概念之间的层次关系、相等关系、不相关关系以及属性之间的相等、对称、互逆等关系进行编码。这种以编码来代替转换的做法本身就不符合"语义描述"的原则,即便是专门以转换传统 KOS 为目的的 SKOS,虽然全面考虑了传统 KOS 的表达特点并可以用于叙词表和分类法的整体转换,但它们的模型却是完全不同的(SKOS 采用的是 RDF 模式),如果简单地采取"硬转换",许多语义内容就会背离原意甚至自相矛盾。

传统 KOS 大多是以线性或平面的方式对代表概念的术语进行排列,其析出的概念大多是所描述对象(例如文献)某一方面(主要是主题)的属性。它所描述对象的其他实体(例如文献创建者、使用者、收藏者、载体形态等)的概念类,对于概念关系的判断通常限于不能太复杂且不很明晰。例如叙词表只有等同、层次和相关三类关系,它通常不考虑概念所代表的实体相互之间的关系,而仅仅通过语词建立联系。而本体的思想方法是面向对象的分析,涉及领域应用的各类实体(包括各种实体对象,及需要根据具体的开发需求来决定对其描述的详略程度),需要对各类实体关系进行明确的定义,所以其模型结构通常是网状的,也是为什么本体编码语言在对传统 KOS 的简单层次关系提供支持的同时,还对上述这种复杂关系描述提供支持的原因所在。

传统 KOS 中的叙词表在抽象模型上还比较接近本体,但体系分类法的差别比较大,从结构到语义经常不能直接转译,需要仔细比对,为了尽可能地达到"清晰、一致、完整、可扩展"的本体设计要求,有时还需要对体系分类法的语义进行进一步的解释甚至修正。只有确定了概念表达上的差异,才能保证概念在编码时选择合适的语义元素进行准确的表达。

二、本体描述模型

本体与传统 KOS 在内容和形式上都有很多不同。如在内容上,本体比传统 KOS 更为复杂多样,不仅包含更丰富的概念类和概念之间的关系,而且还包括各类逻辑要素(如公理、函数)和实例(可选);在形式上,本体有大量琐碎的、供计算机进行操作和"理解"的编码规定。但是本体与传统 KOS 的最大不同在于模型上的不同,即 W3C 创造的基于 RDF 的语义描述语言在抽象模型上与基于文献的描述有很大不同。例如叙词表将款目词作为概念,其他入口词只是这个概念的别称,没有将这个概念从思想方法上抽象出来,就是款目词也仅作为概念标签的一种。而 RDF 模型则不然,它通常给定某个概念唯一的 URI 作为概念的标识,我们可以只将该 URI 的名称理解为一个符号,它可以有多种不同的表征,例如多语种的标签等,同时这个概念又是一个资源,即表达一个具体或抽象的事物。这样就把概念与其外在方式彻底区分开来,建立起一个由资源对象、符号和概念组成的认知三角形(如图 8 – 10,该图是美国本体专家 John Sowa 根据美国逻辑学家 Charles Sanders Peirce 的语义三角形理论而绘制。见:http://lists. w3. org/Archives/Public/www-rdf-comments/2002JulSep/0222. html),它们彼此独立,表述时互不干扰,非常明确。这三类实体在认识论上的独立性,对于计算机模拟建立一个客观世界的信息模型具有非常重要的意义。

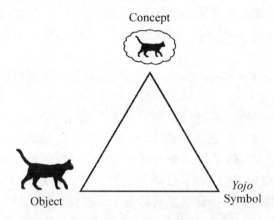

图 8 – 10　语义三角形

模型是对现实世界的抽象和模拟。本体就是一种能够被计算机处理的概念模型,用以反映和揭示现实世界中各类资源对象的语义联系。OWL 本体模型具有如下一些要点:

(1)世界是由资源构成的;

(2)每个独立的资源必须有唯一标识;

(3)资源是有类型的;

(4)资源可以通过属性来描述;

(5)属性和属性值本身又可以是另外的资源,即资源和资源的关系通过属性来描述。整个世界就是通过资源—属性—资源而普遍联系;

(6)属性值也可以是符号或字串。这类值对机器来说就是无语义的,只能进行代码匹配操作;

(7)属性取值有定义域和值域范围(domain & range);

(8)属性值可以是规范的知识体系(即 KOS)。

每个本体都可以看成是某一领域需要描述和揭示的资源对象及其属性关系的集合。本体是对真实世界某一方面或局部子系统的模拟。而传统 KOS 通常只反映了资源对象一个方面的属性,所以在具体应用中需要注意它所描述的是什么对象。例如叙词表和分类法只描述了概念(主题)间的关系,并没有明确说明这些主题是关于哪些资源对象的,它也不关心这些对象之间的关系。但是对于本体来说,这些都是必须要弄清楚的。

三、转化的难点:关系转换

概念和概念之间的关系是传统 KOS 中最核心和最精华的知识内容,也是其描述语义的主体。传统 KOS 中概念之间的关系可以分为相容关系和不相容关系两大类。其中,相容关系包括同一关系、属种关系、交叉关系、整部关系以及外延不相排斥的并列关系;而不相容关系则包括并列关系(外延相互排斥)、矛盾关系和对立关系。这些关系都是建立在概念逻辑和知识分类的基础之上的,是传统 KOS 的基础。具体说来,叙词表中的概念关系可以分为三类:

(1)等同关系(Equivalence Relationships):"用"和"代"。概念相同/相近或者用法相同/相近。这类关系强调统一用词,并同时增加入口词。

(2)等级关系(Hierarchical Relationships):"属"和"分"。包含属种、整部、类例关系,但下位词都必须与上位词概念类型相同,必须属于同一范畴的事物、行为或性质。这有助于提高族性检索能力。

(3)相关关系(Associative Relationships):"参"。相关关系范围广、种类多、灵活性大,难以严格界定。

而在本体中,概念之间的关系则被描述得更为全面、广泛和深入,不仅涵盖了传统 KOS 可以表达的各种关系,而且还能表达传统 KOS 所不能表达的继承关系、实例关系、属性关系、函数关系等。这是因为本体不仅以概念逻辑和知识分类作为其概念关系描述的基础,而且在揭示概念之间的关系时,还利用了数学和逻辑的方法以及面向对象的方法和技术。从宏观上看,本体概念(类)之间的抽象关系可以分为 4 种:

(1)整部关系(hasPart 和 isPartOf);

(2)继承关系(hasKind 和 isKindOf);

(3)类与实例关系(hasInstance 和 isInstanceOf);

(4)概念与属性关系(hasAttribute 和 isAttributeOf)。

这些关系由于其确定性,常常可以转化为集合或逻辑运算,因而能够支持一定程度的推理。这些抽象的关系还可进一步定义为更加复杂和具体的复合关系,例如并列、时序、空间、因果、源流、推理、函数、结构—功能、形式—内容、行为—动机、行为—客体、主体—产品、工具—操作等。而且由于本体编码语言的"元"语言特性,理论上可以定义任何关系。

上述两种完全不同的关系分类,体现了思想方法和模型的不同,也反映了人们在"形式化"和"规范化"的过程中,受限于计算能力,对知识的处理的复杂性程度和深度也不同,不得不对事物的关系进行一定程度的简化。传统 KOS 毕竟只是抽象信息空间上的组织,类似于"二次文献"的组织,而本体由于包含了实例,它本身就是一种知识库,是一种对于知识库的组织。而且在传统 KOS 中,叙词的"用"和"代"是一种比较粗略的等同关系;"属"与"分"也没有厘清语义的不同(有的是整体部分,有的是继承,有的是类与实例);"参"的关系更是模糊不清。因此从语义上来说,前述 5 种关系实际上只是一种"形式"划分而非语义划分,其目的是使叙词表有这样一种模糊的树状层次结构。

由此可见,如果要把传统 KOS 中的关系完全"本体化"将会是十分困难的。因此 SKOS 采取了专门为传统 KOS 扩展 RDF 词表的方式,从形式到内容上都不做大的变动,但却能成功地应用于 Web,保留了原有的概念关系语义,使大量的采用了传统叙词表和分类法标引的数据能被机器"理解"和处理。即 SKOS 虽然在概念关系的表达上不及 OWL 本体那么精确,但仍不失为一种很好的策略。

四、KOS 转化的本体如何应用

本体工程的目的不仅仅是为了创建本体,而且是为了给信息系统中的资源建立本体描述、组织知识,并给信息系统提供机器可读的宏观知识结构,从而能够应用于更准确的信息获取或检索中。我们现在有很多本体转换或创建项目由于没有明确的需求,仅仅是为了创建而创建,这实际上是舍本逐末,也很难在具体应用时满足实际的需要。

传统 KOS 大多没有实例,而本体的应用是需要经过实例检验的,因而在本体创建或转换时情景描述很重要,从中可以提取具体的需求。传统 KOS 在用本体语言编码时应结合一定数量的数据,例如可以通过成批导入结构化数据(如 MARC)或采用自动标注的方式产生实例,或在系统应用的过程中逐步增加实例数据。这样可使本体开发做到有的放矢,落到实处。大量的实例化数据由于都采用了 RDF 编码,可以直接采用 SPARQL 这种标准的"知识"查询语言进行分布式的检索查询,实现传统互联网检索所不能达到的基于概念的检索。

北京大学王军曾提出一种综合应用传统 KOS 和 OWL 的方法,即根据书目数据揭示的领域知识(类似于采用 FRBR 模型)建立一个用 OWL 描述的数据模型,为书目数据中的各类实体对象和关系及其属性建立起联系,然后从词表、类表和书目数据集中自动抽取对象和关系的实例,写入 OWL 数据模型,形成包含实例的书目本体。[①] 使用这种方式所建立的系统虽然仍是一个封闭的本体应用,数据之间并没有建立开放的、动态的联系,但也不失为一种有益的探索。

另需指出的是,本体的作用大多隐藏于后台,用户一般感知不到本体的存在,但如果能对本体的要素(概念、属性、实例等)之间的关系进行可视化呈现,提供非常独特的导航方式,则能发挥其独特的作用。从此意义上讲,本体的可视化是本体开发和应用的一种重要手段,而可视化设计则能提供直观的知识呈现方式和协同开发界面。

本体的可视化从技术上来说是知识可视化的一个分支,也属于信息可视化,可以借鉴很多信息可视化已有的成果和技术方法。但由于知识的结构呈现出多维、网状的特征,知识的表达也并非只能有一种正确的方式。同样,本体也受限于人脑的认知、处理和存储信息的能力。传统 KOS 大多是层次化的概念体系,但本体借助于计算机和网络技术,对于领域知识的形式化表达已经超越了层次化的概念体系,它能够表达概念之间多维、复杂的联系,所以其可视化也呈现复杂化和多样性的特点。

以下 6 种方法在信息可视化中早已是成熟的技术,可以根据需要用来展示本体中的概念类、实例和各类属性之间的关系(包括分类体系的可视化,即 isa 关系、继承或多上位继承等):

(1)缩进式列表(indented list)。缩进式列表是最常见的一种展示方法,用于表达层次和顺序关系。这种方法被一般印刷本的分类法和叙词表所普遍采用。

(2)节点树(node-link and tree)。节点树是一种最普遍的图示方法,它以本体中的资源(概念)作为节点,资源之间的属性联系作为边而构成的树形结构。

(3)可缩放图示(zoomable)。可缩放图示类似于地图方式,可以通过放大缩小而随意调节呈现的细节和粒度。

---

① 王军,程煜华.基于传统知识组织资源的本体自动构建.情报学报,2009(4)

(4)区域填充图(space-filling)。区域填充图以相邻关系和数量多少来决定对象的布局和大小,用不同相邻颜色进行区分。

(5)三维信息空间(3D Information landscapes)。三维信息空间是一种各类三位信息空间的可视化方式,节点树、可缩放图示以及区域填充图都可以转变成三维方式呈现。

(6)焦点及背景歧变图(focus + context or distortion)。焦点及背景歧变图是一种突出重点的交互式可视化展示方式,即焦点所在位置放大显示细节,而其他部分采取畸变或模糊方式淡化。

目前较为成熟和常用的本体可视化工具主要有 UML Viz、Ontosphere、ToughGraph 和 Prefuse 等几种。本体的可视化应用到何种程度,首先应由具体项目的目标和需求所决定,并非单纯为了"好看"而开发。好的可视化应用,能够提供用户强大的定制或交互特性,给予用户从多角度、多维度"操纵"数据的能力。其实,本体开发是领域知识的建模过程,每一个本体都是领域知识模型的一个实例。模型是舍弃了对事物某些方面的认识而"提纯"了对另一些方面认识的一种知识抽象,而可视化则是对模型的一种呈现。从此意义上讲,可视化通常也是对某一方面的强调以及对另一些方面的忽略,使人能够更直观更感性地获得其他方式难以表达或说不清楚的结构或联系。

第九章 网络资源的大众分类

大众分类这种知识组织形式起源于 Web2.0 的社会化网络。从图书馆的角度看,大众分类法类似于广义主题法中的关键词法,但它更加自由和更具个性化。据此,本章在网络资源大众分类概述的基础上,重点论述大众分类法的实现技术与方法、大众分类法在图书馆界的应用,以及大众分类法规范的理论与方法。

第一节 网络资源大众分类概述

以 Facebook、Flickr、Delicious、Youtube 等为代表的 Web2.0 社会化网络应用能在几年内发展至数千万甚至数亿用户,与其技术门槛低,迎合人们创造、交流与分享的需求本能密不可分,但另一重要的原因是它们均采用了大众参与的标签以及由此而形成的大众分类法。

一、大众分类法的由来及定义

大众分类法的英文词 Folksonomy 诞生于 2004 年 7 月的一次征名活动。[①] 当时 Gene Smith 就 Furl、Flickr 和 Del. icio. us 等网站采用用户自定义标签的方式来组织和分享信息进行征名,Thomas Vander Wal 在 Eric Scheid 的回复"folk classification"基础上,提出了 Folksonomy 这一组合词。Gene Smith 在该年 8 月 3 日首次用该词发表了博客文章:Folksonomy:Social Classification。[②] 从此该词得到了广泛的认可和传播。

就其构词而言,Folksonomy 由 Folk(大众、民众)和 Taxonomy(分类法)组合而成,表示由信息系统的用户进行自由地标签标注而形成的分类体系。在国内,Folksonomy 一词有多种译法,如"大众分类法""自由分类法""民俗分类法""通俗分类法""民众分类法"等,它通常是指在社会性网络系统中,人们为了方便检索,对信息资源进行自由标注(tagging)而得到的标签(词表)集合。从此意义上讲,大众分类法的本质接近于主题标引,而这里的分类仅仅就其效果而言。[③]

由于社会性网络系统具有开放性和共享性等特征,每个标签行为人(用户)可对其感兴趣的资源进行标注从而形成自己的标签词集合(又称 personomy),而所有用户的词表从整体上又可构成该系统的大众分类法。上述标注行为的价值在于人们都使用自己独有的词表来赋予信息对象以明确的含义(这种含义通常通过推理而获得),即它迎合了人们根据自己的理解及对事物之间的联系进行赋值的习惯。需要注意的是,大众分类法并非只是由标签组

---

① http://www. vanderwal. net/folksonomy. html
② http://atomiq. org/archives/2004/08/folksonomy_social_classification. html
③ 羌丽,张学莲,侯汉清. 图书大众标注评介:以豆瓣网为例. 中国索引,2009(1)

成,而是由标签、资源(被标注的对象)和用户(标签行为人)3 个要素共同组成。

(1)标签。标签是标注的结果,是用户赋予资源的标识,是大众分类法的组成元素和结构单元,用来描述资源的主题、功能、特点、性质和类型等特征,反映了用户的认知和目的,是用户实现对资源进行组织和共享的基础。

(2)资源。资源是标签标注的对象,通常是带有独立标识(任何 URI)的网络信息单元,如网站、网页、图片、博客、音/视频资料、微内容、微格式等。这些信息单元通常来自于用户自己、其他用户或系统本身,也可以是网络上的开放资源;系统一般允许用户对这些资源进行一定的管理和操控,而且这些资源或对这些资源的标注能够与他人共享。

(3)用户。用户是标签系统的服务对象,标签标注的行为人和大众分类的创建者,各类资源的发布者、收集者、管理者、共享者、传播者和使用者。其中,标签行为人可以是互联网上任意的浏览者,也可以是系统的注册用户或特殊用户,但标签系统(网站)的管理者通常不作为标签系统的用户,他们负责为系统的用户提供开发、管理、维护等功能。

如前所述,大众分类法不是一种独立的分类法,它须依托标签应用系统(通常是社会性网络系统)才能形成及使用。而在标签应用系统中,标签必须是某一标签行为人对于特定资源的标注。如图 9 – 1 所示,一个社会性标签应用系统有 URL1 和 URL2 两个资源,有 User1、User2 和 User3 三个用户。其中,User1 用 Tag1 标注了 URL1,用 Tag4 标注了 URL2,共用到 Tag1 和 Tag4 两个标签;User2 同样用 Tag1 标注了 URL1,但用 Tag2 和 Tag3 两个标签标注了 URL2,共用到 Tag1、Tag2 和 Tag3 三个标签;User3 用 Tag3 标注了 URL1 和 URL2,用 Tag4 标注了 URL2,共用到 Tag3 和 Tag4 两个标签。这样,URL1 被 Tag1 标注了两次,被 Tag3 标注了一次,可记为 URL1:{Tag1 * 2, Tag3};URL2 被 Tag2 标注了一次,被 Tag3 和 Tag4 分别标注了两次,可记为 URL2:{Tag2, Tag3 * 2, Tag4 * 2};该系统的大众分类法包含 User1 的标签集合{Tag1, Tag4},User2 的标签集合{Tag1, Tag2, Tag3}以及 User3 的标签集合{Tag3,Tag4},去除重复的四个标签,表示为 Folksonomy:{Tag1, Tag2, Tag3, Tag4}。

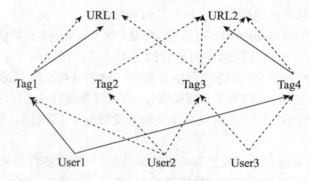

图 9 – 1   大众分类法三类要素及其关系

大众分类法的用户、资源和标签三类实体之间可以构成十分丰富的连接关系:

(1)用户—用户。用户通常需要注册才能享受采用标签的社会性网络系统的特定功能。而用户的注册信息通常是以特殊的元数据格式存储的,例如以 RDF 形式编码的 FOAF 格式就是一种很常用的个人信息描述格式,其他的还有 hCard、XFN 等微格式(这些格式表示的数据本身就是一种资源)。用户之间的显性关系通常在这类社会关系描述格式中都有标注,而用户之间的隐性关系的亲近远疏则可通过"是否收录了同样的 URI 资源""是否标注了同样的标签"以及"是否对同一个或有联系的资源标注过同样的标签"等测度被计算出来。

（2）资源—资源。资源到资源的显性关系（相似度）已有很多计算方法，例如 pagerank 算法就是其中非常著名的一种。资源到资源的显性关系并非标签应用系统所独有，但是可以通过对某些资源感兴趣的用户群组，以及对这些资源标注的标签的相似度计算进行资源的聚类从而获得许多隐性关系。

（3）标签—标签。通常大众分类法中的标签是没有层次的，也不标注任何关系。但人们对标签的诟病颇多，故对大众分类法的规范主要是通过对标签的改进来进行，因此引入了同义词环。同义词环是对近义词以及非常普遍的一词多义、一义多词等进行控制，以及对标签的频度、共现现象的研究等，或进一步与 Taxonomy 甚至本体结合，提供语义标注或对用词进行语义规范。

（4）用户—标签—资源。不同用户对同一资源标注同样的标签、对不同资源标注同样的标签，同一用户对不同资源标注同样的标签、对同一资源标注不同的标签等，都能反映用户与标签之间的关系。通过标签之间的关系，可以分析用户的领域知识，进而对用户和资源进行聚类。

以上连接关系可以通过词频、共现、重叠、集合和空间向量的运算，得到用户、资源和标签之间的亲疏、权重或距离关系。更为可贵的是，社会性标签系统是一个动态变化、不断增长的活系统，建立起一定的关系模型，可以动态地描述与组织信息资源，使其呈现出一定的结构，利用语义网技术建立起资源之间的语义联系。而使标签得以发挥作用的正是大众分类法，即大众分类法的 3 个要素共同作用，使得被标注的信息对象通过标签词得到丰富而又明确的理解，并在用户使用标签系统的过程中得到完善和提高。

二、大众分类法的用法和适用对象

在社会性标签系统中，用户用标签对网络资源进行标注，该网络资源可能是用户自己上载的内容（如 flickr 中的图片），也可能是网上已有的内容（如网站、网页、图片、音/视频资源、微内容等）。用户标注之后，资源就被纳入系统管理（不论是以数字文件的形式还是以链接的形式），此时系统可能还会自动地提取一些该资源的其他属性，并"分类"到用户标注的标签下。这些资源可能会根据用户的设置，有选择地向该标签应用系统中不同类型的用户开放，例如家人、朋友、注册用户或任意用户等。一般来说，一个社会性标签应用网站的所有用户、资源和标签都集中在该网站上。由于用户在其中创建内容、组织资源并利用这个平台进行共享或组织其他活动，所以在资源不断增加的过程中可能会产生很多有趣的现象，而且其中的许多现象可以以数学规律来揭示和把握，并被用来更好地组织、管理和共享资源。

如前所述，相同的标签可以聚合不同用户的资源，相同的资源可以反映不同用户的标注习惯，每一个用户对所有资源的标注可以形成自己的分类法，所有用户的分类法构成了系统内所有资源进行分类的"大众分类法"，这个分类法可以作为该资源体系的词表，并作为知识的组织和规范化的基础。其最大的优势在于，作为一个不断生长的有机体，词表、词表关系以及标签、资源、用户的聚类，会随着时间的推移以及适应人们新的需要而变化，并且知识的组织者就是它们的用户。所以，这样的系统适用于：

（1）开放的网络资源。封闭系统的标签行为和标签集合并不能形成动态发展的大众分类法。

(2)允许用户贡献内容(不论是资源内容还是元数据)的系统。大众分类法的形成基于允许用户对资源进行自由标注。

(3)动态聚类、自主优化的系统。采用大众分类法的意义在于系统需要用户对其内容进行组织(检索排序和浏览推荐)、聚类或其他优化。

以上三类适用对象的特点也是由前述大众分类法三要素——标签、资源和用户所带来的。即社会性标签系统连接了人与资源,提供了大众分类法的运行环境,并构成一个有机的整体。计算机和网络为其中复杂的链接联系提供了计算支持,这也是大众分类法虽然可以与现实世界的标签应用(例如商场货品管理)进行类比,但在计算机和网络普及之前它是不可能产生的原因。另外,大众分类法根据应用领域的范围还有宽窄之分。① 其中,宽大众分类法(Broad Folksonomy)面向大众,拥有大量不同的用户,由于这些用户在认知能力、知识结构和兴趣领域上都有很大的差别,所以每个用户都可能用自己的语言来对资源对象标注不同的标签,从而使资源的标签可能呈现出一种幂律分布,个别标签或成为特征标签;而窄大众分类法(Narrow Folksonomy)则是那些专业领域的用户对专业资源进行的标签标注的结果,由于这些用户在知识结构和兴趣领域上具有很大的同质性,所以标签往往呈现出趋同性。

三、大众分类法的功能与作用

作为 Web2.0 的典型应用,标签是用户贡献内容(User Generated Content)的一种形式。Web2.0 的应用与传统网站的最大不同,在于它的交互性、社会性和共享性,这些特征在标签应用网站中都得到了很好的体现。与建设方和用户截然分开的传统内容管理网站有所不同,标签应用网站通常是把内容管理的权限授予用户,并提供业务规则和管理手段,以及允许用户上载、搜集、组织和分享内容,而网站则通过用户的活动创造其价值。标签作为对内容进行标注的结果,是许多 Web2.0 网站共同的特征。它既是用户提供的内容的一种,同时又是用来组织资源的工具,具有双重属性,应用十分广泛。

标签系统的用户可以是资源的创建者或拥有者。这时的标签可以被看成是用户内容管理平台的一个辅助功能,系统的主要功能是让用户创建、操纵和管理用户自己创建或上载的资源,而用户通过标签标注则可获得一种方便的知识组织能力。标签虽然只是系统整体功能的一个组成部分,但对于实现资源组织、揭示、搜索、共享和其他社会性联系来说却是不可或缺的。例如 Flickr 是一个用户图片管理平台,其中所有的图片都是由用户创建和上载的,但其最重要的特征并不是其内容,而是其标签,其平台上几乎所有重要的功能都与标签密不可分,标签是对照片进行组织和分享及用户组建社区的主要工具。

如前所述,标签系统的用户也可以是资源的使用者。在这种情况下,用户虽然对该资源没有"生杀"大权,只能对链接进行有限的操作,但资源链接地址此时就是资源实体的指代物,链接 URL 其实可以当作资源的 URI,赋予链接的标签也就是赋予资源的属性,通过对这个链接进行操纵、管理从而实现系统的功能。例如 Del. icio. us 网络书签服务就是这类应用。

对于标注者而言,标签的主要功能是为了重新找到被标注的资源,以及组织整个资源

---

① 宽/窄大众分类法最早来自于该词的发明人 Thomas Vander Wal,参见 http://www.vanderwal.net/random/entrysel.php? blog=1635。

库;对于其他用户而言,标签组成的大众分类法提供了一个浏览、检索和定制输出的方法,并能实现聚类和发现。从系统层面上看,标签系统除了满足用户浏览、检索和定制输出功能外,还能实现社区共享和合作功能,能够借助共同感兴趣的资源实现用户的聚类,从而实现进一步的推荐、热点发现、个性化服务以及社会群组功能,并能反过来影响资源的排序、组织以及新关联的建立和新知识的发现。

总体说来,标签(大众分类法)可以实现以下功能。①分类:标签作为类名,赋予资源类的属性;②聚合:在同一标签下聚合了相同分类属性的资源;③标识(微内容):标签同时作为类的标识,可以通过 RSS 等方式发布、提供订阅等;④揭示:标签包含的语义内容可作为揭示手段,并能以云图等可视化方式呈现;⑤排序:标签可通过权重或其他方式予以呈现,显示热门标签、热门资源、热心用户等;⑥分享:标签和大众分类法的发布提供了资源分享的能力,并使得标签应用网站有了社会性;⑦聚类:通过上述功能,能够根据不同维度,通过自动统计的方法,动态地对资源和用户进行聚类。

总之,大众分类法的采用,对资源组织、情报检索、资源发现、垃圾过滤、热点追踪、舆情挖掘和意见领袖跟踪等都能带来与传统知识组织方式完全不同的诸多好处。首先,它使得资源标引工作变得人人可做,从技术上部分解决了元数据的来源问题;其次,它使原本割裂的资源生产、加工和利用过程得以统一,可以不分先后,随时可做,更多的元数据意味着更多的揭示途径;再次,它形成了一个共享的资源池和大众分类法,带来丰富的链接信息,主要是标签到资源、人与标签、人与资源之间以及标签之间的链接或其他关系(之前也有许多研究涉及),可以为挖掘、聚类和排序及进一步的组织和优化系统奠定基础。

以上基于标签和大众分类法的应用突破了有序性知识的获取瓶颈,普及了用户进行资源组织的应用模式,这在过去图书馆的组织实践中是无法想象的。据调查,约有28%的美国人(4200万)曾经做过标签,7%(约1000万)的美国人每天都会进行标签标注。这些美国网民多为40岁以下,其教育和收入状况良好,正是他们正在成为数字化信息的主要生产者和组织者。相比较而言,美国国会图书馆约有400位编目员在2006年全年编目了35万件文献资料,也就是说平均每个工作日约1400件,每人每天3.5件。如果按照每位编目员年薪5万美元计算,每条记录的编目成本约为57美元。而从数量上看,Flickr每分钟上载的图片,需要国会图书馆400位编目员约4天的时间才能完成其编目,这样的生产效率和成本显然是难以满足数字时代需要的。也许有人会说,Flickr上的图片编目比较简单,其实 Flickr 中每张图片的元数据信息相当丰富(大都是在照片产生、上载和处理流程中由机器自动或很方便地获取的)。总之,标签和大众分类法的应用迄今毕竟只有五六年的时间,其潜能远未充分发挥出来,当前在学术界也属于一个热门研究领域,相信通过在实践中的融合混搭(mash-up),将不断有新的、创造性的应用而让人耳目一新。

第二节　大众分类法的实现技术与方法

标签和大众分类法使成千上万的用户能在极短的时间内利用自己的劳动创造出海量的元数据,方便快捷地凝聚了大众智慧,使资源的有序化程度随着网络资源的增长而增长,但其效果的好坏却与标签应用系统等的设计紧密相关。

一、标签应用系统的设计

通常情况下,用户在标签应用系统注册登录后即可通过浏览器插件或小书签等方式上载资源或点选资源,看到自己所建立的资源库以及赋予它们的标签,其次还可看到还有哪些其他用户标注了标签或对它们感兴趣,而点击标签又可看到标注了这个标签的其他资源。这就是标签应用系统的基本操作方式。当然,很多标签网站以此为基础还提供了其他更多的功能,例如对其他用户的资源进行标注、评论、推荐,关注其他用户,订阅标签词等。

由此可见,标签应用系统是形成和应用大众分类法的平台,其设计的好坏(包括界面、流程等要素的设计)对于标签的创建、使用和传播具有至关重要的影响,当然也决定了通过该系统所能获得的信息的种类、深度和广度。标签应用系统设计的另一个重要的方面是用户激励机制的设计。不同的标签应用系统用户的参与度可能大相径庭,有时考虑得十分周到的设计却由于缺乏用户激励机制致使用户稀少而收集不到足够的标签,大众分类法也无从产生。下面分别从标签应用系统的设计和激励机制两个方面,介绍一些常见的做法和方式。

(一)系统的特性和功能设计

同样的社会化标签系统,在资源来源、用户权限、功能设计等方面存在着很大的不同。在系统的特性和功能的设计时,需要考虑的因素主要有以下几点:

(1)资源类型。目前的应用几乎包含了所有的网络资源,如网页(Del. icio. us、Yahoo! MyWeb2.0)、书目资源(CiteULike)、博客文章(Technorati、LiveJournal)、图片(Flickr、ESP Game)、用户(LiveJournal)、视频(YouTube)、音频(音乐、播客、网络电台,如 Last. fm 等)、事件(如 Upcoming)等。

(2)资源来源。资源有系统自己提供的(如 ESP Game、Last. fm、Yahoo! Podcasts 等),用户自己贡献的(如 YouTube、Flickr、Technorati、Upcoming 等),以及网上的任何资源(如 Del. icio. us)。

(3)标注权限。标注的权限有只能标注自己"拥有"的资源,或只能标注系统给定的资源(如 ESP Game),或可以标注任意资源,或系统设定选择性的标注权限(例如朋友、家庭成员的资源)。删除资源或标签也是如此,即系统可能不允许删除任何资源,或只允许删除自己上载或拥有权限的资源,或任何人都可删除任何资源等。

(4)标注方式。标注方式有盲标(即不提供任何提示,由用户自由标注)和推荐标注(系统提供其他用户对该资源标注的标签,或系统生成的推荐标签)。

(二)用户激励机制的设计

用户激励机制的设计需要考虑用户使用标签应用的动机,目前用户使用标签应用的动机主要有:

(1)将来自用。很多社会化网络应用都提供作者组织资源的手段,标签的作用就是用户根据自己的喜好进行分类。

(2)奉献和分享。通过标注,用户在奉献的同时也与其他用户一起分享。

(3)获得关注。希望获得关注是人之常情,但有时这会影响标注的质量。

另外,在社会化标签系统中搞一点小奖励(恭维、排名、段位等)和推荐(置顶、挖(digg)等)也能使人迷上标签标注。

二、大众分类法的呈现

大众分类法通常以标签的可视化方式进行展示,这也是大众分类法颇具吸引力的因素之一。对标签进行一定的统计,能进一步提供内容推荐、热点发布、关联揭示等功能,这些都可以被看成是标签的扩展应用。大众分类法通常有以下展示方法:

(1)标签排序。标签排序除了按字顺和权重排序之外,还有其他多种形式,如结合相关反馈、合作过滤、点击次数等动态形式。

(2)标签聚类。为了更好地揭示资源之间的相互关系,对标签进行聚类能够帮助用户通过一个标签更快地发现与之相关的内容。

(3)标签云图。标签云图是大众分类法所特有的一种呈现方式,一般是将标签库中一定数量的高频词(去除禁用词)按照字顺或词频排列,通过字体大小或颜色表示标签的热门程度。由于标签都带有超链接,标签云图既能很直观地反映资源内容的领域特征,同时也可成为一种可视化的资源导航方式。标签云图虽然不是完整的导航列表,且具有暂时性和主观性,但由于其十分形象和具体,启发性强,体现了形象思维与逻辑思维的结合,作为一种辅助的内容揭示手段一直受到许多2.0网站的欢迎。而且正是由于标签云图在视觉上有种新奇感,许多并不使用标签的网站也将它作为一种设计元素用作主题呈现或推荐。需要说明的是,标签云图也受垃圾标签的困扰,有时过于普通的标签或个性化的标签也会使云图变得如同鸡肋,反倒影响2.0网站对于内容的揭示。

标签云图的生成是由一定的参数控制的,这些参数主要包括标签词出现的频度、数量、字体、字号、色彩、呈现顺序和方式等。不同的标签系统或云图生成系统略有差异,其形式通常有以下几种:①标签以字顺排列,重要或频率高的词以较大的字号显示;②标签以字顺排列,所有标签词用同样的字体和字号,但重要或频率高的词用特殊的字体颜色或背景颜色表示;③标签按照重要性或频率排序,字体、字号和颜色都用来表示该标签词的重要性程度;④标签随机排列,字体、字号和颜色表示标签词的重要性程度;⑤标签按其相似度排列,即相似度决定词间的距离远近,并用各种可视化方式呈现。

为了避免标签云图对标签的选择性呈现,需要呈现全部标签的网站就采用了标签索引方式将所有的标签按照字顺一一分页罗列出来。近年来,还有一种按时间呈现标签的方式能够根据不同的年限呈现当时最热门的标签。这种方式叫作 Tagline,参见:http://www. research. yahoo. com/taglines/。以下提供的是一些制作标签云图的工具,可以用来方便地生成标签云图,其中有些工具还颇具有艺术性但不是所有的工具都支持中文:

Art Viper:http://www. artviper. net/texttagcloud/

MakeCloud:http://www. makecloud. com/tag_cloud_from_text. php

TagCrowd:http://tagcrowd. com/

TagCloudDemo:http://tagcloud. oclc. org/tagcloud/TagCloudDemo

Tag Creat:http://wordle. net/create

Google Tag Cloud Maker:http://www. googlewatchblog. de/2007/03/19/greasmonkey-script-zeigt-tagwolke-in-den-suchergebnissen/

TagmyCloud:http://www. tagmycloud. com/

Tag Cloud:http://www. tag-cloud. de/

Text Tagcloud:http://www. artviper. net/texttagcloud/

Tag Cloud Generator:http://www. tagcloud-generator. com/

Winkwaves Tag Cloud Generator:http://winkwaves. com/tag-cloud-generator/

(4)地图展示。含有 GPS 经纬度地理信息的标签(geotagging)通常可以利用地图服务直观地展现在地图上。例如许多相机所拍摄的照片直接记载了地理信息,它们在上载到 Flickr 时可以直接呈现在地图上。这种应用常常在不同的领域可以与不同的信息跨界融合,是一项非常有前途的标签应用。

三、Web2.0 标签应用网站考察

考察现有的标签应用网站有助于我们深入了解大众分类法的应用领域、应用方式和应用深度。以下介绍的这些较有影响的 Web2.0 网站,其标签应用代表了目前大众分类法的较高水平,也是当前大众分类理论研究的主要对象。

(一)ESP 标签竞赛

在标签的发展史上,有一款非常著名的游戏证明了标签的语义内容可在用户之间达成共识,因而可以说它从理论上确立了标签作为信息检索重要手段的有效性。这款游戏的名称叫作 ESP Game(http://www.espgame.org/)。

ESP Game 这款游戏是卡内基梅隆大学的两个学生 Von Ahn 和 Dabbish 于 2004 年合作开发的,当时只是一个试验项目,希望通过人们对图片加关键词标注的方式收集图片的索引词,以改善这些图片在网络上的"可查找性"。后来,这两位开发者还以此为题发表了研究论文。

ESP Game 的具体做法是:系统同时对两位测试者显示同一张图片,让测试者在给定的时间内随意填写他认为能够描述这张照片的任意词,一旦两个测试者所标注的词汇相同,就算成功命中(系统将该词记录在案并分别对测试者奖励计分),然后显示下一张图片。这个游戏的目的是收集参与者在最短的时间内给出的相同标签词。

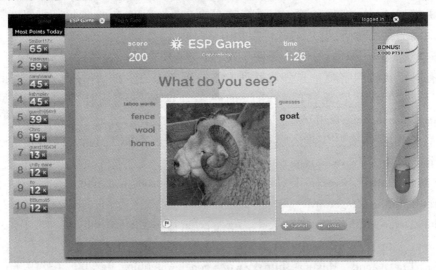

图 9-2　ESP 图像标签标注竞赛网站

这款游戏推出后大受欢迎,仅头 4 个月里的参加者就达 13 630 人,成功地对图片库赋予了 130 万个标签。该款游戏所设计的简单的分数奖励居然使许多人欲罢不能,而所获得的命中词虽然常常出人意料,但对图片检索却非常有用,充分证明了群体的智慧是无穷的。该项目后来还进行了对照组试验,也证明了这种自由标签方法的有效性;它还被 Google 用来开发了 Google Image Labeller 工具,并部分应用于 Google 的图片搜索服务中;同时也启发和带

动了后来许多博物馆开发类似的应用。

（二）Flickr 网站

2004 年创建的 Flickr 网站（http://www.flickr.com）在 2008 年 11 月 3 日迎来了它第 30 亿张图片。[①] 虽然当时这个数字远远低于第一大社交网站 Facebook 的 100 亿张图片的规模，但 Flickr 网站也有它自己的一些特色。如在 2010 年 8 月 1 日 23 时 20 分的 Flickr 网站界面上有这么一组数据："过去一分钟 5762 个上载，9696 个标签为动物园的内容，本月有 430 万项内容已标识地理位置。"这意味着上一分钟该网站的用户上载了 5000 多张照片，整个网站标有"动物园"标签的图片有 9000 多张（点击进去还可发现 Flickr 做了多语种同义词的归并，例如标注"Zoo"的与标注"动物园"的做了相等处理），且一个月内已有 430 万张照片包含了地理标签（通常是照相机自动记录的 GPS 经纬度信息，Flickr 网站能够自动地将之加载到 Google 所提供的地图服务中去）。

图 9 - 3　Flickr 的标签云图

Flickr 网站可以保存图片的标题、描述、标签、作者、GPS 位置信息、拍摄以及更新的日期时间等，还有大量的技术性元数据（如相机型号、拍摄日期、曝光参数等）来自于照片格式中存储的信息（通常有 XMP、EXIF 或 IPTC 3 种格式），这些元数据中的绝大多数要么直接通过

---

① 参见：http://techcrunch.com/2008/11/03/three-billion-photos-at-flickr/。

机器产生（如时间、位置信息），要么赋予缺省值（如文件名缺省值为照片的名称，作者缺省值为上载者）而无需手工录入。在所有这些元数据中，标签起到了至关重要的作用。因为标签所描述的往往是其他元数据所不可能描述的内容，例如人物、物品、事件或人物关系等主观内容。另外，标签还提供了各种订阅（包括 RSS 订阅）、标签云图展现、地理位置导航浏览以及多个标签组合发布的可能性，管理工具支持对于标签的多种处理方式，包括集合处理。Flickr 网站还有一个独特的标签功能，即允许对照片的局部加注标签，这样人物、物品等信息就可以在指定的位置上表达出来。这一功能将来有可能像 Picasa 和 Iphoto 平台现在做到的那样，自动地进行人物面部识别而加注人物信息，同时与个人通讯录结合起来就可成为相互关联的语义信息了。

（三）美味书签

创立于 2003 年的美味书签（http://delicious.com）是最早的社会性书签应用，也是最早应用标签和大众分类法的 Web2.0 网站，甚至可以说标签作为一种资源组织手段就起源于美味书签。大众分类法的用户—标签—资源模型就来自于这类应用，它的成功引起了大规模的效仿，使得标签应用成为 Web2.0 的重要特征和主要应用之一。

图 9-4　美味书签页面

与 Flickr 一样，美味书签对于标签和大众分类法的特性设计做得非常自然和深入，并将之嵌入到系统的信息架构中，即与其他功能性模块无缝联合，成为实现其设定功能和与用户进行交互的有机组成部分,具体表现为对标签功能(增、删、改、并等)的全面支持、方便的处理流程、标签的层次化(其实是捆绑分组,这是它对于标签方式进行改进的一个创举)以及多种方式的展现(最新资源、热门资源、标签浏览)等。美味书签中的标签总是跟随着资源,以提供方便的导航功能,标签所标注的资源数量也跟随着标签一起呈现,整个界面的设计直观、清晰、紧凑且无需进行用户培训,常常能让用户体验到一种发现的乐趣。

(四)豆瓣网和博客大巴

国内也有不少 Web2.0 网站应用了标签和大众分类法,例如知名的内容分享社区"豆瓣网"(http://Douban.com)和博客空间提供商"博客大巴"(http://blogbus.com)。其中,豆瓣网是一个读书、音乐与电影等文化内容分享的网络社区,它为这三类内容分别设立了入口和热门标签云图展示,图 9-5 是关于电影的热门标签页面截图;而博客大巴设计的"tag 关键词"展示如图 9-6 所示。

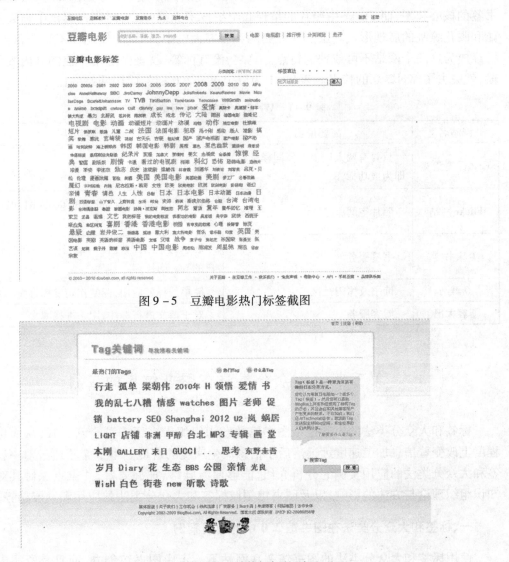

图 9-5　豆瓣电影热门标签截图

图 9-6　博客大巴的热门标签页面

　　相比较而言,国内的 Web2.0 网站在标签应用方面大多挖掘得不深,基本上只是作为一个 2.0 的要素在用,一般只提供简单的标签云图,不呈现和分享用户自己的标签云图,没有标签的订阅、推荐、可视化显示、标签关系显示等功能。如豆瓣网的多级标签分类页面提供了不错的浏览功能,但其按照"文学""文化""流行"等的标签分类则明显是人为干预的结果,且这些大类一般包含几十万、上百万的资源,分类的效果大打折扣。博客大巴的标签云图页面每次刷新都呈现不同的标签组,这种设计的意图很让人困惑。由此可见,这些网站依然承袭了传统分类的缺点,没有充分发挥出标签和大众分类法灵活、动态、聚类、群体智慧的优势,反映了对标签方法和大众分类法的理解还不够深入,尚有很多值得改进之处。

　　前述 ESP 标签竞赛、Flickr、美味书签、豆瓣网和博客大巴等网站代表了万维网应用的最新潮流,标签和大众分类法的应用赋予了这些 Web2.0 网站以特殊的能力和鲜明的特征。尤其在美味书签和 Flickr 图片中,标签和大众分类法的作用更为突出。即标签技术是美味书签的核心技术,而 Flickr 中照片的呈现和组织技术无缝集成,向用户提供了强大的操控功能和眼花缭乱的展现形式。虽然在豆瓣网和博客大巴中,标签的作用还不是非常突出,但也已经成为这两个网站不可或缺的特点。总之,没有标签,就丧失了用户控制其内容的主要手段,就失去了 Web2.0 的特点。表 9 - 1 为以上 Web2.0 标签应用网站的比较:

表 9 - 1　Web2.0 标签应用网站的比较

网站名	简要说明	标签用法
ESP 标签竞赛	只要有两人以上选择同样标签,即为成功标注	对于照片进行任意标注
Flickr 网站	照片空间服务	展示每个用户自己资源的 tag 云图,提供大众分类法的查询,支持地理标签
美味书签	书签服务	展示每个用户自己的 tag 云图,并能看到其他用户的 tag 云图
豆瓣网	读书及休闲社区	简单的标签应用,标签作用发挥得尚不充分
博客大巴	博客服务	对于博文进行标注,用于查找博文

第三节　大众分类法在图书馆界的应用

　　标签和大众分类法的出现也给图书馆的知识组织带来了一种全新方式,从而也在一定程度上改变着信息加工速度远远落后于信息产生速度的窘境。本节希望通过对一些典型标签和大众分类法的应用实例的分析介绍,能够厘清脉络、把握要旨,并重点探讨其对图书馆知识组织理论与方法的影响,以及图书馆领域标签和大众分类法的应用和发展趋势。

一、标签和大众分类法在图书馆 2.0 中的应用案例

　　使用标签和大众分类法的图书馆 2.0 网站不一定由图书馆创办,而且其资源内容也不限于书目数据。

（一）PennTags

由宾夕法尼亚大学图书馆开发的 PennTags（http：//tags. library. upenn. edu）是图书馆领域首个全功能的标签及大众分类法应用系统。说其"全功能"主要是因为：

（1）PennTags 除了支持网络资源（美味书签的标签对象）外，还支持图书馆自动化系统 Voyager 所管理的书目、期刊等资源对象（OPAC2. 0 的对象）。此外，它还支持由该校机构库所保存的电子全文资源、课件讲座视频资源和课题项目资源等。

（2）PennTags 是一个完整的 Web2. 0 应用，通过浏览器书签插件或嵌入到 OPAC 和电子资源发布页面上的工具即可方便地添加标签，支持 OpenURL 解析以及用户基于书签资源的分组、共享、发布、建立项目或小组等活动。

（3）PennTags 除了提供存储、管理、分享功能之外，还全面支持本校的教学与科研环境。此外，它还提供与其他系统集成的 API 接口（支持 XML 数据表达），以方便图书馆乃至整个大学更好地进行资源和服务整合。

PennTags 下一步希望通过加强宣传，以扩大影响和争取到更多的用户，并将其推广到其他高校。在功能上，PennTags 则进一步开发对 DOI 的支持，更好地与其他资源进行整合，并支持更多的输出格式，甚至希望能够支持 RDF 语义描述。因此可以认为，PennTags 既是一个社会性书签网站，又是一个支持机构内部知识管理的应用系统。

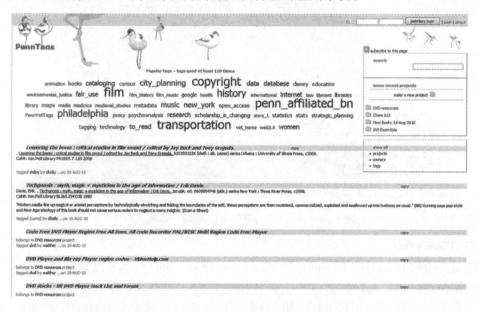

图 9 - 7　宾夕法尼亚大学图书馆标签应用系统

（二）密歇根大学图书馆网站

与 PennTags 系统类似，密歇根大学图书馆也开发了一套供本校使用的综合性标签应用系统 MTagger（http：//www. lib. umich. edu/mtagger/），提供对于书目数据（通过与 OPAC 系统整合）、数字期刊、图像系统、网页等几乎所有图书馆资源的标签标注功能。

MTagger 于 2008 年 2 月投入运行，是一套真正以标签为核心的系统，从功能设计、处理流程和呈现方式上全方位地体现了标签的作用，特别是在人际交互界面的可用性设计方面十分专业，堪称经典。MTagger 既可以用来进行资源收集，又是一个资源发现系统。由读者收集资源,建立基于大众分类法的导航系统,应该是高校学科导航系统一条2.0化的可行道路,可以避免目前图书馆员根据自己的想象,不管学科专家教授是否认可,完成任务似地收集"学科资源"的情况。另外,跨资源的标签系统也意外地扮演了一个跨库检索工具的角色,读者可能在他们所检索的数据库之外发现更多的相关资源,例如在书目库之外,在图像、网页、全文资源等其他资源库中也会有他们没有想到和感兴趣的内容。

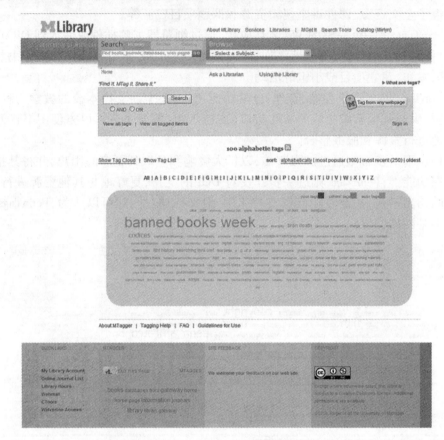

图9-8　密歇根大学图书馆网站的标签入口

(三)LibraryThing

LibraryThing(以下简称LT,http://www.librarything.com)宣称自己是世界上最大的图书俱乐部,用户可以添加他们的私藏并用标签标注它们。其实,LT并不是由图书馆主办的网站,而完全是一个独立的Web2.0应用,但它所提供的服务却完全是图书馆的业务,如图书编目、管理、评论、分享等,甚至很多图书馆都在利用它来组织自己的馆藏。

截至2010年8月,LT已有注册用户116万多人,图书记录5400多万条,涉及不重复的作品554万种。用户为这些图书添加了6700多万个标签、113万多条书评、880多万次评级。用户提交图书封面210多万张、作者照片42 551张,用户在其中成立的小组有91 000多个,可见LT宣称自己"最大"所言不虚。

LT的目标是全面采用Web2.0技术和模式强化目录的功能。之前它碰到的最大的问题是图书馆社区关注的人数太少,以致于根本无法形成"群众智慧",而让读者自己组织资源的大众分类法自然而然就成了一种解决方案。现在,在LT的网站上几乎看不到标准的图书字段显示,有关图书的各类属性都隐藏到后台,只在需要它们时才起作用,而呈现于前台的都是与用户的使用、分享和贡献等密切相关的内容,标签自然是其中的重要组成部分。

在 LT 网站中,标签只是其展示的多个属性"面"的一种,但是其他每一种属性面几乎也都是通过标签云图的方式予以呈现的。点击 tag cloud,可以看到长长的标签云图。LT 在每一页面中都嵌入了与该页面资源有关的标签云图,使基于标签的导航随处可见,使用户受其启发而方便地探索知识、发现兴趣,情形就如同穿行在无穷无尽的书架中一般。

LT 通过大众分类法的各种排序、聚类功能,建立起资源之间的联系(包括标签云图),并可打包成代码(称为 Widgets)输出到其他图书馆的 OPAC 中,使其他不支持社会性网络功能的图书馆系统也能利用 LT 的"群众智慧"(这也是 LT 向图书馆行业提供的特色服务之一)。

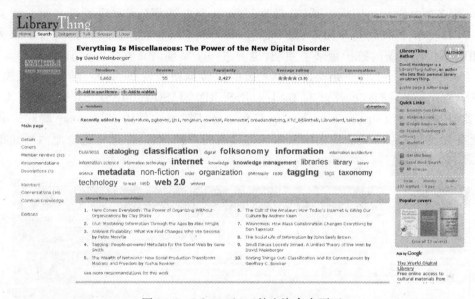

图 9-9　LibraryThing 的查询命中页面

图 9-10　LibraryThing 的标签展示页面

（四）Bibsonomy

Bibsonomy（http://www.bibsonomy.org）是一个保存和共享出版物参考资料的网站。Bibsonomy 可以保存图书、期刊论文、报告等任何出版物类型（BibTex 格式），而在保存图书信息方面则类似于 LT，但没有后者那么专业，也不向图书馆行业提供特别服务。

Bibsonomy 的内容呈现主页面如图 9–11 所示。每个用户登录进自己的页面（myBibsonoly）也是这样的三栏布局，其中左面两栏分别是书签（对图书所做）和出版物摘要（BibTex 格式的条目），右栏是标签云图。系统实现了严格的大众分类法模型，对用户—资源—标签关系做了明确的揭示，另还详细记录了标签与标签之间的同现关系。

Bibsonomy 的一个最大特色是通过采用一系列规范的技术手段（以 Apache Tomcat servlet + Jave 服务器 + Servlet 应用为基础，后端采用 MySQL 数据库）实现了很多相关语义内容的 Cool URL 发布，这使得每个用户、每个标签、每个组（标签组、用户组）都具有了永久可参考的 URL，不仅给系统的维护带来了便利，也为进一步实现语义发布提供了可能。

Bibsonomy 的另一个特色是支持多种规范的元数据格式发布、订阅、转换、输入输出等，支持 REST 发布，支持的数据格式有 BibTex、RSS、RDF、JASON、BuRST、SWRC、纯文本等，另还提供类似"购物篮"（shopping basket）的打包下载工具。这使得 Bibsonomy 看起来非常专业，是所有标签和大众分类法应用中技术含量最高的系统，但也许正是这个原因而让很多普通用户对它敬而远之。

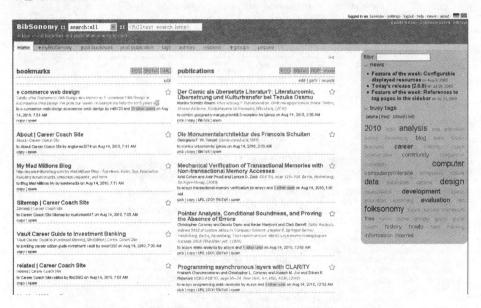

图 9–11　Bibsonomy 的资源呈现页面

（五）蒙大拿州立大学电子论文库 ETD

每年产生的大量的硕博士毕业论文是高校一个十分宝贵的资料库，但是这些资料传统上采用印本收藏，或采用扫描转换成电子文本的方式建库管理。由于这些做法费时费力，使用效果也不好，因此学位论文的收缴、上载、管理对于图书馆来说一度成为一项非常艰巨的任务。而美国 NDLTD 项目（Networked Digital Library of Thesis and Dissertations，又名 ETD 电子学位论文项目)①的实施使这个问题得到了一定程度的解决。目前,全世界有几乎包括所有知名大学在内的 110 所大学参加了该项目,并共同支持一套元数据格式和数据库结构。我国 CALIS 学位论文项目的架构和模式也从中获得很多借鉴。

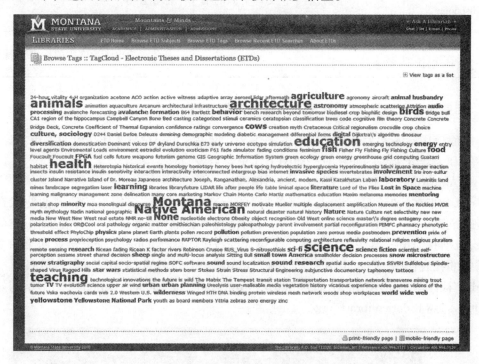

图 9 - 12　蒙大拿州立大学电子论文库的标签入口

蒙大拿州立大学图书馆的 ETD 系统(http://etd. lib. montana. edu/etd/view/tagcloud. php)融合了多种 Web2.0 要素,不仅让学生自行上载论文、添加元数据,而且还应用了标签、采用标签云图展示大众分类法;不仅使学位论文能够得到方便、及时的处理,大量减少了图书馆员的工作量,而且还大大拓展了学位论文资源的使用,下载量逐年高速增长,成为该馆资源服务的一个显著亮点。

表 9 - 2 为以上图书馆 2.0 网站的比较:

表 9 - 2　图书馆 2.0 网站的比较

网站名	简要说明	标签用法
PennTags	宾夕法尼亚大学图书馆开发的资源标注平台	对任何资源,包括图书馆馆藏和网络资源,均可标注标签
密歇根大学图书馆网站	网页标签	对于图书馆网页加注标签,起到聚类内容的作用,云图展示
LibraryThing	独立的图书社区服务	对图书加注标签,形成大众分类法,在此基础上提供社会化服务

---

① 　http://www. ndltd. org/

续表

网站名	简要说明	标签用法
Bibsonomy	关于出版物、数字论文等资源的书签网站	标签云图作为重要的入口和组织书目的方法
蒙大拿州大学电子论文库 ETD	蒙大拿州立大学电子全文库的标签服务	开放存取电子论文库的标签云图入口

二、标签和大众分类法在 OPAC2.0 中的应用案例

与前面使用标签和大众分类法的图书馆 2.0 网站不同,OPAC2.0 是由图书馆主导的,因此其标签和大众分类法的使用对一般图书馆更具启发意义。

（一）Ann Arbor 和 Darien Library 图书馆网站

Web2.0 带来的"读写"和"人人可参与"的全新特性,使许多图书馆领域的技术奇客忍不住跃跃欲试。John Blyberg 就是其中的实力派代表,他曾任 Ann Arbor 社区图书馆的技术负责人,目前在 Darien 县图书馆带领一个更大的技术团队。John Blyberg 给这两个图书馆都部署了他的代表作——Social OPAC（简称 SOPAC,一个知名的 OPAC2.0 开源软件）。其中,Ann Arbor 社区图书馆网站的网址为 http://www.aadl.org/catalog,Darien 县图书馆网站的网址为 http://www.darienlibrary.org/catalog。

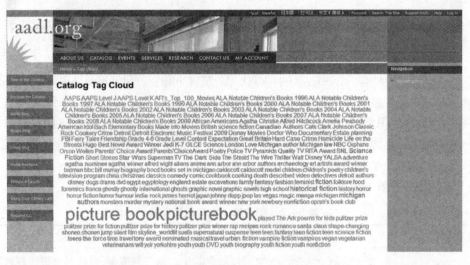

图 9-13 AADL 社区图书馆网站标签云图入口

SOPAC 利用的是著名开源内容管理软件 Drupal 的思想和模块,是以 PHP 开发的外挂式应用。由于 SOPAC 是一种开源软件,对于许多图书馆颇具吸引力。其中的标签功能虽然只是 2.0 功能的一部分,但却为系统带来非常鲜明的 2.0 特征。即 OPAC2.0 虽然只局限于对 OPAC 所展现的资源（通常只是书目）添加 2.0 特性和功能,但非常直接、易于实现,在原有 ILS 系统不做很大改变的情况下,即可实现崭新的界面和交互功能。

图 9 – 14　Darien 县图书馆网站标签云图(右侧)

(二)海里法克斯公共图书馆 OPAC 网站

海里法克斯公共图书馆(http://discover. halifaxpubliclibraries. ca)采用了 Aquabrowser 的 OPAC2. 0 系统作为其新一代内容管理和发布方案。该系统的最大特点是能多方面、多角度地展示检索结果集合中的相关分面信息,例如检索 Stories 页面右栏会出现下列分面信息:载体类型(该系统所称的 Format,如专著、小说、非小说、DVD 等)、责任者(Author/Perfomer)、主题(Topics)、相关人物(Person)、地点(Place)、时间区间(Time Period)、体裁(Genre)、用户标签(User Tags)、丛书名(Series)、读者阅读要求(Reading Level)、目标读者(Target Audience)、语种(Language)、副题名(Subtitle)、发表日期范围(Date Range)等。

图 9 – 15　海里法克斯公共图书馆采用的 Aquabrowser 的标签显示界面

所有这些属性信息在系统内部由一个本体系统管理,标签词在其中展示的只是网络资源各类属性的一个面,但能根据标签词之间的关系进行动态可视化显示(见图 9-15 左栏)。这是该系统的另一个重要特点,也是其一个独特的卖点。但是这种显示方式像超链接一样,只能展示概念之间有联系,对具体是何种联系尚缺乏语义描述,而且展示方式单一,因此总体而言,实用性不大。另外,该系统也没有大众分类法的统一入口,只有当检索之后,对于检索命中的资源才有标签的可视化和分面显示。

(三)普利茅斯州立大学图书馆网站

普利茅斯州立大学图书馆(http://plymouth.worldcat.org/)也是图书馆 2.0 先驱者之一,很早采用了 Casey Bisson 根据 Wordpress 开发的 WPOPAC,后改名叫 Scriblio,这是一个类似于 SOPAC 的开源系统。由于原型是开源博客系统 Wordpress,它的每个查询返回结果类似于一个博客页面,每一条记录类似于一个博客帖子,因此它的每本书都能够加标签、写评论等,也就具有了 2.0 功能。但是现在该馆已经改用 WorldCat,而后者则具有很好的分面显示功能和一定的 2.0 交互特性,但在可用性和界面设计方面尚欠周到,造成使用的人和读者添加的标签都非常少,难以形成规模。

上述 WorldCat 系统的标签只有在查询命中时才显示该查询结果的命中资源云图(只向注册用户开放)。当然,通过 WorldCat 的标签快速入口 < http://www.worldcat.org/tags/YOUR WORD HERE >也能直接看到相关标签构成的云图,如图 9-16 所示:

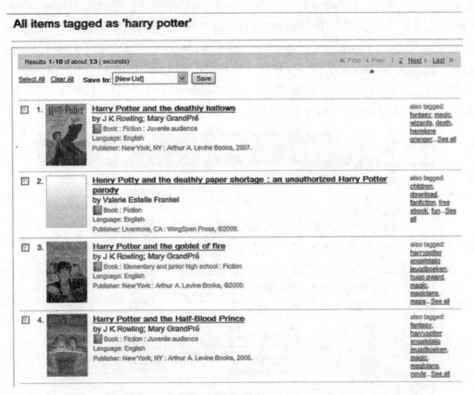

图 9-16　WorldCat 标签检索显示界面

作为图书馆资源组织和服务的新尝试,标签和大众分类法未来必将成为图书馆自动化系统功能的组成部分。表 9-3 为以上 OPAC2.0 网站的比较:

表9－3　OPAC2.0网站的比较

网站名	简要说明	标签用法
Ann Arbor（SOPAC）	OPAC2.0的典型应用	每条书目记录都可以进行标签标注,用于检索和发现
Darien Library（SOPAC）	同上	同上
海里法克斯公共图书馆OPAC网站	采用了 Aquabrowser 的 OPAC2.0 系统	标签是其中的功能之一,可进行可视化显示
普利茅斯州立大学图书馆网站	OPAC2.0 系统	以前用 Scriblio,现在改用 WorldCat,可标注标签,但数量稀少

三、图书馆应用标签和大众分类法的问题讨论

自互联网诞生以来,图书馆一步步走下神坛,逐渐丧失了社会知识交流中枢的地位。然而互联网并不是图书馆的天敌,掌握利用得好,完全可以成为图书馆加强自身服务的利器。其实,标签和大众分类法是 Web2.0 中最具图书馆特征的概念,甚至可以说它们与图书馆有着天然的联系,其实质就是让网民充当图书馆编目员的角色来对资源进行描述和揭示。虽然就知识组织而言,网民可能做得不是十分专业,但他们一方面最了解自己的资源,是自己所创造或所感兴趣的那部分知识或信息的真正专家,另一方面他们又最了解自己的需求。因此可以相信,他们的"标引工作"尽管可能不是最准确的,但从某种程度上来说往往是最"恰当"的。从图书馆的角度看,标签其实就是元数据,大众分类法其实就是草根分类法。因此,图书馆人一方面急需转变观念,抛弃"只有专家标引才最准确"的传统思维,另一方面需要在检索理论方面进行创新,发掘"最恰当"的编目价值,让群体的智慧为大众所用。

图书馆2.0 有一个基本的理念,就是使图书馆的服务无所不在。理想的标签应用和大众分类法,不论是否应用于图书馆的资源,都应该能与图书馆系统融合,为图书馆资源和服务提供新的手段和方法,同时贡献用户在知识组织方面的专业技能。标签系统除了给图书馆带来知识揭示、组织(聚类排序)和分享等好处外,还能使图书馆具备以下 2.0 的特殊功能:

(1)利用标签统计结果,开展各类"我的图书馆"个性化服务,例如资源推荐、群组(朋友)聚类等;

(2)通过共同的资源和共同的标签,发现潜在的好友,进而分享其评论、标注、资源选单等;

(3)发布热门标签、最新标签,提供标签的 RSS 订阅;

(4)公示标签达人排行榜,活跃读者俱乐部活动,如举办书评、进行资源或服务点评、与图书馆互动、宣传图书馆;

(5)在用户给图书馆资源标注标签的同时,鼓励他们开展书目记录纠错、评论以及信息添加(如在 OPAC 上添加图书的目录、封面等信息)。

总之,标签的使用是将图书馆资源的一部分组织权交留给读者,其意义已经突破了对资源的揭示和组织。应该说,现有的系统和揭示方式无法满足读者这样的要求,即"我需要知道图书馆馆藏中所有我感兴趣的书",而标签方式则可让读者分担这部分责任,并且可以提

交每个读者自己的"虚拟书架"。支持前述实例中 OPAC2.0 的解决方案大致有以下 4 种：

(1)John Blyberg 等人开发的基于 PHP 开发的开源软件 SOPAC(Social OPAC)系统。目前该系统已发展到 2.0 版,上文介绍的 Ann Arbor 社区图书馆和 Darien 县图书馆采用此系统。

(2)Casey Bisson 开发的基于著名开源博客软件改编的 Scriblio(以前称 WPOPAC)软件。该软件普利茅斯州立大学图书馆曾经使用过,北京大学图书馆也曾试用过。

(3)OCLC、LT、Bibsonomy 这类在线书目数据服务商提供的解决方案。在线书目数据服务商提供的解决方案,其服务方式、商务模式各异,但随着图书馆行业各类服务外包的发展,这种形式可能会越来越多而成为一种趋势。

(4)Aquabrowser 以及大量的 ILS 供应商提供的商用软件。为图书馆提供 IT 解决方案的公司也在逐步 2.0 化,其中有一些系统不仅拥有大量的图书馆客户,而且在技术上进步明显,这对 IT 人员稀缺、习惯于购买解决方案的图书馆来说颇具吸引力。

上述解决方案虽然距离图书馆资源一体化组织和整合查询的终极目标还有不小的距离,但是我们看到许多应用已经在朝这个方向努力,它们的 OPAC 系统已扩展为图书馆所有资源的一个整合查询界面,能够加注标签的资源也已包括了图书、期刊、机构库、全文资源、网络资源甚至图书馆的各类网页。

从运行模式上来看,标签和大众分类法的应用主要有本地系统和第三方工具(包括 OCLC WorldCat 这种云计算方式)两种方式。其中,本地系统内嵌标签功能的好处是：①逐渐形成本馆完全可控的大众分类法;②可对读者行为进行研究分析,以用于进一步优化系统及提供个性化服务;③可结合图书馆已有的资源管理规范(例如大量使用的 KOS)来发挥规范控制的作用,同时避免传统知识组织刚性的类目设置以及难以适应变化的缺点;④使图书馆的系统顺应潮流,吸引读者。

但是本地系统内嵌标签功能也存在以下不足：①目前的 Lib2.0 还不成熟,而且功能繁多,标签只能算是其中一种,其功能往往挖掘得不深,作用不能完全体现;②给图书馆带来维护负担,若想改进,工作量巨大;③对图书馆已有的知识组织、技术服务工作带来冲击,如何协调,尚无良策;④标签效果的好坏受制于读者,若读者不愿意做标注,则达不到规模,系统功能的发挥则会受影响。

而采用第三方标签工具的好处是：①托管系统,开发、维护不用操心;②大多为开源系统,成本低廉且使用简单;③读者可以在更大的范围内进行"社会性标注"(social tagging);④更有可能跟其他开放标签系统进行互操作。

采用第三方标签工具需要克服的不利之处是：①资源不仅包括网络可访问资源,而且还包括大量深网(如数据库)中的资源,因此对用户的权限管理和系统的安全性是一个挑战(目前资源采用支持 OpenURL 的协议机制是一个解决办法);②标签系统的互操作性带来的开放性和共享性问题,要求用户将自己的个人知识管理统一起来,及网络书签等标签系统能够跨网络、跨系统进行整合,就像目前 Zotero、Connotea、EndNote、CiteULike 做的那样;③图书馆无法捕捉用户行为或利用读者的贡献改进、丰富或优化自身的资源,并提供个性化服务;④无法与本馆已有的 KOS 进行结合。

当前,图书馆自身的 IT 应用正处于激烈变化时期,刚经历了 C/S 结构向互联网应用全面过渡的阶段,立足未稳,又开始了轰轰烈烈的向以 Web2.0 技术与理念为特征的 Lib2.0 全面升级的阶段。随着越来越多的 ILS 支持 Lib2.0,以及大量的图书馆网站采用 Drupal 之类 Web2.0 开源工具进行搭建,标签功能和大众分类法的使用将会越来越普遍。传统的以资源为核心的解决方案,正转向传统服务与网络服务并重、整合各类资源的"复合型图书馆"的解决方案,标签和大众分类法的对象也不再单纯是图书、期刊等图书馆传统资源,而扩大为包括数字馆藏在内的任何馆藏,甚至图书馆网站的每个 Web 页面以及网上可获取的任何资源。因此,目前图书馆 OPAC 系统向 2.0 的过渡中,提供标签和大众分类法功能看来还只是第一步,随着新一代数字图书馆解决方案的逐步完善、定型和标准化,标签和大众分类法功能也将成为一种必备的功能而得到普遍的支持。

第四节　大众分类法规范的理论与方法

大众分类法为读者参与知识组织提供了平台,从而为加快解决知识整序的速度提供了可能。接下去摆在图书馆学家面前的一个迫切课题是:如何将大众分类法与科学分类及本体方法相结合,汇聚两者的优势,为网络资源的组织提供又快又好的解决方案。虽然目前远未到揭晓答案的时候,但已有大量的研究和实践让人看到了希望。

一、大众分类法的优势和不足

传统的知识加工和组织通常在两个阶段进行:①知识生产时由作者提供必要的描述和揭示信息;②知识载体发布(发行)后由图书馆员进行整理和组织。其中,后者还可能是主要形式。但当数字信息爆炸式增长,通过这两个阶段对知识进行组织加工已无法跟上知识生产的速度。在这种情况下,大众分类法提供了一种可能的方式,即在信息的使用过程中由用户进行加工——谁用谁加工。这就如同雇佣了所有的用户来进行编目一样,大众分类法不仅由于"长尾效应"使许多小众的内容也能找到用户,而且还可以被看成是对于知识生产的一种自然选择和淘汰过程。这个过程当然也完全取决于平台系统的好坏,而标签应用系统则在其中扮演了关键的"看门人"角色,即可能帮助和激励用户对信息进行大规模的有效组织。标签对于知识组织具有深远影响,采用它的好处也是显而易见的:

(1)经济性:大规模、低成本地标注和组织信息;

(2)社会性:连接用户、资源,经过优化后更能提供丰富的语义链接,消除信息孤岛;

(3)大众化:尊重用户的用词习惯,用户才是其知识领域的专家;

(4)高关联度:用户所标注的资源要么是自己生产的,要么是在构建自己的资料库,动机非常明确;

(5)动态性(灵活性):作为 Web2.0 的一类应用,由标签构成的大众分类法总是一个不断增长的有机体;

(6)启发性:标签对于其他用户来说,不论是用于标注还是用于检索,总具有很强的启发作用(这也是群体智慧所带来的)。

标签的上述优点也带来大众分类法的以下特点:

(1)随意性:由于标签是个人自发定义的自由标注,大众分类法也就具有了随意性特点,即无规范控制、无固定词表、无明确词间关系等特点;

（2）合作性：与标签的社会性所对应，大众分类法也是公开共享的，可以被所有人看到，是所有用户合作建立的自底向上生成的分类体系；

（3）平面性：大众分类法的结构单元标签是一种平面结构，即没有任何关联标注和词表结构（这种特性同时也带来很多问题，下文将详细论述）；

（4）不平衡性：大众分类法是随用户使用而逐步建立的一个动态过程，其所收录的资源内容和标签分布反映了真实的信息生态，没有任何机制能够保证它在学科角度或其他任何角度上的完整性、平衡性；

（5）关联性：大众分类法由所有用户共同定义，包含词频及用户、资源和标签三类要素之间的丰富关系和语义联系信息；

（6）分布性和开放性：大众分类法的资源和用户都负载于开放的互联网环境中，呈现出一种自然的分布状态，其规律目前还没有得到足够的揭示。

在具有上述特点的同时，大众分类法也有许多为人诟病的缺点：

（1）垃圾标签。据研究，Flickr 中有 40%、美味书签中有 28% 都是垃圾标签，主要有：①拼写错误；②大小写、简称滥用，单复数不规范等；③词形问题和组合词问题；④生造词（生造词在整个大众分类法中常常成为孤例，这样的标签数量过多，将会影响大众分类法的描述和揭示能力）；⑤个性化标签（无法让别人理解的字串）。

（2）语义模糊。标签中多词一义和一词多义问题严重（据研究，美味书签、Technorati 和 Furl 中的一词多义现象分别达到了 22%、20% 和 12%），①缺乏同义词控制，缺乏语种揭示，不同的标签具有相同的意思，同样的标签又具有不同的含义。

（3）粒度无法控制。标签是非常个性化的，同样的内容，不同的人看到不同的东西，概括能力、抽象程度也有很大的差异（不过这种多样性和丰富性也提供了多元描述的能力）。

（4）缺乏层次关系。作为分类法，大众分类法没有描述标签相互关系的机制，也无层次关系，因而这种方式比较适合进行检索查询而不适合浏览。

（5）对资源内容的标注并不一定反映内容创建者的观点，而反映的是系统使用者（用户）的观点。这是标签标注的一个特点，也是 Web2.0 带来的一种网络现象。

（6）很多标签应用系统缺乏用户的参与度，标签比例很小，难以形成有效的大众分类法，从而削弱了利用大众分类法的好处。

（7）标签滥用问题。虽然原则上应该尽可能鼓励用户标注标签和使用标签，但基于保护用户的考虑，在保护标签自由的同时也须采取一定方法（如举报机制、过滤屏蔽等）来防止涉嫌辱骂、散布仇恨等的不良标签的使用和传播，并对具有不良行为的用户采取警告、加入黑名单乃至屏蔽等惩戒措施（但标准一定要明确公开）。标签的滥用通常有以下情况：①为搜索引擎优化（Search Engine Optimistic）而进行的标签滥用（标注大量的为提高排名权重的无关标签）；②脏话、粗话或黄色语言标签；③恶意标签。

目前，大众分类法的发展正处于十字路口。随着 Web2.0 的热潮将尽，大众分类法之类的 2.0 应用也走过了上升期，虽然获得了广泛认可和采用，甚至被作为 Web2.0 的基本特征和要素，但根据新技术生命周期（Hype Cycle）理论，接下来是一个缺点与不足逐渐暴露、与人们的期望渐行渐远的下降期，如果它不能在迅速扩大应用的同时克服其不足、尽可能多地

---

① http://www.webology.ir/2007/v4n2/a41.html

探索各种可能性，它也极有可能被渐渐淡出人们的视野，或被不断崛起的新技术和新方法所取代。

二、大众分类法规范的理论研究

如果不考虑现代检索系统在检索范围和时间等测度方面的因素，检索的准确性建立在对资源的提问和描述都能准确表达检索者需求的基础上。现有的技术都是想通过对标引和检索过程的控制，特别是通过对资源的描述和提问的约束，在毫不改变原意的情况下准确匹配，交流知识。然而由于语言的复杂性和表述的多义性，对资源和提问的描述处理过程很难控制，因此产生了种种方法。

"概念化"方法历来备受图书情报界所推崇，但自计算机领域基于自由文本的全文检索大行其道以来，它也一度走向衰落。因为现在人们需要检索技术解决的问题，已经不是存在于任何有边界、有限度的封闭系统中的问题，而是巨大的且永远处在无限膨胀中的开放系统的问题。但随着互联网信息发展到今天这个规模，人们面对海潮般的信息已无所适从，于是又重新回过来寻求这种"概念化"方法，即从日常语言中抽象出一个概念层，由语词或符号来表达，并赋予它唯一的、准确的含义。语词和符号表达的概念对于计算机来说就是形式化的概念，因此尽可能消除不规范是提高检准率的唯一途径。

"概念化"的最大障碍一个是模型问题，一个是效率问题。其中，模型是解决逻辑上的能不能计算的问题（可计算性），而效率则是解决如何计算的问题。传统的知识组织方法，包括规范词表、体系分类法等解决不了情报检索效率问题，纯粹依靠概率统计或向量模型建立的自然语言处理技术也解决不了情报检索的模型问题，而这两者的融合则是目前探索得如火如荼的热点领域。由自由标签系统而形成的大众分类法就是其中具有代表性的重要课题。目前该领域的研究虽然还刚起步，但已呈现出全面推进之势，一些方向性、趋势性的方法已露端倪。

对于大众分类法的模型，目前盛行两类研究：本体模型和复杂性网络模型。大众网络的本体模型由本体研究的知名学者 Tom Gruber 最先在 http://tomgruber.org/writing/ontology-of-folksonomy.htm 提出。[①] 该模型最先把大众分类法及其相关行为（如标注、否定式标注等）作为"用户—标签—资源对象"三元组本体及其变体进行研究，引入了离散数学和一阶谓词逻辑。后来很多人在研究中都采用了这种模型，并进行了一定的修正或扩展。

复杂性网络模型是另一种可计算性问题的解决方案。原则上讲，对于任何包含大量组成单元的复杂系统，当把构成单元抽象成节点、单元之间的相互关系抽象为边时，都可以将其当作复杂网络来研究。复杂网络突出强调了系统结构的拓扑特征，通过对网络结构特征的分析和网络模型的构建，理解网络结构与网络行为之间的关系，进而调整和改善网络行为。

也有为数不少的研究将这两种模型糅合在一起。在社会化标签系统结构图中，用户通过标签对资源进行标注的行为，使标签、资源和用户这三类基本要素之间产生一定的联系，在拓扑上形成网络结构。根据分析角度的不同，大众分类法可以形成不同结构的网络图，如

---

① Tom Gruber. Ontology of folksonomy: A mash-up of apples and oranges. Int'l Journal on Semantic Web & Information Systems, 2007,3(2)

用户之间可以通过对标签的选用或资源选择形成用户—用户网络,标签之间可以通过对资源的标注形成标签—标签网络等。对这些网络性质的研究,将有助于对大众分类法性质的深入分析,深层次地挖掘用户、标签和资源间的关系。

因此,由标签到资源(和用户)所构成的网络可以被看成是复杂性网络,具有复杂性网络的许多特点,所以也符合复杂性网络的一般规律,如小世界现象、模块性、非标度特征(幂律分布)等。通过对标签的连接度、路径长度以及同现规律等测度进行统计的量化研究,有助于发现大众分类法的内在结构、发展态势和演化规律,掌握用户的标注行为模式,为将来自动或半自动地对标签进行基于语义的提取,尝试与体系分类法和本体结合等,打下了良好基础。

至于标签的概念化,目前还只是一种探索。依据理想方式,叙词表或规范的本体在编制过程中需要经过提取素材的过程,再进行概念化,加上关系,揭示丰富的语义联系并进行形式化等。大众分类可以被看作是上述过程的早期阶段,即提取素材的阶段,只不过这个阶段始终处于一个动态变化的过程中,运行中的标签系统能够对大众分类法的规范化过程提供支持,使其在联机、在线的状态下自动演化,而不像本体构建常常在一种脱机的状态下,由领域专家和信息技术人员完成,缺乏用户的参与。

大众分类法可能永远成为不了基于概念的本体,因为概念严格规范化后的本体其实已经不再是大众分类法了,而是变成了规范的本体。因此对于大众分类法的规范化可能永远处于这样的悖论之中:大众分类法应该能够规范,但永远不能过度。或许因为大众分类法太简单,目前业界还没有对于大众分类法提出任何标准规范和功能需求。

标签的未来应该是与语义技术的结合。传统分类法认为资源及其标签都是客观的,用户个体之间没有区别,标签是资源的属性描述。但是标签常常只是属性值,标签描述的是资源哪方面的属性需要人工进行判别,在转换成 RDF 时如果简单地作为"关键词"标注,必然损失许多语义,因此可提取进一步的语义信息进行必要的规范(例如时间、地点、人物等),或通过人工少量地参与而进行规范。

控制词表的方式虽然对规范用词直接有效,然而从思想方法和体系架构上来说,与大众分类还是矛盾的。它虽然能够在一定程度上利用计算机快速的计算能力和互联网广泛的覆盖面,但毕竟是被动的、滞后的,而且从根本上来说需要依赖人工。正由于这些根本的缺陷,控制词表不太可能成为主流。而对标签标注采用语义网的架构,自动地提供方便的标签本体进行标注,看来是一个使标签规范化、语义化可行的方向。由于大众分类法的易用性和普及率,标签应该作为语义网协议的一个部分被考虑进去,从而能够随着语义万维网技术的应用而得到不断的改进和发展,为 Web3.0 贡献更多的大众智慧。

三、大众分类法规范的方式方法

标签质量是影响大众分类法应用的最大问题。自大众分类法诞生以来,人们一直进行着规范化探索,希望在不改变其社会性(即人人可参与)特点的基础上,通过一定程度的规范化和概念化,结合本体等知识组织体系的优势,更好地发挥其作用。

标签不规范的原因是多方面的,但最根本的原因是其"大众性""草根性"而导致的,也可以说是其最大的优点所带来的。由于标签完全由用户自行创建,这种自由导致了标签的表示法不规范,例如拼写错误、单复数形式混用等。另外,由于目前大多数应用系统只支持单个词,用户为了更清楚地表达自己的意思,往往会使用一些符号来形成复合词,例如目前 del. icio. us 的一些用户在用 Programming/C＋＋、Programming/Java 和 Programming/XHTML 等标签来表示编程语言。

因此在对标签进行概念化之前,对上述现象进行一定的规范处理是许多标签系统惯用的做法,而采用标签词的推荐则能显著地提高标签的质量。即通过标签词的推荐,不仅简化了标签标注(只需选择而无需输入),也有助于标签用词的一致性和规范性,同时也不妨碍个性化标签的标注。当然,标签词的推荐也不能过度,否则将会阻碍人们的想象力,并影响资源标引的差异化和检索效果。

(一)标签和大众分类法进行规范处理的一般性方法

经过初步规范化后,接下来的步骤都与标签的语义规范有关,但并非都需采用语义技术(即不需要进行 RDF 转换等语义化过程)。

1. 同义词处理

通过使用同义词环方法——当用户在添加了标签和数据 URL 之后,系统管理员可根据统计得来的趋势曲线对这些数据进行分析,挑选出相关的同义词构成同义词环,以帮助提高准确性。同时同义词环的方法也可以用于处理同一个词的单复数形式、同一个词的不同语言表示。同义词环不强行要求环中的某一个词被当作"正式词",而是每一个词都可作为"正式词";同义词环可以随着检索环境和网站内容的变化而一组一组地逐步建立。

2. 标签层次化

现在的平面结构标签不能很好地反映它们之间的层次关系。但若与叙词表结合使用,利用已有叙词表中的层级关系,将有可能实现从平面的标签到网状的概念地图(Concept Maps)的转变。在层次化的基础上还可以对标签进行分类,这类似于美味书签对标签进行捆绑的做法,既提供了标签的层次,又可以被看作是标签的分类,而且这种分层是交由用户自己来实现的,不失为一种利用大众智慧进行标签规范的好方法。

3. 与本体结合起来进行规范控制

与本体结合起来进行规范控制既可以从平面化、自由化的大众分类法中发现语词或概念之间的关系,也可以以规范的 KOS(本体)来改造大众分类法,构建规范的、形式化的概念体系。这两种方法的不同程度的融合,构成了大众分类法与 KOS 探索的各种路径。大众分类法与其他 KOS 或本体的结合,主要有如下方式:①规范 KOS 可提供规范标签选单,标注和查询时都可以参考;②可在系统背后起到规范作用,例如同义词、近义词、上下位词推荐等;③可以通过改善搜索引擎的查询效果,起到个性化和规范控制的作用;④可以做到保持大众分类法在一定时期内的一致性。

具体方法包括:①提供规范词(概念)选单;②提供单词纠错功能;③提供单复数、词组、大小写和其他词形变体推荐意见;④建立常用标签类型到分类表的映射对照;⑤提供下位词以便限定,或提供上位词以便扩展;⑥提供不同语种的翻译词典(Flickr 是这方面的先驱者)。

有人将上述标签的规范化过程使用园艺术语进行类比,既通俗易懂又很有道理。转述如下:[1]

---

[1]　参见 2009 年 2 月 Isabella Peters 和 Wolfgang Stock 在新加坡所作的一个关于大众分类的 Workshop 文档(http://www. slideshare. net/Isabellapeters/folksonomies-in-general-and-in-libraries-3005675)。

（1）除草（Weeding）：清除"坏标签"，包括拼写错误、拼写异型字、单复数、多词合并不规范以及垃圾标签等。可以通过编制一定的标引规范，以及通过自然语言处理进行（这有助于提高查全率）。

（2）播种（Seeding）：区分很少使用的词和不具有区分资源作用的高频词。可以通过标签倒排，以及推荐标签方式改进（这有助于提高查准率）。

（3）园区布局（Landscape Architecture）：将标签分类，区别近义词，建立属种关系，根据不同的应用情况附加信息等。通过区分标签语种，析出同义词、一词多义等情况，根据 KOS 建立简单的语义关系（这有助于提高查准率，以及大众分类法的表达能力，如根据语义关系进行扩检，导航浏览或其他可视化展示等）。

（4）施肥（Fertilizing）：在标引和检索时将大众分类法与 KOS 结合。通过应用带语义的标签（后台经过加工的）或基于字段约束的标签词达到（这具有多方面的作用：提高查全率查准率、提高大众分类法的表达能力、便于扩检和揭示语义关系、增强标引功能、提供大众分类法的导航以及各类语义可视化等）。

（5）收获（Emergent Semantics）：大众分类法并没有明确的结构和可见的语义关系模式，共现的标签可以作为一种语法联系记录下来，在控制词表中加以利用。例如隐含的地理关系、近义词等。通过群体智慧和合作标签，共同发现问题，形成模式和最佳实践，增加概念新的表达形式或概念间的关系，补充完善已有的 KOS，使标签云图变成结合 KOS 功能的标签簇（tag cluster）。而标签簇则具有如下特点：①开发出一定的相似性算法或聚类算法；②标注标签之间的简单关系；③标签存在于相互联系的标签网络之中；④标签表达的粒度可调（根据相似性）。

（二）大众分类体系与 KOS 结合的四种应用模式

上面介绍了对标签和大众分类法进行规范处理的一般性方法，在应用中大众分类法可以与规范的体系分类法或其他类型的本体结合。以下是其 4 种应用模式：①

1. 两种方式并用，各司其职

例如 Ann Arbor 社区图书馆的 OPAC2.0 系统，其书目资源既有规范的体系分类法和 LCSH 主题词，又支持读者的自由标签。国会图书馆在 Flickr 上所寄存的老照片上也同时给出国会图书馆的分类号和标签支持。② 对于读者来说，两种方法都能组织馆藏、揭示内容。

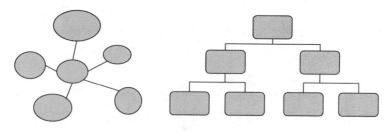

图 9-17　大众分类法与 KOS 方法并存

① 来自 Richard Beatch 和 Paul Wlodarczyk 的 Hybrid Approaches to Taxonomy & Folksonomy 演示稿。
② 参见：http://www.flickr.com/photos/library_of_congress/。

2. 标签作为分类法的补充

允许大众分类法中的标签经过筛选之后进入本体(体系分类法),以弥补规范本体中所缺乏的概念。具体做法是:在标引界面中允许自添类目/关键词,规范词与非规范词同时存在于一个系统中。

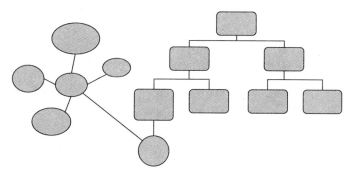

图9-18　大众分类法作为 KOS 的补充

3. 用概念词(分类号或叙词)作标签

与上面相反,用规范的概念作为标签,提供一定的规范性。

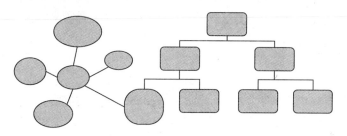

图9-19　大众分类法借用 KOS 中的概念

4. 为大众分类法添加层次,进行一定的规范

与上述标签层次化基本相同。

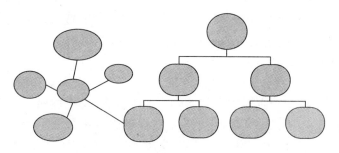

图9-20　大众分类法的 KOS 化

总之,判断标签和大众分类法应用成效的测度研究必须深入进行,在审视网络资源发生、发展和人们需求规律的同时,探讨如何从技术和应用模式上进一步优化大众分类法,是把大众分类法的潜能发挥到极致的有效途径。

第十章　资源组织工具互操作

在分布、异构的网络环境下,互操作问题已引起图书情报界、计算机界、信息界等的重视,成为当前数字图书馆或机构库建设以及资源整合中的热点问题。本章在资源组织工具互操作概述的基础上,重点探讨元数据标准和知识组织系统层面上的互操作问题。

第一节　资源组织工具互操作概述

通过前面第二至第九章的论述可以看出,在开放的、分布式资源环境中已有多种元数据标准和知识组织系统并存。多元化的元数据标准和知识组织系统虽然满足了不同资源、不同领域、不同系统及其应用等的信息组织和知识组织,但却为分布式信息环境下的资源集成服务带来诸多问题与挑战,这些均需通过资源组织工具的互操作来解决。

一、互操作的概念与层面

(一)互操作的概念

早在数字图书馆概念出现之前,互操作(interoperability)的问题就已存在。但随着"网络就是计算机"这一概念逐步成为现实,互操作现已成为信息技术产品的一个重要指标,也成为计算机界、图书馆界以及信息界等学者所关注的热点问题之一。对于互操作,目前有很多种定义,下面仅对几种权威性的定义加以介绍:

20 世纪 80 年代,互操作定义为:源于不同厂商的不同机型的计算机之间及软件和硬件相互间进行有意义交流的能力。这一定义至今仍被 W3C 所制定的术语标准所引用。

20 世纪 90 年代,互操作定义为:计算机系统与系统之间,或系统的某一部分与另一部分之间交换信息和使用这些交换信息的能力。这一定义至今仍被 IEEE(美国电子和电气工程师协会)颁布的标准引用。

2005 年 11 月新颁布的《DCMI 词汇表》给互操作所下的定义是:互操作是一种使不同类型的计算机、网络操作系统和应用程序能够协同工作的能力,这种能力使得信息交换双方不需要进行前期沟通就可以将信息以有用的和有意义的方式进行交换。[①]

我国新修订的 GB/T 4894—2009《信息与文献　术语》新增了"互操作"这一术语,并将其定义为:在用户不完全了解各功能单元特征的情况下,能在这些功能单元之间进行通信、执行程序或传送数据的能力。

就其本质而言,互操作是在异质实体(包括异种体系结构、异种操作系统、异种网络和异种语言等)中可获得资源的透明调用的能力。所以有学者认为,互操作是指不同系统平台或

---

① 　DCMI Glossary. http://dublincore. org/documents/2005/11/07/usageguide/glossary. shtml

编程语言之间交换和共享数据的能力,主要解决信息系统之间的"异构"问题。持这种观点的还有 Arlene G. Taylor 等人,他认为:互操作是指不同系统之间不管各系统使用什么硬件或软件都可实现互联,以及可以最大程度地减少因技术差异而造成的信息损失。①

还有学者给出了互操作的功能定义:对于 X 和 Y 两个构件或对象,如果 X 能够向 Y 发送请求服务或消息 R(R 应该被 X 和 Y 相互理解),并且 Y 能够向 X 返回响应 S(S 应该被 X 和 Y 相互理解),则可以称 X 和 Y 是可互操作的(见图 10－1)。② 而英国图书馆和信息网络办公室(UKOLN)的相关负责人 Paul Miller 则对互操作的理解并不局限于技术范畴。他认为,互操作是活跃参与并保证一个组织机构的系统、运行和文化能实现最大程度地交换、重新使用内部和外部信息来进行管理的活动。③

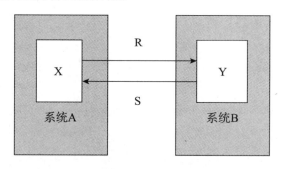

图 10－1 系统 A 与系统 B 的互操作

从上可以看出,随着技术的发展,互操作概念的外延也在不断拓展,但其核心内涵并未改变,即计算机之间、系统之间和网络之间进行无缝交流数据/信息的能力。具体来说,互操作首先是分布、异构的系统间的数据互相调用的一种能力,而对于用户则没有什么特殊的要求。这种能力旨在解决信息系统和平台之间的异构问题,包括多个不同的计算机软件、硬件系统,以及界面、数据结构、不同语言的异构等,而且在网络环境下,不同的技术架构、数据库形式、媒体以及不断产生的多语种数字内容也使异构形式变得越加复杂和多样。

(二)互操作的层面

从上面对互操作的各种定义中,我们已看出互操作是分层面的。如互联网最初的设计是为了解决机器之间的互联互通,因而只需在网络和硬件层面上达到互操作就行了。但随着各类标准规范的建立,网络操作系统、分布式数据库等数据层面的互操作也就逐步显现出来。再如根据状态,互操作可分静态互操作和动态互操作,即互操作不仅要满足系统或平台间的静态交流和调用,而且要满足用户不断增长的动态需求。

Paul Miller 按照应用领域将互操作分为技术互操作、语义互操作、政治/人为因素互操作、内部社区互操作、法制互操作和国际互操作 6 个层面。而 DCMI 互操作的 6 个层面则包括:④

第 0 层:没有(不考虑)互操作。此时系统是封闭的,如 C/S 系统。

① Taylor A G, Joudrey D N. The organization of information. 3rd ed. Libraries Unlimited, 2009
② 张付志. 异构分布式环境下的数字图书馆互操作技术. 电子工业出版社, 2007
③ 储何婷, 张茵主编. 图书馆信息学. 人民大学出版社, 2007
④ Conceptual interoperability. http://en. wikipedia. org/wiki/Levels_of_conceptual_interoperability

第1层:技术互操作,可利用至少一种协议,能够在一个平台上使其他系统获得比特或字节信息。

第2层:句法互操作,支持进行一定格式的数据交换。

第3层:语义互操作,在数据交换的基础上,依靠共有互通的解释机制,达到语义的交换和共享。语义万维网就提供了一套协议机制,支持整个万维网范围内的语义交换与共享。

第4层:语用互操作,支持协同语境。在语义理解的基础上,共同实现一定的功能。

第5层:动态互操作,系统的变化和迁移被记录和控制,变化不影响数据的交换和功能的实现。

第6层:概念互操作,具有一定智能的系统,不同系统间的互操作能够自动地实现。

由此可见,随着互操作层面的增加,互操作的能力逐步增强,系统所能实现的功能和服务也越多。

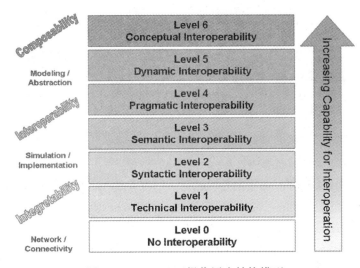

图 10 - 2　DCMI 互操作层次结构模型

本章依据资源组织的不同层面,相应地也将资源组织工具的互操作分为元数据标准层面的互操作和知识组织系统层面的互操作,并适当考虑以上互操作划分的层面。但在具体论述资源组织工具的互操作之前,还需论述与资源组织工具互操作密切相关的资源组织工具注册系统的问题。

二、资源组织工具注册系统

资源组织工具的互操作问题实际上是一个有多个部分组成的有机系统,上文提到的元数据标准互操作和知识组织系统互操作还需它们的注册系统等加以支持和配合。换言之,对资源组织工具进行注册,是资源组织工具互操作的一种有效管理途径,实际上是从"源头"上解决互操作问题。①

---

① 贾利民等著. 信息系统互操作理论、技术与交通应用. 科学出版社, 2010

（一）元数据注册系统

同各种用户注册系统、业务注册系统等一样的元数据注册系统，是随着元数据标准的产生和发展而被提出来的，并与元数据标准的互操作息息相关。

1. 元数据注册系统概述

元数据注册系统（Metadata Registry System）又称元数据登记系统，是对元数据的定义信息及其编码、转换、应用等规范进行发布、登记、管理和检索的系统，支持开放环境中元数据规范的发现、识别、调用以及在此基础上的元数据转换、挖掘和复用。即元数据注册系统是从组织角度来管理元数据，提供关于某一计划或组织中所有数据元素的描述，通过使用 ISO/IEC 11179—3 规定的标准结构，提供关于元数据方案、元素、规范、定义和关系的信息，可以用来交换信息和澄清含义及用法，以帮助提高多种元数据方案之间的互操作性能。[1] 元数据注册系统具有多重意义，主要表现在：[2]

（1）元数据管理。建立一个系统的、可靠的、可持续的和公共的元数据规范及应用信息的登记管理机制。

（2）元数据互操作。为众多分布、异构、自主、变化的信息系统提供一种方便地公开发布自己元数据格式及与其他元数据格式的映射表和转换模板，能支持第三方系统动态调用这些映射表和转换模板，或支持第三方系统开发相应的转换模板，并提供与这些映射表和转换模板的链接。

（3）元数据发现。提供开放的查询、发现、链接元数据规范及其应用规则的公共机制。

（4）元数据挖掘。元数据挖掘就是以元数据为工具，从资源内容中挖掘出用户想要的信息，包括基于元数据复用的挖掘、基于 XML DTD 的挖掘、基于本体（Ontology）的挖掘和基于词语分析的挖掘。[3]

根据范围，元数据注册系统可分为单一命名域的注册系统、跨命名域的注册系统和分布式的注册系统。其中，单一命名域的注册系统管理一个命名域的元数据，例如 DCMI Registry、ROADS Registry 等。它能实现一般的元数据规范的管理功能，另还承担该命名域的元数据管理和应用推广的职责，即它不但提供元数据格式、元素和修饰属性的权威、系统的信息，还提供使用指南、应用进展、研究报告、发展动态、其他单位的应用协议、翻译格式和转换模板等，形成该命名域元数据研究、应用和发展的聚焦点。

跨命名域的注册系统管理多个命名域的元数据格式，例如 German Metadata Registry（GMR）、DESIRE Metadata Registry（DMR）、SCHEMAS Registry。其中，GMR 对包括教育、医学、物理和数学等领域的元数据格式进行登记和管理，而 DMR 则登记了 ACORE、BIBILINK、DC、IEEE LOM、IMS、NC-UK、ROADS、VCARD、VTC 等多个命名域的元素、内容编码体系、应用协议、转换模板等。跨命名域的注册系统按照统一的数据模式对不同命名域的元数据规范进行描述，尤其是对不同规范中可能的关联进行描述和管理，可以对同一逻辑对象或逻辑关系在不同元数据格式中的表达情况进行分析和比较，例如同一概念在不同格式中的表达形态、同一元素在不同格式中的语义差异以及不同格式中关于同一对象或关系的描述方法

---

① Taylor A G, Joudrey D N. The organization of information. 3rd ed. Libraries Unlimited, 2009

② 张晓林，梁娜. 元数据登记系统：基本概念和基本结构. 现代图书情报技术，2003（1）

③ 凌云. 元数据登记系统. 情报科学，2003（1）

等。跨命名域的注册系统通过各种命名域和语种的元数据格式定义、元素语义、应用规则等的规范描述来支持元数据的识别、复用、映射转换操作。

而分布式的注册系统则由多个注册系统所组成,各个系统可能针对专业(应用)领域建立(例如地理空间注册系统、教育注册系统、音频视频注册系统),或者按照元数据类型建立(例如资源集合注册系统、内容对象注册系统、管理规则注册系统等),还可以按照地域或机构等的划分来分工建立某个领域或某类元数据的注册系统。在这些注册系统中,可能有单一命名域的注册系统,也可能有跨命名域的注册系统;可能是统筹规划建立的,也可能是在信息系统建设的过程中自然累积的。但是无论上述哪种情况,注册系统都应作为服务模块在分布服务登记系统中进行登记,支持第三方系统对其开放查询和调用。

2. 元数据注册系统的基本功能

(1)登记操作。元数据注册系统不仅支持人工登记方式或自动登记方式,也可以同时支持这两种方式。其中,人工登记方式通过上载模板直接将各个规范文件上载,注册系统可以根据上载者所填写的信息对上载文件进行分类和组织,并可依据模板信息进行自动发布;而自动登记方式则是元数据维护机构直接利用注册系统的登记应用接口(API)上载要登记的有关定义信息。

(2)数据管理。当一个元数据标准被注册时会产生以下两类信息,即关于被登记规范的描述信息(关于规范的元数据)和规范文本本身。前者一般用数据库方式予以组织,而后者则通过结构化文本目录组织,两者之间通过元数据记录中的链接来连接。当然,注册系统也允许某个 Registration Authority(RA)只登记关于规范的元数据,建立与仍存放在注册系统的实际规范文本的链接,但并不实际上载规范文本。一个元数据格式的相关定义信息或应用信息可能被不同的系统在不同的时间登记到注册系统(例如不同系统的关于同一格式的多个应用规范、关于某个元素的多种内容编码标准等),因此注册系统要能保证相关的规范文件被相关地链接。这意味着在上载登记时要按照注册系统数据模型来描述上载规范文件的类别、对象、关系等,同时注册系统要确认新上载文件与已有定义文件的关系,并通过有效的内部组织结构来标识这些关系。

(3)检索与发布。元数据注册系统的发布往往通过一个 Web 服务器来实现,并且支持多种检索,尤其应该支持基于关联关系的检索。另外,元数据注册系统也应支持浏览,即根据命名域和规范类型来浏览显示有关信息。检索和浏览可以是专门的系统机制,也可以采用公共的检索界面,例如用 WSDL(网络服务描述语言)描述的信息在公共服务登记系统登记,并支持智能代理对其发现、配置和检索。

(4)解析与转换支持。元数据注册系统利用所登记的元数据规范、元数据内容关联等方式,可以支持对元数据定义信息的逐层解析,例如元素来自什么命名域、语义是什么、内容编码标准是什么、采用什么描述模板、编制指南是如何要求的、有无编制范例等。解析可以是人工的(通过关联查询来分析了解),也可以是自动的(通过注册系统数据库所记载的关联关系自动揭示、链接、调用)。在跨命名域的注册系统中,可以利用各个命名域的元素字典、元素语义网络、本体等,循证元素语义定义和语义关系。通过查询描述同一概念或同一对象的元素名称,分析它们的语义对应程度,确定这些元素的转换关系;可查询元数据格式间的转换关系或转换模板,支持应用系统直接复用有关转换模块,可循证元素的语义定义链,利用共同的根本体(Root Ontology)自动建立不同命名域中元素的语义关联,从而辅助构建元素转换关系。

(5)自我描述。元数据注册系统本身就是一种网络服务(Web Service),可按照规范形式(例如 WSDL)进行开放描述,而描述信息则被登记到分布服务登记系统,以供第三方系统查询和调用。

国内外对元数据注册系统的研究与实践都比较多,如 DCMR(DC Metadata Registry,DC 元数据注册系统)以及 XMR(eXtensible Metadata Registry,美国劳伦斯伯克利国家实验室的扩展元数据注册)等。其中,DCMR 由 DCMI 的注册工作组建立,目的是支持分布式环境下应用和维护 DC 元素集、限制属性集、编码规则和各种应用集。DCMR 属于单命名域元数据注册系统,负责管理 DCMI 命名域,提供 DCMI 元数据的权威可靠信息,支持不同应用集的交换和转换,并在此基础上支持 DCMI 的可持续发展。

DCMR 是基于 RDF Schema 来定义和描述元数据标准、应用规范和相关语义集的系统工具,支持 DC 命名域权威化的元数据规范及其应用管理。DCMR 的系统框架分为 3 个层次,即存储层、应用逻辑层和接口层(见图 10－3)。此外,该系统还包含 4 个功能模块,依次为查询模块(提供检索和浏览功能)、特选模块(提供用户界面样式、用户界面语言和返回检索结果语言选择的功能)、管理模块(提供对系统的管理)和帮助模块(为用户提供使用的帮助信息,并提供实例和图示说明)。①

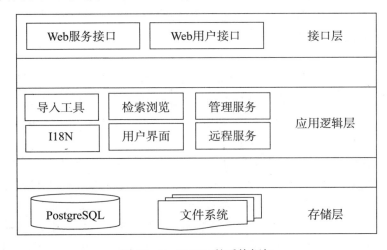

图 10－3　DCMR 的系统框架

该系统采用 RDF 来描述系统中登记资源的属性和属性值,给出了 DC 的元素、限制属性和 DCMI 类型的 RDF Schema 定义。该系统采用 Jena(Jena 是由美国 HP 实验室为语义万维网研究项目所开发的一个开放式 Java 语言框架工具包,用于语义万维网环境下的应用系统的创建开发)作为处理和解析 RDF Schema 的工具。该系统采用了通用描述、发现与集成(UDDI)和 Web 服务检查语言(WSIL)为 DCMR 服务发现机制。即系统利用 UDDI 将系统服务的描述信息集中登记在 UDDI 服务器上,而利用 WSIL 将系统服务信息以 XML 文档形式驻留在系统中;通过 UDDI4J 这个 Java API 工具实现服务信息在 UDDI 服务器上的集中发布,通过 WSIL4J 这个 Java API 工具实现对分布式系统的服务信息的发现。

①　梁娜,李宁,张晓林. DC 元数据登记系统中国镜像建设. 情报理论与实践,2005(1)

为了实现其构建全球分布式元数据注册系统的目标,DCMI 还在日本筑波大学、德国哥廷根大学、英国 UKLON/Bath 大学及新西兰国家图书馆建立了镜像服务站点。在国家科技部"数字图书馆标准规范建设"项目的支持下,中国科学院文献情报中心也与 DCMI 合作建立了 DCMR 中国镜像网站。

（二）知识组织系统注册系统

在分布式的网络环境中,由于存在各种不同应用领域、技术特点的知识组织系统（KOS),它们之间描述和组织的往往是相同或相近的知识概念,以及关联、相似、继承等逻辑关系,而要利用知识组织系统及其所包含的概念和关系,就需要对这些对象的定义、结构、应用方式（解析、复用、继承、转换等）等进行标识、描述和发布,以便上层应用系统能够对其进行查询、定位、抽取、交换和集成,从而达到挖掘知识内容、提供开放知识服务之目的。① 为此,需要知识组织系统注册系统等加以支持和配合。

1. 知识组织系统注册系统概述

知识组织系统注册系统（Knowledge Organization System Registry System),又称知识组织系统登记系统,就是为了达到上述目的而产生的一类特殊系统,它采用特定的数据模型,对那些描述、利用知识组织系统及其包含的内容概念和相关关系的信息进行组织,并提供一系列功能实现对上述信息的检索、发布、调用、映射和集成。换言之,知识组织系统注册系统能对知识组织系统进行描述、组织,提供登记发布、检索以及管理等功能,并支持开放环境下知识组织系统的转换、集成与复用,即知识组织系统注册系统从管理层面来支持知识组织系统的互操作。

如前所述,国内外对元数据注册系统的研究与实践比较多,但随着本体建设的发展,本体间的互操作逐渐成为一个新的研究热点,越来越多的叙词表和本体注册系统也随之出现,如美国国家医学图书馆的 UMLS 元叙词表（UMLS Metathesaurus)、德国 Karlsruhe 大学的本体注册（FZI Ontology Registry)以及联合国粮农组织 AOS 本体注册（AOS Ontology Registry)等。虽然这些系统在叙词表和本体注册等方面做了一些尝试,能够立足于某个领域,探索利用注册系统查找和复用某一类 KOS 的方法,但都缺乏对 KOS 自身的描述,功能都较单一,与真正意义上的知识组织系统注册系统还有较大差距。

我国虽然目前还没有建立形成完善的知识组织系统注册系统和管理机制,但从已进行的研究项目和所发表的专业文章来看,我国业内机构和专业人员已经意识到建立知识组织系统注册系统的重要性,并在理论、思想和技术上做了较为充分的准备和铺垫,关键在于落实组织方法和建立管理机制。当然,建立全国性的知识组织系统管理制度,在实际工作中尚有一定的难度,但可以先从局部做起,等到相关的知识组织系统工具的实际应用更为广泛、得到业界认可时,相信绝大部分的机构是会享用其成果的。因此,可以先建立松散组织,通过一个网络管理平台,供所有的机构登记、咨询、查重,待时机成熟时再逐步建立起健全而规范的管理机构。其实,建立我国知识组织系统开放机制,既可以按照知识组织系统的应用机构和行业体系,也可以按照知识组织系统工具的类型来建立注册与管理平台。②

① 徐晓梅,牛振东. 浅论数字图书馆的知识组织研究. 现代图书情报技术,2007(10)
② 富平,赵悦,张春霞. 数字图书馆知识组织体系标准规范应用机制研究. http://cdls. nstl. gov. cn/mt/blogs/2nd/archives/docs/CDLS‑S13‑01.pdf

2. 知识组织系统注册系统的基本功能

知识组织系统注册系统的基本功能应包括知识组织系统的登记发布、浏览检索、集成复用、管理等。此外，知识组织系统注册系统还应能够实现知识体系内容概念关系的挖掘、构建等。如联合国粮农组织 AOS 本体注册系统，可以被看作是农业领域各种知识组织系统的联合存储系统和组织系统，它以粮农组织的多语种农业叙词表（AGROVOC）为基础，集合了多个权威农业机构的词表，如美国国家农业图书馆的 AgNIC 叙词表、国际农业和生物中心的 CAB 叙词表等。①

AOS 本体注册系统所属的 AOS（UN FAO Agricultural Ontology Service Project）还包括 AGROVOC 概念服务器（AGROVOC Concept Server），后者包含了农业领域各个子学科的所有术语、概念和相互关系，提供了一种类似于"积木"的基础材料，利用它可以构建描述农业信息资源的元数据本体和农业领域的学科子集内的领域本体，例如林学、渔牧学等，再引入本体注册系统。AOS 本体注册系统的作用就是存储这些领域本体，目前已有 1 个渔学本体和 3 个粮食安全本体。但目前这样的本体注册系统过于简单，只是一个存储库，没有对本体进行描述，也没有注册系统的相关功能。但从管理的角度来看，AOS 本体注册系统可以作为一个分布式农业本体的管理系统，粮农组织中任何农业机构如果想要创建本体，都可利用这个注册系统来查找相关可利用的本体，避免不同的机构可能会针对同一个主题领域创建不同的农业本体，从而更能促进农业科学领域内容概念的共享和信息系统的交互理解。

总之，知识组织系统注册系统不仅仅是一个存储和管理知识组织系统的工具，而且更为重要的是，它提供了一种发布、查询、发现知识组织系统及其内容概念的服务，利用这种服务可以发现知识组织系统中内容概念及其相互关系，而利用这些关系则可构建、复用知识组织系统，从而达到知识组织系统互操作的目标。

第二节　元数据标准互操作

如前所述，由于描述的资源对象及各行业的信息需求不同，涌现了数量庞大的元数据标准体系，导致了元数据格式的多样性与交叉性等现象，它们之间的互操作也成为图书情报和信息领域研究的热点问题。

一、元数据标准互操作的含义及层面

（一）元数据标准互操作的含义

前面提到，所谓互操作是指两个或两个以上的系统或平台之间彼此使用和交换数据的能力，以及对对方系统中的资源的调度能力。而元数据标准的互操作是指在由不同的组织制定与管理且技术规范不尽相同的元数据环境下，要向用户提供一个统一的数据检索界面，确保系统对用户的一致性服务。即对一个应用或用户来说，能够保证一个统一的数据界面，保证一致性和对用户透明。② 也就是说，元数据标准的互操作问题就是不同的元数据格式

① 梁娜. 知识组织系统登记系统. 情报理论与实践, 2006(4)
② 彭静, 高林, 张展新. 元数据互操作技术研究. 信息技术与标准化, 2008(11)

间的信息共享、转换和跨系统检索等相关问题。在具体应用上,元数据标准的互操作性表现为易转换性,即在所携信息损失最小的前提下,可方便地转换为其他系统常用的元数据。[1]元数据标准的互操作可实现不同元数据格式的释读、转换和由多个元数据格式描述的数字资源体系之间的透明检索。[2]

同样在图书馆界,一般论及与元数据有关的互操作时,通常也指检索互操作,或是对不同的元数据记录进行检索,获得有意义结果的能力。因为元数据可以是不同的个人或组织按照同一体系标准建立的,也可代表多种体系的应用程序。而为了获得有价值的检索结果,就必须考虑到语义和描述规则的差异,以及由此而带给用户的影响。因此,图书情报人员往往更关注元数据标准语义层面的互操作。[3]

元数据标准的互操作的目标是在开放的网络信息环境中为海量的分布信息提供有效的组织结构并实现跨库的统一检索。而要实现这一目标目前还存在很多困难,这正是元数据标准互操作问题迄今还没得到根本解决的主要原因。从宏观上讲,元数据标准互操作是元数据管理的一部分,但作为资源组织领域的一个重要概念,它并不仅仅局限于技术范畴,而是一个活跃参与并保证一个组织机构的系统、运行和文化能实现最大限度地交换、重新使用内部和外部资源进行管理的活动。

(二)元数据标准互操作的层面

如第一章所述,元数据标准的互操作主要体现在以下两个层面:一是对异构系统间互操作能力的支持,即制定的各种元数据标准不仅能为其宿主应用系统所操作,而且还应尽可能地为其他不同的异构应用系统所接受;二是在元数据术语上的相互理解与转换能力,即在具体的元数据标准体系中,不同标准中的元数据术语(包括元素、修饰词等)具有较好的易转换能力,从而使得遵从某种元数据标准的元数据记录可以通过元素对照(crosswalk)和映射(mapping)方便而近似地转换为其他元数据标准的记录。[4]

但是人类对于资源的需求是无止境的,当资源的增加和网络规模的扩张积累到一定程度时,仅仅数据层面的互操作往往还不尽如人意。因此从宏观角度讲,元数据标准在网络环境下的互操作涉及资源系统和平台间不同结构层面的互操作,主要包括:[5]

(1)通信协议层的互操作是元数据标准互操作的前提和保障,一般通过 HTTP 等标准协议来实现。

(2)交换格式层的互操作保证准确解析用以封装元数据的交换格式及其相应的安全机制,准确提取元数据记录,支持不同元数据格式的跨网络传递。

(3)标记格式层的互操作保证准确释读用以标记元数据的格式语言以获取元数据记录中的元素内容结构,支持不同元数据的结构分析。

(4)元素结构层的互操作保证准确理解元数据的元素结构(包括复用和本地定义元

①　陈虹涛,李志俊.元数据的标准规范及其互操作性.情报杂志,2005(7)

②　魏建琳,马莉萍.基于 XML 的 MARC 元数据互操作的实现.西安文理学院学报:自然科学版,2006(2)

③　张东.论元数据互操作的层次.情报理论与实践,2005(6)

④　肖珑,赵亮主编.中文元数据概论与实例.北京图书馆出版社(今国家图书馆出版社),2007

⑤　张晓林.元数据研究与应用.北京图书馆出版社(今国家图书馆出版社),2002

素)、元素关系(如元素与子元素等)、元素应用关系(如必备、可选等)、支持不同元数据的元素结构分析、元素关系分析和元素转换。

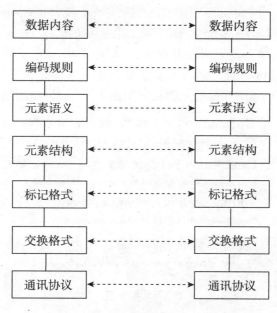

图 10-4　元数据标准互操作层面

(5)元素语义层的互操作保证准确分析元素语义及元素间语义关系,支持不同元数据格式的元素在语义上匹配和转换。

(6)编码规则层的互操作保证元数据内容在不同的编码规则体系间的准确转换。

(7)数据内容层的互操作保证元素具体内容在不同的元数据格式、编码语言、自然语言和标引实践下的准确转换。

以上 7 个层面是一个有机的完整体系,是实现元数据标准互操作必不可少的框架,其中元素语义层互操作又是元数据标准互操作的研究重点。

而根据 DC 元数据研究的最新进展,DC 元数据应用纲要(DCAP)的互操作级别从低到高可分为以下 4 个级别:[①]

第一级共享术语定义:共享以自然语言定义的词表;无需 URI;无需元素的值域限制;不需要符合 DCAM(即 DC 元数据抽象模型);只要用了 DC 的元素即可。例如 IEEE LOM 就重用了 DC 术语,并实现了与简单 DC 的映射。可以说,目前绝大多数的 DC 应用都是这一级别的"语义互操作"。

第二级形式语义互操作:共享基于形式化语义的词表。需要每个术语的 RDF 参考;需要符合值域限制;需要符合子元素的限制;不需要符合 DCAM。例如,2008 年版的 *Expressing Dublin Core metadata in XHTML and HTML meta tags* 描述的规定即符合本级互操作。

第三级描述集句法互操作:共享可交换记录中的形式化词表,即共享术语的形式化语义及句法以达成语义互操作。抽象模型层面的语义互操作;形式化语义和句法限定的一致性,

① Interoperability Levels for Dublin Core Metadata. http://dublincore. org/documents/interoperability-levels/

并保证描述集数据交换。

第四级描述集纲要互操作:共享记录中的形式化词表和约束。本级要达到整套元数据方案的形式化和互操作。例如,2007 年提出的新加坡框架(Singapore Framework)即是为了达成该级别的互操作而提出的,保证了最严格的语义互操作。

需要指出的是,该模型主要强调词表共享,并提出了相应的应用技术路线,其中第三级和第四级都必须符合 DCAM。而之所以要符合 DCAM 的目的是为了下一步开发元数据软件工具以及编制可用性和互操作性强的元数据方案提供一个统一的模型和编码基础。

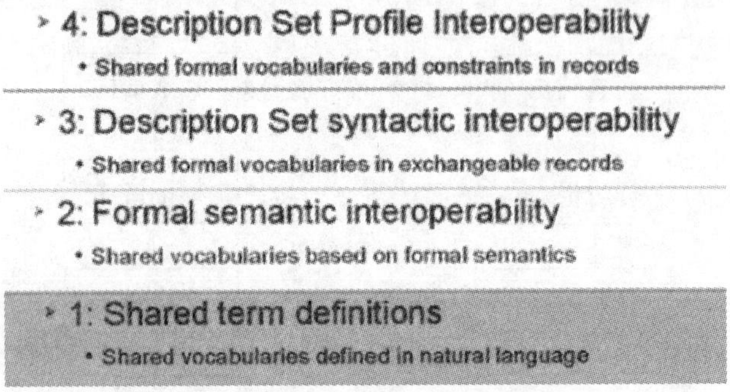

> 4: Description Set Profile Interoperability
> • Shared formal vocabularies and constraints in records

> 3: Description Set syntactic interoperability
> • Shared formal vocabularies in exchangeable records

> 2: Formal semantic interoperability
> • Shared vocabularies based on formal semantics

> 1: Shared term definitions
> • Shared vocabularies defined in natural language

图 10-5   DC 元数据互操作层次模型

除了从宏观和微观角度研究元数据标准的互操作问题外,国外也有从介于宏观和微观之间的角度来研究此问题的。例如按照雪莉·卢奇(Sherry Vellucci)的观点,所有的元数据方案一般都具有语义(Semantics)、句法(Syntax)和结构(Structure)这 3 个特征。据此,Arlene G. Taylor 将元数据标准的互操作细分为语义互操作、句法互操作和结构互操作 3 个方面。[①] 再如,曾蕾和秦健在 *Metadata* 一书中按照实现互操作性的水平把元数据互操作分为 3 个级别,即模式级(schema level)、记录级(record level)和仓储级(repository level)。其中,元数据模式级互操作实际上就是不同元数据标准之间的互操作,其实现方法包括元数据衍生、元数据应用纲要、元数据映射、通过中心元数据格式进行转换、元数据框架、元数据注册等;元数据记录级互操作主要解决信息系统元数据记录的集成和转换,实现方法主要有数据转换、数据重用及整合;元数据仓储级互操作主要解决从不同的数据源中采集元数据的问题,以便实现跨馆藏、跨库的检索服务。实现的方法包括 OAI 协议、主题规范档文件映射、值域共现映射、丰富记录等方法。[②]

在国内,朱超将元数据标准的互操作细分为语义互操作、语法互操作、结构互操作和协议互操作。[③] 而毕强等人则把元数据标准的互操作划分为语义互操作、结构与语法互操作和协议互操作 3 个方面。[④] 当然,还有学者依据互操作的状态将万维网上元数据互操作分为语义描述层面(静态层面)互操作和协议层面(动态层面)互操作。受篇幅所限,本节据此重点论述语义描述层面的元数据标准互操作和协议层面的元数据标准互操作问题。

---

① Taylor A G, Joudrey D N. The organization of information. 3rd ed. Libraries Unlimited, 2009

② Zeng M L, Qin J. Metadata. Neal-Schuman Publisher Inc. , 2008

③ 朱超. 关于元数据互操作的探讨. 情报理论与实践, 2005(6)

④ 毕强, 朱亚玲. 元数据标准及其互操作研究. 情报理论与实践, 2007(5)

二、语义描述层面的元数据标准互操作

（一）元数据语义互操作概述

语义互操作是指不同系统或平台之间交换和共享信息语义的能力，主要解决语义上的障碍，如语义差别、款目与集合差别、多版本、多语种等问题。而元数据语义互操作则是业界尤其是数字图书馆界近年来的研究和关注热点。如从 DC 历届年会主题的发展看，学界对元数据语义互操作的关注度越来越高。2009 年在韩国首尔召开的 DC 元数据年会的会议主题"关联数据的语义互操作"（Semantic Interoperation of Linked Data），就是希望通过对语义万维网技术的研究和讨论，特别是研究如何迎接关联数据所引发的技术和社会层面的挑战，为 DCMI 制定能更好地服务于万维网语义描述的标准规范找到对策。[①]

如前所述，元数据语义互操作表现为易转换性，即一种元数据标准的数据元素通过对不同的元数据格式的数据元素对照（crosswalk）和映射（mapping），可方便地转换为其他系统元数据标准的数据元素。按照美国国家信息标准组织 NISO 的定义，元数据对照转换是将一种元数据记录的内容对应转换至另一种语义相对应的目标元数据的内容。因此，元数据对照转换不仅包括不同元数据元素的映射关系，同时还包括相应的转换规则。其原因是不同的元数据标准不仅在元素或其他术语定义上有所不同，而且在结构与应用规则上也有差异。[②]

根据上述情况，元数据语义互操作主要通过两个层面的开放机制来解决。一是对元数据术语本身的互操作，通过一种开放机制即元数据标准的域名管理、元数据术语的标识符管理以及元数据的注册机制来保证元数据术语的可查找性与解析能力，保障对不同元数据标准与体系中术语的规范化描述与操作能力。这些机制本身也是整个元数据互操作体系的基石。元数据语义互操作的另一个方法是建立不同元数据标准之间不同术语的相互参照或映射。尽管解决资源描述中的语义互操作也可采用多种方法，如元数据映射、元数据模式衍化、元数据应用纲要、通过中心元数据格式进行转换、元数据标准框架和元数据注册系统等，但本节主要通过元数据映射的原则、关系及其实例分析来重点介绍元数据映射的方法。

（二）元数据映射的原则与关系

元数据映射又称元数据对照，是指两个元数据标准之间元素的直接转换。它是对存在于不同应用领域的元数据格式进行转换，即为一种元数据格式的元素和修饰词在另一种元数据格式里找到有相同功能或含义的元素和修饰词，通过一对一、一对多、多对一及多对多等多种映射方式，解决语义互换及统一检索问题。

根据源元数据定义和目标元数据定义之间的匹配情况，建立元数据标准元素间的映射定义（映射词典），利用这个映射定义和标准转换模板定义语言如 XSTL（eXtensible Style Transformation Language，即扩展样式转换语言）建立元数据转换模板和相应的转换解析规则，利用它们定制相应的转换程序语句（transformation scripts），从而实现源元数据记录与目标元数据记录间的转换。元数据映射的基本转换框架如图 10-6 所示：

①　黄田青，刘炜. DC 元数据年度进展（2009）. 数字图书馆论坛，2009（12）
②　肖珑，赵亮主编. 中文元数据概论与实例. 北京图书馆出版社（今国家图书馆出版社），2007

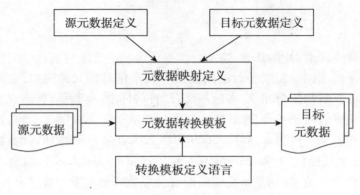

图 10 – 6　元数据转换框架

1. 元数据映射的原则

(1)语义相似性原则。一般而言,一个元数据标准与其他异构元数据标准不可能做到完全精确地等同转换。因此在做元数据术语映射时,应遵循最相近的语义原则,而无需强求两个不同标准间术语语义的完全一致。由于不同元数据标准的名称相同的术语往往在语义内涵与外延上有很大的不同,因此在映射转换时,应坚持不同术语间的语义相似性原则,而不是名称的相似性。

(2)最精确匹配原则。最精确匹配原则是指映射尽可能地对应到粒度最小的术语单元。比如 DC 元数据标准与其他元数据标准进行映射时,对某一个术语的转换能够精确到修饰词就不要只映射到元素层级,应尽可能匹配到语义外延粒度最小的修饰词。遵循这一原则可以保证不同元数据标准转换中更高的精确度,提高元数据应用的适用性。值得一提的是,在应用这一原则时要考虑实际的应用需求,灵活把握。一是元数据映射基于相似性原则,不太可能实现完全精确转换(有时候粒度过细的映射转换往往会带来难以控制的语义噪声)。二是最精确的匹配也意味着更高的映射转换成本(这也是应用时需要考虑的重要因素)。

(3)最广泛兼容原则。这条原则强调的不是精确性,而是更大的兼容性。这与 DC 元数据标准向上兼容的原则类似,是指如果在粒度较细的术语层级找不到语义对应,则可以用上一层的术语来进行映射,所以也可以将这条原则看成是和最精确匹配原则相反的一条原则。但这两者之间并不矛盾,因为到底选用哪一条原则,主要根据不同元数据标准术语之间语义最适用的映射可能性以及不同应用的具体需求而定。此外,最广泛兼容原则也可以适用于在映射结构上的最大兼容性。

2. 元数据映射关系

在元数据映射中,不同元数据术语间存在着不同的语义对应关系,而这些不同的语义对应关系也衍生出不同的转换准则。元数据映射关系可以分为以下几种:

(1)一对一关系。一对一关系表示需要映射的两种元数据标准中,有两个可以一一对应的元数据术语,即这两者语义之间完全等同或有极高的相似性。这种方法能较好地保证转换的准确性和精确性,但在元数据格式数量较多时,转换模板数量将呈指数级增长。

(2)一对多关系。一对多关系一般是指某一种元数据标准的某一术语语义外延比较宽泛,其对应的目标元数据标准中的语义相似的术语粒度较细,即有多个目标术语的语义在源术语的语义范围内。一般而言,不同元数据标准的术语粒度不同,以描述能力较粗的元数据标准映射到较专业化粒度较细的元数据标准时,就会大量出现一对多的对应关系。例如,将

DC 映射到 MARC 时就会大量出现一对多的关系。

（3）多对一关系。与一对多关系正好相反，多对一关系出现在要映射的元数据标准的一些术语语义相对粒度较细，外延较窄，以及当这些术语的语义映射到目标元数据标准中的某个语义外延较宽泛的术语时。例如与上面讲的实例相反，将 MARC 映射到 DC 时就会大量出现多对一的关系。值得注意的是，当进行多对一映射转换时，会损失一定的语义信息。这时我们可采用结构化的描述方法，即在映射转换时在元数据编码中尽量保留原有的术语标签。这样就可以在人工或机器自动解析的情况下，进一步充分利用原有数据的语义内涵，以满足更精确语义处理的需求。

（4）无映射关系。当两个元数据标准的某些术语语义没有任何重合情况发生时，这两者之间就不存在映射关系。当然在此情况下，为尽量避免在元数据互操作时语义的丢失，我们可基于最广泛兼容原则，用向上兼容的方法在语义更为宽泛的术语层级上寻找映射关系。

（三）元数据映射实例

元数据映射是指两个元数据格式间元素的直接转换，而且元数据转换效率受到结构匹配程度、应用匹配程度、语义匹配程度和编码规则匹配程度等的影响。

在元数据映射关系中可以看出，元数据转换的关键是建立具体的映射表。而在这方面，要数美国国会图书馆网络发展与 MARC 标准办公室推出的系列映射表最具影响力。该机构曾先后推出了 DC 和 USMARC 对照表，包括 MARC 到不含修饰词的 DC 映射及 MARC 到含修饰词的 DC 映射。2001 年，该机构还发布了一个 DC 到 MARC21 的详细映射表，[①]国内大部分学者对 DC 和 MARC21 映射表的研究都基于此表。另外一个有影响的就是英国图书馆和信息网络办公室（UKOLN）为不同元数据格式之间的映射制作的专门网页。此网页包括 MARC21 到 DC 的映射，DC 到 USMARC 的映射，以及 DC 到芬兰、丹麦和法国等国 MARC 的映射等。

在国内，对于 DC 和 CNMARC 的映射，除沈芸芸在《基本元数据与 MARC 映射指南》中分别给出了 DC 到 CNMARC 以及 CNMARC 到 DC 的映射表外，[②]目前还没有一个权威机构颁布标准的映射表，但不少的学者为此做了大量的基础研究。如关于 CNMARC 著录，2004 年国家图书馆编的《新版中国机读目录格式使用手册》详细而全面地介绍了 CNMARC 各字段及其子字段的著录规则；关于 DC 著录，楼向英、赵亮起草的《网络资源描述元数据著录规则》（2004 年标准草案）有详细的关于 DC 各元素及修饰词的著录规则（2005 年，该项目组完成了该著录规则的推荐稿）。赵亮、刘炜等的《网络资源描述元数据规范》（2004 年标准草案）也对 DC 元素及修饰词做出了详细、明确的中文定义，并于 2005 年完成了该规范的推荐稿。[③]

考虑到本书第二至第五章对实体资源和网络资源的前端组织和后端组织采用的元数据标准主要是 CNMARC 和 DC，以及从一个较简单的元数据格式（如 DC）向一个较复杂的元数据格式（如 MARC）进行映射，较之从一个较复杂的元数据格式（如 MARC）向一个较简单的

① MARC21 Formats. http://www.loc.gov/marc/marcdocz.html

② 沈芸芸. 基本元数据与 MARC 映射指南. http://cdls.nstl.gov.cn/mt/blogs/2nd/archives/docs/CDLS - S05 - 007. pdf

③ 伯琼. 元数据 DC 和 CNMARC 映射及匹配研究. 情报学报，2009（1）

元数据格式(如 DC)进行映射困难,下面只给出含细化元素的 DC 与 CNMARC 的映射对照表:

表 10 - 1　含细化元素的 DC 到 CNMARC 的映射

DC 元素	DC 元素修饰词	CNMARC 字段/子字段
题名(Title)		200/$a 正题名
	交替题名(Alternative)	517/$a 其他题名
创建者(Creator)		730/$a 用作款目要素的名称
主题(Subject)		60 - /$a 各类受控主题词
		610/$a 非控主题词
		675/$a 国际十进分类法分类号
		676/$a 杜威十进分类法分类号
		680/$a 国会图书馆分类法分类号
		686/$a 国外其他分类法分类号
		690/$a 中国图书馆分类法分类号
		692/$a 科学院图书馆分类法分类号
		696/$a 国内其他分类法分类号
描述(Description)		300/$a 附注内容
	目次(Table Of Content)	327/$a 附注内容
	摘要(Abstract)	330/$a 附注内容
出版者(Publisher)		210/$c 出版发行者名称
其他责任者(Contributor)		730/$a 用作款目要素的名称
日期(Date)		210/$d 出版发行时间
	发布日期(Issued)	210/$d 出版发行时间
	创建日期(Created)	210/$h 制作时间
	可获得日期(Available)	300/$a 附注内容
	生效日期(Valid)	300/$a 附注内容
	修改日期(Modified)	300/$a 附注内容
	递交日期(Date Submitted)	300/$a 附注内容
类型(Type)		336/$a 附注内容
格式(Format)		337/$a 附注内容
	篇幅(Extent)	215/$a 特定文献类型标识和文献数量
	媒体(Medium)	856/$q 电子文件格式类型
标识符(Identifier)		01 - /$a 各类标准文献号 856/$u 统一资源标识
	文献引用(Bibliographic Citation)	300/$a 附注内容

DC 元素	DC 元素修饰词	CNMARC 字段/子字段
来源（Source）		135/$a 字符位 10 先前的/来源 324/$a 附注内容
语种（Language）		101 文献语种 302/$a 附注内容
关联（Relation）		225 丛编项
	版本继承（Is Version Of）	305/$a 附注内容 451 同一载体的其他版本 454 译自 455 复制自
	版本关联（Has Version）	451 同一载体的其他版本 453 译为 456 复制为
	被替代（Is Replaced By）	442 由……替代 443 由……部分替代
	替代（Replaces）	432 替代 433 部分替代
	被需求（Is Required By）	488 其他相关作品
	需求（Requires）	337/$a 附注内容
	部分于（Is Part Of）	462 分集 463 单册 444 并入 445 部分并入
	部分为（Has Part）	461 总集 423 合订、合刊 446 分成……、……和……
	被参照（Is Referenced By）	321/$a 索引、文摘、引文附注
	参照（References）	320/$a 附注内容
	遵循（Conforms To）	488 其他相关作品
	格式转换于（Is Format Of）	452 另一载体的其他版本
	格式转换为（Has Format）	452 另一载体的其他版本
覆盖范围（Coverage）		300/$a 附注内容
	空间（Spatial）	607/$a 地理名称主题 660/$a 地区代码
	时间（Temporal）	122/$a 时间范围 661/$a 年份范围代码

续表

DC 元素	DC 元素修饰词	CNMARC 字段/子字段
权限(Rights)		300/$a 一般性附注
	访问权限(Access Rights)	337/$a 附注内容
	特许(License)	300/$a 附注内容

虽然元数据映射是一种通用的和比较有效的元数据互操作方式,但却存在以下局限:一是元素之间无法做到完全映射而带来的信息丢失问题,二是这种映射方法在涉及的元数据格式数量较少时可以很好地发挥作用,但随着元数据格式数量的增多,映射的工作量将大大增加。例如,两种元数据格式之间的单向映射只需一个映射过程,双向映射也只需两个映射过程,而三种元数据格式之间的两两映射则需要六个映射过程。因此,在多种元数据格式并存的开放式环境中,元数据格式映射的应用效率明显受到限制,只能作为元数据互操作的暂时解决方案,而无法彻底解决元数据互操作问题。① 而要彻底解决元数据互操作问题,则离不开标准协议和本体技术等的支持。

三、协议层面的元数据标准互操作

在数字资源的开发和建设中,使用标准的协议是实现互操作的根本保证,也是当前解决元数据互操作问题最常见的一种技术实现方式。无论是图书馆还是其他信息机构,其所创建的信息资源系统一定要有标准协议的公共接口,通过共同遵守的标准协议来约束分布式环境下各个系统进行数据交换和处理的方式和过程。其中,Z39.50 协议和 OAI 协议是元数据互操作标准协议的典型代表。②

（一）Z39.50 协议

像互联网普遍运行 TCP/IP 协议一样,Z39.50 协议是一个为图书馆界广为接受的网络信息检索标准。

1. Z39.50 协议简介

Z39.50 协议(American National Standard Information Retrieval Application Services Definition and Protocol Specification for Open System Interconnection)是一个在客户端、服务器环境下计算机与计算机之间进行数据检索与查询的标准通信协议。③ 提出 Z39.50 协议起初是为了在美国国会图书馆、OCLC、美国研究图书馆集团(RLG)等机构间交换数据。其第一版于1988 年推出,第二版和第三版于 1992 年和 1995 年推出,内容有了较大充实的第三版还于1998 年成为国际标准 ISO 23950。目前 Z39.50 协议最新的版本是 2003 年的第五版。在此之前,Z39.50 协议还在积极进行一些实验性项目,把 Z39.50 协议的内容进行拆解,并提出"下一代 Z39.50"(ZING)的新框架。

Z39.50 协议设计的目的主要在于定义客户端(Client)与服务器(Server)之间数据库查

---

① 申晓娟, 高红. 从元数据映射出发谈元数据互操作问题. 国家图书馆学刊, 2006(4)
② 李培主编. 数字图书馆原理及应用. 高等教育出版社, 2006
③ Z39.50. http://www.loc.gov/z3950/agency/

询与检索的方式和语法,以便能够以标准方式存取各类信息资源。① Z39.50 协议规定了客户端查询服务器上的数据库和获取结果记录等过程设计的数据结构和数据交换规则,通过制定规范和编码构建与异构系统之间的连接和通信。用户只要通过系统研制者提供的检索界面而无需了解和使用协议本身的语法/检索策略以及数据内容等相关知识,便可检索基于不同软硬件平台的不同系统的数字资源。

同其他信息检索协议相比,Z39.50 协议具有以下优点:①Z39.50 协议是由图书馆界专门制定并为图书馆界广为接受的标准;②Z39.50 协议与本地数据库的软硬件平台、数据库接口、查询语言及数据视图无关;③Z39.50 协议可为开放环境(如互联网)下源数据库的访问提供一个安全层。②

2. Z39.50 协议的结构框架

Z39.50 协议的实质就是为了建立客户端与提供方的开放系统互连,从而使客户端能够从提供方数据库中检索和获取信息。与通常所指的具体的数据库的概念有所不同,Z39.50 协议中的数据库是一个基于信息内容语义的公共抽象模型。同时,Z39.50 数据库的实现方式也各不相同,即不同的系统有不同的数据存储方式和访问方式。因此,需要建立一个通用的抽象模型来描述这些不同的数据库,系统再在这些抽象数据库的基础上建立自己的应用。而与通用抽象模型相关的两个重要概念——属性集和数据库模式则分别从查询和提取的角度,对 Z39.50 数据库及数据库记录的语义进行描述,从而实现异构系统之间的相互理解和互操作。

在 Z39.50 协议中,数据库特指一些记录(每条记录都包含该记录的一些相关信息单元,这些信息单元称为元素)的集合,而数据库记录则是表示这些元素的本地数据结构。每个数据库都具有许多检索点,检索点是唯一键或非唯一键,既能单独地,也可与其他检索点结合起来检索数据库。一个检索点可以但并一定要与一个元素有关,它可以等同于一个元素,或由几个元素派生而来,甚至与任何元素没有任何关系。Z39.50 系统的结构如图 10 - 7 所示:

图 10 - 7　Z39.50 的系统结构

从 Z39.50 的系统结构图可以看出,提供方(即图 10 - 7 中的后端数据库)处理完一个检索请求后,请求方(即图 10 - 7 中的 Z39.50 客户端)就可以利用提交服务来获取结果集中的记录。当请求方请求索取结果集中的记录时,它需要提供数据库模式、元素说明和记录语法等信息。即为了能够从一个结果集中索取记录,每个数据库都应定义自己的数据库模式。数据库模式是对数据库记录中所包含信息内容的说明,请求方和提供方都能理解其含义,这样请求方就可根据元素说明来选择其希望返回记录包含的内容。实际上,数据库模式就是定义了一个抽象的记录结构。当把数据库模式应用到一条具体记录时,便形成了一条抽象的记录,这就是数据库记录的抽象表示。再把元素说明应用到这个抽象记录上,就形成一个

①　王松林编著. 信息资源编目(修订本). 北京图书馆出版社(今国家图书馆出版社), 2005
②　张付志. 异构分布式环境下的数字图书馆互操作技术. 电子工业出版社, 2007

新的抽象数据库记录,这条抽象记录包含了元素说明中所定义的元素。把新的抽象数据库记录用一种记录语法,如 MARC21、UNIMARC、CNMARC 进行表示,就形成了返回给用户的具体记录。

Z39.50 协议对于互操作最大的价值在于它实现了信息查询和提取过程的标准化。Z39.50 协议规定了完善的语法(7 种数据库查询条件表达格式)及其支持的信息资源的元数据格式(15 种属性集,常用的有 Bib-1、Exp-1、GILS-1、STAS 等)。每个属性集由属性类型和属性共同组成,如 Bib-1 属性集规定了如下 6 种属性类型,具体描述见表 10-2:

表 10-2 Z39.50 协议 Bib-1 属性类型

属性类型	值	描述
Use	1	指定检索点即查询词的匹配对象(如著者、题名、主题等)。
Relation	2	说明检索点和查询词的比较关系,如大于、小于或等于。
Position	3	说明查询词在字段或子字段中出现的位置。
Structure	4	说明查询词的结构特性对象的形式(词或短语)。
Truncation	5	指定截断方式,如左截断、右截断或不截断。
Completeness	6	表示查询词是代表完全子字段、不完全子字段还是完全字段。

属性集的规定是使用 Z39.50 协议获得不同资源彼此的元数据信息、实现语义互操作的基础。Z39.50 协议交互过程如图 10-8 所示:

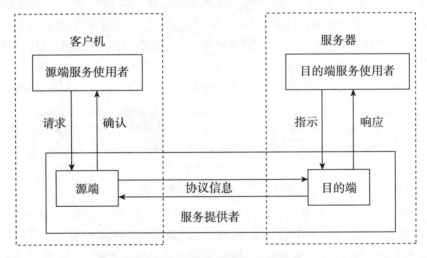

图 10-8 Z39.50 协议交互过程

总之,Z39.50 协议基于开放系统互连模型 OSI 应用层协议(该层协议向用户提供适用于应用、应用管理以及系统管理的信息服务,如电子邮件、数据库管理、文件服务器软件和打印服务软件等网络软件),是包括书目信息、全文信息、商业信息在内的信息检索协议;Z39.50 协议把互联的双方分别称为请求方(即图 10-8 中的源端服务使用者)和提供方(即图 10-8 中的目的端服务使用者),检索方式互不相同的双方在不能直接检索和利用对方数据时,它可以为双方提供服务;Z39.50 协议建立了抽象数据库概念,每个执行该协议的系统应能将该抽象模型映射成自己专用的模型或者将自己专用的模型映射成抽象模型,以实现分布式异构系统间的互联互通互操作。即当请求方向提供方提出请求服务要求时,需要把本系统的检索命令转换成 Z39. 50 协议标准的格式,如 Type-1 提问式,再构造 Z39. 50 协议数据单元,然后编码发往提供方;提供方则反过来,须对协议数据单元解码转换成自身系统的检索命令后,再执行该检索命令,检索完成后,再按上述相反顺序将数据发回给请求方。

3. Z39. 50 协议的新发展——ZING

虽然 Z39. 50 协议具有强大的功能,但也存在一些不足,如它过分复杂,实现的难度较大,实施的代价也很高,所以通常只能实现其中的一个子集。而为了简化 Z39. 50 协议,以欧美国家为主的一些开发团体对 Z39. 50—1995 及其之前的版本取其精华,并做了大量创新,于 2002 年上半年发布了新一代 Z39. 50——ZING(Z39. 50 – International:Next Generation),即"下一代 Z39. 50 协议"。ZING 目前的版本是 1.0,内容包括 SRW/SRU、CQL、ZOOM、eZ39. 50 以及 ZeeRex 五部分,是 Z39. 50 各种功能在新的网络协议和应用模式下的拆分,同时也是一种简化,许多相应的功能并没有 Z39. 50 那么完整和全面。[1]

(1)SRW/SRU 即查询/获取网络服务(Search/Retrieve Web Service)和查询/获取 URL 服务(Search/Retrieve URL Service)的合称,是 ZING 协议的核心所在。SRW/SRU 集成了 Web 和 URL 技术,对 Z39. 50 协议做了很大的改进。其中,SRW 使用 HTTP 与 SOAP(Simple Object Access Protocol,简单对象访问协议)的无状态通信,采用 XML 作为信息传输编码,也可以单纯使用 URL 传递查询请求,用 WSDL(Web Services Description Language,网络服务描述语言)来定义 Z39. 50 传输的格式信息,检索结果也以 XML 格式输出;而 SRU 只能通过 URL 参数方式提交检索请求,不支持完整的 SOAP 消息包。

SRW/SRU 支持网络上现存的多种检索方式,这是它与 Z39. 50 协议最大的差别之一。各种不同的检索服务都可以采取模块化方式进行组合调用,共同返回结果,而不像 Z39. 50 协议那样规定单一的检索方式。例如可以采用 SRW/SRU 将 Google 开放的检索 API 和 A9 开放的检索 API 进行整合,这样做能够确保与其他任何支持 SRW/SRU 的系统进行高层互操作,使得该协议具有了开放性,从而成为解决异构系统互操作的有力工具。

(2)CQL 即通用查询语言(Common Query Language),可以向任何检索语言发出检索请求。它与 SQL 查询语言类似,但比 SQL 查询语言简单得多,且能够混合指令与参数,并结合 Z39. 50 type-1 的丰富性。目前,CQL 支持布尔操作、混合检索点和检索词、支持指定元数据标签、支持结果以及查询、支持多种匹配方式(包括精确匹配、数字比较、词根检索、模糊检索、语音检索等),还支持服务器自动确定检索对象,可满足绝大多数简单查询的需要。而 XCQL 则是 CQL 的 XML 表达形式,被用于服务器对检索或浏览请求的应答回馈,而不是用在检索与浏览请求中(XCQL. xsd 中详细定义了 XCQL 的元素)。[2]

(3)ZOOM 即 Z39. 50 面向对象模型(Z39. 50 Object-Orientation Model),是一组符合 Z39. 50 的面向对象的 API 结构,可以作为建立 Z39. 50 客户端或 SRW/SRU 应用的起点和基础工具。

(4)eZ39. 50 的全称为 Simple Implementation of Z39. 50 over SOAP using XML Encoding Rule(XER),是一个应用 XER(XML Encoding Rule)和 SOAP 协议实现简单的 Z39. 50 协议

① 衡中青,曹翔. 新一代 Z39. 50:ZING. 情报杂志,2003(3)
② 陈金莉等. Z39. 50 协议应用指南. http://210. 32. 137. 28/calis/download/doc/Z39. 50. pdf

应用的机制和方法。

(5)ZeeRex 是针对 Z39.50 的解释功能的 XML 版本,是一种扩展了的"解释"(Explain)服务。它提供了反映 SRW 服务器组成和提供的功能信息,记录了数据库、检索点、数据记录格式以及客户端能够采用的参数说明等信息,类似于一个服务注册系统中需要登记的信息。

(二)OAI 协议

1. OAI 协议概述

OAI 协议的全称为 Open Archive Initiative Protocol for Metadata Harvesting(收割元数据的开放仓储首创协议,简称 OAI-PMH),是一种独立于应用的、能够提高 Web 上资源共享范围和能力的互操作标准。OAI 协议主要解决不同资源集合之间的元数据互操作,达到有效挖掘、发布和利用互联网上的数字信息资源之目的,是一种利于有效传播信息的技术,当前主要的应用是交互式的搜索信息系统。[1]

OAI 的元数据收割方法起源于 20 世纪 90 年代 Colorado 大学开发的 Harvest 系统。1999年 10 月,电子印刷团体为了促进电子学术论文的发布在圣达菲召开大会,决定讨论启动一项研究,建议在元数据获取层面实现互操作性。换言之,OAI 是要设计一种促进网络上内容提供商的联合体,在为不同团体的不同需求提供足够的功能时,在各团体间定义一种通用机制,以统一的方式达到不同团体间的元数据互操作。[2] 为了加强系统之间的互通性,更准确地获取学术性电子全文资源,2001 年 1 月,OAI 推出了该协议的可操作版本 OAI-PMH。经过一年多的使用反馈,OAI 的开发人员又于 2002 年 6 月推出了 OAI-PMH 第二版。[3]

OAI 协议以 HTTP 协议为基础。在该协议中,储存库被定义为可存取的网络系统,其中包含可使用收割协议进行检索的元数据;这些元数据以 XML 的编码格式传回,而且需要使用不带修饰词的 DC 元素集来支持编码记录,然而 OAI 协议也允许使用其他支持 XML 记录的定义。另外,OAI 协议也支持 Perl、Java 和 C++等编程语言。OAI 协议的主要功能在于从电子全文的典藏处获得元数据,并制作索引作为搜寻线索,以达到便于搜寻电子全文的目的,而在进行全文检索时 OAI 协议会以不同的格式提供元数据。最初针对学术性电子期刊预印本的互操作和元数据采集而制定的 OAI 协议,一经推出后就被许多数字图书馆项目所采用。目前,OAI 协议已得到扩充和修改,存档内容已由最初的电子版资料(e-print material)扩充至一般的学术数据(scholar data)。

2. OAI 协议的结构模型

OAI 协议主要由两个方面的交互操作组成,一是数据提供方,一是服务提供方。其中,数据提供方拥有元数据仓储,以 OAI 的响应向服务提供方发布元数据,使得终端使用者或服务提供方可以浏览使用元数据信息仓储(数据提供方至少应该提供 DC 格式的元数据,也可以根据服务提供方的需求提供其他格式的元数据);而服务提供方则向发布数据的提供方发出请求,定期或随机从各个数据提供方抓取元数据记录,并在获得的元数据记录上加工和整理,提供增值服务。OAI 协议的组件基本构架如图 10-9 所示:

---

① Open Archives Initiative. http://www.openarchives.org/

② 刘炜. 基于本体的数字图书馆语义互操作[博士学位论文]. 复旦大学信息学院,2006

③ 齐华伟,王军. 元数据收割协议. 情报科学,2005(3)

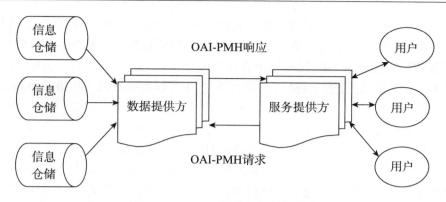

图 10 – 9　OAI 互操作框架结构模型

3. OAI 协议系统框架

（1）交互框架模型。交互框架包括数据提供方、服务提供方和注册服务器等。数据提供方负责元数据的生成与发布，为元数据信息仓储中的数字对象建立元数据，将这些元数据进行结构化组织，从而间接地对数字对象进行组织。数据提供方可以有自己的元数据标准，但它应该能够通过元数据的映射，发布符合 OAI 协议规范的元数据。

服务提供方从数据提供方和其他服务提供方抓取元数据，并对这些元数据进行加工处理，提供增值服务，如建立元数据之间的关系，为用户提供记录查询与检索等。服务提供方也可只抓取某一学科、某一研究领域的元数据。

数据提供方与服务提供方都需要在注册服务器进行注册。而注册服务器除了提供注册界面外，另还提供查询界面，以供用户查找服务提供方以及供服务提供方查找数据提供方。OAI 协议交互框架如图 10 – 10 所示：

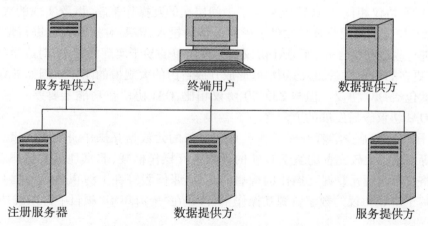

图 10 – 10　基于 OAI 的成员交互框架

（2）系统集成结构及其交互。系统集成结构包括服务提供方模块、数据提供方模块和注册服务器模块。三者在实际应用中并不相互独立，而是互相协作的有机整体。首先，注册服务器对服务提供方、数据提供方进行注册管理，所有的基于 OAI 协议的元数据互操作框架中的数据提供方与服务提供方都需要在注册服务器中进行注册，待注册成功后才能提供数据或服务。同时，由于服务提供方从数据提供方获取的只是元数据，所以用户要想得到详细的资料，就必须与数据提供方进行链接。需要指出的是，在元数据记录层面，数据提供方对用户是透明的。即 OAI 协议是发布和收割元数据资料的开放式标准,可使各数据提供方和服务提供方之间的系统交互更为容易,使得系统能够保持元数据的原始结构或 DC 格式,并通过标准且简单的程序达到分享、使用与增值。

目前,OAI 协议的应用越来越广泛,并产生了许多著名的系统,如 ARC、NDLTD 和 NS-DL。其中,ARC(A Cross Archive Search Service,http://arc.cs.odu.edu/)作为 Old Dominion 大学数字图书馆研究小组开发的实验性服务系统,是基于 OAI 协议的第一个联合查询服务。ARC 用来测试符合 OAI 元数据抓取协议的数据提供方,通过统一的测试界面,可以对这些数据提供方提供的元数据记录进行查询和浏览。在 ARC 的查询服务中,提供了简单查询和高级查询两种方式。查询结果则可以根据来源于不同的数据提供方、日期时间范围等进行归类。如果在使用中有任何问题,可通过 Administrator 功能与管理人员联系。同时,ARC 还提供了链接功能,通过此功能可以找到更多的服务提供方。

我国对 OAI 协议的研究和应用起步也是比较早的,TRS、TPI、CALIS 以及北京大学、清华大学、上海交通大学等单位都在开展这方面的研究和应用。通过 OAI 协议集中元数据的分布式建库模式符合高校数字图书馆的发展方向,也符合当前正在形成的分布式数字信息环境的选择。如在此之前,"CALIS 高校学位论文全文数据库"主要采用集中建库模式,而 OAI 协议的出现使得分布式环境下该协议的建库模式成为可能。分布式建库模式具有如下优势:一是避免了日后再对纸本数字化加工的繁重过程,从而节省了人力和物力;二是由学生自己提交的"原生"电子文本的品质明显优于纸本经过数字化处理的图像和文本,极大地方便了资源的利用和保存;三是促进了知识公平传播的进程,打破了源自于高校和研究机构中不利于知识传播的限制;四是相对于集中建库模式,在成本上不需要太大的投入;五是分布式建库模式能较好地解决版权问题。

与 Z39.50 协议相比,OAI 协议采用了中间层次的互操作策略,以致实现的成本比较低。其次,Z39.50 协议需要成员增加软件和硬件设备的投入,需要对技术人员进行培训,需要对原有系统进行改造和整合等,而 OAI 协议是一种简单的易于实现的技术,对成员的要求比较低,所以有更多的用户愿意加入其中,可形成开放自由的大规模的团体。例如 CALIS 定义的接口规范就包括 OAI 协议。但与 Z39.50 协议相比,OAI 协议在功能上要差一些,因此增强功能应是 OAI 协议今后发展的方向之一。

目前,国内还有不少学者开展了基于 OAI 协议的元数据互操作研究和探索。如北京大学王爱华等提出了比较完善的基于 OAI 的元数据互操作框架,北京理工大学郑志蕴等提出了利用网格技术实现元数据互操作的构想。此外,张佩毅等在上海市自然科学基金资助下也开发了基于 OAI 协议的数字资源互操作平台,并在"上海年华"项目中得以成功运用。

第三节 知识组织系统互操作

如同元数据标准存在多样性与交叉性等现象一样,由于描述的资源对象及各行业的信息需求不同,国内外也涌现出了数量众多的知识组织系统。同样,如何克服知识组织系统间的差异,实现数据的有效共享与互操作,也成了图书情报和信息领域研究的热点问题。①

一、知识组织系统互操作的含义及层面

(一)知识组织系统互操作的含义

从宏观上说,知识组织系统的互操作是当前知识组织工具发展的重要特征,即从单一知识组织系统的独立建设向各类知识组织系统的整合方向发展、从各学科的局部建设向跨领域的集成方向发展、从单一语种的构建向多语种对照和映射的方向发展。即便是传统的知识组织系统,也存在由于版本升级、不同语种对照和不同类型整合(如分类主题一体化等)等问题需要相应的知识组织系统管理软件支持和解决。因此,互操作的支持能力成为评价知识组织系统管理软件的一项重要指标。②

如前所述,互操作是指两个或多个系统相互使用已被交换的数据/信息的能力,而知识组织系统的互操作就是指不同的知识组织系统之间的兼容互换。当前,各种数字图书馆、主题网关(学科信息门户)以及搜索引擎等成为业界研究的热点和建设的重点,而如何通过异质知识组织系统间的互操作,为用户提供跨库、跨系统、跨语言的浏览与检索是图书馆界和信息界正在重点关注的一个热点课题。③ 多类型、多语言的知识组织系统之间的互操作,是实现分布式信息资源系统交叉浏览和集成检索的有效方法,也是目前知识组织系统建设的主要内容。

实现知识组织系统间的互操作,就是找到某种方法,使具有不同标识、结构、载体的分类表或主题词表或形式化本体等的成分建立联系,用户只用一种检索语言或直接使用自然语言就可实现联网环境下的跨数据库或信息系统检索。④ 而要实现这一目标就必须在信息描述、检索、对象交换与检索协议等方面取得突破性进展。另需解决的问题还包括元数据的定义和通过文本或多媒体数字对象等抽取元数据,数字对象的特征描述计算,具有不同语义的异构资源库的整合,信息的聚类和自动分类、自动排序、分级算法等。

(二)知识组织系统互操作的层面

国内外学术界一直比较重视知识组织系统间的互操作研究,实施了许多积极而有成效的研究计划,而且一些研究成果也已在实践中得到应用。据司莉所做的调查,国内外已开展的数十项知识组织系统的互操作研究计划大致可以归为以下三类:

第一类是相同结构间的互操作研究,包括标题法之间、叙词表之间以及分类法之间的互操作研究。其中,叙词表之间和分类法之间的互操作研究占这类互操作研究的八成以上。

第二类是不同结构间的互操作研究,包括两种知识组织系统(比如叙词表与分类法、分类法与标题表)以及三种以上知识组织系统间的互操作研究。对多种知识组织系统间的互操作研究已成为今后研究的重点,也是互操作领域研究的发展趋势。

---

① 侯汉清,刘华梅,郝嘉树. 60 年来情报检索语言及其互操作进展(1949—2009). 图书馆杂志,2009(12)

② 白海燕. 传统知识组织工具管理软件的发展与评价. 现代图书情报技术,2008(9)

③ 司莉. 知识组织系统的互操作及其实现. 现代图书情报技术, 2007(3)

④ 侯汉清,刘华梅,郝嘉树. 60 年来情报检索语言及其互操作进展(1949—2009). 图书馆杂志,2009(12)

第三类是涉及两种语言以上的互操作研究,约有十多项。这一方面是各国文化的发展、不同文化之间的交流和融合发展的结果,另一方面也说明知识组织系统的互操作研究国际化和全球化的程度在不断加深。

语言障碍和异构系统是用户利用知识信息的最大阻碍,因此互操作也成为网络知识组织系统(NKOS)重点讨论的一项关键技术。① 其中,跨语言的互操作在美国和欧洲尤其受到重视,美国数字图书馆先导计划(Digital Library Initiative)中有许多项目就是解决语义互操作问题的。例如伊利诺伊大学主持的项目中关于概念空间与分类地图的研究,伯克利大学主持的项目中对于消除文字歧义的研究,卡内基·梅隆大学主持的项目中对于语音识别的研究以及加州大学圣塔巴巴拉分校关于图像的分割与聚类的研究,主要集中于人工智能、统计规律识别技术等,这些都属于语义研究或语义互操作研究范畴。欧洲的相关研究项目有 Renardus、MACS、Merimee 等,甚至尝试自动建立中、英文词表之间的映射。

异构系统间的互操作的目标是实现不同系统间的知识交换、共享和重用。这方面需要解决的问题除了跨语言、跨文化互操作(未来的数字图书馆系统将是联邦数字图书馆。即建立全球范围的数字图书馆系统,需要解决跨语言、跨文化的互操作问题,其中包括比较复杂的语言翻译问题)问题外,还有不同本体间的互操作(本体作为语义万维网建设的核心,为数字图书馆系统的语义互操作提供了解决方案,但其本身也存在着异构性,因此不同本体间的互操作也是数字图书馆系统互操作的一个方面),②以及各类知识组织系统安全性问题。

开展多语种知识组织系统互操作的研究,将有助于世界范围内信息资源的整合与共享,具有很大的现实意义。与国外互操作研究相比,我国这方面的研究一是起步较晚,二是研究的项目数量比较少,因此相应的实践成果也较少。目前已经开展的研究项目主要包括中医药一体化语言系统、AGROVOC 词表的中文翻译、《中图法》与 DDC 映射系统、教育集成词库构建系统、医学分类主题一体化系统建设、汉语科技词系统等。而涉及分类法与主题法之间的互操作的技术方式较为单一,主要为对照索引式的分类主题一体化词表。我国自 2001 年以来开展的知识组织系统互操作主要项目详见表 10 – 3:③

表 10 – 3　我国 2001 年以来知识组织系统互操作主要研究项目

时间	项目名称	研制单位/研制者	研究内容
2001 年	统一的中国医学语言系统	中国医学科学院医学信息研究所	建立了中国医学用语数据库,中国医学用语—医学主题词对应数据库和中国医学主题词—分类号数据库,并根据后两个数据库建立了"中国生物医学文献计算机辅助标引系统"
2001 年	用于自动分类的《中图法》知识库	南京农业大学侯汉清	以《中图法》为框架,以人工标引经验为基础,建立分类号、主题词、关键词之间的概念对应关系,从而实现对文献的自动标引和自动分类,进而实现概念检索

① 戴维民,包冬梅. 网络环境下信息组织的创新与发展:全国第五次情报检索语言发展方向研讨会论文综述. 图书馆杂志,2009(12)

② 储荷婷,张茵主编. 图书馆信息学. 人民大学出版社,2007

③ 刘华梅,侯汉清. 基于受控词表互操作的集成词库构建研究. 中国图书馆学报,2010(3)

续表

时间	项目名称	研制单位/研制者	研究内容
2002 年	AGROVOC 词表的中文翻译	中国农业科学院科技文献信息中心 常春等	在《农业科学叙词表》的基础上，完成了农业多语种叙词表（AGROVOC）的中文翻译，基本实现了《农业科学叙词表》与 AGROVOC 词表的映射
2003 年	中医药一体化语言系统	中国中医研究院中医药信息研究所	建立与 UMLS 功能相似的中医药学及相关学科的语言系统平台。该系统包括中医药词库和中医药学语义系统两个部分
2003 年	《中图法》与 DDC 的映射系统	南京农业大学 戴剑波	利用计算类目概念因素的相似度得到类目整体概念之间的相似度的原理，编制了《中图法》第 4 版与 DDC21 自动映射系统
2006 年	装备科技信息分类主题一体化系统建设	中国国防科技信息中心 龚昌明等	由装备科技信息分类法（7000 多类）与《国防科学技术叙词表》（6 万多条叙词）兼容对应
2006 年	教育集成词库构建系统	南京农业大学 刘华梅	采用各种实现不同词表间互操作的经验和方法，实现了多部分类表、叙词表到《中分表》的兼容，构建了教育集成词库
2007 年	医学分类主题一体化系统建设	中国医学科学院医学信息研究所	实现《医学对应表》与"医学主题词—分类号对照表"的整合，初步建立一个计算机化的可持续发展的中文医学分类主题一体化系统
2007 年	汉语科技词系统	中国科学技术信息研究所	构建一个汉语科技词汇内容的创建、管理、维护和应用的技术框架体系，实现科技词汇知识的开放加工和共享使用，为中文科技信息资源的内容处理提供词汇层面的语义支撑

综合本书知识组织系统的研究，我们将各种类型的知识组织系统粗略划分为两类，一类是传统知识组织系统，包括术语表、分类表、类目表、标题表、叙词表及其他情报检索语言与标引语言等；另一类是以形式化本体（以下简称本体）为代表的新型知识组织系统。与此相应同时也是为了论述的方便，本节将知识组织系统互操作也大致分为两类，一类是传统知识组织系统间的互操作，另一类是本体间的互操作。

二、传统知识组织系统间的互操作

（一）传统知识组织系统互操作的方法与方式①②

1. 继承/仿建法

继承是以现有的复杂的词表为原型来创建专业的或简单的词表。继承又可以分为扩展继承和限制继承两种。其中，扩展继承是以原知识组织系统整体为基础的扩展或是以原知

---

① 司莉.知识组织系统的互操作及其实现.现代图书情报技术,2007(3)
② 侯汉清,刘华梅,郝嘉树.60 年来情报检索语言及其互操作进展(1949—2009).图书馆杂志,2009(12)

识组织系统一部分为基础的扩展。如 OCLC 的 FAST(Faceted Application of Subject Terminology)研究计划采用与 LCSH 向上兼容的方式,旨在使 LCSH 的句法简单化,即在保留 LCSH 丰富词汇的前提下,使词表更易理解、控制和易用。

2. 翻译改编法

翻译/改编是从其他语言的词表翻译、改编形成自己的词表。许多非英语主题标目都是从 LCSH 翻译发展而来的,如 DDC 作为世界范围内使用最广泛的图书馆分类法,已被翻译成 30 多种文字(如表 10 - 3 所示,我国也曾翻译过其 21 版)。除此之外,许多国家还将美国 MeSH 译为本国语言,目前的译本有法、德、意、葡、俄、西、中、韩和日等多国语言,以建立跨语言的医学检索系统。如表 10 - 3 所示,2002 年我国在《农业科学叙词表》的基础上完成了农业多语种叙词表(AGROVOC)的翻译,基本实现了《农业科学叙词表》与 AGROVOC 词表的互操作。

3. 系列化分类表或集成词表法

系列化分类表或集成词表法是在一个系统内通过有效的组织实现系统内部兼容,如《中分表》作为我国用户最多、影响最广的分类主题一体化词表,不同程度上起到了兼容各种专业分类表和叙词表的作用。[①] 再如《军用主题词表》与 20 部专业词表实现了有效兼容,《国防科学技术叙词表》在编制机读版时将 11 部词表集成起来实现兼容,以及《中图法》编制的系列版本实现兼容等。

4. 卫星词表法

卫星词表法也称微词表法,即从较大的词表或分类表中抽取一部分作为新编专业词表的主体或构成部分。微词表的主导思想是将各专门化的词表作为一个上层结构的卫星表,新编词表与较大词表犹如子表和母表,兼容性较好,专业词表在大型词表结构内有机联系在一起。从最初的应用角度看,一个微词表是一组专门化的词汇,是从一个更大的词表中抽取出来的,所以能够与大词表兼容,而且可以完全被容纳在该大词表的等级结构中。如《立法词汇索引》(Legislative Indexing Vocabulary)就是由 LCSH 中立法相关的部分进行扩展而成的。

5. 宏词汇法

宏词汇的思想与微词表相似,但实现方法与其相反。宏词汇的想法仅是创造一种词的"属"的上层结构,它可以包括一组不同领域的叙词表或其他类型的词汇,各专业词表中的词在这一上层结构下互相联系起来。UMLS(Unified Medical Language System,一体化医学语言系统)采用的方法与宏词汇法相似。

6. 直接映射法

直接映射法是指直接在不同知识组织系统间的词语之间或者词语与分类号之间建立等价关系。如 OCLC 通过人工和统计方法建立了基于 MARC21 规范数据格式的互操作模式——LCSH/ERIC 间的直接映射,将 ERIC(美国教育资源信息叙词表)转换为 MARC21 格式,与 LCSH 进行匹配,建立起两者词汇间的链接关系,进而实现 ERIC 到 LCSH 的互操作。此外,DDC 与 LCC、DDC 与 MeSH、DDC 与 NLMC(《国家医学图书馆分类法》)也采用了直接映射方法。

---

① 刘华梅,侯汉清. 基于受控词表互操作的集成词库构建研究. 中国图书馆学报,2009(3)

7. 共现映射法

共现映射法是指为不同系统中的共现词汇而建立的映射。它通过知识组织系统词语在元数据记录中的共现关系建立术语间的映射关系,相当于整合词表模式,将多种或一个网络的所有检索语言或数据库的词汇混合按字顺排列,并注明某词出现在哪些词表或数据库中及其累计标引的频率。这种共用词典对选择数据库进行跨文档检索特别有用。OCLC 从 LCSH 到 LCC 的映射研究计划采用的就是这种方法,而且它已被美国一些主要的联机书目服务中心所采用。

与直接映射法相比,共现映射法是一种更为松散的映射方法。OCLC 在 DDC 与 LCSH 的映射中,采取了直接映射与共现映射相结合的方法。国内学者开展的基于文献语料的术语映射也是一种共现映射。①

8. 中心转换法

中心转换法是将参与互操作的多个知识组织系统映射到一个共同选定的中心知识组织系统上。这样,两个知识组织系统之间的互操作就可通过中心知识组织系统实现转换。如欧盟 Renardus 项目就是利用 DDC 作为转换中介词典,实现了跨库检索和浏览。此外,由英国 JISC(联合信息系统委员会)和美国 RSLP(研究支持图书馆计划)共同资助创建的 HILT(高层叙词表项目)也是以 DDC 作为映射转换中心,将现有的叙词表、标题表、分类法以及本地的词表与其映射,从而实现分类表与各词表及叙词表之间的互操作,最终达到资源共享的目的。②

9. 临时列表法

临时列表法是通过检索词与各个词表中的语词进行匹配,将完全相关或部分相关的词都显示在临时联合列表中。这个临时列表相当于各个词表的一个临时索引,可以实现不同知识组织系统之间简单的联合检索,从而达到资源共享的目的。虽然这种互操作方法的效率不是很高,不会被保存下来供以后使用,但实现起来相对比较简单。

10. 协议连接法

协议连接法指通过建立知识组织系统服务协议供其他应用程序访问,创建连接环境,实现知识组织系统的互操作。各种协议是信息交流的基础,不同系统间的互操作也需要由各种协议来实现信息交换和通信。如欧洲图书馆员会议(CENL)主办及赞助的 MACS 计划,就旨在通过创建连接管理系统与查询系统实现图书馆目录的多语言主题检索。该计划的领导者是瑞士国家图书馆,成员有法国国家图书馆、英国国家图书馆和德国国家图书馆,通过分析 3 种标题表(SWD、RAMEAU、LCSH)之间的匹配关系,建立三者间的等同连接,允许用户以各自语言同时查询这些图书馆的目录,以实现图书资源的共享。

需要强调的是,在知识组织系统互操作中可以采用的方法很多,而且有时甚至可以采用两种及其以上的方法。例如,美国加州大学 CERES 研究计划和美国国家生物信息基础(NBII)就分别采用了继承法与微词表法来创建集成环境的叙词表。

如果对以上方法进行归类,大致可以归为以下 4 种实现方式:一类是知识组织系统的演化;一类是知识组织系统的映射;一类是临时联合列表;一类是服务协议。其中,知识组织系

---

①　薛春香,乔晓东,朱礼军. KOS 互操作中的术语映射研究综述. 现代图书情报技术, 2010(2)

②　胡滨,吴雯娜. 国外知识组织系统互操作模式及方法研究. 情报科学, 2012(9)

统的演化是为了满足特定需求而对原有知识组织系统进行改造,二者形成对应关系,虽然它的初衷并不是以互操作为目的,但客观上却支持了互操作。对于独立创建的知识组织系统,映射和服务协议是实现知识组织系统互操作的主要方式,即当参与互操作的知识组织系统比较明确,如在几个特定的机构间进行资源共享时,映射方式比较适用;而当参与互操作的知识组织系统并不明确,如知识组织系统的拥有者只是希望提供一种知识组织服务而并不明确自身的知识组织系统要与哪些知识组织系统进行互操作时,协议方式较为合适。而临时联合列表则基于对查询提问的字面匹配,互操作的效率和准确性不是很高,但实现起来比较简单。需要指出的是,在具体的资源共享活动中需要根据互操作方式的特点和适用范围从自身实际出发来选择合适的方式。知识组织系统各种互操作方式的比较如表 10－4 所示:①

表 10－4　知识组织系统互操作实现方式比较

实现方式	KOS 演化	KOS 映射	服务协议	临时联合列表
以实现互操作为目的	否	是	是	是
参与的 KOS 是否独立生成	否	是	是	是
是否保存映射或连接	是	是	是	否
参与的 KOS 个数是否固定	是	是	否	否
实现的自动化程度	手工	人机	协议	机器
适用范围	KOS 的改造和利用	互操作	知识组织服务	简单联合检索

(二)传统知识组织系统互操作的实例

在前述知识组织系统互操作方法之一的中心转换法中,我们提到的欧盟 Renardus 项目是信息社会技术项目、欧盟第五框架计划项目的组成部分,参与者有丹麦、芬兰、德国、法国、瑞典、英国等 7 个国家的国家图书馆、研究中心及主题网关等机构,由荷兰国家图书馆负责协调工作。参与项目的 10 多个主题网关采用的分类体系不尽相同,主要有 DDC、LCC 以及专业分类法(如 Ei 分类法)与本地网关自编的分类法(如荷兰基础分类法 BC、德国哥廷根联机分类法 GOK)等。项目的宗旨是开发集成式的网络信息资源门户,使用户通过一个单一的界面就能跨库浏览和检索遍布欧洲的分布式主题网关内的网络学术资源。其建立的门户网站共收录资源 64 000 多条,选用 DDC 作为不同分类法的共同交换语言,将各个对象网关的分类法映射到 DDC 上,并将资源按 DDC 的等级显示出来。在每个等级上还用扇形图(Graphical Navigation Overview)对所含类目进行形象直观的描述,并选用 DC 统一描述资源。

Renardus 项目成果实现了基于 DDC 的跨库浏览,方法是定义了 5 种从 DDC 到局部分类体系的映射关系,即完全对等(Fully Equivalent)、下位概念关系(Narrower Equivalent)、上位概念关系(Broader Equivalent)、大部分重合概念关系(Major Overlap)以及小部分重合概念关系(Minor Overlap),并采用德国 CARMEN 项目开发的映射工具 CarmenX。CarmenX 映射工具是基于 Web 的,服务器端需要 MySQL、Apache web 服务器、JavaScript 以及 php scripts 等软件,参与创建映射的每一个主题网关需要提供各自分类体系的机读版并英语化。此外,Car-

---

① 王军. 数字图书馆的知识组织系统:从理论到实践. 北京大学出版社,2009

menX 映射工具还便于生成正确语法的映射信息。① CarmenX 用户界面由 3 个主窗口组成，如图 10 – 11 所示：

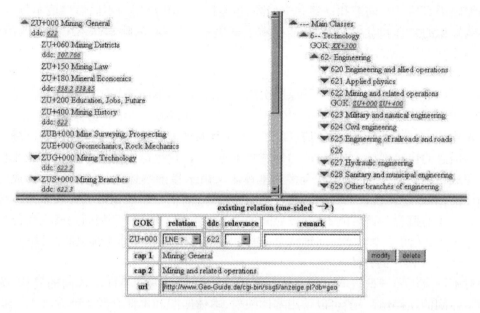

图 10 – 11　映射工具 CarmenX 界面显示图

图 10 – 11 显示的是德国哥廷根联机分类法（GOK）与 DDC 的映射关系。其中，窗口 1（左上部分）显示的是各主题网关局部分类体系，窗口 2（右上部分）显示的是 DDC 类目的显示和导航，两者的映射关系以超链接方式对应显示在窗口 1 和窗口 2 各自的分类体系中，窗口 3（下半部分）显示映射结果，包括映射关系、注释、类名以及 URL 地址等内容。将映射信息存储在 MySQL 数据库中，然后将其导入 Renardus 主系统，用以生成浏览页面上的映射链接。由 OCLC 以 XML 编码数据文件方式传递 DDC，包括文件类型定义、属性信息和关于等级层次的附加信息等，利用这些文件生成初步完整的等级结构页面，便于用户通过 DDC 浏览。

Renardus 跨库浏览的目的是允许用户通过 DDC 等级主题导航并从中选择类别，跳跃到本地网关中的相关（映射）类别与资源。用户浏览的每个页面的上半部分显示在 DDC 等级体系中的可用类目，包括所有的上位类目和下位类目，下半部分列出网关中收录相关资源的链接，包括本地类目的类名、分类号等。可通过 DDC 扇形图形象地显示出所选类周围的所有可用类目，并用突出颜色显示所选类目。即用户只要通过浏览与检索 DDC 界面，选取类别，就会显示映射的其他局部分类法，再通过链接实现跨库检索各主题网关的学术资源。

三、本体间的互操作

关于本体间的互操作，当前学界普遍存在这样一种看法，即本体只要采用了 W3C 推荐的编码语言 OWL 或 SKOS，遵循统一的描述标准规范，本体之间的互操作问题也就随之解决

---

①　李育嫦. 分类法映射在学科信息门户交叉浏览中的应用：以 Renardus 为例. 图书馆学研究，2006（10）

了。而实际上由于不同的应用领域所采用的编码语言的基本词汇(术语)和标签(相当于元数据标准中的元素)不可能做到完全一致,所以本体系统之间仍不可避免地存在差异,即使使用的编码语言的基本词汇和标签完全相同,也会因人对其使用的不同而造成本体的异构,从而影响知识的共享和重用。因此,从根本上解决本体异构、消除本体系统之间的障碍,还需通过本体互操作来实现。

(一)本体互操作概述

在知识科学界,本体被视为一种深层次的知识,可以为不同的知识系统乃至其他系统之间的知识或资源共享和互操作提供手段。[①] 由于分布式环境(如语义万维网)中,信息的表示是结构化的,本体可以用来描述信息的语义,其目的是为了知识的共享和复用。随着语义万维网中信息的快速增长,本体应用的领域越来越广,数量也越来越多。由于单个本体不能有效地完成目标任务,因而需要联合多个本体。又由于目前本体的构造还没有形成统一的标准和规范,所以还存在着不同的领域有不同的本体,同一个领域也可以存在多个本体之现象。这些本体的概念分类可能不同,概念间的关系也可能不同,并且相同的概念可能用不同的术语来表示,从而导致本体之间结构上、语义上的冲突,造成本体系统之间的异构。

(二)本体互操作的方法

面对不同应用领域日益增多的本体系统以及同一领域内的不同本体间的异构,为了实现异构本体间的互操作,一般可以采用本体映射、本体匹配和本体合并3种方法。[②] 其中,本体映射是目前本体互操作问题的最有效的解决方法之一。

1. 本体映射

由于本体之间的异构通常表现为语义上的不匹配和语法上的不匹配,所以解决本体异构的关键就是建立本体之间的映射。在目前国内外开展的本体映射(Ontology Mapping)研究中,有的重点讨论概念的映射,有的重点研究术语的映射,有的重点分析本体的语义相似度计算等,其实这些都是异构本体表现在不同层次的互操作问题。在本体建设初期,研究者们只能局限于手工完成本体之间的映射,然而手工构建本体之间的映射是一个十分繁杂的过程,因此如何半自动或自动构建本体之间的映射就显得尤为重要。本体映射的自动化构建涉及领域非常广,包括机器学习、自然语言处理、人工智能等,因此本体映射的半自动或自动构建也是当前研究的一个热点和难点。[③]

本体映射是本体语义集成的一种常用方法,是指两个本体存在语义级的概念关联,通过语义关联,实现将源本体的实例映射到目标本体的过程。本体映射可以解决不同本体间的知识共享和重用,其目的是找出不同本体中实体之间的语义关联,而且将其形式化地表达出来。即给定两个本体 A 和 B,对于 A 中的每一个实体,设法在 B 中找到与其有相同或最为相近的语义实体,这些实体包括本体中的类、属性以及类的实例等。Marc Ehrig 给出了一个形式化的本体映射函数:

Map: $O_1 \rightarrow O_2$

如果 $sim(e_1, e_2) > s$, $map(e_1) \rightarrow e_2$,其中,e_1 和 e_2 分别是两个本体中的实体,$sim(e_1, e_2)$

---

① 曾新红. 中文叙词表本体:叙词表与本体的融合. 现代图书情报技术, 2009(1)

② 李冠宇等. 基于映射的实例转换研究. 计算机工程与应用, 2010(6)

③ 李选如,何洁月. 语义集成:本体映射方法研究. 计算机技术与发展, 2007(2)

是这两个实体之间的相似度,s 是相似度阈值。

同时 Marc Ehrig 和 York Sure 总结归纳并给出了本体映射的 6 个过程:

(1)特征提取:提取用于计算相似度的特征,如概念、属性名称等;

(2)选择用于映射的概念对;

(3)进行相似度计算;

(4)相似度整合:通常有多种方法可以衡量本体实体之间的相似度,得出多种相似度值,因而要对各相似度进行综合考虑,从而得到一个整体上的相似度;

(5)优化:第(4)步结束后,已经得到待映射的各个实体之间的初始相似度,这时一般需要人工干预,利用领域知识,对其进行调整优化;

(6)迭代第(1)步到第(5)步,直到达到满意结果。

目前,国内外已经开发了一些较为成熟的本体映射系统,国外的有 GLUE、MAFRA、S-Match、COMA 等,国内的有 RiMOM、Falcon 等。其中,GLUE 是美国华盛顿大学的 AnHain Doan 等人于 2004 年提出的一种本体映射系统,在语义万维网环境下利用概念的实例作为计算概念相似度的依据进行本体映射。GLUE 利用机器学习对概念的实例进行分类,然后利用实例在概念间的联合分布概率计算概念间的相似度来确定映射关系。MAFRA 于 2002 年由德国卡尔斯鲁厄大学和葡萄牙 GECAD 联合研发,是语义万维网上的一种分布式本体映射框架,而且是一个相互作用的动态框架。[①] MARFA 能够进行概念和属性的转换。它的主要目的是将源本体的实例转换成目标本体的实例。它将待映射的本体统一为 RDF(S),采用多策略的学习方法,并参考 WordNet 的同义词集来计算本体中概念的相似度。此外,MAFRA 还构建了一个语义桥本体,该本体封装了一切用于源本体和目标本体进行映射的信息。通过这个本体,来完成源本体和目标本体之间的映射。同时,MAFRA 也借鉴了 Prompt(2000 年由美国的斯坦福大学医药信息研究小组开发的一个多本体管理的工具包,即本体合并和交互的工具包)中的方法,定义了一个人机交互的界面,用户可以干预映射过程。而国内的 RiMOM(Risk Minimization based Ontology Mapping)则是基于贝叶斯决策理论提出的风险最小化的本体自动映射模型。该方法将映射发现问题转换成风险最小化问题,同时支持多种类型的发现,综合利用本体中的各种信息,实现多策略的本体映射。此外,RiMOM 还支持用户交互以有效提高映射的精度。[②]

与元数据映射关系类似,本体间的映射关系也包括一对一、一对多、多对一以及多对多的映射等,其中最简单也是最常用的映射关系是一对一的映射。[③]

由图 10 - 12 可以看出,本体 Faculty 中的属性 Nationality、Birthday 和本体 Staff 中的属性 Country、Age 都是一对一的映射关系,差别在于 Birthday 和 Age 并非简单的等价关系,需要进行相应的转换。而本体 Staff 中的属性 First Name 和 Last Name 与本体 Faculty 中的属性 Name 之间就是多对一的关系。由此可见,本体映射要确定不同的本体怎样被映射或怎样被互相关联。它是本体间概念和关系取得一致性的一个规范说明。其中,发现语义关联是本体映射中最为重要的过程。

① 李雯. 异构本体多角度映射机制研究［硕士学位论文］. 山西太原理工大学, 2006

② 唐杰等. 语义 Web 中的本体自动映射. 计算机学报, 2006(11)

③ 于光杰, 胡静娴, 朱天. 本体映射技术研究. 福建电脑, 2008(10)

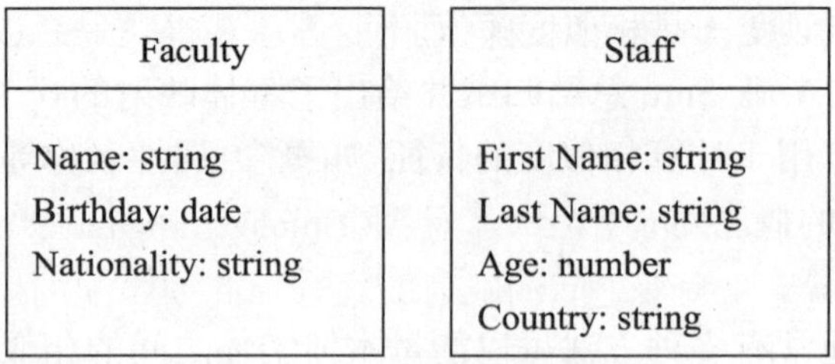

Faculty	Staff
Name: string	First Name: string
Birthday: date	Last Name: string
Nationality: string	Age: number
	Country: string

图 10 – 12　简单本体映射关系

有些学者对于本体间的映射研究是从本体本身的定义出发的。如 Gruber 定义了一个典型的本体由 O(C,I,R,F,A)五元组表示。这里,C 表示概念集合,即抽取出来用来描述事物对象的集合;I 表示概念的实例,代表元素,从语义上讲实例表示的就是对象;R 为定义在概念集合上的关系集合;F 为定义在概念集合上的函数集合;而 A 则表示公理集合,用于约束概念、关系、函数的一阶逻辑谓词集合。根据该定义,本体的映射类型可以分为:

(1)类映射:概念—概念,即源本体类名和目标本体类名的映射;

(2)属性映射:属性—属性,即源本体属性名和目标本体属性名的映射;

(3)关系映射:关系—关系,即源本体关系名和目标本体关系名的映射(此时将关系和属性视为同义词);

(4)复合映射:复合源本体表达式与复合目标本体表达式之间的映射。

若按本体定义模型,本体映射的方法可以分为:

(1)基于语法的方法;

(2)基于概念实例的方法;

(3)基于概念定义的方法;

(4)基于概念结构的方法。

若按映射采用技术,本体映射的方法可以分为:

(1)基于规则的方法;

(2)统计学的方法;

(3)机器学习的方法。

需要指出的是,按本体定义模型划分的本体映射方法参照了本体定义的不同部分,而在按映射采用技术划分的本体映射方法中,每种映射方法往往是多种技术和多种参照对象的结合。在实际本体映射过程中,准确率通常是评价映射质量的重要指标,因此为了提高映射的准确率,各种本体映射并不是采取单一的方法,而通常是结合前面提到的各种方法和技术。同时,还能采取多种策略和措施来提高映射的准确率。[①]

影响本体映射效果的因素主要有两个:一是映射本体之间的异构程度(这与语义互联负相关,即异构程度越高,映射的难度就越大,语义互联就越难);二是本体映射方法的成熟程度(这与语义互联正相关,即成熟度越高,映射的效率就越高,语义互联程度就越好)。[②] 其次,要实现本体映射过程的自动化,系统可以通过机器学习或其他技术实现对结果的自动修

---

①　黄烟波等 . 本体映射方法研究 . 计算机工程与应用,2005(18)

②　毕强,牟冬梅,韩毅 . 下一代数字图书馆知识组织 . 吉林教育出版社,2009

正和完善,而当两个本体使用半自动化或自动化的方法获得映射后,就可利用映射来实现本体匹配甚至本体合并了。

2. 本体匹配

本体匹配(Ontology matching)又称本体对齐(Ontology alignment)。两个不同本体的匹配是指两个系统的概念、属性或关系之间的映射的集合。此处匹配的概念、属性或关系可以认为是等值的。值得注意的是,本体匹配并不是关系实体间关系的集合,而是映射的集合。有时为了便于匹配两个系统,必须引入新的子类或父类,但在匹配的过程中,不需改变任何一个本体系统的公理、定义、证明或计算。① 从本体匹配的概念上可以看出,本体匹配方法实际上就是找到所有的映射的方法,一般多为半自动化的方法。本体匹配将两个本体正确地连接起来,可以用于多个本体的联合查询。即本体匹配为不同本体之间的交互提供了一种互操作性,而这种互操作性可以实现诸如信息集成和分布式查询处理等功能。前文所述的RiMOM就是一个基于最小风险本体映射模型的本体匹配系统,该系统的另一个特点是可以发现多对多的匹配结果。

3. 本体合并

本体合并(Ontology Merging)是指在两个不同的本体 A 和 B 中发现共同之处并产生一个新的本体 C,它有助于实现分别基于本体 A 和本体 B 的系统之间的互操作。本体 C 可以只作为两个本体系统的中间本体,也可以取代本体 A 或本体 B。本体合并一般只用于本体构建过程中将多个本体合并为大本体,或是本体维护阶段将一个迷你本体(mini-ontology,小部分概念和关系)合并到原本体中以对本体进行更新。除了这两种情况,学界提出的本体集成多数是指本体匹配。本体合并与本体匹配最大的区别在于,本体匹配并不生成新的本体,只是在原有的需要匹配的本体之间建立一个映射集合来达到本体互操作,而本体合并则在原有本体的基础上根据实际应用的需要生成一个新的本体。②

本体合并的方法是得到映射后根据应用需要执行映射合并本体,并在执行之后进行后处理。目前,本体合并的方法主要有基于范畴论(Category)的方法和基于 FCA(Formal Concept Analysis,形式化概念分析)的方法。范畴论和 FCA 都是抽象处理结构和结构间关系的理论。与集合论相比,范畴论具有更高的抽象性和更强、更直观的表达能力(而大多基于集合论的本体描述方法,其缺陷一是抽象程度不够导致本体的重用率降低,二是对某些问题域语义的表达复杂晦涩,不够直观)。基于范畴论的本体描述方法可在某种程度上实现自动的本体集成,本体及本体之间的映射构成了范畴,利用范畴论的“态射”方法实现本体映射,“外推”方法实现本体合并,因而利用本体“外推”也是本体合并的一种方法。③

FCA 是应用数学的一个分支,它源自哲学领域对概念的理解。概念格作为 FCA 方法中核心的数据结构,从外延和内涵两方面对概念进行符号形式化描述,实现计算机可理解的语义信息。采用 FCA 技术进行本体的构建、合并、三维可视化展示,可提高用户在合并本体中

①　储何婷,张茵主编. 图书馆信息学. 人民大学出版社,2007
②　于娟,党延忠. 本体集成研究综述. 计算机科学,2008(7)
③　杨先娣,何宁,吴黎兵. 基于范畴论的本体集成描述. 计算机工程,2009(6)

的查询效率。① 但是,FCA 对同义词(近义词)关系分析不够,生成的本体语义信息也不够丰富,这些都对以后利用本体进行推理带来很大不便,因而 FCA 方法仅适用于处理轻量级本体(即不具备逻辑推理功能的本体,如叙词表和 WordNet)。

综上所述,本体不仅是语义万维网环境下人和机器、程序间知识交流的语义基础,而且也是解决资源组织工具互操作特别是其语义互操作问题必不可少的重要工具。创建本体的目的是为了让机器可理解语义从而促进知识的共享和重用,然而由于各单位构建本体的局限性和不同本体之间的个体丰富性,本体间的语义冲突将不可避免地存在,因而解决本体间语义冲突的本体映射等方法就成为本体研究领域的重要组成部分。与传统知识组织工具间的互操作相比,本体间的互操作还不够成熟。同元数据标准间的互操作一样,本体间互操作问题的解决也涉及很多方面,将是一个复杂、长期的过程。相信随着本体技术和语义万维网研究的深入,本体间的互操作问题将会得到更好的解决。

---

① 张瑞玲,徐红升,沈夏炯. 基于 FCA 的本体原型系统的设计与实现. 计算机工程与应用,2008(19)

参考文献

第一章

1 IFLA Cataloguing Principles: the Statement of International Cataloguing Principles (ICP) and its Glossary in 20 Languages. http://www. ifla. org/en/publications/statement-of-international-cataloguing-principles

2 国际图书馆协会和机构联盟编；顾犇翻译. 国际标准书目著录(统一版). 北京图书馆出版社(今国家图书馆出版社)，2008

3 DCMI Type Vocabulary. http://dublincore. org/documents/dcmi-type-vocabulary/

4 肖希明主编. 信息资源建设. 武汉大学出版社，2008

5 王松林编著. 信息资源编目(修订本). 北京图书馆出版社(今国家图书馆出版社)，2005

6 王松林. 图书馆组织对象及其层次研究. 中国图书馆学报，2010(1)

7 Crawford W, Gorman M. Future libraries: dreams, madness & reality. American Library Association, 1995

8 叶鹰，金更达. 基于元数据的信息组织与基于本体论的知识组织. 大学图书馆学报，2004(4)

9 Taylor A G, Joudrey D N. The organization of information. 3rd ed. Libraries Unlimited, 2009

10 王松林. 信息组织及其与主题编目等的关系. 图书馆杂志，2009(3)

11 Hodge G. Systems of knowledge organization for digital libraries : beyond traditional authority files. http://www. clir. org/pubs/reports/pub91/contents. html

12 张有志，王军. 基于 Folksonomy 的本体构建探索. 图书情报工作，2008(12)

13 毕强，牟冬梅，韩毅. 下一代数字图书馆知识组织. 吉林教育出版社，2009

14 王松林编著. 现代文献编目. 书目文献出版社(今国家图书馆出版社)，1996

15 顾犇. 《国际标准书目著录》及其最新发展. 国家图书馆学刊，2006(3)

16 American Library Association … [et al.] Anglo-American cataloguing rules. 2nd ed. ALA, 1978

17 Joint Steering Committee for Revision of AACR. Anglo-American cataloguing rules. 2nd ed. , 1988 rev. Canadian Library Association, 1988

18 Taylor A G. The organization of information. 2nd ed. Libraries Unlimited, 2004

19 张瑞莲. 各种元数据并存是信息资源组织的发展趋势. 图书馆杂志，2008(4)

20 王松林. DC-Lib: 我国数字图书馆元数据的首选. 中国图书馆学报，2004(1)

21 肖珑，赵亮. 中文元数据概论与实例. 北京图书馆出版社(今国家图书馆出版社)，2007

22 Vizine-Goetz D. Using library classification schemes for Internet. http://www. oclc. org/

23 刘春艳，陈淑萍，伍玉成. 基于 SKOS 的叙词表到本体的转换研究. 现代图书情报技术，2007(5)

24 图书馆 2.0 工作室编. 图书馆 2.0: 升级你的服务. 北京图书馆出版社(今国家图书馆出版社)，2008

25 赖茂生，屈鹏，谢静. 知识组织最新研究与实践进展. 图书情报工作，2009(2)

26 Guidelines for multilingual thesauri. http://archive. ifla. org/VII/s29/pubs/Draft-multilingualthesauri. pdf

27 李育嫦. 网络数字环境下知识组织体系的发展现状及未来趋势. 情报资料工作，2009(2)

28 司莉. 知识组织系统的互操作及其实现. 现代图书情报技术，2007(3)

29 徐静，孙坦，黄飞燕. 近两年国外本体应用研究进展. 图书馆建设，2008(6)

第二章

1 叶再生. 编辑出版学概论. 湖北人民出版社，1988

2　Wellish. 书目控制论：情报检索的一种理论. 吉林图书馆学会会刊, 1981(6)

3　王松林编著. 现代文献编目. 北京图书馆出版社(今国家图书馆出版社), 1996

4　许锦主编. 图书在版编目手册. 人民出版社, 1994

5　岳志正. 让 CIP 走进互联网. 全国新书目, 2001(4)

6　贾宇群, 侯汉清. 中文图书在版编目数据中分类标引的质量评析. 山东图书馆学刊, 2009(5)

7　贾宇群, 胡梅香. 中文图书在版编目数据中主题标引的质量分析. 图书馆理论与实践, 2008(1)

8　戴维民[等]. 文献信息数据库建库技术. 北京图书馆出版社(今国家图书馆出版社), 2001

9　杨兰芝, 田昊, 曾照云. CIP 存在的问题与 ECIP 计划的实施. 现代情报, 2007(6)

10　Tabb, W. The role of national libraries in the digital world // 21 世纪大学图书馆的新使命. 北京大学出版社, 1998

11　张耀蕾. 中美在版编目的比较研究. 图书馆学研究, 2008(5)

12　刘炜[等]. 数字图书馆引论. 上海科学技术文献出版社, 2000

13　张轴材[等]. 数字图书馆的实践探索 // 数字图书馆——新世纪信息技术的机遇与挑战国际研讨会论文集. 北京图书馆出版社(今国家图书馆出版社), 2002

14　陈源蒸. ECIP 的实现及其意义. 全国新书目, 2001(9)

15　王松林. 20 世纪文献编目学 // 20 世纪图书馆学情报学. 北京图书馆出版社, 2002

16　陈源蒸编著. 中文图书 ECIP 与自动编目手册. 北京图书馆出版社(今国家图书馆出版社), 2003

17　《国家数字复合出版系统工程》标准研制工作方案(征求意见稿). 2008

18　国家图书馆发展研究院. 转型期图书馆工作研究. 北京图书馆出版社(今国家图书馆出版社), 2003

19　CY/T 62—2009　中华人民共和国新闻出版行业标准　中文图书标识规则. 中国书籍出版社, 2010

20　徐萍等. 数字报刊与跨媒体出版. 中国传媒科技, 2006(1)

21　陈源蒸. 在图书排版过程中实现"自动编目". 数字图书馆论坛, 2006(3)

22　王松林. 图书馆实体信息资源组织的两大发展路径. 中国图书馆学报, 2009(4)

第三章

1　国际图书馆协会和机构联盟编; 顾犇翻译. 国际标准书目著录(统一版). 北京图书馆出版社, 2008

2　American Library Association, et al. Anglo-American cataloguing rules: North-American text. ALA, 1967

3　北京图书馆编. 中文普通图书统一著录条例(试用本). 北京图书馆出版社(今国家图书馆出版社), 1981

4　黄俊贵主编. 中国文献编目规则. 广东人民出版社, 1996

5　王松林编著. 信息资源编目(修订本). 北京图书馆出版社(今国家图书馆出版社), 2005

6　ISBD 评估组推荐; 国际图联编目组常设委员会通过; 顾犇翻译. 国际标准书目著录(2011 年统一版). 国家图书馆出版社, 2012

7　Joint Steering Committee for Revision of AACR. Anglo-American cataloguing rules. 2nd ed. , 1998 rev. Canadian Library Association, 1998

8　顾犇主编. 西文文献著录条例(修订扩大版). 科学技术文献出版社, 2003

9　富平, 黄俊贵主编. 中国文献编目规则(第二版). 北京图书馆出版社(今国家图书馆出版社), 2005

10　国际编目原则会议最初公告 // 1961 年国际编目原则会议论文选译. 中国科学院图书馆, 1962

11　Library of Congress. Network Development and MARC Standards Office. MARC21 concise format for bibliographic data. http://leweb. loc. gov/marc/bibliographic/ecbdhome. html

12　国家图书馆编. 新版中国机读目录格式使用手册. 北京图书馆出版社(今国家图书馆出版社), 2004

13　冯会勤, 高志鹏. 文献代码语言及其检索方法研究. 图书馆学刊, 2010(1)

14　王松林. CNMARC 格式代码信息研究. 图书馆学研究, 2001(2)

15 黄梦洁，朱青青，孙凤玲．两岸中文图书机读目录格式比较研究 // 变革时代的文献编目：第二届全国文献编目工作研讨会论文集．国家图书馆出版社，2010

16 彭斐章，陈红艳．改革开放 30 年来目录学实践的回顾与思考．中国图书馆学报，2009(4)

17 朱芊．全国中文机读书目主题标引格式问题分析．中国图书馆学报，2002(1)

18 刘炜．建设 2.0 版的图书馆集成管理系统．数字图书馆论坛，2007(4)

19 王松林．从 FRBR 看编目条例及机读目录格式的变革路向．中国图书馆学报，2004(6)

20 MARC XML Architecture. http://www. loc. gov/standards/marcxml/marcxml-architecture. html

21 MarcXchange. http://www. bs. dk/marcxchange/

22 ISO 2709. Information and documentation--Format for information exchange

第四章

1 王松林．网络资源的"在版编目"．图书情报工作，2004(11)

2 Gorman, M. Metadata or cataloguing? : A false choice. Journal of internet cataloging, 1999(1)

3 吴建中主编．DC 元数据．上海科学技术文献出版社，2000

4 谢尔曼 C，普赖斯 G 著．看不见的网站：Internet 专业信息检索指南．辽宁科学技术出版社，2003

5 周宁．信息组织(第二版)．武汉大学出版社，2004

6 王松林编著．信息资源编目(修订本)．北京图书馆出版社(今国家图书馆出版社)，2005

7 赵亮．元数据规范应用框架与编码 // 元数据与图书馆．上海科学技术文献出版社，2005

8 李国辉，汤大全，武德峰编著．信息组织与检索．科学出版社，2003

9 高文[等]著．数字图书馆：原理与技术实现．清华大学出版社，2000

10 数字式中文全文文献通用格式(修改稿)．广东省中山图书馆，2000 - 01 - 22

11 Guidelines for electronic text encoding and interchange. http://www. tei-c. org/Guidelines/

12 董坚峰，张少龙．国内外全文文献数据描述发展研究．图书馆学刊，2009(9)

13 张晓林主编．元数据研究与应用．北京图书馆出版社(今国家图书馆出版社)，2002

14 吴志荣著．数字图书馆：从理念走项现实．学林出版社，2000

15 Zeng M L, Qin J. Metadata. Neal-Schuman, 2008

16 储荷婷，张茵主编．图书馆信息学．中国人民大学出版社，2007

17 DCMI Metadata Terms. http://dublincore. org/documents/2008/01/14/dcmi-terms/

18 陈源蒸．中文图书自动编目系统应用 DC 元数据的几点思考．图书馆学刊，2005(2)

19 吴建中．战略思考：图书馆发展十大热门话题．上海科学技术文献出版社，2002

20 史田华等．信息组织与存储．东南大学出版社，2003

第五章

1 Gorman, M. Metadata or cataloguing? : A false choice. Journal of internet cataloging, 1999(1)

2 吴建中主编．DC 元数据．上海科学技术文献出版社，2000

3 Gorman M. Cataloguing in an electronic age. Cataloging and Classification Quarterly, 36(3/4)

4 王松林．电子资源的书目控制：Michael Gorman 电子资源书目控制观评述．中国索引，2004(2)

5 肖珑，赵亮主编．中文元数据概论与实例．北京图书馆出版社，2007

6 王松林．网络资源的特点与 MARC 编目方法新探．图书馆学刊，2003(5)

7 国家图书馆编．新版中国机读目录格式使用手册．北京图书馆出版社(今国家图书馆出版社)，2004

8 Taylor A. G. , Joudrey D. N. The organization of information. 3rd ed. Libraries Unlimited, 2009

9 吴建中．战略思考：图书馆十大热门话题．上海科学技术文献出版社，2002

10　Guenther, Rebecca. DC-Library application profile：DC-Lib. http：//dublincore. org/documents/2002/09/24/library-application-profile/

11　王松林. DC-Lib：我国数字图书馆元数据的首选. 中国图书馆学报，2004(1)

12　DCMI-Libraries Working Group. DC-Library Application Profile：DC-Lib. http：//dublincore. org/documents/2004/09/10/library-application-profile/

13　王松林. 新版 DC-Lib 的体例结构及其内容. 图书馆杂志，2006(3)

14　中国国家图书馆. 中文元数据方案，2002

15　宛玲，吴振新，郭家义. 数字资源长期战略保存的管理与技术策略：中欧数字资源长期保存国际研讨会综述. 现代图书情报技术，2005(1)

16　李丹，向菁. 协作与实践：数字资源长期保存工具与方法. 图书馆理论与实践，2009(11)

17　eXtensible Markup Language (XML) Document Type Definition for Dublin Core Simple. http：//www. ukoln. ac. uk/interop-focus/activities/z3950/int_progile/bath/draft/Appendix_D_XML_DTD. htm

18　Aitken P G 著；谢君英译. 微软 XML 技术指南. 中国电力出版社，2003

19　Johnston P，et al. Simple DC XML Schema. http：//dublincore. org/schemas/xmls/simpledc20021212. xsd

20　The Dublin Core Element Set v1. 1 namespace providing access to its content by means of an RDF Schema. http：/dublincore. org/2003/03/24/dces#

21　王松林. 元数据规范的定义与描述语言. 数字图书馆论坛，2007(9)

22　臧国全. XML 及其在虚拟图书馆建设中的应用研究. 图书情报知识，2001(2)

第六章

1　《中图法》编委会.《中国分类主题词表》(第二版)及其电子版手册(今国家图书馆出版社). 北京图书馆出版社，2006

2　侯汉清，马张华. 主题法导论. 北京大学出版社，1991

3　张琪玉. 情报语言学词典. 北京图书馆出版社(今国家图书馆出版社)，2001

4　张燕飞. 信息组织的主题语言. 武汉大学出版社，2005

5　卢秀菊. 中文主题标目与标题表中文主题标目与标题表. 中国图书馆学会学报，1997(12)

6　张琪玉. 情报语言学基础(增订二版). 武汉大学出版社，1997

7　戴维民. 情报检索语言综论. 军事谊文出版社，1992

8　马张华. 信息组织(第二版). 清华大学出版社，2003

9　曹树金，罗春蓉. 信息组织的分类法与主题法. 北京图书馆出版社(今国家图书馆出版社)，2000

10　CALIS 联机合作编目中心. 西文文献主题标引原则.　http：//www. calis. edu. cn/calis/lhml/lhml. asp?fid = fa0320&class = 2

11　《中分表》Web 版简介. http：//clc. nlc. gov. cn/ztfzfbweb. jsp

12　侯汉清，李华.《中国分类主题词表》(第二版)评介. 国家图书馆学刊，2006(2)

13　GB/T 3860—2009. 文献主题标引规则. 中国标准出版社，2009

第七章

1　张琪玉. 情报语言学词典. 北京图书馆出版社(今国家图书馆出版社)，2001

2　戴维民主编. 信息组织(第二版). 高等教育出版社，2009

3　俞君立，陈树年. 文献分类学. 武汉大学出版社，2001

4　戴维民. 情报检索语言综论. 军事谊文出版社，1994

5　曹树金，罗春蓉. 信息组织的分类法与主题法. 北京图书馆出版社(今国家图书馆出版社)，2000

6　孔晨妍，侯汉清．《中国图书馆分类法》类目更新途径之探讨 // 分类法研究与修订调研报告．北京图书馆出版社(今国家图书馆出版社)，2007

7　纪陆恩，庄蕾波．境外合作编目理论与实践．海洋出版社，2007

8　文岗咨询股份有限公司．WebDewey in Connexion：线上杜威分类法第22版系统使用说明．http://lib. fju. edu. tw/db/intro/WebDewey. ppt

9　马张华．信息组织(第二版)．清华大学出版社，2003

10　《中图法》网站．http://clc. nlc. gov. cn/

11　《中图法》编委会．《中国分类主题词表》(第二版)及其电子版手册．北京图书馆出版社(今国家图书馆出版社)，2008

12　《中图法》编委会．《中国图书馆分类法》(第四版)使用手册．北京图书馆出版社(今国家图书馆出版社)，1999

13　ALA Annual, Dewey Breakfast Update-July 11, 2009. Representation of DDC in MARC 21 Bibliographic Format：An Update. http://www. oclc. org/dewey/news/conferences/default. htm

第八章

1　Gruber T A. Translation approach to portable ontology specifications. Knowledge Acquisition, 1993(5)

2　Allemang D, Hendler J. 实用语义网：RDFS 与 OWL 高效建模(英文版)．人民邮电出版社，2009

3　司莉著．KOS 在网络信息组织中的应用与发展．武汉大学出版社，2007

4　李景．主要本体表示语言的比较研究．现代图书情报技术，2005(1)

5　阮明淑，温达茂．Ontology 应用于知识组织初探．佛教图书馆通讯(台)，32

6　曾蕾．知识组织系统 // 知识技术及其应用．科学技术文献出版社，2006

7　顾金睿，王芳．关于本体论的研究综述．情报科学，2007(6)

8　寇鹏飞．古希腊哲学本体论探寻．黑龙江教育学院学报，2006(1)

9　Fensel D. The semantic Web and its languages. IEEE Computer Society, 2000(6)

10　郁书好，郭学俊．基于语义 Web 的本体及本体映射研究概述．微机发展，2005(8)

11　何克清等．本体元建模理论与方法及其应用．科学出版社，2008

12　Gómez-Pérez A, Benjamins R. Applications of ontologies and problem solving methods. AI Magazine, 20(1) B. Spring 1999

13　张琪玉．情报检索语言学基础．武汉大学出版社．1997

14　W3C；范炜，喻菲译．SKOS 简单知识组织系统参考．http://www. knowl. org. cn/files/skos/skos-reference-zh. htm

15　GB 13190—91. 汉语叙词表编制规则．中国标准出版社，1992

16　贾君枝．FrameNet 叙词表与传统叙词表语义关系比较研究．情报理论与实践，2006(5)

第九章

1　Gruber T. Ontology of folksonomy：A mash-up of apples and oranges. Int'l Journal on Semantic Web & Information Systems, 2007(2)

2　Golder S A, Huberman B A. The structure of collaborative tagging systems. http://arxiv. org/ftp/cs/papers/0508/0508082. pdf

3　Maala M. Z. , Delteil A. , Azough, A. A conversion process from Flickr tags to RDF descriptions abstract. http://ftp. informatik. rwth-aachen. de/Publications/CEUR-WS/Vol-245/paper5. pdf

4　王萍．基于自由分类法的 E-Learning 共现标签网络分析．中国电化教育，2008(11)

5　Wal T V. From tagging to folksonomy：Going beyond "Bookmark This", presentation to association of alternative newsweeklies. http://www. slideshare. net/vanderwal/tagging-to-folksonomy

6　Marlow C, Naaman, M. , Boyd, D. , Davis, M. HT06, Tagging Paper, Taxonomy, Flickr, Academic Article, ToRead. http://www. danah. org/papers/Hypertext2006. pdf

7　Trant J. Tagging, folksonomy and art museums：Early experiments and ongoing research. Journal of Digital Information, 2009(1)

8　Trant J. Studying social tagging and folksonomy：A review and framework. Journal of Digital Information, 2009(1)

9　Lee C S, Goh D, Razikin K, Chua A. Tagging, sharing and the influence of personal experience. Journal of Digital Information, 2009(1)

10　Macgregor G, McCulloch E. Collaborative tagging as a knowledge organisation and resource discovery tool. Library Review, 55(5)

第十章

1　Taylor A G, Joudrey D N. The organization of information. 3rd ed. Libraries Unlimited, 2009

2　张付志. 异构分布式环境下的数字图书馆互操作技术. 电子工业出版社, 2007

3　储荷婷, 张茵主编. 图书馆信息学. 人民大学出版社, 2007

4　张晓林, 梁娜. 元数据登记系统：基本概念和基本结构. 现代图书情报技术, 2003(1)

5　富平, 赵悦, 张春霞. 数字图书馆知识组织体系标准规范应用机制研究. http://cdls. nstl. gov. cn/mt/blogs/2nd/archives/docs/CDLS-S13-01. pdf

6　梁娜. 知识组织系统登记系统. 情报理论与实践, 2006(4)

7　陈虹涛, 李志俊. 元数据的标准规范及其互操作性. 情报杂志, 2005(7)

8　张东. 论元数据互操作的层次. 情报理论与实践, 2005(6)

9　肖珑, 赵亮. 中文元数据概论与实例. 北京图书馆出版社(今国家图书馆出版社), 2007

10　张晓林. 元数据研究与应用. 北京图书馆出版社(今国家图书馆出版社), 2002

11　Zeng M L, Qin J. Metadata. Neal-Schuman Publisher Inc. , 2008

12　朱超. 关于元数据互操作的探讨. 情报理论与实践, 2005(6)

13　毕强, 朱亚玲. 元数据标准及其互操作研究. 情报理论与实践, 2007(5)

14　伯琼. 元数据 DC 和 CNMARC 映射及匹配研究. 情报学报, 2009(1)

15　沈芸芸. 基本元数据与 MARC 映射指南. 2005 http://cdls. nstl. gov. cn/mt/blogs/2nd/archives/docs/CDLS-S05-007. pdf

16　刘炜. 基于本体的数字图书馆语义互操作. 上海复旦大学信息学院, 2006

17　李培. 数字图书馆原理及应用. 高等教育出版社, 2006

18　侯汉清, 刘华梅, 郝嘉树. 60 年来情报检索语言及其互操作进展(1949—2009). 图书馆杂志, 2009(12)

19　司莉. 知识组织系统的互操作及其实现. 现代图书情报技术, 2007(3)

20　李育嫦. 分类法映射在学科信息门户交叉浏览中的应用：以 Renardus 为例. 图书馆学研究, 2006(10)

国家图书馆出版社
图书馆学、信息管理科学重点图书推介

资源描述与检索(RDA)

RDA 发展联合指导委员会主编　　　定价:480.00 元　　　出版时间:2014 - 06

UNIMARC 手册:规范格式(第三版)

Mirna Willer 编;《中国机读规范格式》工作组译

定价:120.00 元　　　出版时间:2013 - 12

电子资源 MARC21 组织法

罗翀等编著　　　定价:48.00 元　　　出版时间:2013 - 11

编目:新的变化与应对之策——第三届全国文献编目工作研讨会论文集

国家图书馆中文采编部编　　　定价:120.00 元　　　出版时间:2013 - 10

中文书目数据制作

全国图书馆联合编目中心,国家图书馆中文采编部编

定价:100.00 元　　　出版时间:2013 - 09

中国图书馆分类法(第五版)

《中国图书馆分类法》编辑委员会编　　　定价:360.00 元　　　出版时间:2010 - 09

中国图书馆分类法(未成年人图书馆版)(第四版)

《中国图书馆(未成年人图书馆版)》编辑委员会编

定价:180.00 元　　　出版时间:2013 - 11

《中国图书馆分类法》第五版与第四版增删改类目对照表

卜书庆　刘华梅编　　　　　　　定价:50.00 元　　　　　出版时间:2013 - 03

中国图书馆分类法简本(第五版)

《中国图书馆分类法》编辑委员会编　　定价:120.00 元　　　出版时间:2012 - 09

《中国图书馆分类法》第五版使用手册

《中国图书馆分类法》编辑委员会编　　定价:59.00 元　　　　出版时间:2013 - 11

中文普通图书分类方法与 CNMARC 书目数据编制技巧

秦小燕著　　　　　　　　　　　定价:38.00 元　　　　　出版时间:2014 - 05

以上系列图书盗版严重　请从正规渠道购买

地址:北京市西城区文津街 7 号

邮编:100034

电话:010 - 66126153;66114536;66151313;88003146

传真:010 - 66121706

网址:www. nlcpress. com